MÉMOIRES
DU PRINCE
DE TALLEYRAND

PUBLIÉS AVEC UNE PRÉFACE ET DES NOTES

PAR

LE DUC DE BROGLIE
DE L'ACADÉMIE FRANÇAISE

III

PARIS
CALMANN LÉVY, ÉDITEUR
RUE AUBER, 3, ET BOULEVARD DES ITALIENS, 15
A LA LIBRAIRIE NOUVELLE
—
1891

Droits de reproduction et de traduction réservés pour tous les pays
y compris la Suède et la Norvège.

MÉMOIRES

DU

PRINCE DE TALLEYRAND

CHARLES-MAURICE DE TALLEYRAND-PÉRIGORD
PRINCE DE BÉNÉVENT
(D'après F. Gérard.)

HUITIÈME PARTIE

CONGRÈS DE VIENNE *(Suite)*

(1814-1815)

CONGRÈS DE VIENNE *(Suite)*

(1814-1815)

N° 20. — LE PRINCE DE TALLEYRAND AU ROI LOUIS XVIII.

Vienne, le 6 janvier 1815.

Sire,

Le courrier par lequel j'ai eu l'honneur d'adresser à Votre Majesté la convention que M. de Metternich, lord Castlereagh et moi, nous avons signée le 3 janvier, était parti depuis vingt-quatre heures, quand j'ai reçu la lettre dont Votre Majesté a daigné m'honorer en date du 27 décembre. En augmentant l'espérance où j'étais de n'avoir, en cette occasion, rien fait qui n'entrât dans les intentions et les vues de Votre Majesté, elle a été la plus douce récompense de mes efforts pour obtenir un résultat si heureux, et, naguère encore, si peu probable. Je n'ai pas senti avec une émotion moins profonde combien il est doux de servir un maître dont les sentiments, comme roi et comme homme, sont si généreux, si touchants et si nobles.

Je venais de recevoir la lettre de Votre Majesté, quand lord Castlereagh est entré chez moi. J'ai cru devoir lui en lire les passages qui se rapportent à lui et au prince régent. Il y a été extrêmement sensible, et désirant de pouvoir faire connaître[1] à sa cour dans quels termes Votre Majesté parle du prince, il m'a prié de lui en laisser prendre note, à quoi j'ai consenti par la double considération que ce serait, comme il me l'a dit, un secret inviolable, et que les éloges donnés par Votre Majesté au prince régent pouvaient, dans les circonstances présentes, produire le meilleur effet.

L'empereur de Russie renvoie à Paris le général Pozzo, après l'avoir tenu ici deux mois et demi sans le voir qu'une seule fois, et quelques-uns prétendent qu'il le renvoie comme un censeur qui s'explique trop librement et qu'il désire éloigner. L'empereur de Russie voudrait que Votre Majesté crût que c'est par égard pour elle et pour faire une chose qui lui fût agréable, qu'il a conçu l'idée[2] de donner au roi de Saxe quelques centaines de mille âmes sur la rive gauche du Rhin pour lui tenir lieu de son royaume. Le général Pozzo doit être chargé de travailler à obtenir que Votre Majesté consente à cet arrangement.

Mais Votre Majesté sait que la question de la Saxe ne doit pas être considérée seulement sous le rapport de la légitimité, et qu'elle doit l'être encore sous le rapport de l'équilibre; que le principe de la légitimité serait violé par la translation

---

1. Variante : et *désirant faire connaître.*

2. Variante : qu'il *a donné* l'idée.

forcée du roi de Saxe sur le Rhin, et que le roi de Saxe n'y donnerait jamais son consentement; enfin, que, la légitimité à part, la Saxe ne saurait être donnée à la Prusse sans altérer sensiblement la force relative de l'Autriche, et sans détruire entièrement tout équilibre dans le corps germanique.

Ainsi, les tentatives de l'empereur de Russie, à Paris comme à Vienne, échoueront contre la sagesse de Votre Majesté, qui a mis sa gloire à défendre les principes sans lesquels il ne peut y avoir rien de stable en Europe, ni dans aucun État en particulier, parce qu'eux seuls peuvent garantir la sécurité de chacun et le repos de tous.

Le langage soutenu de M. le général Pozzo, à Vienne, était trop favorable à la France pour se trouver d'accord avec ce que voulait faire ici l'empereur de Russie. M. Pozzo doit partir dimanche ou lundi, c'est-à-dire le 8 ou le 9.

Je persiste à croire que le cas de guerre auquel se rapporte l'union formée entre Votre Majesté, l'Autriche et l'Angleterre ne surviendra pas. Cependant, comme il est de la prudence de prévoir le pis et de se préparer à tout événement, il m'a paru nécessaire de songer aux moyens de rendre, le cas arrivant, l'union plus forte, en y faisant entrer de nouvelles puissances. J'ai donc proposé à lord Castlereagh et à M. de Metternich d'agir conjointement avec nous auprès de la Porte ottomane, pour la disposer à faire au besoin une utile diversion. Ils ont adopté ma proposition, et il a été convenu que nous concerterions une instruction à donner aux ministres de chacune des trois cours à Constantinople. Je crois utile que Votre Majesté presse le départ de son ambassadeur.

Il serait peut-être avantageux d'établir un concert semblable avec la Suède. Mais les moyens d'y parvenir ont besoin d'être pesés, et je me réserve d'en entretenir Votre Majesté dans une autre lettre.

Le service funèbre du 21 janvier se fera dans la cathédrale. L'archevêque de Vienne y officiera. C'est un vieillard de quatre-vingt-trois ans, qui a élevé l'empereur. Rien de ce qui peut rendre cette cérémonie imposante[1] ne sera négligé.

Je suis...

N° 23 *bis*. — LES AMBASSADEURS DU ROI AU CONGRÈS, AU MINISTRE DES AFFAIRES ÉTRANGÈRES A PARIS.

Vienne, le 6 janvier 1815.

Monsieur le comte.

Le rapprochement des légations d'Autriche et d'Angleterre avec nous se fortifie. Il règne un parfait accord sur le principe de ne pas consentir à ce que les cours de Berlin et de Pétersbourg dictent la loi.

Le travail de la commission statistique, qui présente pour résultat que la Prusse n'a pas besoin de la Saxe pour obtenir même plus que les traités ne lui assurent, est terminé; et, depuis hier, il y a des apparences que le ministère prussien se juge placé sur un terrain qui n'est point aussi solide qu'il le croyait d'abord. Ce ministère attend qu'on lui fasse de nouvelles propositions, et on s'en occupe. Le plus ou moins de territoire pris à la Saxe, ou cédé sur le grand-duché de Varsovie, est une question autrichienne qui, traitée avec ménagement, ne provoque point notre intervention directe, et nous n'avons à veiller qu'au rapport de l'équilibre général.

---

1. Variante : *plus* imposante.

A notre arrivée ici, tout paraissait abandonné; l'Autriche, ou plutôt son ministre, ne portait qu'un faible intérêt à cet équilibre. Tout le monde maintenant sent l'importance de la question des limites, et, si elle ne se règle pas tout à fait bien, ce sera la faute de la cour de Vienne et de son ministère.

Nous pressons au reste, autant qu'il dépend de nous, la marche et la conclusion des affaires pour amener le plus tôt possible la fin du congrès.

Le rapport sur les affaires de la Suisse se prépare. Les nouvelles qui nous arrivent de Berne annoncent un changement dans les rapports intérieurs de ce canton; il facilitera la conclusion des affaires suisses; et nous avons fait connaître au député du canton de Berne que, s'il obtenait l'évêché de Bâle et le retour des capitaux qui sont en Angleterre, il serait utile pour son pays d'y consentir et de s'unir au système général que les puissances jugent le plus utile dans les circonstances présentes. Aucun autre résultat n'a eu lieu.

Agréez...

N° 16 ter. — LE ROI LOUIS XVIII AU PRINCE DE TALLEYRAND.

Paris, ce 7 janvier 1815.

Mon cousin,

J'ai reçu votre numéro 18. Je suis très content de vos conversations avec les deux frères[1]. J'avoue que je croyais le temps passé où l'on voulait exclure mes plénipotentiaires des délibérations les plus importantes. Votre fermeté l'a empêché de se reproduire; mais, ne nous endormons pas sur ce succès; le germe du mal subsistera tant que les puissances, dont l'al-

---

1. Lord Castlereagh et lord Stewart.

liance a dû cesser au mois d'avril dernier, croiront qu'elle existe encore. Votre lettre à lord Castlereagh est parfaite, et je défie qu'on en puisse nier la conclusion ; mais j'avoue que je frémis en voyant une fausse pitié tourner contre le roi de Saxe le sophisme qu'employa Robespierre pour hâter la consommation du plus grand des forfaits.

J'aime que l'empereur d'Autriche ait la tête *bohême* pour défendre le bon droit en Saxe, pourvu qu'il ne l'ait pas de même pour soutenir l'usurpation à Naples. Il ne sait peut-être pas de quoi il y va pour lui ; les découvertes récemment faites et les mesures récemment prises devraient pourtant le lui apprendre, et vous donnent bien beau jeu pour démontrer qu'il ne cessera jamais d'y avoir des unitaires en Italie, tant que le foyer ne sera pas éteint. On parle d'engagements, on prétend désirer *(des preuves)* qu'ils n'ont pas été tenus ; mais ce n'est pas là ce qui nuit au bon droit ; c'est une autre cause, et la plus honteuse dont l'histoire ait jusqu'ici fait mention ; car si Antoine abandonna lâchement sa flotte et son armée, du moins c'était lui-même et non pas son ministre que Cléopâtre avait subjugué. Mais, tout méprisable qu'est cet obstacle, il n'en est pas moins réel, et le seul remède est de donner à celui qu'on veut ramener à soi tant de grands motifs, qu'il y trouve des armes contre ses petites faiblesses [1].

J'attends avec impatience la lettre que vous m'annoncez sur le mariage ; cet objet paraît secondaire auprès de ceux qui se

---

[1]. On devine qu'il s'agit dans ce passage de la lettre du roi, de l'attachement qu'on attribuait au prince de Metternich pour la reine Caroline de Naples, femme de Murat ; attachement qui l'empêchait de se prononcer contre celui-ci, et en faveur du rétablissement de la maison de Bourbon dans le royaume de Naples. (*Note de M. de Bacourt.*)

traitent à Vienne, mais il est urgent pour l'intérêt de la France que le duc de Berry se marie; et, pour cela, il faut que l'affaire de Russie soit décidée.

Je reçois avec satisfaction, et j'en ai à vous rendre, vos souhaits de bonne année. Sur quoi, je prie Dieu qu'il vous ait, mon cousin, en sa sainte et digne garde.

LOUIS.

N° 24 *bis*. — LES AMBASSADEURS DU ROI AU CONGRÈS, AU MINISTRE DES AFFAIRES ÉTRANGÈRES, A PARIS.

Vienne, le 10 janvier 1815.

Monsieur le comte,

Les choses sont à peu près au même point que nous avons eu l'honneur de vous l'indiquer dans notre dernière dépêche. Comme nous l'avons annoncé, une première proposition a été faite de la part de la Russie. Elle a demandé un contre-projet, et la Prusse s'occupe de rédiger un plan sur lequel elle établit sa reconstruction. Les sacrifices que l'on exige de la Saxe paraissent ne pas coûter à l'Angleterre, et moins encore à l'Autriche, quoiqu'elle soit intéressée à ne pas s'y prêter.

Les affaires d'Italie n'ont pas été avancées depuis la remise du mémoire de l'Autriche sur les questions de la Toscane, de Parme...

Le rapport sur les affaires de la Suisse est fait. Il sera discuté dans une séance de la commission qui aura lieu après-demain 12. Dès qu'il aura été définitivement adopté, nous nous empresserons d'en donner communication au ministère.

Agréez...

N° 21. — LE PRINCE DE TALLEYRAND AU ROI LOUIS XVIII.

Vienne, le 10 janvier 1815.

SIRE,

Je n'aurais point aujourd'hui l'honneur d'écrire à Votre Majesté, si je n'avais à faire une réponse qui m'a été demandée en son nom par M. le comte de Jaucourt. C'est au sujet de la satisfaction demandée par la cour de Madrid pour le renvoi de M. de Casa Florez. Mon opinion, puisque Votre Majesté a daigné désirer la connaître, est qu'aucune sorte de satisfaction n'est due, parce qu'une satisfaction suppose un tort, et que le cabinet de Votre Majesté n'en a point eu, et que, s'il y avait une satisfaction à donner, ce ne pourrait être celle que la cour de Madrid s'est permis de demander. Je n'importunerai point Votre Majesté de la répétition des motifs sur lesquels je fonde cette opinion, les ayant développés dans la lettre que M. de Jaucourt aura l'honneur de mettre sous ses yeux. La théorie de l'extradition que M. de Cevallos prétend établir, d'après le droit public des Hébreux et les pratiques de quelques peuples anciens, est tout à fait extravagante. M. de Labrador, à qui j'ai fait voir sa lettre, en a gémi. Je serais porté à croire que la cour de Madrid a quelque sujet d'humeur que je ne devine point, mais indépendant du renvoi de M. de Casa Florez, qui ne lui sert que de prétexte. J'en juge par les plaintes qu'elle fait de n'être point soutenue ici par la France, dans les affaires de Naples et de la reine d'Étrurie. Il n'y a, je crois, qu'en Espagne, qu'il ne soit pas parvenu que l'ambassade de Votre Majesté a débuté par demander la restitution de Naples à son légitime souverain, et qu'elle a renouvelé en toute occasion, de vive voix et par écrit, confidentiellement et officiellement, cette même demande. M. de Labrador m'a protesté que, dans aucune de ses dépêches, il n'avait donné lieu de penser que nous ne le secondassions pas de notre mieux. La cour de Madrid élève donc des plaintes qu'elle devrait savoir parfaitement bien n'être pas fondées.

Les affaires n'ont fait ici, depuis ma dernière lettre, aucune sorte de progrès. Nous aurons, je crois, demain une conférence, retardée depuis plusieurs jours par les Prussiens, qui n'étaient pas prêts. Elle aura pour objet les affaires de Pologne et de Saxe.

Des deux principes compromis dans la question de la Saxe, l'un, celui de la légitimité, sera complètement sauvé [1]. L'autre, celui de l'équilibre, le sera moins complètement. Lord Castlereagh n'a pas renoncé entièrement à ses anciennes idées. Il lui reste un grand fonds d'inclination pour les Prussiens. Il se persuade qu'en voulant trop restreindre les sacrifices du roi de Saxe, on porterait la Prusse à un mécontentement incalculable. Il est naturellement irrésolu et faible. Sa note du 10 octobre le gêne. Il ne voudrait pas, m'a-t-il dit, se mettre trop en contradiction avec lui-même, comme le fait M. de Metternich, qui, selon lui, n'a point de *caractère* à soutenir. Pour celui-ci, il n'est nullement embarrassé de changer d'opinion. Le 10 du mois dernier, il trouvait que c'était assez que de donner à la Prusse quatre cent mille âmes sur la Saxe ; aujourd'hui, il en donnera le double sans scrupule : le 22 octobre, il en voulait la destruction totale. La question de la Saxe est,

---

1. Variante : .... *et c'est celui qui nous importait le plus.*

sous le rapport de l'équilibre, celle de l'Autriche plus que d'aucune autre puissance. Mais M. de Metternich la traite avec une légèreté et une insouciance dont je suis toujours émerveillé, quelque habitude que j'aie de les lui voir.

Quant à nous, Sire, pour ne nous point contredire, et ne pas changer d'un jour à l'autre de langage, nous n'avons qu'à faire exactement ce que Votre Majesté nous a ordonné. C'est l'avantage que l'on a en suivant des principes qui ne changent point, et non des fantaisies qui changent sans cesse.

Ce sera décidément dans l'église cathédrale que sera fait le service du 21 janvier. L'archevêque, qui a été malade ces jours-ci, va mieux, et il faudrait une rechute violente pour qu'il n'officiât pas.

Je suis...

N° 17 *ter*. — LE ROI LOUIS XVIII AU PRINCE DE TALLEYRAND.

Paris, ce 11 janvier 1815.

Mon cousin,

J'ai reçu votre numéro 19. Celui-ci sera court. Pleine satisfaction de votre conduite ; entière approbation du traité dont le courrier vous porte la ratification, en voilà toute la matière. Je m'en vais expédier le général Ricard avec toute la célérité possible et tout le mystère dont je sens la nécessité.

Je suis vivement touché du service qui sera célébré le 21. Vous apprendrez avec un pareil sentiment que, ce jour-là même les précieux restes du roi et de la reine seront transportés à Saint-Denis. Sur quoi, je prie Dieu qu'il vous ait, mon cousin, en sa sainte et digne garde.

LOUIS.

P.-S. — Pendant que nous sommes en bon train, tâchons de terminer l'affaire de Naples [1].

Le 12 au matin.

Je rouvre ma lettre pour vous dire que le général Ricard est en ce moment à Toulouse, où il commande une division. J'ai fait partir cette nuit un courrier pour lui porter l'ordre de se rendre sur-le-champ à Paris.

L.

N° 18 *ter*. — LE ROI LOUIS XVIII AU PRINCE DE TALLEYRAND.

Paris, ce 15 janvier 1815.

Mon cousin,

J'ai reçu votre numéro 20. Dans ma dernière dépêche, me croyant plus pressé que je ne l'étais, parce que je n'avais pas bien calculé le temps nécessaire pour rédiger les ratifications, j'ai été fort laconique; mais, croyez qu'en lisant votre numéro 19, j'ai éprouvé le même sentiment que vous, à la réception de ma dépêche du 27 décembre. Je ne m'endors, ni ne m'endormirai jamais sur des intérêts comme ceux qui se traitent au congrès de Vienne. Je pourrais cependant avoir autant de sécurité qu'Alexandre; j'en ai même une partie, car je ne vous ai point dit de communiquer une partie de ma lettre à lord Castlereagh, bien sûr que vous le feriez de vous-même.

---

1. Ce post-scriptum ne se trouve pas dans le texte des archives.

Je désire vivement voir se réaliser l'espoir que vous donnez dans votre lettre au comte de Jaucourt, que la Prusse pourra être satisfaite sans usurper la Saxe ; alors, tout serait dit, et nous aurions la gloire de défaire le nœud gordien, sans recourir à l'épée. Néanmoins, j'approuve la négociation avec la Porte, et je vais hâter le départ du marquis de Rivière [1]. Il n'est pas encore bien remis d'une maladie assez grave, mais je connais son zèle.

J'attends de pied ferme le général Pozzo di Borgo. S'il s'agissait d'un prince qui ne fût pas déjà souverain, je pourrais lui voir avec plaisir former un petit État dans mon voisinage ; mais pour le roi de Saxe, dût-il consentir à l'échange, je n'y donnerais pas encore les mains. Être juste envers soi-même est un devoir sacré ; l'être envers les autres ne l'est pas moins ; et celui qui, n'ayant que des aumônes pour vivre, a refusé d'abandonner ses droits, n'en trahira pas d'aussi légitimes lorsqu'il commande à plus de vingt-cinq millions d'hommes, et que, outre la justice, il a l'intérêt général de l'Europe à défendre.

La question de la Suède est fort délicate. Le dernier traité

---

1. Charles-François de Riffardeau, marquis puis duc de Rivière, né en 1763. Entré à dix-sept ans dans les gardes françaises, il émigra en 1789 et devint l'aide de camp du comte d'Artois, qui le chargea de plusieurs missions en Bretagne et en Vendée. Revenu en France en 1804 avec Pichegru, il fut arrêté, traduit devant une commission militaire et condamné à mort. Gracié par l'entremise de l'impératrice et de Murat, il fut d'abord détenu au fort de Joux et condamné ensuite à la déportation. En 1815, Louis XVIII le nomma maréchal de camp et ambassadeur à Constantinople, mais le retour de l'empereur empêcha son départ. A la seconde Restauration, il fut nommé pair de France et commandant en Corse, puis de nouveau désigné pour l'ambassade près la Porte ottomane. Il fut rappelé en 1820, créé duc héréditaire en 1825, et devint gouverneur du duc de Bordeaux en 1826. Il mourut en 1828.

a mis la Russie dans une telle position, qu'elle peut, sans beaucoup d'efforts, arriver à Stockholm[1]. Est-il prudent d'engager un royaume dans une guerre aussi dangereuse, sans lui garantir *en même temps*[2] en cas de revers, des indemnités qu'il serait difficile même de trouver? Gustave IV m'a dit plus d'une fois qu'il regardait son oncle comme légitime roi de Suède; mais en abdiquant pour lui-même, ce malheureux prince a-t-il pu abdiquer pour son fils[3]? En admettant cette hypothèse qui légitimerait l'élection de Bernadotte, l'existence de ce dernier n'a-t-elle aucunes conséquences qui puissent faire hésiter de s'allier avec lui? Je lirai avec intérêt vos réflexions sur ces deux[4] points.

Mais l'existence de Bernadotte me ramène à une autre bien plus dangereuse, à celle de Murat. Ma dépêche du 27 décembre roulait sur Naples et sur la Saxe. Nous sommes en bonne mesure pour cette dernière; travaillons avec le même zèle et le même succès à l'autre.

L'ambassadeur de Sardaigne m'a fait demander une audience; le comte de Jaucourt vous instruira de son résultat. Sur quoi, je prie Dieu qu'il vous ait, mon cousin, en sa sainte et digne garde.

LOUIS.

1. Le traité de Fredrichsham (17 sept. 1810) par lequel la Suède cédait la Finlande à la Russie.

2. Supprimé dans le texte des archives.

3. Gustave IV, au moment où son abdication lui avait été arrachée en 1809, avait refusé d'abdiquer pour son fils. En 1814, il adressa au congrès une protestation contre l'usurpation de Bernadotte, et réclama pour ce fils le trône de Suède. Il ne fut pas entendu. Son fils, connu sous le nom de prince de Wasa, devint feld-maréchal au service de l'Autriche.

4. Variante : *divers*

N° 19 *ter*. — LE ROI LOUIS XVIII AU PRINCE DE TALLEYRAND.

Paris, ce 19 janvier 1815.

Mon cousin,

J'ai reçu votre numéro 21. Je n'étais pas en peine de votre opinion au sujet de l'affaire d'Espagne ; mais je suis bien aise de la voir conforme aux mesures que j'ai prises. Je le suis aussi que M. de Labrador ne partage pas les idées insensées de son cabinet : puisse-t-il lui en inspirer de plus conformes à la raison et à ses véritables intérêts !

J'étais fort content la semaine dernière, mais aujourd'hui, je ne vois pas sans inquiétude la tendance de lord Castlereagh vers ses anciennes faiblesses et la versatilité du prince de Metternich. Le premier devrait songer que ce qui honore un caractère, c'est de se tenir fermement attaché à ce qui est juste, ou d'y revenir loyalement quand on a eu le malheur de s'en écarter. Le second oublie qu'augmenter le lot de la Prusse, c'est affaiblir l'Autriche. Quant à moi, je ne me prêterai jamais, vous le savez, à la spoliation entière du roi de Saxe. Je conçois qu'il soit obligé à quelques cessions, mais si l'on en exigeait qui le réduisissent à n'être plus qu'une puissance du quatrième ou même du troisième ordre, je ne suis pas plus disposé à y donner les mains. J'attends avec impatience le résultat de votre conférence, et je n'en ai pas moins de voir enfin entamer la grande affaire de Naples.

Nous sommes dans des jours de deuil et de tristesse ; j'aurais voulu être présent aux cérémonies qui auront lieu samedi ; la crainte de la goutte me retient ; mais, l'on ne souffre pas moins de les ordonner que d'y assister. Vous remercierez de ma part M. l'archevêque de Vienne d'avoir officié lui-même au service. Sur quoi, je prie Dieu qu'il vous ait, mon cousin, en sa sainte et digne garde.

LOUIS.

N° 25 *bis*. — LES AMBASSADEURS DU ROI AU CONGRÈS, AU MINISTRE DES AFFAIRES ÉTRANGÈRES, A PARIS.

Vienne, le 19 janvier 1815.

Monsieur le comte,

Nous avons l'honneur de vous adresser copie du protocole de la dernière séance du 14 décembre. Dans celle qui a eu lieu le 14 de ce mois, et dont le protocole ne sera signé que dans une prochaine séance, M. le prince de Metternich a communiqué la réponse de la cour de Sardaigne, à l'égard de la réunion de Gênes au Piémont ; et quoique cette pièce n'appartienne qu'au prochain protocole, nous la transmettons préalablement au ministère.

Le sort des fiefs impériaux, sur lesquels la légation sarde réserve les droits éventuels de son souverain, ne pourra être définitivement réglé que lorsque les autres affaires de l'Italie seront arrangées.

Le rapport sur les affaires de Suisse a été signé et soumis à la conférence des huit puissances. Dès que la décision définitive aura été prise, il sera porté à la connaissance du roi.

Si l'influence de l'empereur de Russie n'avait point contrarié le meilleur parti qu'il y avait à prendre à l'égard de la Suisse, on aurait peut-être pu faire mieux. Mais sa main, protégeant partout ce qui tient à des libertés mal conçues ou mal exercées, est assez puissante pour empêcher de suivre les principes qui ramèneraient une véritable restauration. Nous avons cependant obtenu dans cette affaire tout ce qui a été possible, et on est parvenu à faire accorder des indemnités pour des actes de violence exercés dans le pays de Vaud et dans la Valteline sur des propriétés particulières.

La commission nommée pour régler la navigation des grands fleuves n'a point encore pu se réunir. Les ministres d'Angleterre ont demandé des instructions et des informations supplémentaires à ce sujet. Les ministres de Prusse voudraient écarter la France de tout concours dans la police et dans l'administration de la navigation du Rhin. Nous trouvons ici la même difficulté que nous avons rencontrée partout, et nous espérons en triompher également; mais vous sentez, monsieur le comte, que ce sera un nouveau sujet de discussion.

Le prince de Hardenberg a fourni un plan de reconstruction de la Prusse, et vous observerez, avec quelque étonnement, que la Saxe entière y est portée, pour être réunie à la Prusse. Mais comme ce plan présente un excédent de six cent quatre-vingt et un mille âmes au-dessus de l'état de population de la Prusse en 1805; et qu'il donne sept cent mille âmes, pour former un établissement au roi de Saxe, on y trouve quelque latitude pour sauver la question de la légitimité des droits, et celle d'un équilibre à établir dans les arrangements de la nouvelle confédération germanique.

La Bavière a formellement accédé à l'union formée entre la France, l'Autriche et l'Angleterre, et qui a pour but de ne point admettre qu'une des grandes puissances dicte arbitrairement la loi à l'Europe. La Hollande et le Hanovre y accéderont également.

Vous avez été instruit, monsieur le comte, que l'ambassade du roi a cru convenable de faire célébrer un service funèbre le 21 janvier. M. le prince de Talleyrand a chargé le ministre du roi près la cour de Vienne de faire parvenir, au nom de l'ambassade de France, à la connaissance des souverains, que le service aurait lieu dans la cathédrale de Vienne. Les souverains ont non seulement répondu qu'ils assisteraient à la cérémonie, mais tous ont ajouté des choses obligeantes pour le roi, sur le sentiment qui les y conduirait.

L'impératrice d'Autriche a dit à M. de la Tour du Pin que sa santé ne lui permettait pas de se rendre à cette cérémonie; qu'elle n'osait pas exposer ses nerfs à une émotion qui lui serait pénible, et qu'elle le priait de l'excuser ainsi auprès du roi, ajoutant qu'elle le ferait elle-même auprès de Madame la duchesse d'Angoulême. L'archiduchesse Béatrix, sa mère, s'est empressée de répondre qu'elle y viendrait.

Il n'y a que l'empereur de Russie et l'impératrice dont on n'a pas encore les réponses, mais qui, sans doute, viendront aussi.

Cette cérémonie, aussi auguste que convenable, rappellera une époque bien malheureuse pour la France et le siècle qui vient de s'écouler, mais développera également des pensées utiles pour les peuples.

Agréez...

N° 22. — LE PRINCE DE TALLEYRAND AU ROI LOUIS XVIII.

Vienne, le 19 janvier 1815.

Sire,

J'ai reçu la lettre dont Votre Majesté a daigné m'honorer le 7 de ce mois, et, dans les témoignages de bonté qu'elle renferme, j'ai trouvé de nouveaux motifs de dévouement et de courage.

Je n'ai l'honneur d'écrire aujourd'hui à Votre Majesté que pour ne pas mettre trop d'intervalle entre mes lettres, car je n'ai aucun nouveau résultat à lui offrir.

Les affaires avancent peu ; cependant nous ne sommes pas oisifs.

L'accession de la Bavière à la triple alliance se fait. Celles du Hanovre et de la Hollande viendront après. Le grand-duc de Darmstadt se lie pour la même fin à la Bavière et promet six mille hommes.

On travaille dans les commissions pour les affaires d'Italie, de Suisse et de statistique. Ma lettre au ministère, qui sera mise sous les yeux de Votre Majesté, lui fera connaître où en sont les choses à cet égard, les obstacles qu'on rencontre, et ce qui fait qu'on ne peut tout arranger comme il serait à désirer.

L'Autriche, l'Angleterre, la Bavière, la Hollande, le Hanovre, et à peu près toute l'Allemagne, sont d'accord avec nous, sur la conservation du roi et d'un royaume de Saxe. Une Saxe sera donc conservée, quoique le prince de Hardenberg, dans un plan de reconstruction de la monarchie prussienne, qu'il a remis récemment, ait osé demander encore la Saxe tout entière. M. de Metternich doit répondre à ce plan, et j'attendais sa réponse pour expédier mon courrier ; mais elle n'est pas faite encore ; j'en ai vu seulement les éléments, qui sont tous très bons. Il résulte d'ailleurs de la seule inspection du plan prussien, que l'on peut rendre à la Prusse ce qu'elle avait en 1805, et qui est tout ce qu'elle a à demander, et conserver à la Saxe, quinze cent mille sujets. Mais la Prusse prétend qu'elle en doit avoir six cent mille de plus qu'en 1805, sous le prétexte des agrandissements obtenus par la Russie et l'Autriche.

Ce qui touche le principe de la légitimité étant convenu entre lord Castlereagh, M. de Metternich et moi, il nous reste, pour pouvoir faire une proposition commune, à nous entendre sur ce qui tient à l'équilibre. C'est de quoi nous sommes occupés journellement ; et, encore aujourd'hui, j'ai eu avec eux une conférence sur ce sujet. M. de Metternich s'était d'abord montré prêt à faire des concessions sans mesure. Je l'ai ramené, en lui faisant envisager les conséquences qu'aurait pour lui-même une facilité qui mettrait sa monarchie en danger. Il défend maintenant avec chaleur ce qu'il aurait[1] voulu abandonner. Je lui ai conseillé d'amener à nos conférences quelques-uns des militaires autrichiens les plus instruits, pour donner leur opinion et les motifs de leur opinion ; et, pour le porter à suivre ce conseil, je lui ai dit que, s'il ne le suivait pas, je dirais que je le lui avais donné. Il s'est décidé à le suivre. Le prince de Schwarzenberg aura une conférence avec lord Stewart, et viendra ensuite, avec quelques-uns de ses officiers, à une conférence que nous aurons après-demain. Malheureusement, lord Castlereagh, outre un reste de son ancien penchant pour la Prusse, outre la crainte qu'il a de compromettre ce qu'il appelle son *character*, si, après avoir abandonné la Saxe entière par sa note du 11 octobre, il n'en veut plus laisser aujourd'hui à la Prusse qu'une faible portion, a, sur tout ce qui est topographie militaire, et même sur la simple géographie continentale, des notions si imparfaites, et je puis dire si nulles, qu'en même temps qu'il est nécessaire de le convaincre des plus petites choses, il est extrêmement difficile de l'en convaincre. On raconte qu'un Anglais,

---

1. Variante : ce qu'il *avait*.

qui se trouvait ici du temps du prince de Kaunitz, débita devant lui force extravagances sur les États d'Allemagne, et que le prince de Kaunitz, *au lieu de s'amuser à le réfuter*[1] s'écria avec le ton du plus grand étonnement : « C'est prodigieux tout ce que les Anglais ignorent! » Combien de fois ai-je eu l'occasion de faire intérieurement la même exclamation dans mes conférences avec lord Castlereagh.

Dans l'arrangement qui se prépare pour les affaires d'Italie, nous avons quelque motif d'espérer que l'archiduchesse Marie-Louise sera réduite à une pension considérable. Je dois dire à Votre Majesté que je mets à cela un grand intérêt, parce que décidément le nom de Bonaparte[2] serait par ce moyen, et pour le présent, et pour l'avenir, rayé de la liste des souverains, l'île d'Elbe n'étant à celui qui la possède, que pour sa vie, et le fils de l'archiduchesse ne devant pas posséder d'État indépendant.

Les préparatifs pour la cérémonie du 21 sont presque achevés. L'empressement d'y assister est si grand qu'il nous sera difficile d'y répondre, et que l'église Saint-Étienne, la plus grande de Vienne, ne pourra contenir tous ceux qui y voudraient être.

Tous les souverains ont été prévenus de cette cérémonie; tous, à l'exception de l'empereur et de l'impératrice de Russie qui n'ont point encore répondu, ont fait connaître qu'ils y assisteraient.

L'impératrice d'Autriche, à qui sa santé ne permet pas d'y aller, a désiré d'être excusée auprès de Votre Majesté ; ce sont

---

1. Supprimé dans le texte des archives.

2. Variante : *Buonaparte*.

les expressions dont elle s'est servie. Madame l'archiduchesse Béatrix, sa mère, y assistera.

Les femmes seront toutes en voile. C'est le signe du plus grand deuil.

Le général Pozzo attend toujours ses instructions. On lui dit d'être prêt, et il l'est depuis plus d'une semaine. Mais les instructions n'arrivent point.

Le général Andreossy [1] a passé ici en revenant de Constantinople. Son langage est très bon. Il m'a fait une profession de foi telle que je pouvais la désirer. C'est un homme d'esprit, qui a occupé des places considérables, et qui est susceptible d'être employé.

Je suis...

N° 23. — LE PRINCE DE TALLEYRAND AU ROI LOUIS XVIII.

Vienne, le 21 janvier 1815.

SIRE,

Je dois avoir aujourd'hui l'honneur d'entretenir Votre Majesté de la cérémonie célébrée ici ce matin.

J'en ai fait faire un récit circonstancié, mais simple, pour être inséré dans le *Moniteur*, si Votre Majesté l'approuve [2]. J'ai

---

1. Antoine-François, comte Andreossy, né en 1761, était lieutenant d'artillerie en 1789, devint général de brigade en 1797. Il accompagna Bonaparte en Égypte et revint avec lui en 1799, le seconda au 18 brumaire et devint peu après inspecteur général d'artillerie. Il fut ambassadeur à Londres en 1802, puis à Vienne et à Constantinople en 1809. Il fut rappelé en 1814. En 1815, Andreossy fut l'un des commissaires envoyés au-devant des armées étrangères. Il se retira de la vie publique après la seconde Restauration et mourut en 1828.

2. Voir le *Moniteur* du 30 janvier.

cru qu'il ne fallait que présenter les faits, et s'abstenir d'offrir en même temps des réflexions qui viendront naturellement à l'esprit des lecteurs et leur feront par cela même plus d'impression.

Dans ce récit se trouve compris le discours qui a été prononcé par le curé de Sainte-Anne, Français de naissance. Ce n'est point une oraison funèbre, ni un sermon ; c'est un discours. On n'a eu que quelques jours pour le faire, pour le rendre analogue à l'objet de la cérémonie et en même temps aux circonstances présentes et à la qualité des principaux d'entre les assistants ; il était moins nécessaire d'y mettre de l'éloquence que de la mesure ; et ceux qui l'ont entendu ont trouvé que, sous ce rapport, il ne laissait rien à désirer.

Rien n'a manqué à cette cérémonie, ni la pompe convenable à son objet, ni le choix des spectateurs, ni la douleur que l'événement qu'elle rappelait doit éternellement exciter. Elle devait, dans le souvenir d'un grand malheur, offrir une grande leçon. Elle avait un but moral et politique; les chefs des grandes légations et des personnes du premier ordre, que j'ai eus à dîner *aujourd'hui*[1], m'ont donné lieu de croire que ce but avait été atteint.

Je ne puis trop me louer de la prévenance et de la grâce que l'empereur d'Autriche a mises à permettre ou à ordonner les dispositions, qui pouvaient ajouter, soit au bon ordre, soit à la dignité de la cérémonie. Seul de tous les souverains, il y a assisté en noir ; les autres étaient en uniforme.

J'ai été d'ailleurs parfaitement secondé, et particulièrement par M. le comte Alexis de Noailles.

---

1. Supprimé dans le texte des archives.

M. Moreau, architecte, chargé de tous les préparatifs, y a mis autant d'intelligence que de zèle. La musique a été trouvée fort belle. Elle est de M. Neukomm [1], qui en a dirigé l'exécution conjointement avec le premier maître de chapelle de la cour, M. Salieri [2].

Je supplie Votre Majesté de vouloir bien donner à ces trois artistes, ainsi qu'à M. Isabey [3], qui a été d'un grand secours, un témoignage de sa satisfaction, en me faisant adresser, pour eux, des décorations de la Légion d'honneur.

Je supplie encore Votre Majesté de vouloir bien accorder la

---

1. Sigismond Neukomm, compositeur allemand, né à Salzbourg en 1778. Il était l'élève de Haydn. En 1804, il alla à Pétersbourg où il fut nommé directeur de la musique du théâtre impérial. Il vint ensuite à Vienne, puis à Paris en 1809 ; c'est alors qu'il fut présenté à M. de Talleyrand qui l'admit dans sa société. Il vécut à l'hôtel du prince jusqu'en 1814, l'accompagna à Vienne, et fit exécuter le 21 janvier dans l'église Saint-Étienne de cette ville par trois cents chanteurs un *requiem* qu'il avait composé pour la circonstance. En 1816, il accompagna le duc de Luxembourg à Rio-de-Janeiro où il venait d'être accrédité. Revenu à Paris, il reprit sa place auprès du prince de Talleyrand et le suivit à Londres en 1830. Il mourut en 1857.

2. Antonio Salieri, célèbre compositeur italien, né en 1750. Il vint à Vienne en 1766 avec Gassmann, directeur de la chapelle impériale à qui il succéda dans cette charge en 1775. Salieri vint plusieurs fois à Paris et y fit représenter quelques opéras qui eurent un succès éclatant. Il revint à Vienne en 1789 et se consacra dès lors exclusivement à la musique d'église. Il mourut en 1825.

3. Jean-Baptiste Isabey, né à Nancy en 1767, se fit de bonne heure un nom comme peintre. Il étudia sous la direction de David, fut présenté à la cour et fit les portraits des ducs d'Angoulême et de Berry. Il vécut à Paris pendant toute la durée de la Terreur. Plus tard, il se lia avec Bonaparte dont il fit le portrait en pied, et qui l'appela à diriger la décoration et même le cérémonial des solennités de la cour des Tuileries. Il se rendit à Vienne en 1814 et y fit un tableau célèbre où étaient représentés réunis à l'issue d'une conférence tous les personnnages qui prirent part au congrès. Il vécut jusqu'en 1855.

même grâce à MM. Rouen [1], Formont [2], Damour, Saint-Mars [3] et Sers, attachés à l'ambassade de Votre Majesté, de la conduite desquels j'ai lieu d'être extrêmement satisfait, et qui, seuls de tous ceux qui sont attachés aux ambassades au congrès, n'ont aucune décoration.

Mercredi, je ferai partir un courrier, par lequel j'aurai l'honneur d'écrire à Votre Majesté sur la question du mariage dont je sens bien toute l'importance, et que je n'ai jamais perdue de vue [4].

Je suis...

N° 26 bis. — LES AMBASSADEURS DU ROI AU CONGRÈS, AU MINISTRE DES AFFAIRES ÉTRANGÈRES, A PARIS.

Vienne, le 24 janvier 1815.

Monsieur le comte,

Nous avons l'honneur de vous transmettre le protocole de la conférence des huit puissances tenue le 16 janvier. La question de la traite des nègres a été modifiée depuis par l'effet d'une convention faite entre lord Castlereagh

1. M. Rouen, diplomate français, débuta en 1813 à Weimar, comme attaché à la légation, suivit M. de Talleyrand à Vienne, fut secrétaire à Turin en 1816, puis consul général en Grèce (1828) et ministre à Rio-de-Janeiro en 1836.

2. M. de Formont était employé au ministère des affaires étrangères en 1814. Il fut attaché à l'ambassade française à Vienne. Plus tard il devint consul général à Livourne.

3. M. de Saint-Mars était traducteur au département des affaires étrangères et attaché comme tel à l'ambassade de France. Il resta ensuite à Vienne comme premier secrétaire.

4. Variante : *P.-S. Le départ du général Pozzo paraît fixé pour mardi 24.*

et l'ambassadeur de Portugal. Ce dernier, au nom de sa cour, a consenti à ce que le Portugal renonçât dès ce moment à la traite au nord de l'équateur, et l'Angleterre accorde en retour trois cent mille livres sterling pour indemnité des vexations éprouvées par les croisières anglaises; cinq cent mille livres sterling sur un emprunt que le Portugal avait à rembourser, et l'annulation du dernier traité de commerce signé en 1810[1]. Le Portugal stipule enfin qu'après huit années, la traite ne se ferait plus pour aucune de ses possessions.

L'Espagne a persisté pour que ce terme déjà stipulé par ses traités restât définitivement fixé.

La France est restée dans la situation où la mettait le traité de Paris, toujours annonçant le découragement de la traite et fixant son abolition à cinq années.

Vous verrez, monsieur le comte, par les avantages que fait l'Angleterre au Portugal, combien elle est disposée à se prêter aux arrangements qui pourront rendre immédiate l'abolition de la traite. C'est à vous, à vous consulter avec le ministre de la marine sur cet objet si, comme on le dit, nos négociants des ports ne faisaient point d'armements pour aller chercher des noirs; il y aurait peut-être, sans aucune perte pour la France, quelque bon accommodement à faire. Cette idée, au reste, ne peut être présentée qu'avec beaucoup de ménagements.

Les négociations pour les limites en Pologne et pour la Saxe ont continué. D'ici à deux jours, le cabinet de Vienne doit re-

---

1. Traité d'amitié, de commerce, et de navigation entre l'Angleterre et le Portugal, signé à Rio-de-Janeiro le 19 février 1810. Ce traité, imposé par l'Angleterre, avait stipulé des conditions onéreuses, surtout en ce qui regardait le commerce du Brésil, alors colonie portugaise.

mettre un contre-projet. Les Prussiens paraissent se disposer à y répondre par un *ultimatum*, et l'empereur de Russie laisse quelque espoir d'interposer ses bons offices près de la cour de Berlin pour qu'elle se désiste de la prétention de réunir à sa monarchie le royaume de Saxe. Lord Castlereagh paraît toujours ne point vouloir se déterminer à débattre cette question avec force, et il répète souvent qu'il n'insisterait que pour protéger le principe de la conservation, mais qu'il ne voulait ni ne pouvait engager la nation anglaise à faire des sacrifices pour une simple question de plus ou moins de population. Malgré cet obstacle, nous espérons cependant que si la Saxe porte son sacrifice à cinq ou six cent mille âmes, elle sera conservée, et avant huit jours, nous croyons pouvoir l'annoncer définitivement. — L'Autriche qui devait récupérer le cercle de Tarnopol, perdu en 1809 en Pologne, veut en faire le sacrifice, à condition que la Russie cédera un territoire plus considérable à la Prusse. Tout ceci nous conduit à la solution de cette première et importante question qui entravait la marche du congrès.

Les affaires d'Italie n'ont point avancé, elles s'arrêtent toutes dans les bureaux de M. le prince de Metternich.

Celles de Suisse vont être discutées dans la conférence des huit puissances. D'après les nouvelles que nous avons de Berne, le député de ce canton a reçu l'autorisation d'accepter l'évêché de Bâle en indemnité de ses pertes, sous la condition qu'on le donnerait en entier et qu'on n'exigerait pas pour ses habitants des privilèges, qui ne s'accorderaient pas avec ceux dont l'ancien canton de Berne jouissait autrefois. Les Bernois nous ont exprimé en même temps leur reconnaissance des sacrifices généreux que Sa Majesté avait voulu faire pour leur procurer la restitution de leur ancien territoire. Nous croyons que le roi aura en eux les alliés les plus fidèles et les plus dévoués.

Il nous reste, monsieur le comte, à vous parler de l'effet qu'a produit sur les esprits la cérémonie du 21 janvier. Nous avions pensé qu'un des moyens les plus efficaces de consacrer les principes, que nous nous efforçons d'établir, était d'y appeler les souverains et les plénipotentiaires.

La résolution de célébrer cet anniversaire a été prise dès les premiers jours de janvier. Les ambassadeurs du roi se sont empressés de faire part de leur dessein à la cour d'Autriche et aux légations d'Angleterre, d'Espagne, de Portugal... et ont cherché, par les préparatifs qu'ils ont ordonnés pour cette cérémonie, à lui donner le plus grand éclat.

Quoiqu'il fût dans l'intérêt de tous les souverains d'honorer les souvenirs que cet anniversaire nous retrace, les ambassadeurs du roi connaissaient trop bien les impressions funestes que la Révolution a inspirées, pour ne pas croire qu'un hommage universel pût être obtenu sans y apporter tous leurs soins.

La veille de cette cérémonie, l'empereur de Russie affirmait encore qu'elle n'avait aucun but utile et son envoyé près la cour d'Autriche avait allégué des prétextes pour ne pas y assister.

Vous voyez, monsieur le comte, que nous sommes parvenus à triompher de ces obstacles, et que les souverains, les envoyés et le peuple de Vienne ont assisté à ce service avec un profond sentiment de respect.

La légation s'est occupée de faire rédiger un discours qui manque de ce mouvement que d'aussi grands souvenirs devaient inspirer, mais où on est parvenu à établir les meilleurs principes et à présenter la situation de la France, ses regrets et son amour pour son roi, sans accuser ni citer un seul coupable.

Il n'a pas suffi aux ambassadeurs du roi de faire proclamer ces principes dans la chaire ; M. le prince de Talleyrand a excité M. de Gentz à rédiger un article qui, en fixant l'opinion de l'Europe sur cette cérémonie, vous prouvera que nous avons atteint le but que nous nous étions proposés. Il se trouve dans l'*Observateur de Vienne* du 23 janvier [1].

Vous aurez jugé, monsieur le comte, par notre premier rapport, déjà communiqué au roi, du sentiment général que cette cérémonie a inspiré, de l'émotion qui a été ressentie et des souvenirs qu'elle laissera dans ce pays.

Le même jour, les personnes les plus distinguées parmi les étrangers et les habitants de Vienne se sont empressées d'apporter à M. le prince de Talleyrand leurs compliments de condoléance.

L'empereur d'Autriche a ordonné qu'une fête qui avait été préparée pour le 21 fût remise au lendemain, et il vous paraîtrait peut-être convenable que dans les principales gazettes, le récit de la fête du 22 fût précédé par ces mots : « Les divertissements interrompus, par ordre de l'empereur, à cause du 21 janvier, ont recommencé [2].... »

Le catafalque est resté exposé dans l'église cathédrale depuis le jour du service. Le peuple n'a pas encore cessé de s'y porter avec un profond sentiment de vénération.

Agréez...

---

1. Voir le *Moniteur* du 2 février.

2. Voir également le *Moniteur* du 2 février.

N° 24. — LE PRINCE DE TALLEYRAND AU ROI LOUIS XVIII.

Vienne, le 25 janvier 1815.

Sire,

J'assistais hier à une conférence de M. de Metternich et du prince de Schwarzenberg, dont l'objet était de déterminer, d'après l'opinion des militaires autrichiens, quels points de la Saxe on pouvait et quels points on ne pouvait pas laisser à la Prusse, sans compromettre la sûreté de l'Autriche.

L'empereur d'Autriche avait voulu que cette conférence eût lieu et il avait désiré que j'y fusse.

Deux plans furent proposés :

L'un conserverait Torgau à la Saxe, sauf à raser les fortifications de Dresde;

L'autre donnait Torgau à la Prusse, mais rasé. Dresde le serait pareillement.

Dans les deux hypothèses, la Prusse conserverait Erfurt.

Il fut convenu que les deux plans seraient soumis à l'empereur d'Autriche, et que, de celui qu'il aurait adopté, on ferait le sujet [1] d'un mémoire qu'il remettrait lui-même à lord Castlereagh ; car c'est Castlereagh qu'il s'agit de persuader.

La Russie a offert à l'Autriche de lui rendre le district de Tarnopol, contenant quatre cent mille âmes. L'Autriche y renonce, à condition que pareille population sera donnée à la Prusse dans la partie de la Pologne qui l'avoisine, afin de diminuer d'autant les sacrifices à faire par la Saxe. Cela sera expliqué dans le mémoire.

1. Variante : le *projet*.

J'ignore lequel des deux plans a été adopté; mais je sais que lord Castlereagh a dû aller ce soir chez l'emperéur d'Autriche. Je rendrai compte à Votre Majesté, par le prochain [1] courrier, de ce qui se sera passé dans cette audience.

Votre Majesté jugera du degré de confiance que l'empereur d'Autriche met dans son ministre, en apprenant qu'il m'a envoyé ce matin le comte de Sickingen, pour me demander si ce qui lui avait été rapporté de la conférence d'hier par M. de Metternich était la vérité.

L'empereur Alexandre, avec ses idées libérales, a fait si peu fortune ici, que l'on est obligé de tripler les moyens de police pour empêcher qu'il ne soit insulté par le peuple aux promenades qu'il fait tous les jours.

J'ai l'honneur d'envoyer à Votre Majesté un article du *Beobachter*, que j'ai fait rédiger par M. de Gentz. Je joins ici la traduction qu'il a faite lui-même et qui est très bien. Cet article me paraît pouvoir être mis dans le *Moniteur*, sous la rubrique de Vienne. Il est de nature qu'il soit utile que les autres journaux le répètent.

Je suis...

LE PRINCE DE TALLEYRAND AU ROI LOUIS XVIII.
(*Particulière*)

Vienne, le 25 janvier 1815.

Sire,

Le général Pozzo paraît devoir partir cette semaine pour retourner à Paris. Il aura probablement reçu de l'empereur

---

1. Variante : le *premier*.

Alexandre des ordres relatifs au mariage. Je crois devoir soumettre aujourd'hui à Votre Majesté quelques réflexions sur une matière si délicate et si[1] grave sous tant de rapports.

Votre Majesté veut et a toute raison de vouloir, que la princesse, quelle qu'elle soit, à qui M. le duc de Berry donnera sa main, n'arrive en France que princesse catholique. Votre Majesté fait de cette condition et ne saurait même se dispenser d'en faire une condition absolue. Roi très chrétien et fils aîné de l'Église, elle ne peut point porter à cet égard la condescendance plus loin que Bonaparte[2] lui-même ne s'était montré disposé à le faire, lorsqu'il demanda la grande-duchesse Anne. Si cette condition était acceptée par l'empereur Alexandre, Votre Majesté, en supposant qu'elle ait engagé sa parole, ne se croirait sûrement pas libre de la retirer. Mais il paraît que l'empereur, sans vouloir s'opposer à ce que sa sœur change de religion, ne veut pas qu'on puisse lui imputer, à lui, d'avoir donné les mains à ce changement, comme on aurait lieu de le faire, s'il avait été stipulé. Il veut qu'il puisse être regardé comme l'effet d'une détermination de la princesse, elle seule, lorsqu'elle aura passé sous d'autres lois, et qu'en conséquence, ce changement suive le mariage et ne le précède pas. Il tient donc à ce que sa sœur aille en France avec sa chapelle, consentant toutefois à ce que le pope qui la suivra porte un habit laïque. Les raisons qui l'y font tenir sont ses propres scrupules, vu l'attachement qu'il a pour sa croyance et la crainte de blesser l'opinion de ses peuples dans un point aussi

---

1. Variante : *aussi* délicate et *aussi* grave.

2. Variante : *Buonaparte*.

délicat. En persistant *lui-même*[1] dans ces dispositions, il déliera lui-même Votre Majesté de tout engagement qu'elle ait pu prendre et lui fournira les moyens de se délier, s'il diffère de consentir à la condition mise au mariage. Or, je ne craindrai pas d'avouer à Votre Majesté que tout ce qui peut tendre à la délier à cet égard me semble très désirable.

Il y a huit mois, lorsqu'au milieu de la joie qu'excitait le présent et des heureuses espérances qu'on aimait à concevoir pour l'avenir, il était néanmoins impossible de l'envisager avec cette sécurité qui n'est troublée par aucune crainte, une alliance de famille avec la Russie pouvait paraître et me parut à moi-même offrir des avantages dont l'utilité devait l'emporter sur des considérations, que, dans une autre situation des affaires, j'aurais mises au premier rang et regardées comme décisives.

Mais aujourd'hui que la Providence a pris soin d'affermir elle-même le trône qu'elle a miraculeusement relevé ; aujourd'hui qu'il est environné et gardé par la vénération et l'amour des peuples; maintenant que la coalition est dissoute, que la France n'a plus besoin de compter sur des secours étrangers et que c'est d'elle, au contraire, que les autres puissances en attendent, Votre Majesté, dans le choix qu'elle fera, n'a plus à sacrifier à la nécessité des conjonctures aucune des convenances essentielles à ce genre d'alliance, et peut ne consulter qu'elles.

La grande-duchesse Anne passe pour être, des cinq filles de l'empereur Paul, celle à qui la nature a donné le plus de

---

1. Supprimé dans le texte des archives.

beauté, qualité très précieuse et très désirable dans une princesse que le cours des événements peut appeler à monter *un jour*[1] sur le trône de France. Car aucun peuple n'éprouve autant que les Français le besoin de pouvoir dire des princes auxquels ils sont soumis :

<blockquote>Le monde, en les voyant, reconnaîtrait ses maîtres!</blockquote>

La grande-duchesse paraît avoir été élevée avec beaucoup de soin. Aux avantages de la figure, elle joint, à ce que l'on dit, la bonté. *Enfin*[2], elle a vingt et un ans, ce qui fait qu'on n'aurait point à craindre pour elle les suites souvent funestes d'un mariage trop précoce. Elle avait été destinée au duc actuellement régnant de Saxe-Cobourg, avant que Bonaparte[3] l'eût demandée. Il n'a tenu qu'à celui-ci de l'épouser, car il est certain qu'on ne demandait pas mieux de la lui donner, s'il eût pu et voulu attendre. Je ne sais si de ces deux circonstances on pourrait tirer une sorte d'objection contre l'union de cette princesse avec M. le duc de Berry; mais je dois dire que j'aimerais beaucoup mieux qu'elles n'eussent point existé, si le mariage doit se faire.

*Mais en considérant quel fut l'état des facultés intellectuelles chez Pierre III, aïeul de la grande-duchesse, et chez Paul I*ᵉʳ*, son père ; conduit par les exemples du feu roi de Danemark, du duc actuellement régnant d'Oldenbourg et du malheureux Gustave IV, à regarder leur déplorable infirmité comme un*

---

1. Supprimé dans le texte des archives.

2. Supprimé dans le texte des archives.

3. Variante : *Buonaparte.*

funeste apanage de la maison de Holstein[1], *je ne puis me défendre d'appréhender qu'elle ne fût transportée par le mariage dans la maison de France, et peut-être à l'héritier du trône*[2].

La nécessité où serait la grande-duchesse, non pas de changer de religion, mais d'en changer de telle sorte qu'il paraîtrait impossible d'attribuer son changement à d'autres motifs que des motifs purement politiques, fournirait une objection qui ne me paraît pas sans force ; car cela tendrait inévitablement à favoriser parmi les peuples ce sentiment d'indifférence religieuse qui est la maladie des temps où nous vivons.

---

1. Le Holstein avait autrefois appartenu à la maison de Schauenbourg. Cette maison s'étant éteinte en 1459, les Etats élurent pour comte, Christian d'Oldembourg, neveu du dernier comte de Holstein-Schauenbourg qui venait de mourir. Christian d'Oldembourg avait été en 1448 nommé roi de Danemark, comme descendant par les femmes de l'ancienne famille royale des Waldemar qui venait également de s'éteindre. Les petits-fils de Christian Ier partagèrent le Holstein (1544) et devinrent ainsi les fondateurs de deux branches : la branche aînée ou branche royale qui régna en Danemark en ligne directe jusqu'en 1863, et la branche cadette ou branche ducale qui elle-même se subdivisa en deux rameaux : les Holstein-Gottorp et les Holstein-Gottorp-Eutin. Le premier s'éleva au trône de Russie en 1762, en la personne de Pierre III, fils de Charles-Frédéric, duc de Holstein-Gottorp et d'Anne, fille de Pierre le Grand. Le second rameau donna naissance en 1710 à Adolphe Frédéric, duc de Holstein-Gottorp-Eutin, qui en 1743, à la paix d'Abo, fut imposé comme roi à la Suède par l'impératrice de Russie Élisabeth, à la place du prince royal de Danemark. — Les familles souveraines de Danemark, de Suède et de Russie étaient donc issues de la même souche. D'autre part, on n'ignore pas combien était déplorable la faiblesse d'esprit du czar Pierre III, et comme l'état mental de son fils le czar Paul était précaire. Quant au roi de Danemark, Christian VII, il était tombé en démence en 1772. De même, le duc de Holstein-Oldembourg était incapable de régner et avait été remplacé par son cousin le prince de Lubeck. Toutefois, malgré ce que dit M. de Talleyrand, il ne semble pas que le roi de Suède, Gustave IV, ait hérité au même degré de cette infirmité de la maison de Holstein.

2. Tout ce paragraphe ne se trouve point dans le texte des archives.

Le mariage ne liant pas seulement ceux qui le contractent, mais aussi les familles, les convenances entre celles-ci doivent être comptées en première ligne, même dans les mariages des particuliers ; à plus forte raison dans ceux des rois ou des princes qui peuvent être appelés à le devenir. Que la maison de Bourbon s'allie à des maisons qui lui soient inférieures, c'est une nécessité pour elle, puisque l'Europe n'en offre point qui lui soient égales. Je n'objecterai donc point que la maison de Holstein, quoique occupant les trois trônes du Nord, est comparativement nouvelle entre les rois. Mais je dirai que, quand la maison de Bourbon en honore une autre de son alliance, il vaut mieux que ce soit une maison qui s'en tienne pour honorée, que celle qui prétendrait à l'égalité en croyant que la noblesse et l'antiquité d'origine peuvent être compensées par l'étendue des possessions. Des quatre sœurs de la grande-duchesse Anne, l'une avait épousé un archiduc, et les trois autres, de petits princes allemands[1]. La Russie, qui n'a pu placer aucune de ses princesses sur aucun trône, en verra-t-elle une appelée à celui de France? Une telle perspective serait, j'ose le dire, une trop grande fortune pour elle, et je n'aimerais point que M. le duc de Berry se trouvât de la sorte dans des rapports de parenté fort étroits avec une foule de princes placés dans les dernières divisions de la souveraineté.

1. Rappelons que l'empereur Paul avait eu six filles : Olga, morte en bas-âge, Alexandra, née en 1783, mariée à Joseph-Antoine, archiduc d'Autriche, frère de l'empereur François; Hélène, née en 1784, mariée à Frédéric-Louis, prince héréditaire de Mecklembourg-Schwérin; Marie, née en 1786, mariée en 1804 à Charles-Frédéric, prince héréditaire de Saxe-Weimar; Catherine, née en 1788, mariée en 1809 à Paul-Frédéric-Auguste, prince héréditaire de Holstein-Oldembourg. Enfin Anne, née en 1795, dont il est ici question.

La Russie, en établissant ses princesses comme elle l'a fait, a voulu surtout se ménager des prétextes et des moyens d'intervenir dans les affaires de l'Europe, à laquelle elle était presque inconnue il y a un siècle. Les effets de son intervention ont assez fait sentir le danger de son influence. Or, combien cette influence ne serait-elle pas accrue, si une princesse russe était appelée à monter sur le trône de France?

Une alliance de famille n'est pas, je le sais, une alliance politique, et l'une ne mène pas nécessairement à l'autre. Le mariage projeté ne ferait sûrement pas que la France favorisât les vues ambitieuses et les idées révolutionnaires dont l'empereur Alexandre est plein, et qu'il cherche à voiler sous le nom spécieux d'idées libérales. Mais comment empêcher que d'autres puissances n'en prissent une opinion différente, n'en conçussent de la défiance, que cela n'affaiblît les liens qu'elles auraient avec nous ou ne les détournât d'en former, et que la Russie n'en tirât parti pour l'accomplissement de ses vues?

Telles sont, Sire, les objections dont le mariage de M. le duc de Berry avec la grande-duchesse Anne m'a paru susceptible. J'ai dû les exposer sans réserve à Votre Majesté, mais je ne les ai point exagérées. Votre Majesté jugera dans sa sagesse si elles ont tout le poids qu'elles me semblent avoir.

J'ajouterai qu'il me paraîtrait conforme à la grandeur de la maison de Bourbon, surtout à l'époque où toutes ses branches, battues par une même tempête, ont été relevées en même temps, de ne chercher que dans son sein les moyens de se perpétuer. J'entends parler avec beaucoup d'éloges d'une jeune princesse de Sicile, fille du prince royal[1]. Le Portugal, la Toscane, la Saxe en offrent d'autres, entre lesquelles Votre Majesté pourrait faire un choix. J'ai l'honneur d'en joindre ici la liste.

Si l'impossibilité de s'entendre sur le point de la religion faisait échouer la négociation du mariage avec la grande-duchesse, ou si Votre Majesté jugeait convenable d'y renoncer, je la supplierais de vouloir bien ménager les choses, de telle sorte que cette affaire ne fût décidée sans retour que lorsque nous aurons terminé celles qui nous occupent ici. Car, si l'empereur Alexandre nous a montré si peu de bonne volonté, malgré l'espérance d'un tel établissement pour sa sœur, toute flatteuse que cette espérance est pour lui, à quoi ne devrions-nous pas nous attendre de sa part, une fois qu'il l'aurait perdue?

Je suis...

N° 20 *ter*. — LE ROI LOUIS XVIII AU PRINCE DE TALLEYRAND.

Paris, ce 28 janvier 1815.

Mon cousin,

J'ai reçu votre numéro 22. Bien avant que celui-ci vous parvienne, vous aurez vu le duc de Wellington, dont le choix pour remplacer lord Castlereagh m'a été fort agréable [2].

---

1. Marie-Caroline-Thérèse de Bourbon, née en 1798, fille de François, prince héréditaire des Deux-Siciles et de Marie-Clémentine, archiduchesse d'Autriche ; elle épousa en 1816 le duc de Berry qui mourut quatre ans plus tard. Le 29 septembre 1820, elle donna le jour au duc de Bordeaux. On sait les soulèvements qu'elle chercha à provoquer en 1832 en faveur de son fils. Arrêtée le 7 novembre 1832, elle fut enfermée dans le château de Blaye, et l'année suivante, reconduite en Sicile. Elle mourut en 1870.

2. Wellington venait en effet d'être nommé ambassadeur au congrès (24 janvier).

Je l'ai vu avant son départ ; j'en ai été on ne saurait plus satisfait, et, de son côté, j'espère qu'il n'est pas parti mécontent de moi. Celui-ci a aussi un *character* à soutenir, celui de *king's*, non pas *maker*, mais ce qui vaut un peu mieux, *restorer*. Il n'est d'ailleurs pas gêné par ce qu'a fait son prédécesseur, puisque, pour marcher sur ses traces, il a, à peu de chose près, le choix entre les deux extrêmes. Je ne sais pas au juste à quoi se monte la population[1] de la Saxe ; je crois que le roi devra souscrire à une réduction de quinze cent mille habitants ; mais, si l'on voulait diminuer encore de ce nombre, souvenez-vous de ce que je vous écrivais dernièrement.

Le comte Jules de Polignac[2] est arrivé dimanche. Ses rapports, conformes à ceux que j'avais précédemment reçus de divers côtés, peignent l'Italie en grande fermentation et l'existence de Murat comme fort dangereuse. J'ai lieu de penser que l'Angleterre entrerait dans un pacte pour assurer à cet homme une existence pécuniaire, en abandonnant son prétendu trône. Je me prêterais volontiers à cette mesure, pourvu qu'il soit en même temps convenu que, s'il s'obstine, la force fera ce que la négociation n'aura pu faire.

La douloureuse et consolante cérémonie de samedi s'est

---

1. Variante : *totale*.

2. Auguste-Jules, comte puis prince de Polignac, né en 1780, fut, à la première Restauration, nommé maréchal de camp, commissaire extraordinaire à Toulouse et ministre près le Saint-Siège. Il fut nommé pair de France le 17 avril 1815. En 1820, le comte de Polignac reçut du pape le titre de prince romain. Ambassadeur à Londres en 1823, il devint en 1829 ministre des affaires étrangères et président du conseil. Après le départ de Charles X, le prince de Polignac qui s'était séparé de lui, fut arrêté à Granville le 15 août et transféré à Vincennes. La Chambre des pairs le condamna à la détention perpétuelle et à la mort civile. Il fut amnistié en 1836, se retira en Angleterre, et revint mourir à Paris en 1847.

fort bien passée. Je vous charge d'exprimer ma sensibilité aux souverains qui auront assisté à celle de Saint-Étienne, et en particulier de dire à l'impératrice d'Autriche combien je suis touché du désir et des regrets qu'elle a bien voulu me faire témoigner en cette occasion. Sur quoi je prie Dieu qu'il vous ait, mon cousin, en sa sainte et digne garde.

LOUIS.

P.-S. — Le général Ricard est arrivé *hier* [1], et sera à Vienne peu après cette lettre.

N° 27 *bis*. — LES AMBASSADEURS DU ROI AU CONGRÈS, AU MINISTRE DES AFFAIRES ÉTRANGÈRES, A PARIS.

Vienne, le 31 janvier 1815.

Monsieur le comte,

Le contre-projet annoncé dans nos dernières dépêches a été remis par le cabinet de Vienne. On cède sept cent quatre-vingt-deux mille âmes du royaume de Saxe. Dès qu'il sera communiqué officiellement à l'ambassade du roi, nous aurons l'honneur de vous le transmettre.

Les Prussiens paraissent n'en pas être satisfaits. Cependant l'empereur Alexandre semble l'approuver, et nous espérons qu'il engagera son allié à l'accepter et à terminer ainsi la question qui, depuis si longtemps, divise le congrès. Cela sera décidé d'ici à peu de jours.

Lord Castlereagh a reçu hier le courrier qui le rappelle en Angleterre, et l'arrivée de lord Wellington est annoncée.

Lord Castlereagh quitte Vienne en conservant de bonnes

---

1. Supprimé dans le texte des archives.

dispositions sur l'affaire de Naples. Il paraît mettre du prix à rester dans les meilleurs termes avec la France.

Ni les affaires de Suisse ni celles d'Italie n'ont occupé les conférences; M. de Metternich n'a pas jugé à propos d'en tenir depuis celle qui a eu pour objet de régler le rang et la préséance.

La confiance dans la sagesse du roi et la considération que l'on accorde à son ambassadeur au congrès augmentent à mesure que tous les partis se persuadent que la justice et la raison dictent toutes les démarches du cabinet de France. De jour en jour, nous avons des indices plus marquants que la coalition est dissoute et que l'union des puissances du Midi contre un système de convenance si fortement soutenu par les puissances du Nord consolidera le repos et présentera une garantie contre les nouvelles agitations que l'on aurait pu craindre.

Agréez...

N° 25. — LE PRINCE DE TALLEYRAND AU ROI LOUIS XVIII.

Vienne, le 1ᵉʳ février 1815.

SIRE,

L'audience donnée par l'empereur d'Autriche à lord Castlereagh n'a eu d'autre effet que de faire dire à celui-ci que l'empereur lui paraissait plein de loyauté et de candeur. Du reste, lord Castlereagh a été inébranlable dans son opinion qu'il fallait que la Prusse fût grande et puissante, et qu'on devait lui donner une forte partie de la Saxe et, en particulier la place de Torgau. Je voulais sauver cette place; les Autrichiens le voulaient d'abord, et, selon leur usage, ont fini par l'abandonner. En conséquence, ni l'un ni l'autre des deux plans dont j'ai eu l'honneur d'entretenir Votre Majesté n'a prévalu. On en a fait un troisième d'après lequel une population de sept cent quatre-vingt-deux mille Saxons est abandonnée à la Prusse; et ce plan des Autrichiens a été remis, en forme de projet, aux Prussiens, qui l'ont pris *ad referendum*; ils n'y ont pas encore répondu.

Nous avions, dès le principe, annoncé que nous consentirions à ce qu'on prît sur la Saxe de quatre à cinq cent mille âmes; lord Castlereagh, après l'avoir d'abord abandonnée, et, parce qu'il l'avait une fois abandonnée, voulait obstinément que l'on en prît un million. Quoique fort mal soutenu par les Autrichiens, je suis venu à bout d'obtenir que l'on s'arrêtât à peu près au terme moyen entre ces deux nombres, et je m'étonne encore de l'avoir obtenu. Le ministre de Saxe, qui est ici, avait dressé un tableau des parties du royaume qui pouvaient n'être pas considérées comme absolument essentielles à son existence. La population de ces parties s'élevait à sept cent cinquante mille âmes. On n'en cède dans le projet que trente-deux mille de plus, et, de ce qui est cédé, quelques portions doivent, par des échanges, revenir aux maisons ducales de Saxe.

Les Prussiens sont dit-on, ou feignent d'être peu disposés à se contenter de ce qui leur est offert. Ce n'est pas seulement pour eux une question de territoire; c'en est encore une d'amour-propre. Après avoir, et tout récemment encore, demandé toute la Saxe, après l'avoir occupée, après que toutes les puissances, à l'exception de la France, la leur avaient abandonnée, après avoir tant de fois déclaré qu'ils n'y renonceraient jamais, il doit leur être pénible de renoncer aux deux tiers de ce royaume. Mais ils ne lutteront point sans le concours de la Russie, et l'empereur Alexandre qui a obtenu ce qu'il voulait en Pologne, qui ne prend à l'affaire *de la Saxe* [1] qu'un intérêt d'amour-propre, conseillera, selon toute apparence, aux Prussiens d'accepter les propositions qui leur sont faites, et l'on est fondé à croire qu'à très peu de changements près elles seront acceptées.

Jamais le sort d'un pays ne put paraître plus irrévocablement fixé que celui de la Saxe, au moment où nous arrivâmes ici. La Prusse la demandait en totalité pour elle-même, et la Russie, pour la Prusse. Lord Castlereagh l'avait abandonnée en totalité, et l'Autriche pareillement, sauf quelques arrangements de frontières. Votre Majesté seule a pris la défense du roi et du royaume de Saxe; seule, elle a soutenu les principes. Elle avait à triompher de passions de tout genre : de l'esprit de coalition qui subsistait dans toute sa force, et, ce qui était plus difficile peut-être, de l'amour-propre de toutes les grandes puissances qui, par leurs prétentions, leurs déclarations et leurs concessions, s'étaient compromises au point de paraître ne pas pouvoir reculer sans honte, et par la noble résistance de Votre Majesté à une injustice déjà presque consommée, elle a eu la gloire de vaincre tous ces obstacles; et, non seulement elle en a triomphé, mais la coalition a été dissoute, et Votre Majesté est entrée avec deux des plus grandes puissances dans un concert qui, plus tard, sauvera peut-être l'Europe des dangers dont la menace l'ambition de quelques États.

Le royaume de Saxe, qui était un État de troisième classe, continuera de l'être. Sa population, jointe à celle des posses-

---

1. Supprimé dans le texte des archives.

sions ducales et de celles des maisons de Reuss et de Schwarzbourg, qui se trouvent enclavées dans le royaume, formeront encore une masse de deux millions d'habitants, interposés entre la Prusse et l'Autriche et entre la Prusse et la Bavière.

L'affaire de la Saxe terminée, je serai tout entier à celle de Naples et j'y mettrai tout ce que je peux avoir d'activité et de savoir faire. L'Angleterre ne nous y sera pas contraire, mais ne nous servira point ouvertement et d'une manière décidée, attendu qu'elle s'est compromise encore dans cette affaire, ainsi que Votre Majesté le verra par la pièce que j'ai l'honneur de lui envoyer. Lord Castlereagh a reçu à cet égard, de son gouvernement, des instructions données d'après la lettre que je lui avais écrite, mais qui sont dans le sens que je viens d'indiquer.

Lord Castlereagh ne restera ici que huit jours avec lord Wellington. J'ai dû croire, par des communications qu'il m'a faites de dépêches qu'il a reçues de sa cour, que sa partialité pour la Prusse et sa ténacité sur la question saxonne devaient être imputées à lord Liverpool [1] autant qu'à lui. Lord Bathurst lui mande qu'il faut être très libéral envers la Prusse, et qu'après s'être avancé au point où on l'avait fait relativement à la Saxe, il est de l'honneur du gouvernement anglais de ne point [2] rétrograder.

---

1. Robert Jenkinson, comte de Liverpool, né en 1770, fut élu député aux Communes en 1790 et devint commissaire du bureau de l'Inde, maître de la Monnaie et membre du conseil privé. Il entra dans le cabinet Addington comme secrétaire d'État aux affaires étrangères (1801), puis dans celui de Pitt, comme ministre de l'intérieur (1804). Il conserva cette charge jusqu'en 1808, passa de là au département de la guerre et enfin devint premier lord de la Trésorerie (1812). Il demeura à la tête des affaires jusqu'en 1827 et mourut l'année suivante.

2. Variante : *trop* rétrograder.

Du reste, on approuve entièrement le traité qu'il a conclu, et on lui annonce que les ratifications lui seront envoyées par le premier courrier.

Il s'est étendu sur le désir qu'il a de voir la meilleure intelligence régner entre la France et l'Angleterre. Il ne se fait point illusion au point de croire que le résultat des arrangements qui seront faits ici puisse être une paix de longue durée ; il désire seulement que la guerre n'ait point lieu avant deux ans. Son vœu est que, si elle a lieu, la France, l'Angleterre et l'Autriche soient amies[1] ; et, comme il lui paraît nécessaire de se tenir toujours en mesure et de se concerter d'avance, il se propose d'entretenir une correspondance directe avec moi. Mais il regarde comme désirable un changement de ministère en Autriche, où le ministère est bien faible, pour ne rien dire de plus.

J'ai été en général content des dispositions qu'il m'a montrées.

Il se propose, à son passage à Paris, de solliciter une audience de Votre Majesté.

Je suis...

N° 21 *ter*. — LE ROI LOUIS XVIII AU PRINCE DE TALLEYRAND.

Paris, ce 4 février 1815.

Mon cousin,

J'ai reçu vos numéros 23 et 24. Je n'ai pas répondu tout de suite au premier qui ne traitait pas d'affaires, mais je n'en ai pas été moins satisfait ni moins touché de son contenu. Saint-Denis, ni aucune des églises de Paris, excepté Saint-

---

1. Variante : soient *unies*.

Thomas-d'Aquin, où le prédicateur n'a fait autre chose que de lire le testament du roi martyr, n'ont retenti d'un discours qui approchât de celui qui a été prononcé à Saint-Étienne, et je désire que vous en fassiez connaître mon opinion à l'auteur[1].

J'ai été pareillement fort content du morceau de M. de Gentz, que j'ai sur-le-champ fait insérer dans le *Moniteur*. Enfin, j'ai donné mes ordres au comte de Jaucourt, au sujet des marques de satisfaction que vous me demandez pour les artistes qui ont coopéré à la cérémonie du 21.

La cession d'Erfurt à la Prusse me touche peu, mais je ne verrais pas sans regret raser les fortifications de Dresde, surtout si Torgau demeure au roi de Prusse. Je désire du moins que l'empereur François donne la préférence au premier plan, et l'ait fait adopter à lord Castlereagh, lequel, au reste, n'est peut-être plus à Vienne en ce moment. Vous savez combien le duc de Wellington a été pressant ici pour l'abolition de la traite ; vous aurez bientôt connaissance du rapport que M. Beugnot m'a fait au conseil de lundi sur Saint-Domingue. J'avoue que je commence à me réconcilier avec l'idée des avantages qui peuvent résulter de l'abandon à peu près instantané d'un commerce qu'il me paraît bien difficile de conserver, par delà l'époque fixée par le traité.

Le maréchal Soult vous écrit au sujet de Bouillon ; il s'agit ici de protection, et non de possession, et, par cette raison, il est important que ce duché demeure au prince de Rohan qui, d'ailleurs, nonobstant la protection que l'Angleterre accorde à son antagoniste, a cent fois le bon droit pour

---

[1]. Le comte Alexis de Noailles, l'un des plénipotentiaires au congrès, et qui avait écrit le discours lu à la cérémonie du 21 janvier, à Saint-Etienne, par le prédicateur. (*Note de M. de Bacourt.*)

lui[1]. Sur quoi je prie Dieu qu'il vous ait, mon cousin, en sa sainte et digne garde.

LOUIS.

P.-S. — Vos idées sur le mariage sont absolument les miennes. Je verrai venir le général Pozzo di Borgo, et ne hâterai rien.

N° 28 *bis*. — LES AMBASSADEURS DU ROI AU CONGRÈS, AU MINISTRE DES AFFAIRES ÉTRANGÈRES, A PARIS.

Vienne, le 8 février 1815.

Monsieur le comte,

Le projet sur les arrangements à prendre à l'égard du roi de Saxe et de son pays, projet proposé par le cabinet autrichien, paraît être accepté avec quelques modifications. Il est même question que le roi de Saxe pourrait quitter Berlin, pour venir à Prague, et peut-être à Vienne, si la cour d'Autriche le désirait.

Si, dans cette situation, on n'a pu obtenir en faveur de la Saxe et de la Pologne au delà de ce que les résultats ont donné, on ne doit l'attribuer qu'aux préjugés du cabinet anglais et à la faiblesse de celui de Vienne. Les difficultés à vaincre étaient

---

1. Charles-Alain-Gabriel, prince de Rohan-Guémené duc de Montbazon et de Bouillon, né en 1764, émigra en 1791, prit du service dans l'armée autrichienne où il obtint le grade de feld-maréchal lieutenant. En 1814, il fut nommé pair de France. Le congrès de Vienne lui reconnut la souveraineté du duché de Bouillon, mais elle lui fut contestée par l'amiral anglais Philippe d'Auvergne. L'affaire, soumise par le congrès à un haut arbitrage, fut résolue en faveur du prince de Rohan ; les arbitres reconnurent ses droits à une indemnité de la part du roi des Pays-Bas pour la cession à lui faite du duché. Mais le tribunal de Liège cassa cette décision. Le prince de Rohan mourut en 1836.

infinies ; mais la cause royale, celle de la légitimité et des droits sont sauvées, et la partie du royaume de Saxe qui est conservée jointe aux territoires des maisons ducales, présente une masse de deux millions d'habitants, qui sépare les monarchies prussienne et autrichienne.

Les détails de l'arrangement qui va avoir lieu seront arrêtés d'ici à quelques jours, et suivront de près cette dépêche qui annonce préalablement que l'on a levé la principale difficulté à la marche des affaires du congrès.

Lord Castlereagh part lundi prochain, et pour avoir l'honneur de voir le roi, il prend la route de Paris et s'embarquera à Calais. Nous espérons que son départ, et la manière dont lord Wellington se prononce sur les affaires de Naples, ne nuiront point à cette cause, à laquelle nous aurons à dévouer tout notre intérêt et tout notre zèle.

Les affaires de Suisse vont être traitées cette semaine. M. de Metternich annonce une réponse sur celles d'Italie. Les conférences pour régler les droits de la navigation sur les grands fleuves continuent ; et celles où l'on s'occupera de ce qui concerne l'Allemagne vont être reprises.

Nous avons, monsieur le comte, à fixer de nouveau votre attention sur les journaux français, et en particulier sur ce qu'ils rapportent du prince royal de Suède. Ils le confondent avec Murat, sans avoir égard à la différence de leur situation et de nos engagements avec eux. L'état présent de l'Europe, qui a tout à craindre de l'esprit d'envahissement du cabinet russe et tout à espérer d'un accord unanime entre les anciens cabinets, nous commande de grands ménagements pour la Suède, et semble nous faire une loi de ne rien négliger pour vivre en amitié avec elle.

Nous croyons devoir vous rapporter quelques observations, d'un caractère presque officiel, adressées à M. de Noailles par M. le comte de Lowenhielm, plénipotentiaire suédois au congrès.

Nous vous citons ses propres paroles :

« Le ci-devant roi de Suède se propose de passer en France. J'ai lieu de croire qu'il le désire ; les gazettes le disent. Nous avons été témoins de ce qu'il a fait pour la maison de Bourbon ; nous ne saurions imaginer que le roi de France, dont nous connaissons la générosité, lui refusât un asile. Nous demandons seulement une communication quelconque à ce sujet, et nous serons satisfaits.

» Le prince royal est parfaitement établi en Suède, depuis la réunion de la Norvège. Il a une grande popularité et une grande autorité. Il veut se lier d'amitié avec la France. Nous demandons de vous fort peu de chose. Le prince de Suède n'a pas oublié son origine ; il aura toujours un sentiment d'inquiétude ; il a besoin de quelques témoignages de considération : c'est un parvenu enfin, et il en a les susceptibilités que nous ne saurions empêcher. Mais, il sera sensible aux moindres égards. Un mot, par exemple, une marque de bonté du roi à la princesse royale, qui est à Paris, le touchera, et fera le meilleur effet.

» Vos journaux ne cessent de parler du prince royal d'une manière inconvenante ; de citer les articles qui peuvent lui nuire, avec des réflexions piquantes. Le département des affaires étrangères, en tout pays, a de l'influence sur les gazettes. Empêchez donc ces invectives qui ne viennent pas du cabinet ; je vous en réitère la demande, je vous en conjure. »

Agréez, monsieur le comte...

N° 26. — LE PRINCE DE TALLEYRAND AU ROI LOUIS XVIII.

Vienne, le 8 février 1815.

SIRE,

Le duc de Wellington est arrivé ici le 1er au soir. Le lendemain à dix heures du matin l'empereur de Russie est allé le voir, et a débuté par lui dire : « Tout va mal en France, n'est-ce pas? — Nullement, lui a répondu le duc, le roi est très aimé, très respecté, et se conduit avec une sagesse parfaite. — Vous ne sauriez, a répliqué l'empereur, me rien dire qui me fasse autant de plaisir. Et l'armée? — Pour faire la guerre au dehors, et contre quelque puissance que ce soit, a répondu lord Wellington, l'armée est aussi excellente qu'elle ait jamais été; mais dans des questions de politique intérieure, elle ne vaudrait peut-être rien. » Ces réponses ont, à ce que m'a dit le prince Adam, plus frappé l'empereur qu'il n'a voulu le témoigner. Elles ont certainement influé sur la détermination qu'il était pressé de prendre sur l'affaire de la Saxe, qui, lors de l'arrivée du duc de Wellington, offrait encore bien des difficultés. On peut les regarder comme aplanies.

Ce n'est point devant l'empereur de Russie seulement que le duc de Wellington a loué Votre Majesté. Il répète partout ses éloges, ne se bornant point à des termes généraux ; mais, entrant dans des détails et citant des faits, et ajoutant ainsi à la haute estime qu'inspirait ici le caractère de Votre Majesté. Il a parlé de l'affaire de Saint-Roch[1] comme d'une chose qui n'était rien. Les journaux d'Allemagne l'avaient fort grossie.

---

1. Il y avait eu du trouble et une espèce d'émeute à l'église Saint-Roch, à l'occasion de l'enterrement d'une actrice, mademoiselle Raucourt. (*Note de M. de Bacourt.*)

Il convient que tout n'est pas en France ce qu'il serait à désirer qu'il fût, mais il ajoute qu'il le deviendra avec le temps. Selon lui, ce qui y manque le plus, c'est un ministère. Il y a, dit-il, des ministres, mais point de ministère.

Les conclusions que l'on peut tirer de son langage sont que, puisque dans les questions de politique intérieure, l'armée ne serait pas encore sûre, il faut éviter par-dessus toutes choses d'élever des questions auxquelles elle pût prendre part; et que, quant à ce qui peut rester encore d'agitation dans les esprits il ne faut pas s'en étonner, ni s'en affliger. Une conversion trop subite serait suspecte. C'est une réflexion que j'ai faite et dont tout le monde a reconnu la justesse.

Samedi dernier, j'ai donné à lord Wellington un grand dîner. J'y avais réuni tous les membres du congrès. J'étais bien aise que ce fût la légation française qui les lui fît connaître.

Le projet autrichien, dont j'ai eu l'honneur d'entretenir Votre Majesté dans ma dernière lettre, n'avait point satisfait les Prussiens. Ils voulaient plus; ils voulaient surtout Leipzig. Le roi de Prusse, dans une audience qu'il avait donnée à lord Castlereagh, s'était exprimé avec beaucoup de chaleur, prétendant qu'après lui avoir donné la Saxe et la lui avoir fait occuper, c'était lui faire jouer un rôle avilissant que de vouloir qu'il n'en conservât qu'une partie; qu'il avait conquis Leipzig; que tous les alliés, après le gain de la bataille, avaient considéré cette ville comme lui appartenant et l'en avaient complimenté.

Lord Castlereagh, toujours dans l'opinion que la Prusse doit être forte et voulant avant tout éviter la guerre (lord

Wellington est lui-même d'avis que l'Angleterre ne la pourrait pas faire actuellement, et que la France est la seule puissance qui pût la faire), a soutenu que, pour calmer les Prussiens, il était nécessaire de leur donner quelque chose de plus.

Pour grossir leur lot, on a diminué celui de la Hollande, de cent mille âmes, et celui du Hanovre de cinquante mille ; on y a ajouté le pays de Fulde. L'empereur de Russie, et c'est une justice à lui rendre, a voulu aussi concourir à l'arrangement, et leur a restitué la ville de Thorn ; de sorte que l'affaire peut être considérée maintenant comme réglée, quoiqu'elle ne le soit pas définitivement.

La Saxe sera réduite à moins de quinze cent mille âmes. Mais, outre cette population, il faut compter encore celles des duchés de Saxe et des États de Schwarzbourg et de Reuss, enclavés dans le royaume, et qui, si celui-ci eût appartenu à la Prusse, se seraient trouvés lui appartenir de fait. En ne consentant point à ce que le royaume de Saxe fût réduit à moins de quinze cent mille âmes, il aurait fallu protester. En protestant, on aurait compromis le principe de la légitimité, qu'il était si important de sauver, et que nous n'avons sauvé, pour ainsi dire, que par miracle. On aurait de fait donné à la Prusse deux millions de sujets, qu'elle ne pourrait acquérir sans danger pour la Bohême et pour la Bavière ; on aurait prolongé, peut-être indéfiniment, la captivité du roi qui va se trouver libre. (J'ai demandé au prince de Hardenberg que le roi pût se rendre à Prague, que les ordres fussent immédiatement donnés à cet effet ; il y a consenti et m'a[1] donné sa

---

1. Variante : *m'en a*.

parole : demain, des ordres seront envoyés à Berlin, et le roi pourra en partir.)

La Saxe, quoique nous n'ayons pas obtenu pour elle tout ce que nous voulions, reste puissance du troisième ordre. Si c'est un mal qu'elle n'ait pas quelques centaines de mille âmes de plus, ce mal est comparativement léger et peut n'être pas sans remède, au lieu que, si la Saxe eût été sacrifiée en présence de l'Europe qui n'aurait pas voulu ou n'aurait pas pu la sauver, le mal aurait été extrême et de la plus dangereuse conséquence. Ce qui importait avant tout était donc de la sauver, et Votre Majesté seule a la gloire de l'avoir fait. Il n'y a personne qui ne le sente et qui ne le dise, et tout cela a été obtenu sans nous brouiller avec personne, et même en acquérant des appuis pour l'affaire de Naples.

Lord Castlereagh, à qui j'ai dit pour le flatter, que Votre Majesté me faisait l'honneur de me mander qu'elle désirait le voir à son passage à Paris, a été déterminé par là à prendre cette route ; il avait d'abord résolu d'aller par la Hollande. Lady Castlereagh désire qu'il lui soit permis de voir Madame la duchesse d'Angoulême. Ils ne pourront être à Paris que vingt-quatre heures. Leur projet est de partir lundi 13, mais non pas sans que lord Castlereagh ait fait, relativement à la question de Naples, des démarches qu'il m'a paru utile de faire faire par lui. Le duc de Wellington est bien dans cette question. J'espère que nous y aurons aussi de notre côté la Russie et la Prusse. Cependant, j'entrevois plus d'une sorte de difficultés ; et je mettrai tout en œuvre pour les surmonter.

Ce serait compliquer cette affaire et la gâter que d'y mêler celle de Bernadotte qui est d'une nature très différente.

Bernadotte n'est point arrivé en Suède par la conquête,

mais par l'adoption du roi régnant et le consentement du pays. Il n'est pas roi ; il n'est qu'héritier présomptif. On ne peut l'attaquer sans attaquer le roi qui l'a adopté, roi que celui qu'il remplace tient lui-même pour légitime, que toute l'Europe reconnaît comme tel, et que Votre Majesté a aussi reconnu, ayant fait directement la paix avec lui. Tant que le roi vit, Bernadotte n'a que des droits éventuels, qui, relativement à l'Europe, sont comme non existants ; et, conséquemment, le litige dont ils seraient l'objet ne peut être de la compétence de l'Europe ni du congrès.

C'est sans doute un mal, et un mal très grand, que cet homme ait été appelé à succéder au trône de Suède. Mais c'est un mal pour lequel, s'il n'est pas sans remède, on n'en peut attendre que du temps et des événements que le temps peut amener.

La guerre, que personne n'a envie de faire, et que presque personne n'est en état de faire, n'aura très probablement pas lieu. On ne sera donc pas dans le cas de proposer à la Suède une alliance, ni la Suède de demander une garantie que Votre Majesté craindrait de donner.

Le général Ricard est arrivé ; mais j'espère à présent que son voyage sera inutile.

Le général Pozzo ne part pas encore. Je l'ai même engagé à ne faire aucune démarche qui pût hâter son départ. Je me sers utilement de lui, pour des choses que je suis bien aise de faire arriver autour de l'empereur de Russie.

J'apprends que c'est à Presbourg que le roi de Saxe doit se rendre, et rester jusqu'à la conclusion des affaires.

Dans une conférence tenue aujourd'hui, l'affaire des noirs a été réglée. L'Espagne et le Portugal cesseront définitivement la traite dans huit ans. Huit ans pour ces deux pays sont beaucoup moins que cinq ne l'étaient pour nous, attendu l'immense différence des possessions respectives et surtout de l'état des lumières. Nous n'avons rien cédé et cependant les Anglais sont contents de nous. Lord Castlereagh m'a remercié dans la conférence publique de l'assistance que je lui ai donnée.

Une autre conférence a eu lieu ce soir, dans laquelle les Prussiens ont répondu aux propositions qui leur avaient été faites. Le fond de leur réponse est qu'ils acceptent. Ils n'auront ni Luxembourg ni Mayence. Les instructions de Votre Majesté nous prescrivaient de faire en sorte qu'ils n'eussent pas la seconde de ces deux places ; ils n'auront pas non plus l'autre.

Ces jours-ci vont être employés à faire la rédaction, en articles signés et insérés au protocole, des arrangements convenus pour la Pologne, la Prusse et la Saxe.

Je suis...

N° 22 *ter*. — LE ROI LOUIS XVIII AU PRINCE DE TALLEYRAND.

Paris, ce 11 février 1815.

Mon cousin,

J'ai reçu votre numéro 25. L'éloge que lord Castlereagh a fait de l'empereur d'Autriche serait flatteur pour un particulier, mais donné à un souverain qui vient de montrer une grande faiblesse, il ressemble à de l'ironie. Quant à moi, je dois sûrement être satisfait, vu l'état où étaient les choses, il y a trois[1] mois, du sort du roi de Saxe ; mais j'avais espéré mieux de l'empereur François ; et je serai inquiet jusqu'à ce que je voie du moins son dernier plan définitivement adopté.

1. Variante : *quatre*.

La pièce jointe à votre dépêche n'est rien moins que rassurante pour le roi de Naples, auquel je prends un bien autre intérêt qu'à celui de Saxe; mais quoiqu'elle dévoile les secrets de la politique la plus dégoûtante dont jamais on ait ouï parler, elle ne me décourage point; et je reste persuadé qu'avec l'inébranlable ténacité dont je ne me départirai jamais, nous finirons par détruire le danger et le scandale de Murat.

Je suis étonné que le duc de Wellington ne fût pas encore arrivé à Vienne, le 1er de ce mois; mais j'imagine qu'il n'aura pas tardé. Ainsi je suppose que lord Castlereagh sera ici vers la fin de la semaine prochaine. A dire le vrai je ne suis pas très édifié de sa conduite au congrès; mais je suis avec trop de raison attaché à l'union que je viens de former, pour ne pas faire en sorte qu'il reparte content de moi. Sur quoi, je prie Dieu qu'il vous ait, mon cousin, en sa sainte et digne garde.

LOUIS.

N° 29 *bis*. — LES AMBASSADEURS DU ROI AU CONGRÈS, AU MINISTRE DES AFFAIRES ÉTRANGÈRES, A PARIS.

Vienne, le 12 février 1815.

Monsieur le comte,

Nous avons l'honneur de vous transmettre le protocole de la conférence des huit puissances du 20 janvier, sur la question du rang et des préséances. Dans une seconde conférence tenue depuis, cet objet a été soumis à une nouvelle délibération et renvoyée à l'examen de la commission qui en est spécialement chargée. Lord Castlereagh, qui est parti ce matin pour Londres, y a annoncé que son gouvernement avait envoyé des instructions concernant le salut en mer, et que les plénipotentiaires anglais étaient prêts à le discuter. Nous pourrons donc juger du degré de modération de leurs principes à ce sujet.

L'affaire de la Saxe est définitivement réglée. Les différents articles qui en déterminent le partage ont été arrêtés, ainsi que les arrangements qui résultent pour le nord de l'Allemagne de la reconstruction de la Prusse.

Le roi de Saxe a été informé des résultats obtenus. Il a été invité à se rapprocher de Vienne. Nous croyons qu'à l'égard de l'existence politique de la Saxe et de son souverain, on a obtenu tout ce qu'il était possible d'obtenir par de simples négociations.

La prétention des Prussiens de conserver Leipzig a été combattue avec force ; ils l'ont abandonnée pour Thorn, point militaire important, que l'empereur de Russie consent à leur rendre. Nous citerons à cette occasion un fait assez remarquable qui prouve l'esprit révolutionnaire et la jactance d'un peuple qui trouble depuis soixante ans le repos de l'Europe, et dont le gouvernement plus qu'aucun autre a secondé la marche de la Révolution, pour en profiter.

Un de leurs principaux officiers, le général Grolmann [1] connu

---

1. Charles-Guillaume de Grolmann, né à Berlin en 1777, s'engagea en 1795, et fit les campagnes de 1806 et 1807 dans les grades inférieurs. En 1809, il prit du service dans l'armée autrichienne et fut attaché à l'état-major de l'archiduc Charles. Ennemi acharné de la France, il quitta l'Autriche après la paix, et passa en Espagne, où il obtint un commandement dans la légion étrangère que venait d'organiser la junte de Cadix. Compris dans la capitulation de Valence, il fut fait prisonnier et interné à Beaune. Il parvint à s'échapper, revint en Prusse et rentra dans l'état-major de l'armée prussienne. Après la paix, il devint général et fut envoyé au congrès de Vienne. Il prit encore part à la campagne de 1815. Il remplit plus tard des fonctions importantes dans l'administration et obtint divers commandements. Il mourut en 1843.

pour être un des chefs de la Ligue de la Vertu *(Tugenbund)*, et que le cabinet prussien avait appelé à Vienne pour y tirer parti de ses relations, a écrit à lord Wellington pour lui dire que l'armée ne consentirait jamais à voir détacher de la monarchie prussienne, la ville de Leipzig qui servait de monument à sa gloire.

L'Ost-Frise est cédée par la Prusse au pays de Hanovre : l'Angleterre obtient, par cette disposition, une communication par l'Ems, qui est de quelque importance pour ses relations avec le continent.

On était à la veille de discuter les affaires de la Suisse. Mais une nouvelle demande de la part de l'Autriche a fait ajourner l'examen du rapport qui a été renvoyé à la commission.

D'après des propositions que M. le prince de Metternich a faites sur les questions de Parme et d'Étrurie, nous avions conçu des espérances d'emporter cette affaire dans le sens de nos instructions. Mais la résistance, que l'archiduchesse Marie-Louise paraît vouloir mettre à la cession de Parme, renouvelle les incertitudes à cet égard.

On va s'occuper du midi de l'Allemagne. Les intérêts de l'Autriche et de la Bavière amèneront vraisemblablement quelques retards sur ce point. Les difficultés tiennent à un traité particulier conclu à Paris entre ces deux puissances et dont l'exécution deviendra impossible, parce que la masse de territoires disponibles a été fort diminuée par les cessions faites à la Russie, à la Prusse, à la Hollande et au Hanovre.

Il nous reste, monsieur le comte, à vous entretenir d'un objet sur lequel i serait convenable d'appeler l'attention de Sa Majesté.

L'*Almanach royal* a placé au nombre des membres de la Légion d'honneur tous les souverains étrangers et les autres individus non Français qui avaient reçu cette décoration. Plusieurs fois déjà, on nous a demandé si le roi avait conservé cet ordre, sous quelle forme, et si les étrangers pouvaient et devaient continuer à la porter; que dans cette dernière supposition, on désirait une communication officielle, soit par le ministre des affaires étrangères à Paris, soit par le chancelier de l'ordre. Elle pourrait être adressée aux légations qui se trouvent à Paris, ou se faire par celles de France dans les pays étrangers.

Nous croyons également qu'il serait d'un bon effet de conserver le traitement aux militaires étrangers qui ont reçu la décoration avec brevet de pension.

L'Angleterre, en tout temps, a eu dans l'étranger un grand nombre de pensionnaires militaires. Elle s'en était formé de nombreux agents. La France, en continuant aux Polonais, aux Allemands, aux Italiens, ces pensions, quelque réduites qu'elles soient, s'attacherait des hommes intéressants et se formerait des partisans dont elle est entièrement privée par les événements du temps.

Cet exemple d'équité et de générosité influerait avantageusement sur le succès des réclamations que beaucoup de militaires français ont encore à faire au dehors.

Nous vous invitons, monsieur le comte, à prendre les ordres du roi à ce sujet, et à nous les faire connaître, afin de nous mettre à portée de répondre aux demandes qui nous sont faites.

Agréez...

N° 27. — LE PRINCE DE TALLEYRAND AU ROI LOUIS XVIII.

Vienne, le 15 février 1815.

SIRE,

Lord Castlereagh se met en route aujourd'hui 15, et, quoique devant coucher toutes les nuits, il compte arriver à Paris le huitième jour de son voyage. Il y passera la journée entière du lendemain, et repartira le jour suivant pour être à Londres le 1ᵉʳ ou le 2 mars.

Le sort du duché de Varsovie, celui de la Saxe, ce que l'on appelle ici la reconstruction de la monarchie prussienne, les accroissements que devait recevoir le Hanovre, la circonscription des Provinces-Unies qui prendront le nom de royaume des Pays-Bas, sont des points maintenant entièrement réglés. C'étaient les plus difficiles et les seuls qui pussent amener la guerre. Lord Castlereagh porte donc en Angleterre l'assurance que la paix sera conservée.

La Saxe reste avec environ treize cent mille âmes. Le roi, auquel il a été expédié un courrier, sera, vers la fin de ce mois, non à Presbourg (j'ai représenté que le choix de ce séjour paraîtrait un exil), mais à Brünn sur la route de Vienne, où rien ne l'empêchera d'arriver, dès qu'il aura donné son consentement aux cessions convenues par les puissances.

Le duché de Luxembourg avec le pays de Limbourg et quelques territoires adjacents sont donnés au prince d'Orange comme indemnité de ses anciens pays héréditaires qu'il cède à la Prusse, et celle-ci ne touche notre frontière sur aucun point, ce qui semblait à Votre Majesté très important[1]. Le duché de Luxembourg reste d'ailleurs pays allemand, et la place de Luxembourg sera une place fédérale.

Des rétrocessions demandées par l'Autriche à la Bavière et les équivalents à donner à celle-ci sont la chose la plus importante et même la seule importante qui, en fait d'arrangements territoriaux, reste à régler en Allemagne. Les deux cours, chacune de son côté, réclament notre appui. L'une ne veut rien céder que contre un équivalent parfait, et ne veut point abandonner des choses que l'autre désire ardemment d'avoir. Nous avons par des motifs différents un intérêt presque égal à les ménager toutes deux, ce qui rend le rôle d'arbitre délicat. J'espère néanmoins que les difficultés qu'il peut offrir ne seront point au-dessus de nos efforts.

Quant aux arrangements territoriaux en Italie, la commission chargée d'en préparer le plan avait proposé de rendre à la reine d'Étrurie, Parme, Plaisance et Guastalla, les légations au Saint-Siège, et de donner au grand-duc de Toscane[2], Lucques, l'État des Présides[3], la souveraineté sur Piombino et

---

1. Voir le traité du 31 mai 1815, conclu entre les Pays-Bas d'un côté, la Grande-Bretagne, l'Autriche, la Prusse et la Russie de l'autre, et qui constitua définitivement le nouveau royaume, conformément aux décisions prises par le congrès.

2. Ferdinand, archiduc d'Autriche (1769-1824), fils de l'empereur Léopold, grand-duc de Toscane en 1791, dépossédé en 1799, électeur de Salzbourg en 1803, grand-duc de Wurtzbourg en 1805, réintégré dans ses États de Toscane en 1814.

3. On désignait sous ce nom la partie du littoral toscan que Philippe II roi d'Espagne s'était réservée quand il abandonna Sienne et son territoire aux Florentins. Cette côte s'étendait depuis l'embouchure de l'Ombrone jusqu'à la frontière romaine. En 1801, elle fut cédée à la France qui la donna au roi d'Étrurie. En 1814, elle demeura à la Toscane.

la reversion de l'île d'Elbe. L'archiduchesse Marie-Louise n'aurait eu qu'une pension payée par la Toscane, et des fiefs relevant autrefois de l'empire germanique, appartenant encore au grand-duc de Toscane, auquel le recès de l'empire les avait donnés comme complément d'indemnité. Ces fiefs, situés en Bohême, donnent un revenu de quatre cent mille florins.

Ce plan avait été présenté sous notre influence; on y trouvait deux avantages : l'un, de diminuer en Italie le nombre des petites souverainetés, et l'autre, beaucoup plus essentiel, celui d'en éloigner le fils de l'archiduchesse et de lui ôter toute expectative de souveraineté.

L'Autriche a été plus d'un mois sans s'expliquer. L'empereur s'est enfin décidé à rendre les duchés à la reine d'Étrurie, ne pouvant point, a-t-il dit, convenablement garder, pour lui ou les siens, un des États de la maison de Bourbon, avec laquelle son intérêt et son désir étaient d'être bien. Mais, sachant que sa fille tenait à avoir un établissement indépendant, il a désigné Lucques et a chargé son ministre de négocier cette affaire avec l'archiduchesse, lui donnant, à cet effet, des instructions qui renfermaient les arguments qu'il devait employer.

M. de Metternich a fait, d'après ces dispositions de l'empereur, un contre-projet qu'il nous a remis et qui, à peu de chose près, nous convient, puisque le fils de l'archiduchesse n'y est point nommé, et que la réversibilité de Lucques serait à l'Autriche ou à la Toscane. Quoique nous ayons pourtant plusieurs objections à faire, j'ai cru apercevoir dans ma conversation sur ce sujet avec M. de Metternich, qu'il céderait.

Ce contre-projet porte :

Que les duchés seront rendus à la reine d'Étrurie, à l'exception de Plaisance et d'une enceinte autour de cette ville d'une population de trente mille âmes;

Que Lucques sera donné à l'archiduchesse pour sa vie seulement, avec deux pensions, l'une sur l'Autriche, l'autre sur la France;

Que l'Autriche recevra en toute propriété :

1° Plaisance et l'enceinte susdite;

2° La partie du Mantouan à la droite du Pô;

3° La Valteline;

4° Lucques, après l'archiduchesse;

Et finalement, les fiefs impériaux ; tant pour compenser à l'État de Parme la ville et le rayon de Plaisance, que pour servir à des échanges.

La proposition d'assigner une pension sur la France pour compenser des choses dont la France ne doit rien acquérir, celle de rendre Lucques réversible à la monarchie autrichienne, et celle de mettre à la disposition de l'Autriche les fiefs impériaux, même ceux qui sont enclavés dans les États voisins, étaient presque également inadmissibles, ce dont M. de Metternich se montrait à peu près convaincu.

Il y aurait eu moins d'objections à faire contre l'abandon à l'Autriche de la partie du Mantouan qui est à la droite du Pô, et même contre l'abandon de Plaisance, qui, selon ce que m'a dit le général Ricard, est, dans sa situation actuelle et dans la situation présente de l'Italie, de fort peu d'importance.

La Valteline n'est plus comme autrefois un point indispensable à l'Autriche pour communiquer avec la Lombardie, et qu'il importe de lui ôter. Mais la Suisse à laquelle elle a appartenu autrefois, l'a réclamée, et l'on a promis de la lui rendre, et l'empereur de Russie comme j'aurai l'occasion de le dire plus tard à Votre Majesté, paraît tenir à ce qu'elle lui soit rendue.

C'était avant de se rendre auprès de l'archiduchesse que M. de Metternich avait présenté son contre-projet et l'avait discuté avec moi. Sa grande présomption et sa grande légèreté l'avaient empêché de prévoir qu'il pourrait ne pas avoir un succès complet. Mais au premier mot, l'archiduchesse Marie-Louise a paru ne pas vouloir se contenter de Lucques, ni même se soucier de cette principauté, où il ne lui serait pas agréable d'aller, dit-elle, tant que Napoléon sera à l'île d'Elbe. Elle fait, ou plutôt ses conseils font valoir les droits résultant pour elle du traité du 11 avril. Elle ne demande point à conserver Parme, mais elle veut quelque chose d'équivalent ou d'approchant. Il n'y aurait guère d'autre moyen de la satisfaire que de lui donner les légations, sauf à en assurer la réversion au Saint-Siège. Mais la cour de Rome, qui ne peut se réconcilier avec l'idée d'avoir perdu même Avignon, jetterait les hauts cris, et peut-être se porterait jusqu'à employer des armes qui la compromettraient elle-même. M. de Metternich m'a demandé trois jours pour se déterminer soit à un[1] parti soit à un autre et me donner réponse.

Ces difficultés une fois levées, il n'y en aura plus de sérieuses que par rapport à la question de Naples, à laquelle je viendrai tout à l'heure.

Les arrangements relatifs à la libre navigation des fleuves ne sont encore qu'ébauchés, mais les principes en sont convenus et assurent au commerce tous les avantages que l'industrie européenne pouvait réclamer, et en particulier à la

---

1. Variante : *ce* parti.

France, par la navigation de l'Escaut, ceux que lui procurait la possession de la Belgique.

Enfin, ce qui est pour le peuple anglais l'objet d'une passion poussée[1] jusqu'à la frénésie, l'abolition de la traite a été consentie par les deux seules puissances qui n'y eussent point encore renoncé.

Lord Castlereagh est donc suffisamment armé contre toutes les attaques de l'opposition, et il emporte avec lui ce dont il a besoin pour flatter l'opinion populaire.

Mais ainsi que j'ai pris soin de le lui faire observer, les ministres, dans un gouvernement représentatif, n'ont pas seulement à contenter le parti populaire, il faut qu'ils contentent celui du gouvernement : « Ce que vous ne pouvez faire, lui ai-je dit, qu'en agissant de concert avec nous, et dans notre[2] sens, dans l'affaire de Naples. »

J'ai employé les huit ou dix derniers jours à l'échauffer sur cette question, et, si je ne l'ai point amené à prendre de lui même un parti, ce qu'il ne se croit pas libre de faire, je l'ai amené à désirer presque aussi vivement que nous l'expulsion de Murat, et il part avec la résolution de tout mettre en œuvre pour déterminer son gouvernement à y concourir. Deux choses l'embarrassent : l'une, de savoir comment se déclarer contre Murat, sans paraître violer les promesses qu'on lui a faites[3] (voilà ce que lord Castlereagh appelle ne pas compromettre son caractère); l'autre, de déterminer les moyens

---

1. Variante : *portée*.

2. Variante : *un autre* sens.

3. On se rappelle que, par le traité du 11 janvier 1814, l'Autriche avait garanti à Murat le trône de Naples. L'Angleterre avait reconnu ce traité.

d'exécution de manière à assurer le succès, en cas de résistance, sans compromettre les intérêts ou blesser les préjugés et sans exciter les craintes de personne. Il m'a promis que le troisième jour après son arrivée à Londres, il expédierait un courrier porteur de la détermination de sa cour ; et, plein de toutes mes [1] raisons, il espère qu'elle sera favorable. Ce que je désire, c'est que, sans entrer dans des discussions qui toutes affaiblissent l'objet principal, lord Wellington soit autorisé à déclarer que sa cour reconnaît Ferdinand IV comme roi des Deux-Siciles. C'est dans ce sens que je supplie Votre Majesté de vouloir bien parler à Paris à lord Castlereagh [2]. Dans les derniers temps de son séjour à Vienne, il s'est très obligeamment prêté aux démarches que je l'ai prié de faire. Il a parlé contre Murat à l'empereur de Russie, qu'il a vu avec le duc de Wellington. Il a dit à l'empereur d'Autriche : « La Russie est votre ennemie naturelle ; la Prusse est dévouée à la Russie ; vous ne pouvez avoir sur le continent de puissance sur laquelle vous puissiez compter, que la France : votre intérêt est donc d'être bien avec la maison de Bourbon ; et vous ne pouvez être bien avec elle, que [3] Murat ne soit expulsé. » L'empereur d'Autriche a répondu : « Je sens bien la vérité de tout ce que vous me dites. » Enfin, à M. de Metternich chez lequel lord Wellington et lui sont allés ensemble, il a dit: « Vous aurez pour l'affaire de Naples une discussion très forte. Ne pensez pas pouvoir l'éluder. Cette affaire sera portée au congrès, je vous en préviens. Prenez donc vos mesures en

---

1. Variante : *nos*.

2. Variante : ...de vouloir bien *lui* parler à Paris.

3. Variante : *sans* que.

conséquence ; faites passer des troupes en Italie si cela est nécessaire. » Ils m'ont dit chacun séparément que cette déclaration avait jeté M. de Metternich dans *un grand abattement :* ce sont leurs termes ; et Votre Majesté comprendra mieux que M. de Metternich ait été abattu, lorsqu'elle aura lu les articles secrets du traité qu'il a fait avec Murat, et dont j'ai l'honneur de joindre ici une copie. Qu'il lui ait garanti le royaume de Naples dans telles circonstances données, cela se conçoit. Mais qu'il ait porté l'avilissement au point de laisser insérer dans ce traité une clause, par laquelle Murat a la générosité de *renoncer à ses droits sur le royaume de Sicile et de garantir ce royaume à Ferdinand IV,* c'est une chose qui paraît incroyable alors même qu'elle est prouvée [1].

Votre Majesté n'apprendra peut-être pas sans quelque surprise que l'attachement au principe de la légitimité n'entre que pour très peu dans les dispositions de lord Castlereagh et même du duc de Wellington à l'égard de Murat. C'est un principe qui ne les touche que faiblement et que même ils paraissent ne pas très bien comprendre ; c'est l'homme qu'ils

---

1. Le traité patent d'alliance signé le 11 janvier 1814, entre l'Autriche et Naples, était suivi de plusieurs articles secrets dont voici l'analyse :

L'empereur d'Autriche s'engage à obtenir, en faveur de Sa Majesté le roi Joachim Napoléon et de sa descendance, un acte de renonciation formelle de Sa Majesté le roi de Sicile, pour lui et ses successeurs à perpétuité, à toutes ses prétentions sur le royaume de Naples. Cette renonciation sera reconnue et garantie à Sa Majesté le roi de Naples par Sa Majesté l'empereur d'Autriche, et Sa Majesté impériale s'emploiera près des autres puissances alliées pour en obtenir une égale reconnaissance et garantie.

Par contre, le roi de Naples promettait de garantir la Sicile au roi Ferdinand et s'engageait à lui payer une indemnité (art. 1er).

En outre, l'empereur d'Autriche garantissait au roi de Naples une bonne frontière militaire au nord (art. 4). Un article additionnel lui promettait un accroissement de quatre cent mille âmes à prendre sur l'État romain.

détestent dans Murat, beaucoup plus que l'usurpateur. Les principes suivis par les Anglais dans l'Inde, les éloignent de toute idée exacte de[1] la légitimité. Rien n'a fait autant d'impression sur lord Castlereagh, qui veut avant tout la paix, que la déclaration que je lui ai faite que la paix serait impossible si Murat n'était pas expulsé, attendu que son existence sur le trône de Naples était incompatible avec l'existence de la maison de Bourbon.

J'ai vu aussi l'empereur de Russie; c'était lundi matin, 13 de ce mois. Je ne voulais lui parler que de Naples et lui rappeler les promesses qu'il m'avait faites à ce sujet. Mais il en prit occasion de me parler de beaucoup d'autres choses dont je dois rendre compte à Votre Majesté. Je la prie de permettre que j'emploie pour cela, comme je l'ai fait dans plusieurs autres lettres, la forme du dialogue.

J'avais débuté par dire à l'empereur que, depuis longtemps, je m'étais abstenu de l'importuner par respect pour ses affaires et même pour ses plaisirs; que le carnaval ayant mis fin aux uns et que les autres étant arrangées, j'avais désiré de le voir. J'ajoutai que le congrès même n'avait plus à régler qu'une affaire de première importance. « Vous voulez parler de l'affaire de Naples? — Oui Sire (et je lui rappelai qu'il m'avait promis son appui). — Mais il faut m'aider. — Nous l'avons fait autant qu'il a dépendu de nous. Votre Majesté sait que, n'ayant pas pu penser au rétablissement complet du royaume de Pologne, nous n'avons point été, pour ses arrangements particuliers, contraires à ses vues, et elle n'a sûrement pas oublié que les Anglais étaient, au commencement du congrès,

---

1. Variante : *sur* la.

assez mal disposés dans cette question. — Dans les affaires de Suisse ? — Je ne sache pas que dans les affaires de Suisse, nous ayons été jamais en opposition avec Votre Majesté. Il nous était prescrit d'employer tous nos efforts à calmer les passions. Je ne sais jusqu'à quel point nous avons réussi ; mais nous n'avons tendu qu'à cela. Les Bernois étaient les plus aigris ; c'étaient ceux qui avaient le plus perdu. Ils avaient le plus à réclamer. On leur a offert une indemnité qu'ils tenaient pour bien insuffisante ; nous les avons portés à s'en contenter. Je sais seulement qu'ils demandent l'évêché de Bâle en entier et qu'ils sont décidés à ne pas accepter moins. — Et que ferez-vous pour Genève ? — Rien, Sire. — Ah ! (du ton de la surprise et du reproche). — Il ne nous est pas possible de rien faire. Le roi ne cédera jamais des Français. — Et ne peut-on rien obtenir de la Sardaigne ? — Je l'ignore entièrement. — Pourquoi cédez-vous la Valteline à l'Autriche ? — Rien, Sire, à cet égard n'est décidé. Les affaires de l'Autriche ayant été mal conduites...
— C'est sa faute, dit l'empereur, que ne prend-elle des gens habiles ? — L'Autriche ayant été amenée à faire des sacrifices qui ont dû beaucoup lui coûter, je croirais naturel de faire en choses surtout de peu d'importance, ce qui peut lui être agréable. — La Valteline faisait partie de la Suisse et on a promis de la lui rendre. — La Valteline est séparée de la Suisse depuis dix-huit ans ; elle n'a jamais connu le régime sous lequel Votre Majesté voudrait la rappeler. La rendre aux Grisons, auxquels elle appartenait, ce serait la rendre malheureuse. Il me paraîtrait donc convenable d'en former[1] un canton séparé, si l'Autriche ne l'obtenait

---

1. Variante : *faire*.

pas [1]. — Cela s'arrangera. Et que faites-vous pour le prince Eugène?—Le prince Eugène est sujet français, et, en cette qualité, il n'a rien à demander. Mais il est gendre du roi de Bavière; il l'est devenu par suite de la situation où la France s'est trouvée et de l'influence qu'elle exerçait; ainsi, il est juste que la France cherche à lui faire avoir ce qu'à raison de cette alliance, il est raisonnable et possible qu'il obtienne. Nous voulons donc faire quelque chose pour lui; nous voulons qu'il soit un prince apanagé de la maison de Bavière, et qu'on augmente en conséquence le lot du roi, dans la distribution des pays disponibles. —Pourquoi ne pas lui donner une souveraineté? — Sire, son mariage avec la princesse de Bavière n'est pas un motif suffisant. Le prince Radziwill est beau-frère du roi de Prusse et n'a point de souveraineté [2]. — Mais pourquoi ne pas lui donner Deux-Ponts, par exemple? c'est peu de chose. — Je demande pardon à Votre Majesté; le duché de Deux-Ponts a toujours été regardé comme quelque chose de considérable, et d'ailleurs ce qui reste encore de disponible suffit à peine pour remplir les engagements qui ont été pris. — Et le mariage ? — Le roi m'a fait l'honneur de me mander qu'il le désirait toujours vivement. — Et moi aussi, a dit l'empereur, ma mère le désire pareillement; elle m'en parle dans ses dernières lettres. — Le roi, ai-je dit, atten-

1. La Valteline, autrefois fief impérial, avait été donnée dans le temps aux évêques de Coire. Ceux-ci la cédèrent aux Grisons en 1530, qui eurent longtemps à la défendre contre l'Espagne. Napoléon réunit ce pays au royaume d'Italie et en forma le département de l'Adda. En 1814, il fut donné à l'Autriche qui, en 1859, le céda au Piémont avec la Lombardie.

2. Il y a ici une erreur. Le prince Antoine-Henry de Radziwill, gouverneur du grand-duché de Posnanie dont il est ici question, avait épousé en 1796 la princesse Frédérique-Dorothée-Louise, fille de Ferdinand, prince de Prusse, et petite-fille du roi Frédéric-Guillaume I*r*. Il était donc, par alliance, cousin issu de germain du roi Frédéric-Guillaume III.

dant une réponse de votre Majesté, a refusé d'autres propositions qui lui ont été faites. — J'en ai aussi refusé une[1]. Le roi d'Espagne m'a fait demander ma sœur. Mais prévenu qu'elle devait avoir avec elle sa chapelle, et que c'était là une condition nécessaire, il a rétracté sa demande. — Par la conduite du roi catholique, Votre Majesté voit à quoi est obligé le roi très chrétien. *Le roi a pensé qu'il fallait laisser finir les affaires du congrès, avant de traiter l'autre*[2]. — Je voudrais savoir à quoi m'en tenir. — Sire, les derniers ordres que j'ai reçus sont conformes à ce qui a été dit à Votre Majesté, par le général Pozzo. — Pourquoi n'exécutez-vous pas le traité du 11 avril? — Absent de Paris depuis cinq mois, j'ignore ce qui a été fait à cet égard. — Le traité n'est pas exécuté, nous devons en réclamer l'exécution; c'est pour nous une affaire d'honneur; nous ne saurions, en aucune façon, nous en départir. L'empereur d'Autriche n'y tient pas moins que moi, et soyez sûr qu'il est blessé de ce qu'on ne l'exécute pas. — Sire, je rendrai compte de ce que Votre Majesté me fait[3] l'honneur de me dire. Mais je dois faire observer à Votre Majesté[4] que dans l'état de mouvement où se trouvent les pays qui avoisinent la France, et particulièrement l'Italie, il peut y avoir du danger à fournir des moyens d'intrigue aux personnes que l'on peut[5] croire disposées à en former.[6]»

---

1. Variante : *...mais j'ai été en même temps refusé.*

2. Supprimé dans le texte des archives.

3. Variante : *...vous me faites.*

4. Variante : *...mais je dois observer que...*

5. Variante : *...que l'on doit croire.*

6. Ces dernières phrases se rapportent à l'empereur Napoléon auquel le gouvernement français ne faisait pas payer les sommes qu'il s'était engagé, par le traité du 11 avril 1814, à lui faire remettre. (*Note de M. de Bacourt.*)

Enfin nous sommes revenus à Murat. J'ai rappelé brièvement toutes les raisons de droit, de morale et de bienséance qui doivent unir l'Europe contre lui. J'ai distingué sa position de celle de Bernadotte, qui touche particulièrement l'empereur ; et à l'appui de ce que j'ai dit, j'ai cité l'*Almanach royal* que je venais de recevoir. Il m'a prié de le lui envoyer en ajoutant : « Ce que vous me dites là me fait le plus grand plaisir. Je craignais le contraire, et Bernadotte le craignait beaucoup aussi. » L'empereur s'est ensuite exprimé sur Murat avec le dernier mépris : « C'est, a-t-il dit, une canaille qui nous a tous trahis. Mais, a-t-il ajouté, quand je me mêle d'une affaire, j'aime à être sûr des moyens de la conduire à bien. Si Murat résiste, il faudra le chasser. J'en ai parlé[1] avec le duc de Wellington. Il pense qu'il faudra des forces considérables et que, s'il s'agit de les embarquer, on trouvera de grandes difficultés. » J'ai répondu que ce n'était pas des forces que je demandais (car je sais qu'on me les aurait refusées), mais une ligne, une seule ligne dans le futur traité, et que la France et l'Espagne se chargeaient du reste ; sur quoi l'empereur m'a dit : « Vous aurez mon appui. »

Dans tout le cours de cette conversation, il[2] a été froid ; mais au total, j'ai été plutôt content de lui que mécontent.

Lord Castlereagh m'a aussi parlé avec chaleur du traité du 11 avril, et je ne doute point qu'il n'en parle à Votre Majesté. Cette affaire s'est ranimée depuis quelque temps et est aujourd'hui dans la bouche de tout le monde. Je dois dire à

1. Variante : ...*a-t-il ajouté.*

2. Variante : ...*l'empereur* a été froid.

Votre Majesté qu'elle reparaît souvent et d'une manière déplaisante. Son influence se fait sentir dans la question du *Mont de Milan*, qui intéresse tant de sujets et de serviteurs de Votre Majesté.

Au reste, il m'est venu à l'idée que Votre Majesté pourrait se débarrasser de ce qu'il peut y avoir de plus pénible dans l'exécution du traité du 11 avril, au moyen d'un arrangement avec l'Angleterre.

Dans les premiers temps de mon séjour ici, lord Castlereagh m'exprima le désir que la France voulût dès à présent renoncer à la traite, offrant en ce cas quelque dédommagement. Les dédommagements pécuniaires sont, en général, en Angleterre plus faciles que d'autres. Je crus qu'alors il était nécessaire d'éluder cette proposition, sans la repousser péremptoirement, et en se réservant de la prendre en considération plus tard.

Dernièrement, en parlant de Murat, et du sort qu'on ne pourrait se dispenser de lui faire, si, l'Europe ayant prononcé contre lui, il se soumettait à sa décision, lord Castlereagh n'hésita point à me dire que l'Angleterre se chargerait volontiers d'assurer une existence à Murat, en lui assignant une somme dans les fonds anglais, dans le cas où la France consentirait à renoncer à la traite. Si un tel arrangement était jugé praticable, je ne doute pas qu'il ne fût aisé de faire comprendre dans les payements à la charge de l'Angleterre les pensions stipulées par le traité du 11 avril.

Cet arrangement, à cause de la passion des Anglais pour l'abolition de la traite, aurait certainement l'avantage de lier étroitement l'Angleterre à notre cause dans l'affaire de Naples et de l'exciter à nous y seconder de toute façon.

Il reste à savoir si dans l'état présent de nos colonies, la France, en renonçant à la traite pour les quatre ans et trois mois qu'elle a encore à la faire, ferait un sacrifice plus grand ou moindre que l'utilité que l'on peut se promettre de l'arrangement dont je viens de parler. C'est ce que j'ose prier Votre Majesté de vouloir bien faire examiner, afin de pouvoir faire connaître ses intentions sur ce point à lord Castlereagh, qui ne manquera probablement pas de lui en parler.

J'aurais désiré que le traité du 3 janvier qui, le congrès fini, se trouvera sans application, eût été prorogé pour un temps plus ou moins long, ne fût-ce que par une déclaration mutuelle. Il y a trouvé des difficultés, le caractère de M. de Metternich ne lui donnant aucune confiance. Mais il m'a assuré que quand le traité serait expiré, l'esprit qui l'avait dicté vivrait encore. Il ne veut, avant tout, donner aucun ombrage aux autres puissances du continent, ce qui ne l'empêche pas de désirer qu'une grande intimité s'établisse entre les deux gouvernements et qu'ils ne cessent point de s'entendre dans des vues de paix et de conservation. En un mot, il a quitté Vienne avec des dispositions que je dois louer, et dans lesquelles il ne peut qu'être confirmé par tout ce qu'il entendra de la bouche de Votre Majesté.

Je m'aperçois que ma lettre est immense, et je crains bien que Votre Majesté ne la trouve trop longue pour ce qu'elle contient. Mais j'aime mieux encore courir le risque de trop m'étendre que de supprimer des détails que Votre Majesté pourrait juger nécessaires.

Par le prochain courrier, j'aurai l'honneur de lui adresser les traités de la coalition, que je suis parvenu à me procurer. Lorsque Votre Majesté en aura pris connaissance, je la supplierai de les remettre à M. de Jaucourt, pour qu'ils soient conservés aux affaires étrangères.

On a parlé[1] de nouveau au général Pozzo de son départ.

Je suis...

N° 23 *ter*.—LE ROI LOUIS XVIII AU PRINCE DE TALLEYRAND.

Paris, ce 18 février 1815.

Mon cousin,

J'ai reçu votre numéro 26, et je l'ai reçu avec une grande satisfaction. Certainement j'aurais mieux aimé que le roi de Saxe conservât tous ses États, mais je ne m'en flattais pas, et je regarde comme un miracle qu'étant aussi peu secondés que nous l'avons été, nous ayons pu lui sauver ce qui lui en reste. Une chose dont j'ai encore un grand plaisir à vous exprimer ma satisfaction, c'est que la Prusse n'ait ni Luxembourg ni Mayence. Ce voisinage eût été fâcheux pour le repos futur de la France. Laissons donc l'épée dans le fourreau. Le général Ricard aura fait un voyage inutile, mais qui aura prouvé à mes alliés mon empressement à me mettre en règle vis-à-vis d'eux.

La conduite du duc de Wellington[2] me touche sans m'étonner; c'est un loyal homme; vos réflexions sur son langage sont très justes.

Je m'attends bien, ainsi que vous, à des difficultés pour l'affaire de Naples, mais il faut les vaincre. Tout sentiment à part, l'existence de Murat devient chaque jour plus dange-

---

1. Variante : On a *reparlé*.

2. Variante : *à Vienne...*

reuse. Celle de Bernadotte est singulière, mais le principe une fois passé, il faut bien admettre les conséquences.

Les gazettes ont retenti de l'admirable conduite du gouverneur (dont le nom m'échappe en ce moment) de la forteresse de Kœnigstein[1]. Je voudrais le faire commandeur de la Légion d'honneur; mais auparavant, je veux savoir : 1° si les faits sont vrais ; 2° si le roi de Saxe trouverait bon que j'accordasse cette décoration à cet officier, et je vous charge d'éclaircir l'un et l'autre point.

Sur quoi, je prie Dieu qu'il vous ait, mon cousin, en sa sainte et digne garde.

LOUIS.

N° 28. — LE PRINCE DE TALLEYRAND AU ROI LOUIS XVIII.

Vienne, le 20 février 1815.

SIRE,

J'ai l'honneur d'adresser à Votre Majesté les pièces annoncées par ma dernière dépêche. Si elles ne forment pas une collection complète des traités entre les puissances coalisées, elles en sont[2] du moins les parties les plus importantes :

---

1. Les moniteurs des 6 et 10 février 1815 donnent des nouvelles de la forteresse de Kœnigstein. Il est probable que le fait auquel le roi fait allusion est celui qui est rapporté en ces termes à la date du 10 février :

La forteresse de Kœnigstein, située à trois lieues de la frontière de Bohême, joue en ce moment un rôle aussi important que pendant la guerre de Sept ans. Les hautes puissances alliées avaient déjà reconnu sa neutralité, dans le temps même que les armées de Buonaparte occupaient encore ces contrées. A cette époque, le général de Zeschau se démit du commandement pour éluder les propositions qu'on lui avait faites et qui compromettaient son honneur.

2. Variante : *forment*.

Ce sont :

Une convention échangée en forme de note, entre l'Autriche et la Russie le 29 mars 1813, et appelée convention de Kalisch [1];

Le traité de paix et d'alliance entre la Russie et la Prusse. On l'a souvent cité sous le nom de traité de Kalisch parce qu'il y avait été négocié et, à ce qu'il paraît, minuté. Mais c'est à Breslau qu'il a été signé, le 26 février 1813 [2];

Le traité de Reichenbach du 27 juin même année, entre l'Autriche, la Russie et la Prusse;

Le traité de Tœplitz du 9 septembre entre les mêmes puissances et les articles secrets de ce traité ;

Enfin, celui de Chaumont qui devait perpétuer l'alliance contre la France pendant vingt ans après la guerre, que l'on s'était proposé de renouveler avant l'expiration de ce terme, et qui tendait à rendre éternelle la coalition que le traité du 3 janvier dernier a dissoute.

Il peut être agréable à Votre Majesté de parcourir ces diverses pièces. Elle y trouvera l'explication d'une partie des difficultés contre lesquelles nous avons eu à lutter; et la cause des embarras que les alliés ont eux-mêmes éprouvés,

---

1. Convention secrète à l'effet de concerter les mouvements militaires. Elle n'a pas été publiée. — Il est intéressant de remarquer à propos des négociations de 1813, que l'Autriche liée à la France par un traité d'alliance, et qui affecta jusqu'au congrès de Prague (juillet-août 1813) une neutralité bienveillante faisait en réalité secrètement partie de la coalition européenne depuis le mois de mars.

2. Le traité dit de Kalisch fut signé le 27 février et non le 26 par M. de Hardenberg, à Breslau, et le 28 à Kalisch par le prince Koutousoff.

particulièrement l'Autriche, faute d'avoir fait, quand cela dépendait entièrement d'elle, des stipulations que le sens le plus vulgaire devait lui faire considérer comme indispensables.

Je prie Votre Majesté de vouloir bien, après avoir lu ces pièces, les remettre à M. le comte de Jaucourt, pour être gardées au dépôt des affaires étrangères.

J'ai déjà eu l'honneur d'annoncer à Votre Majesté que les rois de Bavière et de Hanovre avaient accédé au traité d'alliance du 3 janvier. Je voulais ne lui envoyer leurs actes d'accession qu'en même temps que celui de la Hollande; mais celui-ci n'étant pas encore expédié, et le prince de Wrède me pressant pour l'échange des ratifications de celui de la Bavière, j'ai l'honneur de les adresser aujourd'hui à Votre Majesté. Je lui adresse pareillement les doubles des actes d'acceptation que j'ai signés. Ce sont ces deux derniers actes qui doivent être ratifiés par Votre Majesté. Je la supplie de vouloir bien les remettre à M. le comte de Jaucourt, pour qu'il en fasse, si elle le juge à propos, préparer les ratifications.

Un courrier qui arrive m'apporte la lettre dont Votre Majesté a daigné m'honorer le 11 de ce mois. J'attendrai avec une vive impatience celle par laquelle elle voudra bien me faire connaître le résultat de ses entretiens avec lord Castlereagh. Je désirerais que l'article de Naples fût de nature à être montré[1] à M. de Metternich. Il ne saurait être trop positif.

Je suis...

---

1. Variante : ...à *pouvoir* être montré.

N° 29. — LE PRINCE DE TALLEYRAND AU ROI LOUIS XVIII.

Vienne, le 24 février 1815.

Sire,

Le ministre de Joachim[1] ici a reçu de son maître une note toute faite, avec ordre de me l'adresser, après l'avoir communiquée à M. de Metternich, auquel il l'a en effet communiquée.

L'objet de cette note est de demander des explications sur des démarches que j'ai faites contre lui, dit-il, au congrès et une déclaration qui fasse connaître si Votre Majesté se considère ou non comme étant avec lui en état de paix.

Le ministre de Joachim, ne doutant point que cette note n'ait été faite, et que l'ordre de me l'adresser ne lui ait été donné, qu'en conséquence de nouvelles qu'il avait lui-même mandées, et dans la supposition que l'on ne s'entendrait point sur les affaires de la Saxe et que l'on aurait la guerre, a pensé qu'il n'en pouvait faire usage aujourd'hui que cette supposition est détruite, sans compromettre les intérêts de son maître au lieu de le servir. Il a donc pris sur lui de la supprimer, et elle ne me sera point adressée.

J'ai su ces détails par le duc de Wellington, avec lequel

---

1. C'était le duc de Campo Chiaro, d'abord officier dans l'armée napolitaine, puis conseiller d'État et ministre de la maison du roi, sous le roi Joseph, enfin ministre de la police sous Murat. Il fut à plusieurs reprises chargé de missions diplomatiques. Il fut envoyé à Vienne en 1814 mais ne fut pas reconnu. Après la Restauration, il fut écarté des affaires, devint un instant ministre des affaires étrangères en 1820, mais dut se retirer peu après.

j'ai examiné le parti que l'on pouvait tirer de la communication que M. de Metternich a reçue de la note.

Nous sommes demeurés d'accord d'engager M. de Metternich à en profiter pour annoncer par une déclaration qui me sera adressée, aussi bien qu'au duc de Campo Chiaro, que l'Autriche ne souffrira point qu'aucune armée étrangère passe par son territoire, et à appuyer cette déclaration par le rappel des troupes qui sont actuellement sur les frontières de la Pologne *et de la Saxe*[1] et leur envoi en Italie.

Le duc de Wellington a parlé dans ce sens à M. de Metternich, que j'ai vu après, et auquel j'ai tenu le même langage.

Le résultat en est que dès aujourd'hui l'empereur d'Autriche a donné des ordres pour faire passer cent cinquante mille hommes en Italie, et que la déclaration dont j'ai parlé plus haut nous sera remise demain.

Le grand prétexte de l'Autriche pour ajourner l'affaire de Naples était qu'elle n'était point en mesure, et qu'il était à craindre que Murat ne révolutionnât l'Italie. Cette objection n'était pas sans force, et faisait impression sur les Anglais et sur les Russes. Mais elle tombera dès l'instant où les Autrichiens auront en Italie des forces considérables. C'est une obligation que nous aurons à la note de Joachim, ce qui me la fait considérer comme un incident fort utile.

La circonstance de la non-réussite[2] de cette note, puisqu'elle était intempestive et contraire aux intérêts de son auteur, depuis que les affaires de la Saxe étaient arrangées,

---

1. Supprimé dans le texte des archives.

2. Variante : *non remise*.

prouve que nous avons à nous applaudir de ce qu'elles le sont ; et, en effet, sans cela, l'Autriche n'aurait pu faire passer de grandes forces en Italie.

Si je puis avoir une copie de la note par M. de Metternich, j'aurai l'honneur de l'envoyer à Votre Majesté.

Dans cet état de choses, Votre Majesté ne jugerait-elle pas que quelques rassemblements de troupes dans le midi de la France, sous un prétexte quelconque, autre que le véritable, pourraient avoir de l'avantage ?

Les affaires de la Suisse seront, selon toutes probabilités, terminées dans quelques jours, un seul point excepté, celui de la Valteline que l'on paraît décidé à laisser en suspens ; et toutefois, sauf l'acquiescement des cantons aux propositions qui leur seront faites, car on est convenu de leur proposer ce qui aura été jugé le plus expédient, avant de prendre, si cela devient nécessaire, le parti de le leur imposer.

L'Autriche et la Bavière sont en négociation sur les rétrocessions demandées par l'Autriche des pays occupés par la Bavière, et sur les compensations à donner à celle-ci. Comme ces deux puissances sont loin de s'entendre, il a été proposé de prendre pour médiateurs la France et l'Angleterre. Mais il me semble qu'en laissant à l'Angleterre seule l'honneur de cette médiation, la France aura le moyen d'influer sur l'arrangement sans se commettre vis-à-vis de l'une ou de l'autre des deux puissances qu'elle a également intérêt de ménager.

M. de Metternich est venu me prier en très grand mystère de lui donner répit pour les affaires d'Italie, jusqu'au 5 ou 6 mars, époque à laquelle il suppose que j'aurai reçu les ordres qu'il aura plu à Votre Majesté de me donner après avoir vu lord Castlereagh. Sans bien démêler le motif de cette demande, il ne m'a pas paru possible de m'y refuser [1]. Mais d'un autre côté, je verrais de l'inconvénient à ce que l'Autriche eût arrangé tout ce qui l'intéresse hors de l'Italie, et que les affaires de ce pays, qui sont celles qui nous touchent le plus, restassent exposées à toutes les chances, et nous, à tous les obstacles que l'Autriche pourrait vouloir nous susciter. Je désire donc que les affaires de la Bavière ne soient pas conduites trop vite. Ainsi, quoique mon impatience de me retrouver auprès de Votre Majesté après une si longue absence n'ait pas besoin d'être accrue par l'ennui dont la ville de Vienne semble être atteinte depuis l'ouverture du congrès, je me trouve dans la nécessité de ne rien presser pour le moment, de ralentir même, autant que cela dépend de moi, le mouvement, et d'attendre.

Je joins à cette lettre l'acte d'accession de la Hollande, qui vient d'être signé. Je supplie Votre Majesté de vouloir bien, après avoir ratifié l'acte d'acceptation, ordonner qu'il me soit renvoyé par M. le comte de Jaucourt.

Je suis...

---

1. Voici l'explication de la conduite mystérieuse de M. de Metternich. Vers le milieu de février, le congrès était tombé d'accord sur la question de Parme. Ce duché devait faire retour à l'ancienne dynastie. Quant à Marie-Louise, elle recevrait le duché de Lucques, lequel, à sa mort, devait être réuni à la Toscane. Mais l'impératrice refusa positivement Lucques et exigea Parme. Metternich dut se plier à sa volonté. Il résolut alors de donner Parme à l'impératrice et d'indemniser la reine d'Étrurie au moyen de Lucques et de pensions. Mais, prévoyant une vive résistance de la part de Talleyrand dont la situation personnelle exigeait une fermeté opiniâtre sur les questions de légitimité, il préféra s'adresser directement à Louis XVIII. Lord Castlereagh, qui retournait à Londres, accepta de se charger de la négociation, à son passage à Paris. Voilà pourquoi M. de Metternich demandait quelques jours de répit pour laisser au ministre anglais le temps d'intervenir (Voir ce que le roi dit de son entrevue avec lord Castlereagh dans sa lettre du 3 mars).

N° IV. — LE COMTE DE BLACAS D'AULPS AU PRINCE DE TALLEYRAND [1].

Paris, le 25 février 1815.

PRINCE,

Le roi a reçu votre dépêche numéro 27, mais Sa Majesté ayant en ce moment un assez fort accès de goutte, diffère de vous répondre jusqu'à ce qu'elle ait vu lord Castlereagh que nous attendons à tout moment. Je n'ai pas voulu cependant laisser partir le courrier sans vous donner des nouvelles du roi. L'attaque de goutte s'annonce d'une manière très bénigne, et déjà depuis deux jours, Sa Majesté éprouve quelque soulagement.

D'après ce que vous me mandez de l'état des négociations, il est évident que vous ne touchez pas, à beaucoup près, au terme de vos efforts. La ratification du roi de Saxe, malgré la soustraction de trente mille âmes, ne tardera pas, j'espère, à résoudre cette grande question. Celle de Naples présente bien d'autres difficultés qui seraient toutefois encore plus à redouter sans l'inébranlable fermeté à laquelle vous avez accoutumé le congrès, et sans le concours utile que vous offrira lord Wellington, très disposé à vous seconder et à combattre les préventions ou les scrupules de M. le prince de Metternich. Le roi ne négligera rien pour faire porter en Angleterre, par lord Castlereagh, les paroles les plus déterminantes sur un intérêt aussi étroitement lié à celui de toutes les puissances qui ne cherchent que l'affermissement de la paix. Quant à l'abolition de la traite, s'il est nécessaire de faire une conces-

---

[1]. Cette lettre ne se trouve pas dans le recueil de M. Pallain.

sion sur ce point, tâchons au moins d'en trouver le prix par des engagements formels de la part du cabinet de Saint-James, et assurons-nous qu'il concourra au rétablissement de Ferdinand IV sur le trône de Naples. C'est à ce but que doivent tendre désormais toutes les démarches susceptibles de favoriser les intentions du roi, sur un objet qui devient pour ainsi dire d'une importance exclusive.

Recevez, prince, l'assurance réitérée de mon sincère attachement et de ma haute considération.

BLACAS D'AULPS.

N° 30. — LE PRINCE DE TALLEYRAND AU ROI LOUIS XVIII.

Vienne, le 26 février 1815.

SIRE,

J'ai l'honneur d'adresser à Votre Majesté une copie de la déclaration de M. de Metternich annoncée dans ma dernière dépêche, avec la copie de la réponse que je viens de lui faire.

Votre Majesté verra que cette réponse est absolument dans le sens de la lettre que j'avais écrite à lord Castlereagh et où je disais que pour agir contre Murat, nous ne passerions point par l'Italie.

J'aurais désiré que la déclaration de l'Autriche fût plus explicitement contre Murat. Mais on a craint de lui fournir un prétexte de tenter un parti violent, les Autrichiens n'étant point en mesure en Italie. Les ordres sont donnés d'y faire passer du monde. Ils y auront cent cinquante mille hommes et cinquante mille autres en réserve dans la Carinthie, ce qui suffira pour tenir Murat en respect, ou rendre vaines ses entreprises. Mais, comme on ne fait ici rien que très lentement, le prince de Schwarzenberg demande sept semaines pour que ces forces soient toutes à leur destination.

La note qui a déterminé leur envoi me paraît toujours un heureux incident.

Je vais demain à Presbourg, voir madame de Brionne[1] qui reçut hier les sacrements et qui m'a fait demander. Je serai de retour dans la nuit de lundi à mardi, et les affaires qui sont toujours dans le même état ne souffriront en aucune manière de ces deux jours d'absence.

Le général Pozzo part décidément le 1er ou le 2 mars. Il doit être dix jours en route.

L'empereur de Russie est fort actif dans les affaires de l'archiduchesse Marie-Louise. Il a fait faire un plan dans lequel les légations seraient presque en entier enlevées au pape. Il se trouve par là en opposition avec des principes convenus entre les plénipotentiaires des grandes puissances. Jusqu'à présent, son nouveau plan est resté dans le portefeuille de M. d'Anstett.

Je suis...

N° 24 ter. — LE ROI LOUIS XVIII AU PRINCE DE TALLEYRAND.

Paris, le 3 mars 1815.

Mon cousin,

J'ai reçu vos numéros 27 et 28.

Je ne vous ai pas écrit la semaine dernière, d'abord parce

1. Louise-Julie-Constance de Rohan-Montauban, née le 5 mars 1734, mariée le 3 octobre 1748 à Louis-Charles de Lorraine, prince de Lambesc, comte de Brionne; veuve le 28 juin 1761, morte le 29 mars 1815 à Presbourg. Elle avait accueilli M. de Talleyrand à son début dans la société de Paris, et il lui conserva jusqu'à sa mort le plus sincère attachement. (*Note de M. de Bacourt.*)

que j'attendais l'arrivée de lord Castlereagh [1], et ensuite parce que, suivant mon usage, au commencement d'un accès de goutte, j'avais la fièvre, ce qui ne rend pas très apte à dicter une lettre [2].

C'est dimanche au soir que lord Castlereagh est arrivé. Je l'ai vu lundi et mardi, et l'ai trouvé très bien pensant, pour le fond de l'affaire de Naples ; mais un peu *méticuleux*, comme ministre, et toujours fort attaché au cabinet de Vienne. Après m'avoir répété tout ce que vous m'aviez mandé vous-même sur ce qu'il avait dit au prince de Metternich, il en est venu à des propositions sur lesquelles il m'a dit être d'accord [3] avec le ministre autrichien. Le sens de ces propositions est [4] que la cour de Vienne ne demande pas mieux que de coopérer à l'expulsion de Murat, pourvu, a-t-il ajouté, que Votre Majesté montre pour le nord de l'Italie autant de complaisance que l'Autriche en manifeste pour ce qui intéresse le Midi ; et que Parme, Plaisance et Guastalla soient données à l'archiduchesse Marie-Louise, les trois branches de la maison de Bourbon se chargeant d'indemniser la reine d'Étrurie [5]. J'ai répondu que

---

1. Variante : ... j'attendais *lord Castlereagh à tout moment*, et ensuite parce que, *ainsi que c'est mon usage*, au commencement *de la goutte j'ai eu* la fièvre, ce qui ne rend pas très apte *à dicter*.

2. Le roi commet ici une erreur ; toutes les minutes de ses lettres, écrites de sa main, existent aux archives du ministère des affaires étrangères à Paris. (*Note de M. de Bacourt.*)

3. Variante : ...*il était d'accord*.

4. Variante : *Le sens en est...*

5. Variante: *Mais, m'a-t-il dit, en cédant pour le sud de l'Italie, elle attend la même complaisance de la part de Votre Majesté pour la partie du nord, et elle voudrait* que Parme, Plaisance et Guastalla *appartinssent* à l'archiduchesse Marie-Louise et que les *trois cours* de la maison de Bourbon se *chargeassent* d'indemniser la reine d'Étrurie.

l'État de Parme était une succession héréditaire qui était venue[1] dans ma famille par la reine Élisabeth Farnèse[2], ce qui n'avait aucun rapport[3] avec la France, l'Espagne et le royaume de Naples ; et qu'ainsi, tout intérêt de famille à part, la justice seule me défendait de laisser dépouiller ceux à qui cette principauté appartient[4] ; que, cependant, si l'Autriche tenait à ce que la convention du 11 avril fût exécutée à l'égard de l'archiduchesse Marie-Louise, je consentirais à ce que la reine d'Étrurie, ou plutôt son fils, reçût en indemnité Lucques et l'État des Présides, à condition que la souveraineté de Parme fût reconnue comme lui appartenant et devant lui revenir à la mort de l'archiduchesse Marie-Louise, époque à laquelle Lucques ainsi que les Présides seraient réunis à la Toscane. Il ne m'a point paru éloigné[5] de cet arrangement qui, au reste, intéresse plus l'Autriche[6] que l'Angleterre.

Hier, j'ai vu le baron de Vincent qui avait pour moi une

1. Variante : *arrivée*.

2. Le duché de Parme appartenait depuis 1547 à la famille Farnèse. La branche masculine s'éteignit en 1731. La nièce du dernier duc, Élisabeth, mariée au roi d'Espagne Philippe V (le premier roi Bourbon), fit donner ce duché à son fils don Carlos. Les traités de la quadruple alliance (1718,) le traité de Vienne entre la France et l'Autriche (1725), le traité de Séville entre la France et l'Angleterre (1729), lui en assurèrent la possession. Le duc Charles, ayant été appelé au trône de Naples, le duché de Parme passa à l'Autriche (traité de Vienne 1736). Le traité d'Aix-la-Chapelle (1748) rétrocéda le duché au deuxième fils de Philippe V et d'Elisabeth Farnèse, don Philippe. C'est ainsi que le duché de Parme entra définitivement dans la maison de Bourbon.

3. Variante : *... que cela n'avait rien de commun avec ...*

4. Variante : *...exproprier une branche de ma famille.*

5. Variante : *Il ne m'a pas paru du tout éloigné.*

6. Variante : *...tient plus à l'Autriche qu'à.*

commission directe et secrète. Il m'a remis une note confidentielle dont le principal article, sur lequel, m'a-t-il dit, ses instructions étaient très précises et très sévères, était celui relatif à Parme dont je viens de vous parler. J'y ai répondu par un contre-projet dans le sens de ma réponse à lord Castlereagh, et nous nous sommes séparés en restant chacun sur notre terrain[1]. Je crois cependant que la chose ne sera pas bien difficile à arranger. M. de Vincent m'a dit, qu'après cette première ouverture faite, le prince de Metternich désirait que la négociation se suivît à Vienne[2], mais directement entre vous et lui, sans y admettre aucune autre personne de la légation française. N'y apercevant aucun inconvénient[3], j'ai promis que cela se passerait ainsi ; et par le premier courrier, je vous enverrai les deux pièces[4] dont je viens de vous parler avec quelques mots[5] d'instructions.

Votre conversation[6] avec l'empereur de Russie m'a fort intéressé, quoiqu'elle soit de sa part, bien légère et bien divagante. Je suis d'ailleurs parfaitement content de la manière dont vous lui avez parlé.

Ce que je ne dois pas aussi[7] oublier de vous dire, c'est que

1. Variante : nous nous sommes séparés *chacun sur son* terrain, mais je crois...

2. Variante : ... *mais il m'a dit* qu'après cette première ouverture *faite à moi personnellement*, M. de Metternich désirait que la négociation *continuât* à Vienne.

3. Variante : *N'y voyant pas de difficultés.*

4. Variante : *copie des deux pièces.*

5. Variante : *notes.*

6. Variante : *Je vous dirai en peu de mots que* votre conversation.

7. Variante : *encore* oublier.

lord Castlereagh qui a insisté fortement auprès de moi : 1° sur l'article du traité qui assure le payement des créances des Anglais ; 2° sur l'exécution de la convention du 11 avril, relativement à la famille Bonaparte (objet sur lequel je reviendrai dans ma prochaine lettre), ne m'a pas dit mot de la traite des nègres.

Ma goutte va assez bien, et j'ai lieu de croire que cette attaque ne sera pas aussi longue que de coutume. Sur quoi, je prie Dieu qu'il vous ait, mon cousin, en sa sainte et digne garde.

LOUIS.

P.-S. — Je reçois dans le moment votre numéro 29 ; je regarde[1] comme vous l'incident de la note de Murat non remise, comme très avantageux. Vous trouverez dans cette lettre, et vous aurez plus en détail dans la prochaine, la clef de la prière mystérieuse que vous a faite M. de Metternich.

N° 30 *bis*. — LES AMBASSADEURS DU ROI AU CONGRÈS, AU MINISTRE DES AFFAIRES ÉTRANGÈRES, A PARIS.

Vienne, le 3 mars 1815.

Monsieur le comte,

Par l'article 5 du traité de Paris, les puissances signataires avaient contracté l'engagement de s'occuper, au futur congrès, des principes d'après lesquels la navigation du Rhin devait être réglée de la manière la plus égale et la plus favorable au commerce de toutes les nations. La commission spéciale chargée de cette partie des négociations a adopté des bases

---

1. Variante : *considère*.

conformes au traité de Paris ; et elle a décidé, entre autres questions importantes pour le commerce français, que les tarifs ne seraient point augmentés et que les puissances entreraient, chacune en particulier, dans la répartition des fonds provenant de l'octroi pour une somme proportionnée à l'espace que parcourt le fleuve sur leurs territoires respectifs. La France qui ne possède qu'une seule rive devra partager avec la rive opposée la portion du revenu qui lui sera dévolue.

Ce n'est pas toutefois cette question qui a été le plus difficile à emporter. Le droit que l'on avait voulu contester à la France de participer à l'administration de l'octroi, et de faire admettre dans la commission centrale qui dirigera cette administration un délégué français, a été l'objet de discussions bien plus vives. Mais la constance et la fermeté qui ont fait réussir l'ambassade du roi dans des affaires d'une plus grande importance ont encore, dans cette occasion, déterminé le succès obtenu. Il est d'autant plus satisfaisant, que les obstacles étaient plus difficiles à vaincre. Car, outre les intérêts particuliers, il fallait surmonter les mauvaises dispositions que quelques-unes des puissances intervenantes apportaient contre la France dans cette question.

On est encore convenu que la France, si elle le voulait, pourrait prélever des droits sur la navigation entre Bâle et Strasbourg, et qu'on reviendrait à cet égard sur la convention de 1804 qui n'établit d'octroi que depuis Strasbourg jusqu'en Hollande. Cependant, s'il nous a paru important de nous en assurer le droit, il est utile de savoir si cela ne gênerait pas notre commerce, et s'il n'est pas à craindre de favoriser par là le roulage sur la rive allemande, au détriment des transports par eau. En conséquence, nous vous prions, monsieur le comte, de vouloir bien inviter le ministre secrétaire d'État des finances à prendre l'avis des chambres de commerce des départements riverains du Rhin. Elles pourront indiquer jusqu'à quel point cette mesure serait avantageuse ou nuisible ; et s'il conviendrait davantage d'établir le même régime que sur le reste du fleuve, ou de laisser à cette partie une liberté illimitée.

Vous trouverez ci-joint, monsieur le comte, un mémoire dont nous vous prions de prendre lecture. Les observations qu'il contient sur la conduite d'un employé d'octroi, n'ont rien de bien important, mais nous avons cru devoir adopter les propositions relatives aux bureaux de Neubourg et de Germersheim, parce qu'ils font cesser un abus dont les négociants de Strasbourg étaient principalement victimes. Nous voulons parler de l'augmentation du tarif des droits entre Strasbourg et Mannheim.

Il n'existait autrefois entre ces deux villes qu'un seul bureau, celui de Neubourg. Les alliés en ont établi un second à Germersheim. La France, n'étant plus en possession de tout le territoire qui est entre Strasbourg et Mannheim, ne peut lever de droits que pour la portion de son ancien territoire sur laquelle passe le Rhin. Cette réclamation est juste, et nous vous invitons, monsieur le comte, à vous concerter sur cet article, comme sur les précédents, avec le ministre des finances, pour faire opérer la liquidation, dont il est question dans le mémoire, entre les bureaux de Germersheim et de Neubourg, et faire organiser la perception de manière à ce que la France et la direction provisoire de l'octroi ne perçoivent ensemble que la somme due par le commerce de Mannheim à Strasbourg, d'après la convention de 1804, et dans la proportion de l'espace que parcourt le fleuve sur les territoires respectifs.

Agréez...

N° 31. — LE PRINCE DE TALLEYRAND AU ROI LOUIS XVIII.

Vienne, le 3 mars 1815.

SIRE,

Le duc de Saxe-Teschen[1], qui était allé jusqu'à Brünn au-devant du roi de Saxe, est revenu ici ce matin. Le roi s'arrête aujourd'hui à deux postes de Vienne, et ira attendre à Presbourg le départ des deux souverains du Nord, qui seraient sûrement embarrassés de sa présence ici, et que lui-même, très probablement, ne se soucie guère de rencontrer. On a trouvé qu'à Brünn il serait trop loin ; on n'avait point à lui offrir, sur la route de Brünn à Vienne, de séjour convenable ; c'est ce qui a fait préférer Presbourg, nonobstant les raisons dont j'ai eu l'honneur d'entretenir Votre Majesté dans une de mes précédentes lettres.

L'empereur de Russie parle de son départ dont on fait même les préparatifs. On l'a dit fixé au 14 de ce mois, puis au 17 ; aujourd'hui on parle du 20. L'empereur a promis d'être chez lui pour la Pâque russe ; et je crois que de tant de promesses qu'il a faites, c'est la seule qu'il tiendra, parce qu'il verrait de l'inconvénient pour lui à ne la pas tenir. Lui parti, les autres souverains ne resteront pas. De son côté, l'empe-

---

1. Albert, duc de Saxe-Teschen, fils d'Auguste II, électeur de Saxe et roi de Pologne, était par conséquent l'oncle de Louis XVIII et du roi Frédéric-Auguste. Né en 1738, il épousa en 1766 l'archiduchesse Marie-Christine, fille de l'empereur François 1er. Il fut nommé gouverneur des Pays-Bas, commanda les armées autrichiennes dans ce pays en 1792, et mit le siège devant Lille. Il devint feld-maréchal et mourut en 1822.

reur d'Autriche qui médite depuis longtemps un voyage dans ses provinces d'Italie, voudrait ne pas le remettre plus loin que le mois d'avril. Ainsi, ce besoin ou ce désir que tout le monde a de s'en aller, hâtera la conclusion des affaires.

Je laisse dormir celles d'Italie, ainsi que je l'ai promis à M. de Metternich, jusqu'à ce que j'aie des nouvelles du passage de lord Castlereagh à Paris, et de son arrivée à Londres.

L'Autriche et la Bavière sont d'accord à un point près, celui de Salzbourg, que l'Autriche voudrait avoir entier, et dont la Bavière veut conserver une partie. J'ai exhorté séparément les deux négociateurs à tâcher de s'entendre, pour ne point donner lieu à l'intervention de la Russie et de la Prusse, que l'on ne pourrait éviter, s'ils ne s'entendaient pas. Je crois que mon conseil ne sera pas sans fruit, et je l'ai donné pour échapper à la nécessité de me prononcer en faveur de l'un des deux, ce qui ne pourrait[1] guère se faire, sans mécontenter l'autre, tandis que nous avons presque un égal besoin d'être bien avec tous deux.

Les affaires de Suisse sont ou vont être en état d'être portées, de la commission où elles ont été préparées, à la conférence où elles doivent être arrêtées. Il n'est plus question de tenir le Porentruy en réserve; on le donne, avec le reste de l'évêché de Bâle, comme nous le désirions, au canton de Berne. Le sort de la Valteline restera seul en suspens, jusqu'à l'arrangement des affaires d'Italie. Les Russes mêmes en sont d'accord.

Le philosophe de La Harpe qui croit n'avoir jamais fait assez de mal aux Bernois, s'était mis dans l'esprit d'exclure

---

1. Variante: *pouvait*.

le canton de Berne du directoire de la confédération [1]; et il avait fait goûter cette folle idée à son illustre élève[2]. En conséquence, un ministre russe est allé chez l'un des ministres de Ferdinand IV qu'il ne connaissait pas, et lui a dit : « Tâchez d'obtenir le consentement de la France à ce que le canton de Berne ne soit pas au nombre des cantons directeurs, et l'empereur Alexandre qui tient singulièrement à être satisfait sur ce point sera très bien dans vos affaires. » Le même ministre est allé le même jour chez M. de Metternich, auquel il a dit : « L'empereur Alexandre n'est point encore décidé dans l'affaire de Murat. Il vous aidera à le soutenir, comme vous le désirez, si vous voulez concourir à ce que le canton de Berne ne soit pas du nombre des cantons directeurs. » M. de Metternich a répondu que ce qu'on proposait [3] n'était pas faisable. J'avais, de mon côté, rejeté la proposition dès les premiers mots qui m'avaient été dits. Les Russes ont en conséquence renoncé à leur projet et n'ont retiré de leur tentative que la honte attachée à une duplicité si grossière, qu'ils prennent vraisemblablement pour une finesse diplomatique des plus admirables.

---

1. L'acte de médiation de 1803 avait décidé que la diète helvétique se réunirait tour à tour à Fribourg, Berne, Soleure, Bâle, Zurich et Lucerne. Les cantons, dont ces villes sont les chefs-lieux, devenaient alors *cantons directeurs* pour une année. L'*avoyer* ou bourgmestre du canton directeur devenait de droit *landamann* de la Suisse pour une année. Il avait charge de garder le sceau de la confédération. C'est auprès de lui qu'étaient accrédités les ministres étrangers. Il avait un droit de haute police sur les autres cantons et celui de requérir les troupes. La Harpe prétendait enlever à Berne, le droit d'être à son tour canton directeur.

2. On se rappelle que M. de La Harpe avait été précepteur de l'empereur Alexandre.

3. Variante : *que ce que l'on demandait.*

Dans le principe, lorsque l'empereur Alexandre demandait la plus grande partie du duché de Varvovie, c'était, disait-il, pour en former un royaume afin de consoler les Polonais par cette image de leur ancienne existence politique, et pour réparer, autant qu'il était possible, l'outrage fait à la morale par le partage. Ensuite, il abandonna cette idée, et annonça[1] qu'il donnerait à la partie du duché de Varsovie qu'il obtiendrait, une constitution particulière, et maintenant il balance même à cet égard. Le prince Adam Czartoryski, dont la pénétration n'égale pas à beaucoup près la loyauté, commence à s'apercevoir qu'il s'était bercé d'une espérance chimérique ; il se plaint. Il est probable que l'empereur Alexandre se tirera d'affaire avec les Polonais, en ne restant qu'un moment à Varsovie ; et avec le prince Czartoryski, en se séparant froidement et évitant les explications.

Votre Majesté pourra juger des regrets que l'empereur laissera ici, par ce qui lui est arrivé ces jours derniers.

Dans l'embarras de savoir comment passer le temps, depuis que l'on ne danse plus et pour tromper l'ennui dont chacun se sent consumé, on a recours à toutes sortes de divertissements et de jeux. Un de ceux qu'on a mis à la mode est de faire dans les différentes réunions des loteries. Chaque personne de la société y porte un lot; ainsi, tout le monde contribue et tout le monde gagne. On faisait avant hier chez la princesse Marie Esterhazy[2] une loterie de ce genre. Par

---

1. Variante : *mais il annonça*.

2. Marie-Joséphine de Liechtenstein, née en 1768, mariée en 1783 à Nicolas, prince Esterhazy de Galantha, feldzeugmeister autrichien.

trop d'attention, et cela a été jugé sévèrement, elle avait voulu arranger les choses, de manière que les quatre principaux lots tombassent aux femmes particulièrement distinguées par l'empereur de Russie et par le roi de Prusse, qui s'y trouvaient l'un et l'autre. Mais cette combinaison a été dérangée par la jeune Metternich, fille du ministre, qui s'est approchée de la corbeille où étaient les billets et qui en a tiré un hors de son tour. Son billet s'est trouvé lui donner droit au lot le plus magnifique que l'empereur de Russie avait apporté. L'empereur n'a pas pu cacher son mécontentement, et tout ce qui était présent s'en est fort amusé (Votre Majesté se rappellera que l'empereur n'allait plus dans ces derniers temps aux bals de M. de Metternich et ne lui parlait plus [1] quand il le rencontrait ailleurs). Tout a été malheureux pour l'empereur dans cette soirée. Un lot qui avait été apporté par la jeune princesse d'Auersperg, que l'empereur a l'air de préférer, a été gagné par un aide de camp du roi de Prusse. L'empereur lui a fait proposer de le changer; l'aide de camp a refusé. L'empereur a insisté; il a même voulu indiquer que ce lot lui était destiné; l'aide de camp a répondu qu'il lui était trop précieux pour que jamais il le donnât. Cela a fait plaisir à tout le monde et assez pour que l'empereur commence à trouver que les soirées de Vienne ne sont plus d'aussi bon goût qu'au moment de son arrivée.

Je viens d'avoir l'état des troupes qui marchent vers l'Italie. Il y a cent vingt bataillons et quatre-vingt-quatre escadrons, le tout au complet et formant cent vingt-neuf mille hommes d'infanterie et quinze mille hommes de cavalerie. Les généraux

---

1. Variante : *pas*.

qui commandent ces forces sont : Bianchi [1], Radetzky [2], Frimont [3] et Jérôme Colloredo [4]. Il y a de plus une réserve de cinquante mille hommes en Carinthie, Styrie...

Le général Pozzo attend un dernier paquet de l'empereur pour partir.

Je suis...

N° 32. — LE PRINCE DE TALLEYRAND AU ROI LOUIS XVIII.

Vienne, le 7 mars 1815.

SIRE,

Je dois croire que Votre Majesté sait déjà, ou qu'elle aura appris, avant de recevoir cette lettre, que Bonaparte[2] a quitté

---

1. Bianchi (1768-1855) était en 1815 feld-maréchal lieutenant. En 1813 il avait commandé un corps autrichien à Leipzig, et en 1814, il fut mis à la tête des troupes chargées d'agir contre Lyon. En 1815, il dirigea la campagne contre Murat, et s'empara de Naples. En 1815, il devint gouverneur de la Galicie .

2. Le général Radetzky, né en 1766, entré à l'armée en 1788, était en 1814 chef d'état-major du prince de Schwarzenberg. En 1831, il fut mis à la tête des forces autrichiennes en Lombardie, demeura longtemps dans ce pays, et eut à réprimer les insurrections de 1848-1849. Il prit sa retraite en 1857, et mourut l'année suivante. Il était feld-maréchal depuis 1836.

3. Jean-Philippe, comte de Frimont, prince d'Antrodocco, né en 1756 en Belgique, appartenait à une famille française. Il servit d'abord en France, émigra en 1791, et rejoignit l'armée de Condé. Il passa ensuite au service autrichien et devint feld-maréchal lieutenant. En 1812, il commanda un corps autrichien auxiliaire de la grande armée. Il fit ensuite les campagnes de 1813 et 1814, et commanda l'armée d'occupation en France jusqu'en 1818. En 1821, il fut chargé de réprimer l'insurrection dans le royaume de Naples. Il mourut en 1831.

4. Jérôme, comte de Colloredo, deuxième fils du ministre de l'empereur Léopold II, né en 1775, se distingua particulièrement en 1813. Il commanda un corps autrichien à Dresde, et remporta la victoire de Kulm. Après la guerre, il devint feld-zeugmeister et commandant général de la Bohême.

5. Variante : *Buonaparte*.

l'île d'Elbe. Mais, à tout événement, je m'empresse de lui en transmettre la nouvelle[1]. Je l'ai eue d'abord par un billet de M. de Metternich auquel j'ai répondu que je voyais par les dates que cette évasion de Bonaparte se trouvait liée à la demande que Murat avait faite à l'Autriche de lui accorder pour ses troupes un passage par ses provinces. Le duc de Wellington m'a ensuite communiqué une dépêche de lord Burghersh[2], *ministre d'Angleterre à Florence*[3], dont j'ai l'honneur de joindre ici la traduction ainsi que l'extrait d'une lettre du vice-consul à Ancône, extrait que le duc de Wellington m'a aussi communiqué.

C'est le 26 février, à neuf heures du soir, que Bonaparte s'est embarqué à Porto-Ferrajo. Il a emmené avec lui environ douze cents hommes, dix pièces de canon, dont six de campagne, quelques chevaux, et des provisions pour cinq ou six jours. Les Anglais qui s'étaient chargés de surveiller ses mouvements l'ont fait avec une négligence qu'ils auront peine à excuser.

La direction qu'il a prise, celle du nord, semble indiquer qu'il se porte ou du côté de Gênes ou vers le midi de la France.

Je ne puis pas croire qu'il ose rien tenter sur nos provinces méridionales. Il ne s'y hasarderait qu'à la faveur d'intelli-

---

1. La nouvelle était parvenue à Vienne le 6 mars. Elle ne fut rendue publique que le 11 mars.

2. John Fane, comte de Westmoreland (1784-1859), connu jusqu'à la mort de son père (1841) sous le nom de lord Burghersh, entra d'abord dans l'armée et servit en Sicile et en Portugal. En 1813, il fut attaché à l'état-major de Schwarzenberg. En 1814, il fut nommé ministre à Florence. En 1822, il devint conseiller privé et fut ensuite envoyé comme ambassadeur à Naples (1825) puis à Berlin (1841), où il demeura jusqu'en 1851, et enfin à Vienne. Il prit sa retraite en 1855.

3. Supprimé dans le texte des archives.

gences qu'il n'est pas à supposer qu'il ait. Il n'en est pas moins nécessaire de prendre des précautions de ce côté, et d'y mettre des hommes de choix et parfaitement sûrs. Du reste, toute entreprise de sa part sur la France serait celle d'un bandit.

C'est ainsi qu'il devrait être traité ; et toute mesure permise contre les brigands devrait être employée contre lui.

Il me paraît nfiniment plus probable [1] qu'il veut agir dans le nord de l'Italie. Le duc de Wellington me dit qu'il y a à Gênes deux mille Anglais et trois mille Italiens qui ont fait la guerre d'Espagne, et qui sont entrés au service du roi de Sardaigne. Il ne doute pas que ces troupes, *qui ont fait la guerre d'Espagne*[2] et qu'il dit excellentes, ne fassent leur devoir. Le roi de Sardaigne est à Gênes en ce moment, et doit y avoir sa garde. Il y a aussi dans le port trois frégates anglaises. Si donc Bonaparte faisait une tentative sur Gênes avec ses douze cents hommes, il échouerait. Mais il est à craindre qu'il ne se porte par les montagnes vers l'État de Parme et la Lombardie, et que sa présence ne soit le signal d'une insurrection préparée de longue main, que la mauvaise conduite des Autrichiens et la fausse politique de leur cabinet n'ont que trop favorisée, et qui, étant soutenue par les troupes de Murat, avec lequel il est probable que Bonaparte est d'accord, mettrait l'Italie tout entière en combustion. Le prince de Schwarzenberg et M. de Metternich m'ont dit l'un et l'autre que, si Bonaparte arrivait dans le nord de l'Italie, cela les mettrait dans le plus grand embarras, parce qu'ils ne se sentent point encore en mesure. La nuit dernière des estafettes ont été expé-

---

1. Variante : *vraisemblable*.

2. Supprimé dans le texte des archives.

diées à tous les corps destinés pour l'Italie, afin de hâter leur marche. Mais, quelque diligence que ces corps fassent, il leur faut un mois, au moins, pour être rendus à leur destination, et un mois peut amener bien des événements. Il paraît que le prince de Schwarzenberg aura lui-même l'ordre de se rendre en Italie.

Dans toute hypothèse, Votre Majesté jugera sûrement nécessaire de réunir des forces suffisantes dans le Midi, pour agir suivant les circonstances.

Les suites de cet événement ne sauraient être encore prévues. Mais il en peut avoir d'heureuses, si l'on en sait tirer parti. Je ferai tout ce qui sera en moi pour qu'ici l'on ne s'endorme pas, et pour faire prendre par le congrès une résolution qui fasse tout à fait descendre Bonaparte du rang que, par une inconcevable faiblesse, on lui avait conservé, et le mette enfin hors d'état de préparer de nouveaux désastres à l'Europe.

On a délibéré sur la manière de faire connaître au roi de Saxe les cessions que les puissances sont convenues qu'il ferait à la Prusse et pour lesquelles son consentement est nécessaire. On est convenu d'extraire du protocole général les articles qui contiennent les cessions et d'en former un protocole particulier, que, pour plus d'égards, nous remettrons au roi, le duc de Wellington, le prince de Metternich et moi. Nous irons, à cet effet, tous les trois à Presbourg après-demain. La résistance du roi de Saxe serait inutile pour lui et très fâcheuse pour tout le monde, surtout dans un moment où il importe de pouvoir réunir tous les esprits et toutes les opinions contre les entreprises de l'homme de l'île d'Elbe. Nous ferons donc tout ce qui sera nécessaire pour que le roi de Saxe se soumette de bonne grâce à ce qu'exige la nécessité des conjonctures.

On est d'accord sur les affaires de la Suisse. Les Russes, forcés de renoncer à l'idée d'exclure le canton de Berne du nombre des cantons directoriaux, ont demandé que, du moins, il fût invité à modifier sa constitution en y introduisant une partie représentative. Toutes les puissances ont adhéré à cette demande qui est dans les idées du temps, et la France n'a pas dû s'y refuser, les lettres de M. de Watteville[1] et de Mülinen[2] faisant connaître que cette demande n'est point de nature à éprouver à Berne de difficultés sérieuses. C'est aussi l'avis de l'envoyé bernois, M. de Zerleder.

Je suis...

N° 25 *ter*. — LE ROI LOUIS XVIII AU PRINCE DE TALLEYRAND.

Paris, ce 7 mars 1815.

Mon cousin,

J'ai reçu votre numéro 30. Je crois que la déclaration de M. de Metternich dont je serais fort peu satisfait dans toute autre circonstance, s'explique par ce que je vous mandais l'autre jour et par les pièces ci-jointes. L'instruction vous

---

1. Nicolas-Rodolphe de Watteville, homme d'État suisse, né en 1760, membre du grand conseil en 1795, membre de la députation suisse envoyée à Paris en 1802, landamann en 1804, en 1810 et 1815. Il mourut en 1832.

2. Frédéric de Mülinen, né en 1760, était membre du grand conseil avant la Révolution. En 1802, il fut un des chefs du mouvement insurrectionnel et vint à Paris comme membre de la députation, entra de nouveau au grand conseil et fut nommé avoyer. Il devint plus tard président de la confédération et mourut en 1833.

fait assez connaître mes intentions pour qu'il soit superflu d'y rien ajouter ici.

Je me proposais de revenir aujourd'hui avec vous sur la convention du 11 avril dernier. Bonaparte[1] m'en épargne la peine. Avant de recevoir cette dépêche, vous serez sans doute instruit de son audacieuse entreprise. J'ai pris sur-le-champ les mesures que j'ai jugées les plus propres à l'en faire repentir, et je compte avec confiance sur leur succès.

Ce matin, j'ai reçu les ambassadeurs, et m'adressant à tous à la fois, je les ai priés de mander à leurs cours qu'ils m'avaient vu n'étant nullement inquiet des nouvelles que j'ai reçues et bien persuadé que ceci n'altérera pas plus la tranquillité de l'Europe que celle de mon âme. Ma goutte a fait, depuis l'autre jour, des progrès sensibles en mieux. Sur quoi, je prie Dieu qu'il vous ait, mon cousin, en sa sainte et digne garde.

LOUIS.

N° 26 *ter*[2]. — LE ROI LOUIS XVIII AU PRINCE DE TALLEYRAND.

Paris, ce 11 mars 1815.

Mon cousin,

Je ne puis vous écrire sur la position où je me trouve; mais je vous envoie le duc de Rohan-Montbazon qui vous donnera toutes les informations que vous aurez à désirer. J'espère qu'il vous sera utile auprès de l'empereur d'Autriche.

1. Variante : *Buonaparte*.
2. Cette lettre ne se trouve pas dans le recueil de M. Pallain.

Ma confiance en vous ne me laisse pas lieu de douter que vous ferez en cette circonstance tout ce qu'exigent d'aussi puissants intérêts que ceux dont le duc de Rohan vous entretiendra. Sur quoi, je prie Dieu qu'il vous ait, mon cousin, en sa sainte et digne garde.

LOUIS.

N° 33. — LE PRINCE DE TALLEYRAND AU ROI LOUIS XVIII.

Vienne, le 12 mars 1815.

SIRE,

J'ai reçu la lettre dont Votre Majesté m'a honoré en date du 3 de ce mois. J'attendrai celle qu'elle veut bien m'annoncer et ses instructions relatives à l'affaire de Parme pour entamer cette affaire avec M. de Metternich, qui m'a déjà demandé si je n'étais pas encore en mesure de la traiter. Le mystère dont il a voulu l'envelopper, les démarches qu'il a fait faire, à mon insu, auprès de Votre Majesté, son désir de l'arranger avec moi seul, tiennent à ce qu'il sait, autant que personne, de combien d'objections son projet est susceptible. En y acquiesçant, Votre Majesté fera certainement un sacrifice, et même, à mon avis, un sacrifice qui peut n'être pas sans conséquence. J'avoue néanmoins, qu'il ne me paraîtra pas trop grand, si, en retour, l'Autriche se joint sincèrement à nous contre Murat, et si M. de Metternich est fidèle à ses offres.

Mercredi soir, nous partîmes, le duc de Wellington, M. de Metternich et moi, pour Presbourg, où nous arrivâmes à quatre heures du matin. A midi, le roi de Saxe nous reçut tous les trois, prit le protocole que lui présentait M. de Metternich, le remit sans l'ouvrir à son ministre qui était présent, en nous disant qu'il prendrait connaissance de son contenu, et, se rapprochant de nous, il nous adressa quelques mots d'obligeance, mais d'un air extrêmement froid. A une heure, nous eûmes l'honneur de dîner avec lui et avec la reine. Le soir, il nous reçut séparément, M. de Metternich à quatre heures, moi à cinq, le duc de Wellington à six. A plusieurs reprises, il m'a exprimé des sentiments de reconnaissance pour Votre Majesté. Le lendemain, nous eûmes, tous les trois, une conférence fort longue avec son ministre, le comte d'Einsiedel, qui n'entend pas très bien et qui parle encore plus mal le français. Nous épuisâmes dans ces conférences toutes les raisons qui devaient porter le roi à consentir aux cessions convenues par les puissances au profit de la Prusse. Le roi et son ministre ne nous firent entendre que des objections. Ils paraissaient vouloir nourrir l'espérance que ce qui avait été convenu pouvait encore être négocié. Cette espérance se trouvant reproduite dans la note que le ministre du roi nous adressa le samedi, nous crûmes nécessaire de la détruire par une déclaration positive contenue dans la réponse que nous lui fîmes au moment de quitter Presbourg. J'ai l'honneur de joindre ici la copie de ces deux pièces.

Sur le compte que nous avons dû rendre de notre mission à la conférence des cinq puissances, les Prussiens ont demandé que la partie de la Saxe qui leur a été abandonnée puisse, dès ce moment, passer de l'occupation militaire à une administration régulière, et que l'autre partie soit provisoirement maintenue sous l'occupation militaire.

Cette demande, à laquelle il serait difficile de se refuser, déterminera probablement le consentement du roi de Saxe, qui, suivant les informations que nous avons obtenues, veut consentir, mais en même temps veut paraître, vis-à-vis de ses peuples, n'avoir cédé qu'à une extrême et invincible nécessité.

C'est à Presbourg que nous est parvenue la nouvelle que Bonaparte, repoussé à coups de canon d'Antibes, qu'il avait fait sommer, a débarqué dans la baie de Juan[1]. Ce sont là les dernières nouvelles que nous ayons de lui. On a jugé qu'il n'avait d'intelligences, ni à Marseille, ni à Toulon, puisqu'il ne s'y est pas présenté, ni à Antibes, puisqu'il en a été repoussé. Ces réflexions ont paru rassurantes. Mais les puissances n'en ont pas moins songé à se mettre en état de pouvoir offrir à Votre Majesté leurs secours, s'ils devenaient nécessaires. L'ordre de se concentrer et de se tenir prêtes a été envoyé aux troupes anglaises, prussiennes, autrichiennes qui sont dans le voisinage du Rhin. L'empereur de Russie a ordonné aux siennes, qui étaient retournées sur la Vistule, de se rapprocher de l'Oder et de l'Elbe.

Tant que l'on a ignoré où Bonaparte allait, et ce qu'il tenterait, on n'a pu faire de déclaration contre lui. Nous nous sommes occupés d'en faire adopter une, dès qu'on l'a su. Le projet en a été rédigé par la légation française, communiqué au duc de Wellington et au prince de Metternich. Il sera lu demain dans la commission des huit puissances signataires du traité de Paris, où il éprouvera probablement quelques changements. Lorsqu'il aura été adopté, j'aurai l'honneur de l'envoyer à Votre Majesté par un courrier, qui en laissera un exemplaire au préfet de Strasbourg que j'engagerai à le faire

---

1. Napoléon, débarqué le 1ᵉʳ mars à trois heures au golfe Jouan, envoya immédiatement un détachement de vingt-cinq hommes s'assurer des batteries de la côte. Le peloton se présenta devant Antibes. Le colonel Cunéo-d'Ornano, commandant de place, le laissa entrer puis le fit prisonnier, malgré l'effervescence de ses propres soldats. C'est à cela que se borna l'échauffourée d'Antibes. On ne tira pas un seul coup de canon.

imprimer et distribuer dans son département et dans les départements voisins. Je ferai de même pour Metz et Châlons. J'engagerai M. de Saint-Marsan à prendre le même moyen pour la répandre à Nice, en Savoie et dans le Dauphiné.

L'empereur de Russie, qui, en général, se montre très bien dans cette circonstance, fait partir le général Pozzo et le chargera d'une lettre pour Votre Majesté, à laquelle il offre toutes ses forces. C'est un secours dont il serait triste que la France ne pût point se passer, qui ne peut pas être positivement refusé, mais que Votre Majesté croira sûrement ne devoir accepter que pour un cas extrême, qui, je l'espère, ne se présentera pas.

Votre Majesté a, je n'en doute point, ordonné de faire marcher des troupes dans le Midi. Si j'osais lui donner mon opinion sur le chef qu'il me semble le plus utile de leur donner, j'indiquerais le maréchal Macdonald comme étant un homme d'honneur, à qui l'on peut se fier, comme ayant la confiance de l'armée, et parce qu'ayant signé pour Bonaparte le traité du 11 avril, son exemple en a plus de poids, lorsqu'il marche contre lui.

J'ai vu une liste des officiers généraux nommés pour commander les trente mille hommes, que Votre Majesté avait ordonné de réunir entre Lyon et Chambéry. Les noms de plusieurs me sont inconnus; mais il y en a dans lesquels je ne saurais avoir de confiance, entre autres le général Maurice Mathieu[1] qui,

---

1. Maurice Mathieu, comte de la Redorte, était officier de cavalerie en 1789, Il devint général de division en 1799, commanda en Allemagne et en Italie, passa ensuite en Espagne et devint gouverneur de Barcelone et commandant supérieur de Catalogne. Il fut nommé pair de France en 1819. Le général Mathieu avait épousé mademoiselle Clary et était par conséquent le beau-frère du roi Joseph et de Bernadotte.

à ce que je crois, était la créature dévouée de Joseph Bonaparte.

La présence de celui-ci dans le pays de Vaud ne peut être que dangereuse, dans le moment actuel. Je vais agir pour faire demander son éloignement par les puissances de Russie et d'Angleterre et aussi d'Autriche qui ont de l'influence dans ce canton[1]. Déjà l'empereur de Russie, et c'est une justice à lui rendre, a fait écrire de son propre mouvement aux nouveaux cantons dans un sens qui nous convient[2]. J'en ai prévenu M. Auguste de Talleyrand[3] en lui recommandant de s'entendre avec le chargé d'affaires russe, baron de Krüdener[4].

Cet incident, d'ailleurs si désagréable, de l'apparition de Bonaparte en France, aura du moins cet avantage qu'il hâtera ici la conclusion des affaires. Il a redoublé[5] l'empressement et le zèle de tout le monde.

---

1. Joseph était à Prangins lorsqu'il apprit le débarquement de son frère. Il quitta ce château le 19 mars au soir et passa la frontière dans la nuit. « Il fut bien inspiré de partir si vite, car le lendemain matin, arrivait chez lui un commissaire du gouvernement fédéral avec un piquet de soldats pour s'emparer de sa personne et le conduire à Berne. En agissant ainsi, la Suisse cédait sans doute aux exigences des ministres étrangers accrédités près de la diète. » (*Mémoires du roi Joseph*, t. X.)

2. Variante : ... *qui nous a convenu.*

3. Alors ambassadeur de France en Suisse.

4. Alexis-Constantin, baron de Krüdener, né en 1774, diplomate russe : d'abord secrétaire d'ambassade à Madrid et à Varsovie, puis ministre en Courlande, ambassadeur à Vienne (1784), à Copenhague (1786), à Berlin (1800). Il mourut en 1802. Il avait épousé en 1783 mademoiselle de Wietinghoff, qui sous le nom de baronne de Krüdener s'est acquis une remarquable célébrité.

5. Variante : *doublé.*

Le comité de rédaction va entrer en activité. Ainsi le terme de notre séjour ici pourra se trouver rapproché de plusieurs semaines.

Je suis...

N° 34. — LE PRINCE DE TALLEYRAND AU ROI LOUIS XVIII.

Vienne, le 13 mars 1815[1].

Sire,

Je sors de la conférence où vient d'être signée la déclaration dont j'avais l'honneur de parler à Votre Majesté dans ma lettre d'hier. Elle a été rédigée ce matin dans notre conférence des cinq puissances. Nous l'avons portée ce soir à celle des huit où elle a été adoptée. Je m'empresse de l'envoyer à Votre Majesté. J'en adresse en même temps des exemplaires aux préfets de Strasbourg, Besançon, Lyon, Nancy, Metz et Châlons-sur-Marne, avec invitation de la faire imprimer et connaître dans leurs départements respectifs et aux préfets voisins. Je me persuade que Votre Majesté jugera convenable d'en ordonner la publication dans tous les points du royaume. M. de Saint-Marsan, à qui j'en ai remis une copie, l'envoie à Gênes et à Nice.

Rien ne me paraît manquer à la force que cette pièce devait avoir, et j'espère que rien ne manquera à l'effet qu'elle est destinée à produire, tant en France que dans le reste de l'Europe, où elle sera répandue par toutes les voies.

1. Variante : *le 14 mars 1815.*

L'une des sœurs de Bonaparte (Pauline Borghèse), qui de l'île d'Elbe avait passé sur le continent de l'Italie, a été arrêtée à Lucques, et Jérôme qui était à Trieste va être amené à Grätz [1] ainsi que Joseph, dès que le canton de Vaud aura obtempéré à la demande que j'ai chargé M. de Talleyrand de lui faire, conjointement avec le ministre de Russie et celui d'Autriche qui feront la même demande. Des officiers autrichiens et russes sont porteurs de la demande faite au pays de Vaud, et sont chargés de conduire Joseph Bonaparte jusqu'à Grätz.

Des ordres ont été donnés pour que l'île d'Elbe soit occupée au nom des alliés.

Ainsi, tout tend au même but, avec un concert et une unanimité dont je ne sais s'il y a jamais eu d'exemple entre toutes les puissances.

J'ai pris des informations sur les généraux nommés au commandement du corps placé entre Chambéry et Lyon. Les généraux Sémélé [2], Digeon [3] et surtout le général

---

1. Nous n'avons trouvé confirmée nulle part cette arrestation de la princesse Pauline, qui n'aurait d'ailleurs été qu'une inutile violation du droit des gens. Il est au contraire avéré qu'elle passa la durée des Cent-jours à Naples, puis à Rome. — Quant au roi Jérôme, il se trouvait en effet à Trieste avec la reine, lorsque, au moment d'être arrêté par la police autrichienne, il put s'embarquer secrètement sur une frégate napolitaine que Murat lui avait envoyée et gagner ainsi la France.

2. Le baron de Sémélé, né en 1773, engagé volontaire en 1792, général de division en 1811 ; il accepta du service pendant les Cent-jours, et fut pour ce fait mis en non-activité sous la deuxième Restauration.

3. Le vicomte Digeon né en 1771, fils d'un fermier-général, était sous-lieutenant en 1792. Il devint général de division en 1813. En 1815, il accompagna le comte d'Artois à Lyon. Il devint pair de France sous la deuxième Restauration, et en 1823, ministre de la guerre. Il mourut en 1828.

Marchand[1] m'ont été représentés comme dignes de toute confiance. Je n'ai vu personne qui connût le général Roussel d'Urbal[2].

Je suis[3]...

DÉCLARATION

« Les puissances qui ont signé le traité de Paris réunies en congrès à Vienne, informées de l'évasion de Napoléon Bonaparte et de son entrée à main armée en France, doivent à leur propre dignité et à l'intérêt de l'ordre social une déclaration solennelle des sentiments que cet événement leur a fait éprouver.

» En rompant ainsi la convention qui l'avait établi à l'île d'Elbe, Bonaparte détruit le seul titre légal auquel son existence se trouvait attachée. En reparaissant en France avec des projets de troubles et de bouleversements, il s'est

---

1. Jean-Gabriel comte Marchand, né en 1765, fut d'abord avocat, puis s'engagea, devint général en 1805, et fit toutes les campagnes de l'empire. Il commandait à Grenoble en 1815, voulut résister à Napoléon, mais dut se retirer. Il fut traduit en 1816 devant un conseil de guerre, qui du reste l'acquitta. Toutefois, il fut mis à la retraite. Il fut nommé pair de France par Louis-Philippe et mourut en 1851.

2. Nicolas-François Roussel d'Urbal, né en 1763, servit d'abord dans l'armée autrichienne et était général-major en 1809. Admis au service de la France en 1811, il devint général de division en 1812 et était en 1815 inspecteur général de cavalerie. Il mourut en 1849.

3. Variante : *P.-S. — Je crois qu'après la déclaration, il doit y avoir un trait bien marqué qui la sépare du protocole, à la fin duquel doivent être toutes les signatures comme elles se trouvent dans la copie ci-jointe.*

privé lui-même de la protection des lois, et a manifesté à la face de l'univers qu'il ne saurait y avoir ni paix ni trêve avec lui.

» Les puissances déclarent, en conséquence, que Napoléon Bonaparte s'est placé hors des relations civiles et sociales et que, comme ennemi et perturbateur du repos du monde, il s'est livré à la vindicte publique.

» Elles déclarent en même temps que, fermement résolues de maintenir intact le traité de Paris du 30 mai 1814 et les dispositions sanctionnées par ce traité, et celles qu'elles ont arrêtées ou qu'elles arrêteront encore pour le compléter et le consolider, elles emploieront tous leurs moyens et réuniront tous leurs efforts pour que la paix générale, objet des vœux de l'Europe et but constant de leurs travaux, ne soit pas troublée de nouveau, et pour la garantir de tout attentat qui menacerait de replonger les peuples dans les désordres et les malheurs des révolutions.

» Et, quoique intimement persuadés que la France entière se ralliant autour de son souverain légitime, fera incessamment rentrer dans le néant cette dernière tentative d'un délire criminel et impuissant, tous les souverains de l'Europe, animés des mêmes sentiments et guidés par les mêmes principes, déclarent que si, contre tout calcul, il pouvait résulter de cet événement un danger réel quelconque, ils seraient prêts à donner au roi de France et à la nation française, ou à tout autre gouvernement attaqué, dès que la demande en serait formée, les secours nécessaires pour rétablir la tranquillité publique et à faire cause commune contre tous ceux qui entreprendraient de la compromettre.

» La présente déclaration insérée au protocole du congrès réuni à Vienne, dans sa séance du 13 mars 1815, sera rendue publique.

» Fait et certifié véritable par les plénipotentiaires des huit puissances signataires du traité de Paris. A Vienne le 13 mars 1815. »

(Suivent les signatures dans l'ordre alphabétique des cours)

Autriche : Le prince DE METTERNICH ; le baron DE WESSENBERG.
Espagne : P. GOMEZ LABRADOR.
France : Le prince DE TALLEYRAND; le duc DE DALBERG; LA TOUR-DU-PIN; le comte Alexis DE NOAILLES.
Grande-Bretagne : WELLINGTON; CLANCARTY; CATHCART; STEWART.
Portugal : Le comte DE PALMELLA; SALDANHA; LOBO.
Prusse : Le prince DE HARDENBERG; baron DE HUMBOLDT.
Russie : Le comte DE RASOUMOWSKI; le comte DE STACKELBERG; le comte DE NESSELRODE.
Suède : LOWENHIELM.

N° 35. — LE PRINCE DE TALLEYRAND AU ROI LOUIS XVIII.

Vienne, le 14 mars 1815.

SIRE,

Le courrier que je fais partir aujourd'hui porte en Suisse à M. le comte de Talleyrand l'ordre de faire, de concert avec les ministres d'Autriche et de Russie, les démarches dont j'ai eu l'honneur d'entretenir hier Votre Majesté, pour faire éloigner Joseph Bonaparte des frontières de France.

Il restera plus longtemps en route que ceux qui vont directement à Paris. Toutefois je n'ai point voulu l'expédier sans le charger d'une lettre pour Votre Majesté, quoique je n'aie rien de nouveau à lui mander, le courrier qui doit m'apporter les instructions qu'elle m'a fait l'honneur de m'annoncer par sa lettre du 3 de ce mois n'étant pas encore arrivé. J'espère que ces instructions ne seront pas, comme M. de Metternich s'en flatte, de nature à faire remettre la décision du sort de Murat à une époque éloignée. Nous ne pouvons et ne devons pas croire à une promesse de M. de Metternich *à cet égard*[1]. J'ai eu, aujourd'hui même, une explication assez vive avec lui sur cet objet. Mon opinion est que si l'affaire de Murat est remise, elle est perdue pour nous ; et par cela l'opinion, qui est toute aujourd'hui en notre faveur, sera détruite.

Je me suis procuré, et j'enverrai à Votre Majesté dans la première lettre que j'aurai l'honneur de lui écrire, une pièce signée par les puissances qui, encore à l'époque où elle fut rédigée, se nommaient les *alliés*[2], et qui la mettra à même de juger dans quelle position ses ambassadeurs au congrès se sont trouvés à l'égard de ces puissances lorsqu'ils sont arrivés à Vienne et combien cette position diffère de celle où ils se trouvent aujourd'hui.

Je joins ici une des déclarations imprimées à Vienne et répandues dans toute l'Allemagne.

Je suis...

---

1. Supprimé dans le texte des archives.

2. Variante :... *rédigée par ce même M. de Metternich.*

N° 36. — LE PRINCE DE TALLEYRAND AU ROI LOUIS XVIII.

Vienne, le 15 mars 1815.

Sire,

Le numéro 35 de mes lettres ne parviendra à Votre Majesté qu'après celle que j'ai l'honneur de lui écrire aujourd'hui parce que le courrier qui en est porteur passe par Zurich.

Quoique Bonaparte n'ait avec lui qu'une poignée d'hommes, j'ai pensé qu'il pouvait être bon de lui enlever surtout ceux qui n'étant pas Français et se trouvant loin de leur pays pourraient, par cette double raison, lui être plus dévoués. J'ai en conséquence demandé que les Polonais qui l'avaient suivi fussent rappelés par leur gouvernement. Ma proposition a été accueillie avec empressement. L'ordre de retour a été minuté de concert avec moi, et dressé sur-le-champ. Le courrier que j'expédie en est porteur et j'ai l'honneur d'en joindre ici une copie. Je supplie Votre Majesté de vouloir bien donner les ordres nécessaires pour qu'il soit fourni à ces troupes les feuilles de route dont elles auront besoin. L'empereur de Russie et le prince Czartoryski ont mis beaucoup de bonne grâce dans cette petite affaire.

Un courrier prussien, qui a précédé de douze heures celui qui m'a été expédié le 8, avait apporté les nouvelles dont j'ai trouvé la confirmation dans tout ce qui m'a été écrit de Paris. Ces nouvelles qui n'ont point tardé à se répandre, ont excité ici une joie générale. Tout le monde applaudit à la sagesse des mesures prises par Votre Majesté. Tout le monde est persuadé que Bonaparte ne peut échapper au châtiment et s'en réjouit.

M. de Jaucourt me parle du bon effet que produirait une déclaration du congrès. Il m'en parle même de la part de Votre Majesté. Votre Majesté sait déjà que ses vœux à cet égard ont été prévenus. J'ai envoyé, par le courrier d'hier, des déclarations imprimées, pour les répandre sur les frontières de la Suisse. J'ai l'honneur d'en adresser aujourd'hui quelques exemplaires à Votre Majesté. La date de Vienne et les caractères de l'imprimerie de la chancellerie autrichienne me paraissent lui faire assez bien.

Les principes de légitimité qu'il a fallu retirer de dessous les ruines sous lesquelles le renversement de tant de dynasties anciennes et l'élévation de tant de dynasties nouvelles les avaient comme ensevelis, qui ont été accueillis avec tant de froideur par les uns, et repoussés par les autres, quand nous les avons produits, ont fini par être mieux appréciés. Notre [1] constance à les défendre n'a pas été perdue. L'honneur en est tout entier à Votre Majesté, et l'unanimité avec laquelle les puissances se sont prononcées contre le nouvel attentat de Bonaparte en est une conséquence.

J'ai souvent eu l'honneur de dire à Votre Majesté que, dans l'origine, les alliés s'étaient arrangés pour nous rendre simples spectateurs des opérations du congrès, mais je pensais qu'il n'y avait entre eux, sur ce point, qu'un accord purement verbal, et je n'imaginais pas qu'ils en fussent convenus par écrit. Les deux protocoles que j'ai l'honneur d'envoyer à Votre Majesté prouvent le contraire, et ils font voir aussi combien notre situation actuelle ressemble peu à celle où [2] ils avaient l'intention de nous tenir. Ces deux protocoles sont copiés sur l'original que j'ai eu entre les mains [3]. Certes,

---

1. Variante : *Votre.*

2. Variante :... *dans laquelle.*

3. Voir page 198 du présent volume.

de ce qu'ils voulaient le 22 septembre, à la déclaration que toutes les puissances viennent de faire, la distance est immense.

J'aurai, par l'un des prochains courriers l'honneur de répondre à Votre Majesté, touchant les instructions qu'elle a bien voulu me donner, par rapport aux arrangements de l'Italie. Je ne les ai reçues que ce soir.

Je suis...

N° 37. — LE PRINCE DE TALLEYRAND AU ROI LOUIS XVIII.

Vienne, le 16 mars 1815.

Sire,

Me trouvant dans l'obligation d'envoyer encore aujourd'hui un courrier à Paris pour y porter l'ordre qui rappelle les Polonais qui sont avec Bonaparte, et qui, par mégarde, n'a pas été joint à l'expédition de la nuit dernière, j'en profite pour avoir l'honneur de dire à Votre Majesté, combien je désire d'être tenu, le plus exactement possible, au courant de tout ce qui passe en France, et combien cela est nécessaire.

Quelque bonnes que soient les dispositions des souverains et même celles du peuple de Vienne, ce serait un prodige qu'il ne se trouvât point ici quelques hommes malintentionnés, prêts à donner des nouvelles alarmantes, et beaucoup d'hommes crédules, prompts à les accueillir et à les répandre. Il importe donc que la légation de Votre Majesté soit toujour en mesure de les rectifier.

La nouvelle de l'entrée de Bonaparte en France a fait ici baisser les fonds. La déclaration du congrès les a fait remonter. J'espère qu'elle produira le même effet en France. Peut-être qu'une nouvelle, parvenue ce matin, les fera retomber encore.

La régence de Genève a écrit le 8 au gouvernement fédéral à Zurich, qu'elle avait appris le matin qu'un régiment envoyé contre Bonaparte s'étant joint à lui, il était entré à Grenoble le sept à huit heures du soir, et que la ville avait été illuminée. La régence demandait, en conséquence, des secours pour le cas où Genève se trouverait menacée par quelque tentative de Bonaparte. Le roi de Wurtemberg a fait parvenir cette nouvelle par estafette à l'empereur Alexandre[1]. J'oppose des raisons au moins probables, pour la combattre, mais elles ne suffisent pas pour détruire une impression qui, à ce que je crois, est donnée par la peur des Genevois.

Je suis...

N° 38. — LE PRINCE DE TALLEYRAND AU ROI LOUIS XVIII.

Vienne, le 17 mars 1815.

SIRE,

J'ai l'honneur d'envoyer à Votre Majesté une lettre que j'ai reçue, ce matin, du ministre de Murat ici. Je l'envoie en original, pour n'en pas retarder l'envoi, et parce que je n'en ai pas besoin ici. Le duc de Campo-Chiaro a fait la même communication au duc de Wellington. Il l'a renouvelée à la cour de Vienne au ministre de laquelle elle avait déjà été faite[2] à Naples. Cette démarche, jointe aux nouvelles qui sont parvenues aujourd'hui ici, et le langage des plénipotentiaires des grandes puissances me font prévoir que, si l'approche

---

1. Variante : *Tout son monde la colportait ce matin.*
2. Variante : *... elle était déjà faite.*

de Bonaparte vers Paris a lieu, et si les puissances font réunir leurs troupes sur nos frontières, il sera, à peu près impossible, non seulement d'obtenir que le congrès se prononce contre Murat, en faveur de Ferdinand IV, mais encore d'amener l'Autriche, et peut-être l'Angleterre, à prendre contre lui un engagement actuel et positif. Je dois donc prier Votre Majesté de vouloir bien me donner, à cet égard, ses derniers ordres. Il faut penser à nous avant de penser aux autres.

Les nouvelles reçues aujourd'hui l'ont été par M. de Metternich et sont venues par la voie de Milan. Elles annoncent la défection de deux régiments et l'entrée de Bonaparte à Grenoble, et son départ de Grenoble le 8 pour Lyon. Elles ajoutent que l'esprit des provinces qu'il a traversées est très mauvais.

Ces nouvelles ont paru assez graves pour motiver une conférence *extraordinaire*[1] entre les légations d'Autriche, d'Angleterre, de Russie, de Prusse et de France. On y a posé et mis en délibération les questions suivantes :

1º Quel parti politique les puissances prendront-elles dans le cas où Bonaparte parviendrait à se rétablir à Paris?

2º Quels sont les moyens militaires actuellement disponibles?

3º Quels sont les moyens à préparer[2]?

Le parti politique est déjà décidé par la déclaration du congrès. C'est à cela que l'on s'en tiendra.

Une commission militaire a été nommée pour examiner les deux autres questions.

---

1. Supprimé dans le texte des archives.

2. Variante: *proposer*.

Elle est composée de :

Schwarzenberg,

Wellington,

Wolkonsky (Russe),

Knesebeck [1] (Prussien).

La commission se réunira ce soir. L'empereur de Russie veut y assister. Si ce soir je sais ce qui y aura été arrêté, je n'attendrai pas à demain pour expédier à Votre Majesté un nouveau courrier. Le voyage qu'a fait ici M. Anatole de Montesquiou en apparence pour voir madame sa mère [2], ayant été soupçonné par les Autrichiens d'avoir un motif d'une tout autre nature, et de n'avoir point été sans une intention politique, je viens de l'inviter à retourner immédiatement en France.

Je suis fondé à croire que l'empereur d'Autriche prendra sous peu de jours auprès de lui, et logera dans son palais le fils de Bonaparte pour qu'on ne puisse l'enlever. On a été jusqu'à supposer que le voyage de M. Anatole avait cet enlèvement pour objet. Le langage de madame sa mère, recueilli par la surveillance autrichienne établie auprès d'elle, permettrait de le croire.

Je suis...

---

1. Charles-Frédéric, baron de Knesebeck, né en 1768, fit dans l'armée prussienne les campagnes de 1792 et 1794 et ensuite celle de 1806. Ennemi acharné de la France, il prit du service en 1809 en Autriche, reçut en 1811 une mission secrète en Russie, et fit comme général les campagnes de 1813 et 1814. Il devint plus tard feld-maréchal général et mourut en 1848.

1. Anatole, comte de Montesquiou-Fezensac, né en 1788, s'engagea en 1808, devint en 1809 officier d'ordonnance de l'empereur, puis colonel en 1814. Sous les Cent-jours, il vint rejoindre à Vienne sa mère qui avait accompagné le roi de Rome dont elle était la gouvernante ; soupçonné, non sans raison, de vouloir enlever le jeune prince, il reçut l'ordre de s'éloigner. D'abord proscrit à la deuxième Restauration, il rentra en grâce et fut attaché à la maison du duc d'Orléans. En 1830, il fut chargé de diverses missions diplomatiques, et devint maréchal de camp puis pair de France. Il mourut en 1867.

N° 39. — LE PRINCE DE TALLEYRAND AU ROI LOUIS XVIII.

Vienne, le 19 mars 1815.

SIRE,

Le duc de Wellington fait partir aujourd'hui pour Londres un courrier qui passera par Paris, si la chose n'est pas impossible. J'en profite pour informer Votre Majesté que dans la conférence militaire tenue avant-hier et à laquelle a assisté l'empereur de Russie, on a posé en fait que Bonaparte, avec lequel les puissances ne traiteraient jamais, devait être arrêté par des efforts prompts et immenses. Elles ont, en conséquence, arrêté de renouveler le traité de Chaumont dont j'ai eu l'honneur d'envoyer une copie à Votre Majesté. Mais c'est uniquement contre Bonaparte qu'il doit être dirigé, et non contre la France qui, au contraire, y accédera. La Sardaigne, la Bavière, le Wurtemberg, Bade, y accéderont pareillement, ainsi que la Hollande et le Hanovre.

La Porte ottomane sera invitée, non à prendre part à la guerre, mais à ne recevoir ni les Français rebelles, ni leurs bâtiments.

Il sera aussi fait une démarche vis-à-vis de la Suisse. La question actuelle est hors de la neutralité, l'homme qui force l'Europe à s'armer n'étant qu'un brigand.

J'ai reçu de l'Autriche une déclaration relative à la Valteline et à Bormio, et à Chiavenna, laquelle déclaration porte que ces objets doivent entrer dans les arrangements de l'Italie et y servir à des compensations [1].

Je suis...

---

1. Variante : *Le courrier parti de Paris le 11 est arrivé sans aucune difficulté.*

DÉCLARATION
[Jointe à la dépêche précédente.]

« Vienne, le 18 mars 1815.

» Le soussigné a reçu l'ordre de faire part à Son Altesse M. le prince de Talleyrand que Leurs Majestés l'empereur de toutes les Russies, le roi de la Grande-Bretagne et le roi de Prusse sont convenus avec Sa Majesté Impériale et Royale Apostolique, que les vallées de la Valteline, de Chiavenna et Bormio, qui, jusqu'à présent, ont formé partie du royaume d'Italie, sous la dénomination du département de l'Adda, doivent être réunies aux États de Sa Majesté Impériale et Royale en Italie. Comme cependant ces territoires ont été placés dans les négociations particulières entre la cour de Vienne et celle des Tuileries parmi les objets qui pourraient servir d'échange ou de compensation dans les arrangements d'Italie, et nommément dans ceux qui concernent l'établissement futur de Sa Majesté l'infante Marie-Louise d'Espagne et de son fils, le soussigné est autorisé de donner à ce sujet la déclaration la plus précise que la réunion définitive desdits territoires, qui dans ce moment est devenue une mesure de nécessité prescrite par les circonstances les plus impérieuses, ne dérogera en rien aux arrangements prévus, et qu'ils n'en seront pas moins mis en ligne de compte dans l'évaluation des objets qui devront servir de compensation pour l'établissement réclamé par l'infante Marie-Louise.

» Le soussigné prie Son Altesse M. le prince de Talleyrand d'agréer les assurances de sa haute considération.

» METTERNICH. »

Nº 40. — LE PRINCE DE TALLEYRAND AU ROI LOUIS XVIII.

Vienne, le 19 mars 1815.

SIRE,

Il ne nous est parvenu aucune nouvelle aujourd'hui. C'est à six heures du soir que j'ai l'honneur d'écrire à Votre Majesté.

Les affaires de Suisse ont été terminées ce matin. La députation qui était à Vienne doit porter la déclaration convenue entre toutes les puissances et signée par elles. J'en adresse une copie à M. de Talleyrand [1]. Les plénipotentiaires suisses croient qu'elle ne satisfaira complètement aucun parti, mais qu'elle n'en mécontentera beaucoup aucun. Ainsi, les stipulations qu'elle contient seront, à ce que l'on croit, généralement adoptées.

Les premières nouvelles que nous recevrons ici décideront du jour du départ de lord Wellington. Son courrier doit naturellement arriver dans la journée du 21 ; le 22, il prendra sa résolution.

L'esprit ici est excellent. C'est Bonaparte tout seul que l'on a en vue. Tous les actes seront dans ce sens-là.

Je suis...

Nº 41. — LE PRINCE DE TALLEYRAND AU ROI LOUIS XVIII.

Vienne, le 19 mars 1815 (au soir).

SIRE,

J'ai l'honneur d'adresser à Votre Majesté une lettre que je reçois dans le moment du ministre de Russie. Elle me semble

---

1. M. Auguste de Talleyrand, ministre en Suisse.

ne rien laisser à désirer sur l'objet auquel elle se rapporte. Les sentiments qui y sont exprimés sont très bons et d'accord avec le langage que, dans cette circonstance, tient l'empereur. Tout ce qui tient à lui est dans le meilleur esprit.

On se propose d'avoir trois armées actives et deux de réserve.

L'une, opérant depuis la mer jusqu'au Mein, serait composée d'Anglais, de Hollandais, de Hanovriens, de contingents du Nord et de Prussiens. Elle serait sous les ordres du duc de Wellington.

La seconde aurait sa ligne d'opération du Mein à la Méditerranée, et serait commandée par le prince de Schwarzenberg. Cette armée serait formée d'Autrichiens, de Piémontais, de Suisses et des contingents de l'Allemagne méridionale.

L'armée d'Italie n'a point encore de chef désigné.

Des deux armées de réserve, l'une serait appelée armée de réserve du Nord, et commandée par le maréchal Blücher.

Le général Barclay de Tolly[1] commanderait l'autre qui serait l'armée de réserve du Midi.

Tout cela n'est encore que proposé, mais paraît convenir à l'Autriche et à l'Angleterre. Incessamment nous saurons quelque chose sur la force que chacune de ces armées doit avoir.

Je suis...

---

1. Michel, prince Barclay de Tolly, feld-maréchal russe, né en 1755 d'une famille écossaise établie en Livonie, devint ministre de la guerre en 1810, et commanda la grande armée russe en 1812. Il mourut en 1818.

N° 42. — LE PRINCE DE TALLEYRAND AU ROI LOUIS XVIII.

Vienne, le 20 mars 1815.

Sire,

L'empereur François vient d'ordonner à madame de Montesquiou de lui remettre l'enfant dont elle était chargée. Son langage dans la circonstance actuelle a été si opposé aux résolutions prises par l'Autriche et par les autres puissances, que l'empereur n'a pas voulu permettre qu'elle restât plus longtemps auprès de son petit-fils. Demain elle doit recevoir l'ordre de retourner en France. L'enfant va être établi au palais, à Vienne. Ainsi, il ne pourra pas être enlevé, comme plusieurs circonstances pouvaient le faire présumer.

Je suis...

N° 43. — LE PRINCE DE TALLEYRAND AU ROI LOUIS XVIII.

Vienne, le 23 mars 1815.

Sire,

M. le duc de Rohan-Montbazon est arrivé l'avant-dernière nuit et m'a remis la lettre de Votre Majesté dont il était porteur. Toutes les mesures étaient prises *plusieurs jours*[1] avant son arrivée, et il avait trouvé imprimée près du Rhin, la déclaration du 13 de ce mois. Elle doit être aujourd'hui répandue dans toute la France. J'espère que son effet sera d'ôter la confiance aux malveillants, et d'en donner aux hommes fidèles.

Les forces que l'Autriche, la Russie, l'Angleterre, la Prusse, la Bavière, la Hollande, les États d'Allemagne et la Sardaigne mettront sur pied, formeront, les garnisons comprises, un total de plus de sept cent mille hommes prêts à agir dès qu'ils

---

1. Supprimé dans le texte des archives.

seront requis. Les Prussiens ont déjà quatre-vingt mille hommes sur le Rhin ; les Anglais, Hollandais, Hanovriens, un nombre semblable. Deux cent cinquante mille Russes y arriveront à la fin d'avril, avec cinq cent quatre-vingt-dix pièces de canon. Je crois qu'au lieu de trois armées actives, il y en aura quatre, dont l'une sous le commandement du maréchal Blücher.

Les puissances souhaitent vivement elles-mêmes qu'aucune partie de ces forces ne soit nécessaire, et que la France puisse se passer de leur secours. Mais elles n'attendent pour les donner qu'une demande de Votre Majesté.

Les papiers que nous avons reçus aujourd'hui de Paris et qui vont jusqu'à la date du 14 inclusivement, me font espérer que Votre Majesté ne sera pas obligée de quitter Paris. Dans le cas contraire, ce qui paraît ici le plus désirable serait qu'elle se retirât, si cela était absolument nécessaire, vers quelque place du Nord dont elle serait entièrement sûre, et qu'elle y fut suivie par les deux Chambres et la partie de l'armée restée fidèle, accrue d'une portion de la garde nationale ; ce qu'il importe le plus d'éviter, étant que Votre Majesté ne semble isolée, et que cela n'induise à regarder comme distinctes, sa cause et celle de la nation, qui n'en font qu'une seule et même.

Lord Wellington voudrait déjà être en Belgique, à la tête des troupes qu'il doit avoir sous ses ordres, afin d'être en mesure à tout événement, ce qui le rend fort disposé à presser les affaires qui restent à terminer.

On a trouvé ici des inconvénients au départ de madame de Montesquiou ; et aujourd'hui on voulait l'envoyer à Lintz.

Votre Majesté sera sans doute fâchée d'apprendre que madame de Brionne est morte hier. Elle avait quatre-vingt-un ans.

Je suis…

N° 44. — LE PRINCE DE TALLEYRAND AU ROI LOUIS XVIII.

Vienne, le 23 mars 1815 (au soir).

Sire,

Cette lettre est portée à Votre Majesté par un courrier prussien qui part aujourd'hui.

Je viens d'avoir communication d'une lettre de Bonaparte, écrite tout entière de sa main à [1] Marie-Louise. Elle est du 11, datée de Lyon, et annonçant qu'il serait à Paris vers le 21. Cette lettre qu'il a fait remettre par le général Songeon [2], qui a trahi Votre Majesté, a été portée par un officier du 7e de hussards nommé Nyon à M. de Bubna [3], qui l'a fait parvenir ici. Elle est écrite dans deux vues : la première, de faire croire à son armée et à ses partisans qu'il est en relation avec l'Autriche ; la seconde, de persuader à l'Autriche qu'il a une immensité de partisans en France. A cette lettre, étaient jointes une foule de proclamations toutes horribles. Il parle d'une lettre antérieure, mais qui n'est point parvenue [4].

A Lyon, ses forces étaient composées du 14e de hussards ; des 23e, 24e, 5e, 7e et 11e de ligne ; chacun de ces régiments n'ayant pas plus de mille hommes. Cela, joint avec ce qu'il

---

1. Variante : à *l'archiduchesse*.

2. Jean-Marie Songeon, né en 1771, engagé en 1793. Il était général de brigade depuis 1813. Il prit sa retraite en 1816 et mourut en 1824.

3. Ferdinand, comte de Bubna-Littiz, feld-maréchal autrichien, commandait alors à Turin. Il avait été en 1805 président du conseil aulique et en 1813 ambassadeur à Paris. Il devint en 1821 gouverneur de l'Italie et mourut en 1825.

4. Napoléon avait écrit à l'impératrice Marie-Louise une première lettre datée de Grenoble, le 8 mars.

avait déjà, lui donne une armée au plus de neuf à dix mille hommes. (Je[1] parle à la date du 11.)

On annonçait qu'il se dirigeait vers le Charolais, dont en général l'esprit ne passe pas pour être très bon. Il était encore à Lyon le 13.

Ici, l'accord est parfait[2] : Votre Majesté peut y compter; je lui en réponds.

Pour accélérer les affaires, l'empereur de Russie a proposé de rédiger en traité particulier entre la Russie, l'Autriche et la Prusse, les stipulations relatives à la Pologne. Cela a été convenu à la conférence de ce matin. Cet accord particulier prendra place dans le traité général.

Le prince souverain des Pays-Bas prend[3] le titre de roi des Pays-Bas. La notification en sera faite demain, et l'adhésion donnée le même jour.

Nous allons entrer dans les affaires d'Italie, pour lesquelles nous avons gagné beaucoup de terrain contre Murat.

J'ai obtenu que M. de Schraut, ministre d'Autriche en Suisse, qui a tenu un fort mauvais langage soit rappelé. Il paraît que ses torts tiennent à sa santé.

J'envoie en France M. de La Tour du Pin, qui, dans le moment présent, ne m'est d'aucune utilité. Mon objet est de le faire arriver auprès du maréchal Masséna ; d'encourager le maréchal à prendre possession, pour Votre Majesté, de tout ce qui a été momentanément occupé par Bonaparte ; de lui faire connaître, sans qu'il puisse jamais en être effrayé, les dis-

---

1. Variante : *Il parle...*

2. Variante : *complet.*

3. Variante : *prendra.*

positions des puissances, et de lui offrir tous les secours extérieurs dont Votre Majesté jugerait qu'il peut avoir besoin. On n'agirait, à cet égard, que d'après un ordre formel, signé par elle.

Je suis...

N° V [1]. — LE COMTE DE BLACAS D'AULPS AU PRINCE DE TALLEYRAND.

> Bruges, ce 24 mars 1815, à deux heures après-midi, au moment du départ du roi pour Ostende [2].

PRINCE,

Le roi a été obligé de quitter Lille, hier, à trois heures après-midi. Le maréchal Mortier contenait encore la garnison, quoiqu'elle fût déjà entièrement à Bonaparte ; mais sa présence a permis à Sa Majesté de sortir de la ville, si ce n'est sans danger, du moins sans accident, et elle est arrivée à Menin, escortée par un détachement, et suivie par un piquet de chasseurs dont plusieurs n'ont pas voulu abandonner le roi. La garde nationale de Lille qui est excellente comme celle de Paris, comme celle de toutes les villes de France, a accompagné Sa Majesté jusqu'aux portes de Menin, où elle a trouvé des troupes anglaises qui probablement ne tarderont pas à passer la frontière. Toute la population de la France se réunira aux armées qui viendront pour rétablir l'autorité légitime ; l'opinion des habitants s'est bien prononcée à cet égard,

---

1. Cette lettre ne figure pas dans le recueil de M. Pallain.

2. Louis XVIII avait quitté les Tuileries le 19 mars à onze heures du soir ; il arriva à Abbeville le 20, y passa la nuit et la journée suivante, et en repartit le 21 au soir pour Lille, où il arriva le lendemain à midi. Le 23, il sortit de la ville et gagna la Belgique. Il passa à Bruges et arriva à Ostende le 24 mars. De là, il rebroussa chemin sur Gand où il se fixa.

mais la France entière est maîtrisée par les soldats rebelles et vingt-six millions d'hommes sont maintenant asservis par trente ou quarante mille soldats.

Le roi a couché cette nuit à Bruges ; il compte aller ce soir à Ostende ; il y attendra des nouvelles de sa maison qui devait se diriger sur Dunkerque, et Sa Majesté ira l'y rejoindre dès qu'elle y sera réunie. On a jugé qu'il aurait été dangereux d'aller de Lille à Dunkerque par Cassel ou par Saint-Omer, et je vous ai déjà dit que le roi ne pouvait tenir plus longtemps à Lille, sans s'exposer aux plus grands dangers.

Nous ne savons point ce que *Monsieur* est devenu ; il était resté, ainsi que M. le duc de Berry, avec la maison de Sa Majesté, mais nous avons lieu de croire qu'ils se sont embarqués à Dieppe, sans doute pour passer dans le Midi où est déjà M. le duc d'Angoulême ; ou dans les provinces de l'ouest qui sont maintenant en mouvement et sous les ordres de M. le duc de Bourbon [1].

---

[1]. Dès la première nouvelle du débarquement de Napoléon, tous les princes de la famille royale avaient été pourvus de commandements militaires. Le comte d'Artois arriva le 8 mars à Lyon. Mais la défection des troupes et l'approche de Napoléon le forcèrent à partir le 10. Il revint à Paris et en repartit le 19 à la tête de la maison du roi. Il arriva le 25 à Ypres en Belgique et alla rejoindre le roi à Gand. — Le duc de Berry, resté auprès du roi, reçut le commandement éventuel des forces que l'on cherchait à rassembler entre Melun et Paris. Il suivit son père dans sa retraite. — Le duc d'Angoulême se trouvait à Bordeaux au moment du débarquement de Napoléon. Muni des pouvoirs les plus étendus, il organisa et maintint quelque temps le pouvoir royal dans le Midi, et rassembla des troupes Nimes et à Marseille. Mais il fut cerné à Montélimart, et forcé de se rendre au général Grouchy (8 avril). Il fut embarqué à Cette et gagna l'Espagne. Pendant ce temps, la duchesse était restée à Bordeaux où, après de vains efforts pour la cause royale, elle dut s'embarquer le 2 avril. Elle rejoignit le roi à Gand. — Quant au duc de Bourbon, il fut nommé gouverneur des départements de l'ouest, se rendit à Nantes, chercha à provoquer un soulèvement général des Vendéens, mais, ne voyant aucune chance de succès, il se réfugia en Espagne.

Dès que le roi aura pris une détermination quelconque, je m'empresserai de vous en informer, et je vous tiendrai au courant de tout ce qu'il est important que vous sachiez.

Le roi a reçu à Lille la lettre que vous lui avez adressée par M. le général Ricard. La déclaration des puissances réunies à Vienne en congrès a également été reçue à Lille par Sa Majesté qui en a été extrêmement satisfaite, et qui attend les plus heureux résultats de l'effet des mesures qu'elle annonce,

Je vous écrirai d'Ostende; je n'ai maintenant que le temps de vous renouveler l'assurance de mon inviolable attachement et de ma haute considération.

BLACAS D'AULPS.

P.-S. — Je n'ai pu mettre cette lettre à la poste qu'à Ostende, où nous avons trouvé le comte de Jaucourt qui vous écrira encore plus en détail sur notre position.

N° 27 ter. — LE ROI LOUIS XVIII AU PRINCE DE TALLEYRAND[1].

Ostende, ce 26 mars 1815.

Mon cousin,

Je profite d'un courrier anglais qui probablement arrivera à Vienne avant les lettres que le comte de Blacas et le comte de Jaucourt vous ont écrites. La défection totale des troupes ne me laissait pas le choix du parti que j'avais à prendre. On prétend que ma tête est nécessaire à la France; j'ai dû pourvoir à sa sûreté qui aurait pu être compromise si je

---

1. Cette lettre, dit M. Pallain, manque au manuscrit du département des affaires étrangères.

fusse resté quelques heures de plus à Lille. Bonaparte a donc pour lui la force armée. Tous les cœurs sont à moi; j'en ai vu des témoignages non équivoques tout le long de la route. Les puissances ne peuvent donc douter cette année du vœu de la France : voilà le texte, je m'en rapporte à vous pour la glose. Je ne saurais donner trop d'éloges aux maréchaux Macdonald et Mortier. Le premier s'est conduit partout comme il avait fait à Lyon; le second qui avait reçu par le télégraphe l'ordre de m'arrêter, a assuré ma sortie de Lille et ma route jusqu'à Menin. Sur quoi, je prie Dieu qu'il vous ait, mon cousin, en sa sainte et digne garde.

LOUIS.

N° 45. — LE PRINCE DE TALLEYRAND AU ROI LOUIS XVIII.

Vienne, le 26 mars 1815.

SIRE,

L'empereur Alexandre m'ayant fait dire hier de l'aller voir, je me suis rendu ce matin au palais à onze heures. Depuis que je suis à Vienne il n'a jamais été aussi aimable avec moi. « Il faut, m'a-t-il dit, écarter les récriminations, *ne point revenir sur le passé*[1] et s'occuper franchement et utilement de l'état présent, non pour en rechercher les causes, mais pour y remédier. » Il m'a parlé avec abondance, avec une sorte d'effusion, de son attachement pour Votre Majesté. Il emploiera pour elle, si besoin est, jusqu'à son dernier homme et son dernier écu. Il a même employé les expressions d'un soldat vaillant qui ne craint d'aventurer ni ses membres, ni sa vie.

---

1. Supprimé dans le texte des archives.

Il la sacrifierait plutôt que d'abandonner une cause où il sent que son honneur est engagé. De mon côté, je lui ai témoigné la plus grande confiance, et, depuis quelque temps, je lui en témoigne, par l'intermédiaire de ceux qui l'approchent le plus, et avec lesquels je suis lié. Si le secours des puissances étrangères nous devient nécessaire, il nous convient que lui, qui ne peut avoir d'ambition aux dépens de la France, ait le rôle principal.

Plusieurs fois il m'a répété : « Dites au roi que ce n'est pas ici le temps de la clémence. Il défend les intérêts de l'Europe. » A différentes reprises, il a loué Votre Majesté de s'être décidée à ne pas quitter Paris.

Les forces mises en mouvement, dont il avait l'état, forment une masse de huit cent soixante mille hommes.

Le traité de Chaumont dont on renouvelle les stipulations en donne seul six cent mille, sans compter l'armée d'Italie qui sera de cent cinquante mille, et les réserves russes et prussiennes.

Les Prussiens ont déjà sur le Rhin soixante-dix mille hommes d'infanterie, sept mille de cavalerie, cinq mille d'artillerie. Ils font marcher de plus cent cinquante-neuf mille hommes d'infanterie, dix-neuf mille de cavalerie, six mille d'artillerie.

Les Russes commencent à se persuader qu'ils ne peuvent avoir une entière confiance dans l'Autriche, tant que celle-ci ne se sera pas compromise vis-à-vis de Murat. J'ai trouvé l'empereur très bien disposé pour cette affaire.

On se réunit ce soir pour signer le traité de coopération. Je proposai hier d'y insérer l'article suivant :

« Le présent traité ayant uniquement pour but de soutenir

la France ou tout autre pays contre les entreprises de Bonaparte et de ses adhérents, Sa Majesté Très Chrétienne sera spécialement invitée à y accéder et à faire connaître, dans le cas où elle devrait requérir les forces stipulées en l'article... quels secours les circonstances lui permettront de vouer à l'objet du présent traité. »

Quoique cet article n'ait point été définitivement adopté, j'ai tout lieu de penser qu'il le sera.

Je suis...

N° 46. — LE PRINCE DE TALLEYRAND AU ROI LOUIS XVIII.

Vienne, 29 mars 1815.

SIRE,

Je n'ai pas besoin d'exprimer à Votre Majesté tout ce que me font éprouver les événements désastreux qui viennent de se succéder avec une si incroyable rapidité. Elle en jugera par mon attachement pour sa personne, qui lui est aussi bien connu que mon zèle et mon dévouement. Tout ce qu'il peut me rester de moyens pour la servir lui sera toujours consacré. Je le lui dis en ce moment, et je ne le lui répéterai plus.

Le traité de coopération a été signé le 25 au soir [1]. Il m'a été officiellement communiqué le 27. J'ai l'honneur d'adresser ci-joint à Votre Majesté la copie de ce traité et celles de la note que les plénipotentiaires m'ont remise en même temps, et de la réponse que j'y ai faite.

---

1. Traité de la quadruple alliance entre la Grande-Bretagne, l'Autriche, la Prusse et la Russie. La France y adhéra par une note officielle de M. de Talleyrand du 27 mars.

Cette importante affaire terminée, le duc de Wellington n'a pas voulu différer plus longtemps de se rendre à son armée. Il est parti de Vienne, ce matin, à six heures.

Nous redoublons d'activité pour achever les affaires que le congrès avait à régler. Selon mon opinion, il finira en avril. Je crois plus que jamais important qu'il se termine par un acte solennel, parce que cet acte prouvera à tout le monde que toutes les puissances sont d'accord, et invariablement déterminées à maintenir l'ordre de choses que l'entreprise de Bonaparte tend à renverser.

Comme Votre Majesté pourrait se trouver gênée en ce moment pour subvenir aux dépenses de la chancellerie française, de son ambassade au congrès, et d'envois de courriers et de personnes pour prendre des informations, j'ai pris des arrangements avec l'Angleterre pour y faire face. C'est donc un objet dont Votre Majesté n'aura pas à s'occuper.

Je désire bien vivement d'avoir des nouvelles de Votre Majesté et d'apprendre qu'elle est arrivée dans le lieu où elle a résolu de se rendre. J'espère qu'elle aura emporté avec elle toutes les lettres que j'ai eu l'honneur de lui écrire, et qu'elle aura ordonné à M. de Jaucourt de prendre avec lui tout ce qui est relatif au congrès. Il y a sûrement dans mes lettres des choses faites pour déplaire aux puissances, qui aujourd'hui veulent être bien, mais qui, souvent, depuis six mois, ont pu être jugées sévèrement.

Je garde auprès de moi deux courriers sûrs, pour communiquer avec le lieu qu'aura choisi Votre Majesté. Ils n'entreront jamais en France que par la frontière dont Votre Majesté sera sûre.

Je suis...

TRAITÉ DU 25 MARS 1815
[mentionné dans la dépêche précédente du 29 mars.]

« Au nom de la très sainte et indivisible Trinité.

» Sa Majesté l'empereur d'Autriche, roi de Hongrie et de Bohême, et Sa Majesté le roi du royaume uni de la Grande-Bretagne et de l'Irlande, ayant pris en considération les suites que l'invasion en France de Napoléon Bonaparte et la situation actuelle de ce royaume peuvent avoir pour la sûreté de l'Europe, ont résolu, d'un commun accord, avec Sa Majesté l'empereur de toutes les Russies et Sa Majesté le roi de Prusse, d'appliquer à cette circonstance importante les principes consacrés par le traité de Chaumont. En conséquence, ils sont convenus de renouveler par un traité solennel signé séparément par chacune des quatre puissances avec chacune des trois autres, l'engagement de préserver contre toute atteinte l'ordre des choses si heureusement rétabli en Europe et de déterminer les moyens les plus efficaces de mettre cet engagement à exécution, ainsi que de lui donner dans les circonstances présentes toute l'extension qu'elles réclament impérieusement.

» A cet effet, Sa Majesté l'empereur d'Autriche, roi de de Hongrie et de Bohême, a nommé, pour discuter, conclure et signer les conditions du présent traité avec Sa Majesté le roi du royaume uni de la Grande-Bretagne et d'Irlande, le sieur...

» Et Sa Majesté Britannique, ayant nommé de son côté le sieur...

» Lesdits plénipotentiaires, après avoir échangé leurs

pleins pouvoirs, trouvés en bonne et due forme, ont arrêté les articles suivants :

» Article premier. — Les hautes puissances contractantes ci-dessus dénommées s'engagent solennellement à réunir les moyens de leurs États respectifs, pour maintenir dans toute leur intégrité les conditions du traité de paix conclu à Paris le 30 mai 1814, ainsi que les stipulations arrêtées et signées au congrès de Vienne dans le but de compléter les dispositions de ce traité, de les garantir contre toute atteinte et particulièrement contre les desseins de Napoléon Bonaparte. A cet effet, elles s'engagent à diriger, si le cas l'exigeait, et dans le sens de la déclaration du 13 mars dernier, de concert et de commun accord, tous leurs efforts contre lui et contre tous ceux qui se seraient déjà ralliés à sa faction ou s'y réuniraient dans la suite, afin de le forcer à se désister de ses projets, et de le mettre hors d'état de troubler à l'avenir la tranquillité et la paix générale sous la protection de laquelle les droits, la liberté et l'indépendance des nations venaient d'être placés et assurés.

» Article II. — Quoique un but aussi grand et aussi bienfaisant ne permette pas qu'on mesure les moyens destinés pour l'atteindre, et que les hautes parties contractantes soient résolues d'y consacrer tous ceux dont, d'après leur situation respective, elles peuvent disposer, elles sont néanmoins convenues de tenir constamment en campagne, chacune cent cinquante mille hommes au complet, y compris pour le moins la proportion d'un dixième de cavalerie, et une juste proportion d'artillerie, sans compter les garnisons, et de les employer activement et de concert contre l'ennemi commun.

» Article III. — Les hautes parties contractantes s'engagent réciproquement à ne pas poser les armes que d'un commun accord et avant que l'objet de la guerre désigné dans l'article premier du présent traité ait été atteint, et tant que Bonaparte ne sera pas mis absolument hors de possibilité d'exciter des troubles et de renouveler ses tentatives pour s'emparer du pouvoir suprême en France.

» Article IV. — Le présent traité étant principalement applicable aux circonstances présentes, les stipulations du traité de Chaumont, et nommément celles contenues dans l'article XVI, auront de nouveau toute leur force et vigueur, aussitôt que le but actuel aura été atteint.

» Article V. — Tout ce qui est relatif au commandement des armées combinées, aux subsistances..... sera réglé par une convention particulière.

» Article VI. — Les hautes parties contractantes auront la faculté d'accréditer respectivement auprès des généraux commandant leurs armées, des officiers qui auront la liberté de correspondre avec leurs gouvernements pour les informer des événements militaires et de tout ce qui est relatif aux opérations des armées.

» Article VII. — Les engagements stipulés par le présent traité, ayant pour but le maintien de la paix générale, les hautes parties contractantes conviennent entre elles d'inviter toutes les puissances de l'Europe à y accéder.

» Article VIII. — Le présent traité étant uniquement dirigé dans le but de soutenir la France, ou tout autre pays envahi, contre les entreprises de Bonaparte et de ses adhérents, Sa Majesté Très Chrétienne sera spécialement invitée à donner son adhésion et à faire connaître, dans le cas où elle devrait requérir les forces stipulées dans l'article II, quels secours les circonstances lui permettront d'apporter à l'objet du présent traité.

» ARTICLE IX. — Le présent traité sera ratifié et les ratifications en seront échangées dans deux mois, ou plus tôt si faire se peut.

» En foi de quoi les plénipotentaires respectifs l'ont signé et y ont apposé le cachet de leurs armes.

» Fait à Vienne, le 25 mars de l'an de grâce 1815.

» Le prince DE METTERNICH.
» Le baron DE WESSENBERG.
» Le duc DE WELLINGTON. »

Le même jour, le même traité a été conclu entre la Russie et la Grande-Bretagne, ainsi qu'entre la Grande-Bretagne et la Prusse.

N° 47. — LE PRINCE DE TALLEYRAND AU ROI LOUIS XVIII.

Vienne, le 30 mars 1815.

SIRE,

Le général Pozzo va se mettre en route pour se rendre auprès de Votre Majesté. Je n'ai pas voulu le laisser partir sans le charger d'une lettre pour elle.

Toutes les puissances sont dans le plus parfait accord sur la destruction de Bonaparte. Elles la regardent comme étant d'un intérêt personnel.

L'empereur de Russie a le meilleur langage. Il fait marcher toutes ses troupes, et trouve que cette question est telle qu'il doit y mettre [1] son dernier écu. Il marchera lui-même. J'espère que le corps diplomatique aura suivi Votre Majesté. J'attends avec une extrême impatience qu'elle me donne de ses nouvelles.

Je suis...

N° 48. — LE PRINCE DE TALLEYRAND AU ROI LOUIS XVIII.

Vienne, le 3 avril 1815.

SIRE,

Lord Clancarty expédiant à Londres un courrier qui passera par la Belgique, j'en profite pour faire connaître à Votre Majesté l'état actuel des affaires.

Depuis quelques jours, on a appris ici que Murat était entré dans les États du Saint-Siège et que le pape avait dû quitter Rome[2]. Cet événement fait enfin ouvrir les yeux à l'Autriche et met un terme à toutes ses hésitations. Nous sommes aujourd'hui à très peu de chose près d'accord sur les arrangements de l'Italie qui ne tarderont pas à être définitivement arrêtés. Il ne nous restera plus ensuite qu'à réunir tous les articles convenus pour en former l'acte qui terminera le congrès; car je tiens extrêmement, et plus que jamais, à ce qu'il y ait un acte.

---

1. Variante : *son dernier homme et...*

2. Murat, aussitôt qu'il eut appris le débarquement de Napoléon, imagina d'en profiter pour se mettre à la tête d'un mouvement unitaire et se faire proclamer roi d'Italie. Il marcha sur la haute Italie, s'empara des États romains et de la Toscane et refoula les Autrichiens jusque sur le Pô; mais il dut bientôt battre en retraite, fut vaincu à Tolentino, et rejeté sur Naples. Il s'embarqua pour la France et la reine Caroline fut conduite à Trieste avec ses enfants (20 mai). Quant à Murat, après avoir séjourné quelque temps en France, il passa en Corse, y réunit un petit nombre de partisans avec lesquels il tenta un débarquement dans ses anciens États. Il fut pris presque aussitôt et fusillé à Pizzo (13 octobre 1815).

CONGRÈS DE VIENNE (1814-1815).

L'ambassade de Votre Majesté est ici dans la même position ; elle y jouit de la même considération et y exerce la même influence que si Votre Majesté était à Paris, et que si son autorité n'était méconnue sur aucun point du royaume. Je puis donner à Votre Majesté l'assurance qu'elle conserve[1] cette position.

Je n'ai encore reçu aucune nouvelle de Votre Majesté depuis qu'elle a quitté Paris. J'en attends avec la plus vive impatience. J'ose lui dire qu'il est important que je sois instruit de sa marche et de ses dispositions.

Je suis...

P.-S. — Je désirerais bien que Votre Majesté me fît connaître avec détail quelles sont les personnes qui l'ont suivie, et celles que l'on attend. On peut se servir utilement des noms propres. L'archevêque de Reims a-t-il pu suivre Votre Majesté[2] ?

Je ne sais rien de M. de Jaucourt. Votre Majesté permettra que ce soit sous son enveloppe que je mette sa lettre.

M. de Vincent est arrivé ce matin. Le gouvernement autrichien recevra probablement par le secrétaire de la légation Lefebvre[3] une lettre de Bonaparte ou du duc de Vicence[4], mais cette communication sera sans réponse et sans effet.

Le numéro 45 de mes lettres qui m'est revenu, indiquera à Votre Majesté ceux qui lui manquent.

---

1. Variante : *conservera.*

2. Le cardinal de Talleyrand-Périgord, l'oncle de l'auteur. Il se trouvait alors à Gand auprès du roi.

3. M. Pallain écrit Lefébure. Il avait été secrétaire d'ambassade à Paris.

4. Le duc de Vicence venait d'être nommé ministre des affaires étrangères.

N° 49. — LE PRINCE DE TALLEYRAND AU ROI LOUIS XVIII.

Vienne, le 8 avril 1815[1].

SIRE,

Les événements qui ont eu lieu en France n'ont altéré en rien la position de l'ambassade de Votre Majesté au congrès, où les affaires qui concernent les arrangements futurs de l'Europe continuent à se discuter comme auparavant. J'ai lieu d'espérer que ce qui en reste encore à régler sera terminé d'une manière conforme aux intentions que Votre Majesté m'a fait connaître.

Dans plusieurs lettres que j'ai eu l'honneur d'écrire à Votre Majesté, et qui peut-être ne lui sont pas parvenues, je lui disais qu'il paraissait fort important à toutes les personnes qui sont ici, aussi bien qu'à moi-même, qu'elle ne quittât pas le territoire français, ou que, si cela lui était impossible, elle ne s'en éloignât que le moins qu'il se pourrait. Si j'osais lui exprimer ici mon opinion, qui est celle aussi des plénipotentiaires de toutes les puissances, je lui dirais que le séjour d'une ville aussi rapprochée de la mer que l'est Ostende, ne peut que nuire beaucoup à sa cause dans l'opinion publique, parce qu'il peut faire croire que Votre Majesté est disposée à quitter le continent et à mettre la mer entre elle et ses États. Le séjour qui, dans les circonstance actuelles paraît, si l'état des choses le permet, le plus convenable pour Votre Majesté, pourrait être celui de la ville de Liège, et il paraît que les dispositions des armées le rendent sûr.

On s'occupe maintenant ici d'une seconde déclaration du

---

[1]. Cette lettre est datée du 5 avril dans le texte des archives.

congrès qui confirme les dispositions annoncées par les puissances dans celle du 13 mars. Elle répondra à toutes les publications faites par Bonaparte, depuis qu'il est maître de Paris, et je dois croire qu'elle produira un grand effet partout où elle sera connue. C'est particulièrement pour la disposition des esprits en France, qu'elle est calculée.

La seule lettre que j'ai reçue de Votre Majesté, depuis qu'elle a quitté Paris, est celle dont elle a daigné m'honorer en date du 26 mars. Je n'en ai reçu aucune, ni de M. de Blacas, ni de M. de Jaucourt, et je dois dire à Votre Majesté que ce délaissement m'est extrêmement pénible et est ici nuisible aux affaires.

Je suis...

P.-S. — Je joins ici une lettre portée[1] par un courrier et qui m'est revenue, ainsi qu'une lettre que le même courrier portait à M. de Jaucourt.

N° 28 *ter*. — LE ROI LOUIS XVIII AU PRINCE DE TALLEYRAND.

Gand, ce 10 avril 1815[2].

Mon cousin,

J'ai reçu par le prince Victor de Rohan[3] votre numéro 46. Les expressions de votre attachement me sont toujours très agréables; un peu plus sans doute, dans un moment aussi

1. Variante : *partie*.

2. Variante : *9 avril*.

3. Victor, prince de Rohan, né en 1764, était grand chambellan en 1789, émigra peu après, entra dans l'armée autrichienne et devint général major et feld maréchal. Il rentra en France en 1814, la quitta de nouveau en 1830 et vint mourir en Autriche (1835).

pénible, mais je n'en avais pas besoin, pour y compter avec pleine confiance.

Le traité du 25 mars, suite et complément de la déclaration du 13, étant uniquement dirigé contre Bonaparte, je n'hésite pas à vous charger d'y adhérer en mon nom ; s'il vous faut une instruction *ad hoc*, vous l'aurez à votre première demande, mais en attendant, je vous autorise ici à faire comme si vous l'aviez reçue.

Le poids que je puis mettre dans la balance, c'est les dix-neuf vingtièmes de la nation française, des sentiments de laquelle, ni moi, ni les puissances, ne pouvons douter. Mais ce moyen puissant ne peut être mis en usage sans des secours étrangers. Il faut donc que les armées alliées entrent en France, et le plus tôt possible. Chaque instant de délai m'ôte des forces, parce qu'il est dans la nature d'un vif enthousiasme de tendre sans cesse à se refroidir[1] ; il en donne au contraire à l'ennemi auquel il laisse la facilité de rassembler ses forces et, par les moyens qu'il ne sait que trop bien employer, de tourner en sa faveur les bras qui aujourd'hui ne demandent qu'à s'armer pour moi.

Le duc de Wellington que j'ai vu hier et des dispositions duquel je ne saurais assez me louer, a fait partir un courrier pour demander la liberté d'agir sans attendre que toutes les forces soient réunies. Je n'ai pas besoin de vous recommander d'appuyer vivement cette demande. Si l'on attend la réunion complète, il sera impossible de rien faire avant le 1er juin. Je ne doute pas du succès, mais Buonaparte ne sera écrasé que sous les ruines de la France, tandis que la célérité

---

1. Variante : *ralentir*.

en perdant plus sûrement[1] l'un, sauverait l'autre, et cela doit être le but de tout le monde, mais surtout doit être le nôtre[2].

Le duc de Wellington m'a appris que le contre-projet, que je vous ai envoyé le 7 mars, a été adopté : cela m'a fait un grand plaisir. Je suis aussi fort satisfait des arrangements que vous avez faits[3] pour la chancellerie, les courriers... C'est un soulagement pour mes finances, très mesquines en ce moment.

J'ai emporté avec moi toutes les lettres et pièces que vous m'avez adressées depuis que vous êtes à Vienne[4]. J'ai ordonné à M. de Jaucourt d'en agir de même. Votre courage, et j'en étais bien sûr, n'est point ébranlé par les événements ; vous voyez que le mien ne l'est pas davantage. Sur quoi, je prie Dieu qu'il vous ait, mon cousin, en sa sainte et digne garde.

LOUIS.

N° VI[5]. — LE COMTE DE BLACAS D'AULPS AU PRINCE DE TALLEYRAND.

Gand, ce 10 avril 1815.

PRINCE,

Les dépêches dont vous avez chargé le prince Victor de Rohan nous ont trouvés à Gand. Vous aurez appris que le roi s'y était rendu, en partant d'Ostende où son séjour lui

---

1. Variante : *encore*.

2. Variante : *ce peut ne pas être le but de tout le monde, mais ce doit être le nôtre*.

3. Variante : *pris*.

4. Ce passage de la lettre du roi, prouve que ce n'est pas dans son secrétaire aux Tuileries que Bonaparte aurait trouvé le traité du 3 janvier. (*Note de M. de Bacourt.*) Voir, t. II, Appendice, p. 561.

5. Cette lettre ne se trouve pas dans le recueil de M. Pallain.

avait paru trop accréditer le faux bruit de son embarquement. Personne ne déplore plus que moi l'obligation dans laquelle s'est trouvée Sa Majesté de quitter ses États, mais vous verrez par la relation très exacte, que j'ai l'honneur de vous adresser[1] à quelle invincible nécessité il a fallu obéir, et quels devoirs pénibles ont été prescrits aux sujets fidèles qui craignaient tout pour la gloire du roi, tout pour les dernières ressources de la monarchie, dans ces moments de crise où les conseils devenaient si importants et si difficiles. Le roi avait auprès de lui plusieurs maréchaux dont l'opinion a dû fixer la sienne à l'égard des troupes qui, dans cette soudaine révolution, ont été les arbitres exclusifs des destinées de la France. Jamais la puissance prétorienne n'a exercé de plus funeste ascendant; et vous aurez été indigné de l'irrésistible violence sous laquelle ont fléchi la force et la volonté nationales. Heureusement que les puissances européennes ont voulu maintenir la paix et prévenir les calamités prêtes à fondre sur elles; et dans le désordre extrême où la France est plongée, ce n'est que sur cet intérêt et cette assistance que nous devons compter pour délivrer notre malheureuse patrie. M. le duc d'Angoulême paraît seul être parvenu à rallier quelques forces dans le Midi. Dieu veuille que la trahison ne déjoue point encore ses efforts! Il semble que ceux de *Madame* n'ont pu conserver au roi la ville de Bordeaux.

Vous penserez sans doute que dans cet état de choses, vous ne pouvez trop hâter par vos instances l'effet des mesures déjà résolues. Il est surtout bien important d'empêcher le mauvais effet que pourrait produire le séjour du roi hors de

---

1. Voir cette relation p. 149.

France ; et les puissances, par leurs relations avec Sa Majesté, peuvent l'environner d'une force qui, seule, est capable de suppléer aux droits qui lui ont été momentanément ravis. Lord Wellington qui est venu hier ici, ne paraît pas avoir le moindre doute d'un prochain succès, ni la moindre incertitude sur le caractère de restauration qui doit être donné à la guerre ; mais il ne veut commencer les opérations qu'après avoir rassemblé toutes ses forces, et pendant ce délai la France souffre et la résistance se décourage. Cette pensée affligeante ne peut cependant être opposée aux calculs positifs qui dirigent les préparatifs d'agression.

Le traité du 25 mars est rédigé de la manière la plus satisfaisante et l'on doit tout espérer de l'effet que sa publication produira en France. Les journaux de Paris ont annoncé la prochaine arrivée de l'archiduchesse Marie-Louise en France ; il serait bien désirable de donner la plus grande publicité aux faits qui démentent cette assertion. Au reste, prince, on ne peut mieux faire que de s'en rapporter à votre zèle et à vos lumières. C'est de vous, c'est du centre de la confédération européenne dans lequel vous vous trouvez, que nous attendons tout ce qui peut nous promettre un plus heureux avenir.

M. Pozzo di Borgo est arrivé à Bruxelles, il sera ici dans la journée. Je ne sais pas encore si le roi y restera bien longtemps, ses résolutions à cet égard dépendant des mesures qui seront prises par le duc de Wellington.

Nous tâchons de rassembler les débris de la maison militaire ; elle est maintenant réunie à Alost[1], au nombre de quatre à cinq cents hommes.

---

1. Alost : ville de Belgique, à 27 kil. S.-E. de Gand.

Lord Harrowby et M. Wellesley Poole[1] sont venus, de la part de leur gouvernement, pour concerter avec lord Wellington les mesures préliminaires de la prochaine campagne. Ils ont vu le roi à leur passage à Gand, et Sa Majesté a eu lieu d'être très satisfaite des dispositions qu'ils lui ont montrées.

MM. de Chateaubriand[2], de Lally-Tollendal[3] et Anglès[4] sont maintenant ici. Le roi me paraît dans l'intention de les consulter.

Recevez, prince, une nouvelle assurance de mon inviolable attachement ainsi que de ma haute considération.

BLACAS D'AULPS.

P.-S. — Le général Pozzo di Borgo vient d'arriver. Le général Fagel[5] a remis ce matin au roi ses lettres de créance comme ministre du roi des Pays-Bas.

---

1. Sir William Wellesley Poole, homme d'État anglais, né en 1763, maître de la monnaie, membre de la Chambre des communes. Il fut secrétaire d'État pour l'Irlande mais fut destitué en 1811. Il revint plus tard aux affaires comme ministre d'État.

2. Chateaubriand venait d'être nommé ministre à Stockholm lorsque survinrent les Cent-jours. Il suivit le roi à Gand et devint ministre d'État.

3. M. de Lally-Tollendal, l'ancien membre de la Constituante, était alors membre du conseil privé.

4. Le comte Jules Anglès, né en 1778, auditeur au conseil d'Etat, maître des requêtes en 1809, directeur de la police des départements situés au delà des Alpes, ministre de la police sous le gouvernement provisoire en 1814, conseiller d'État sous la première Restauration. En mars 1815, il accompagna le comte d'Artois à Lyon en qualité de commissaire civil, puis il suivit Louis XVIII à Gand. Au retour du roi, il devint ministre d'État, puis préfet de police sous le ministère Decazes. Il donna sa démission après l'assassinat du duc de Berry et mourut, en 1828.

5. Robert, baron de Fagel, né en 1772 d'une vieille et illustre famille de Hollande. Il entra jeune à l'armée, fit contre la France les campagnes de 1793 et 1794, s'exila lors de la chute de la maison d'Orange, et ne revint dans sa patrie qu'en 1813. En 1814, le général Fagel fut nommé ministre à Paris. Il y resta jusqu'en 1854.

RELATION
[Jointe à la lettre précédente.]

« Une catastrophe, aussi funeste qu'inattendue, vient de frapper l'Europe du plus juste étonnement. Un roi qu'environnaient la confiance et l'amour de son peuple, s'est vu forcé de quitter sa capitale et bientôt après ses États, envahis par l'homme dont le nom odieux ne rappelle que des calamités et des crimes ; et la France, de l'état de profonde paix et de prospérité progressive qui lui avait été rendu, a été, en moins de trois semaines replongée dans l'abîme de maux qu'elle croyait irrévocablement fermé. Il est important de faire connaître par quelles progressions de causes irrésistibles la trahison a pu enchaîner dans cette circonstance la force publique et la volonté nationale.

» Ce fut le 5 de mars que le roi apprit, par une dépêche télégraphique, le débarquement de Bonaparte à la tête de onze cents hommes sur le territoire français. Cette entreprise pouvait être considérée sous deux points de vue différents : c'était, ou le résultat d'un complot secondé par de vastes intelligences, ou l'acte d'un insensé à qui son ambition et la violence de son caractère n'avaient pas permis de supporter plus longtemps un repos qui ne lui laissait que l'agitation des remords. Dans cette double supposition, il était nécessaire de prendre toutes les mesures que suggérait la prudence et qu'aurait prescrites le plus imminent péril. Aucune ne fut négligée. Des ordres furent expédiés en toute hâte, pour que des troupes se rassemblassent à Lyon. On recevait du commandant de Grenoble des avis satisfaisants, et la conduite de la garnison d'Antibes devait faire espérer que Buonaparte avait été trompé dans l'espoir d'attirer à son parti les troupes du roi. Cependant s'il avait formé quelques intelligences, elles pouvaient favoriser ses premiers progrès, mais un corps placé à Lyon devait les arrêter. *Monsieur* partit le 6 au matin pour en prendre le commandement, et il fut suivi le lendemain par M. le duc d'Orléans.

» Tous les maréchaux et généraux employés dans les départements eurent ordre de se rendre dans leurs commandements respectifs, et partirent sur-le-champ. Le maréchal Ney qui commandait à Besançon, et pouvait y seconder bien efficacement les opérations de *Monsieur*, alla prendre congé du roi et, en baisant la main de Sa Majesté, lui dit avec le ton du dévouement, et un élan qui semblait partir de la franchise d'un soldat, que s'il atteignait l'ennemi du roi et de la France, il le ramènerait dans une cage de fer. L'événement fit bientôt voir quelle basse dissimulation lui inspirait alors le projet de la plus noire perfidie. *Monsieur* fut reçu à Lyon avec enthousiasme ; tout y fut préparé pour la plus vigoureuse résistance ; mais malheureusement, il ne s'y trouvait aucunes munitions de guerre.

» Bientôt, on sut que la garnison de Grenoble avait ouvert à l'ennemi les portes de cette ville, et qu'un régiment, parti de Chambéry, sous les ordres de M. de La Bédoyère[1], s'était réuni aux rebelles. Il n'était encore arrivé à Lyon qu'un petit

---

1. Charles Huchet, comte de La Bédoyère, né en 1786, engagé volontaire en 1806, aide de camp du prince Eugène (1809), colonel en 1813. En 1815, il commandait le 7e de ligne en garnison à Chambéry. Envoyé à Grenoble à la nouvelle de l'approche de Napoléon, il fut un des premiers à se déclarer en sa faveur, et lui amena son régiment à Vizille. Il devint général de brigade et pair de France sous les Cent-jours. Le 4 août suivant, il fut arrêté, traduit devant une commission militaire et fusillé (19 août).

nombre de troupes; mais *Monsieur*, que le maréchal Macdonald s'était empressé de rejoindre, ne s'en décida pas moins à tenir derrière des barricades que l'on avait faites à la hâte. Cependant, à l'apparition des premiers dragons qui précédaient Buonaparte, une défection générale se mit dans les troupes de *Monsieur*. Toutes les remontrances du duc de Tarente furent vaines ; et alors, comme depuis, les forces rassemblées pour résister au torrent ne firent que le grossir et en alimenter la violence.

» On apprit le 10, par une dépêche télégraphique, et par conséquent, sans aucun détail, que Buonaparte était entré à Lyon ce même jour ; le retour de M. le duc d'Orléans, qui arriva à Paris le 12, et celui de *Monsieur* furent bientôt suivis des informations qui portèrent au plus haut degré l'alarme que devait faire naître une suite aussi rapide de désastres.

» Cependant, l'opinion agitée par tant de craintes et de défiances cherchait ailleurs que dans l'ascendant fatal d'un homme détesté, la cause de son déplorable succès. On ne voulait pas croire que la séduction de sa présence eût produit un tel effet sur les troupes. Le maréchal duc de Dalmatie, ministre de la guerre, avait été le dernier à soutenir en France, les armes à la main, la cause déjà perdue de Napoléon. On prétendit voir dans cette ancienne preuve de dévouement l'indice d'une trahison. La voix publique éclata contre le maréchal, et lui-même vint remettre entre les mains du roi sa démission et son épée[1]. Sa Majesté, avec la confiance, qui ne l'a jamais

---

1. La démission du maréchal est du 11 mars. Quelques jours après, Napoléon le nommait pair de France et major général.

abandonnée, au milieu des plus horribles perfidies, fit appeler le duc de Feltre, que l'estime publique indiquait à son choix et lui rendit le portefeuille de la guerre qu'il avait eu sous Buonaparte, jusqu'à l'époque de la Restauration. Cette pensée du roi a été pleinement justifiée par la fidélité du duc de Feltre [1].

» On ne pouvait plus songer qu'à faire rétrograder les troupes qui, en s'avançant vers l'ennemi, lui fournissaient presque partout des auxiliaires. On se décida à former un corps d'armée devant Paris, en y réunissant le plus de garde nationale et de volontaires qu'il serait possible d'en rassembler. Dès le 11, M. le duc de Berry avait été nommé général de cette armée. Le maréchal Macdonald, à son arrivée, avait été chargé de la commander sous les ordres de ce prince.

» Cependant les ordres expédiés pour l'organisation des volontaires et des colonnes mobiles de gardes nationales ne pouvaient parvenir à leur destination, ne pouvaient s'exécuter de quelques jours, et chaque instant enfantait un nouveau danger. Buonaparte marchait avec une rapidité dont il sentait l'immense avantage, et plusieurs régiments qui s'étaient trouvés inévitablement près de sa route, l'avaient rejoint; quelques-uns même s'étaient emparés, en son nom, de plusieurs villes de Bourgogne; l'un d'eux le devança dans Auxerre.

» L'on conservait un faible espoir de maintenir dans le devoir les troupes de la première division militaire et celles qui formaient la garnison de Paris. Un péril imminent auquel

---

[1]. Le duc de Feltre suivit le roi à Gand.

on venait d'échapper par la fidélité du commandant de La Fère, et l'arrestation des traîtres d'Erlon et Lallemand, rendaient un peu de sécurité sur ce qui se passerait dans les départements du Nord[1]. Le duc de Reggio, abandonné par la vieille garde, était parvenu à maintenir dans le devoir les autres troupes qui étaient sous ses ordres. On se décida à former une armée de réserve à Péronne où les troupes étant réunies seraient moins exposées à la séduction, et seraient surveillées par le duc de Trévise, à qui on donna le commandement de ce corps d'armée. M. le duc d'Orléans partit peu après pour s'y rendre.

» Ce fut alors que le roi, pénétré de la grandeur du péril mais également sensible à l'étendue des devoirs que lui imposaient les pénibles circonstances où il se trouvait, se rendit au milieu des représentants de la nation, dont il avait voulu s'entourer à la première approche du danger. Son discours aux deux Chambres assemblées fit une grande impression dans la capitale dont les habitants n'ont témoigné qu'un sentiment unanime de dévouement au roi et à la patrie ; mais la garde nationale, composée en grande partie de pères de famille, ne put fournir un nombre de volontaires suffisant pour donner quelque espoir de résistance, et le comte

---

[1]. Un soulèvement militaire venait d'éclater en effet dans le nord. Les généraux Lallemand à Laon, Drouet d'Erlon à Lille, et Lefebvre-Desnouettes à Noyon, qui depuis quelque temps avaient préparé un coup de main, voulurent rassembler des troupes, marcher sur Paris et y retenir le roi prisonnier. Lefebvre Desnouettes donna le signal en cherchant à enlever le dépôt d'artillerie de La Fère ; mais il échoua devant la fermeté du général d'Aboville (9 mars). Les conjurés s'emparèrent ensuite de Chauny, mais, ayant échoué à Compiègne, ils se dispersèrent et le mouvement n'eut pas de suite. Sous la seconde Restauration, ces trois généraux furent condamnés à mort par contumace.

Dessolles[1], qui la commandait, s'expliqua à cet égard de manière à ne laisser d'autre idée sur ce point que celle d'amalgamer ces citoyens avec les troupes de ligne pour contenir celles-ci dans le devoir. Tout autre plan de défense était impraticable ; l'on se vit donc encore réduit à regarder comme principal moyen de résistance des troupes dont la fidélité plus que douteuse serait raffermie par un petit nombre de volontaires courageux et dévoués, auxquels se joindraient les corps de cavalerie de la maison militaire du roi.

» Le 17, un avis foudroyant vint rendre ces préparatifs encore moins rassurants. Le maréchal Ney, que l'on croyait à la poursuite des rebelles, s'était joint à eux en publiant une proclamation qui était faite pour propager de plus en plus la défection. Cette nouvelle avait frappé de terreur les départements les plus voisins de la capitale. La ville de Sens, où l'on avait cru retarder la marche de Napoléon, se déclarait hors d'état de résister. L'ennemi allait être à Fontainebleau, et les troupes de Paris, sur qui l'on avait épuisé tous les moyens propres à exciter leur patriotisme, restaient muettes ou ne trahissaient que le désir d'abandonner leurs drapeaux.

» A peine étaient-elles en route pour se rendre au point de rendez-vous qui leur avait été assigné, que ces mauvaises dispositions dégénérèrent en sédition ouverte. Dans la matinée du 19, l'on sut qu'il n'y avait pas en avant de Paris un seul

---

1. Jean Dessolles né en 1767, engagé en 1792, général de division et chef d'état-major de l'armée d'Italie en 1798, conseiller d'État en 1801, vécut longtemps dans la retraite sous l'empire, puis fut chef d'état-major du prince Eugène en 1812. En 1814, il fut nommé commandant général des gardes nationales par le gouvernement provisoire. A la première Restauration il devint ministre d'État, pair de France, major général des gardes nationales. En 1818, il fut pendant quelques mois président du conseil. Mort en 1828.

régiment qui ne fût atteint par cette contagieuse défection. Ainsi, rien ne pouvait plus arrêter la marche de Buonaparte, et le seul parti que le roi eût à prendre était de se retirer avec sa maison militaire, la seule troupe fidèle sur laquelle il put désormais compter. Sa Majesté, qui avait envoyé M. le duc de Bourbon dans les départements de l'Ouest, et qui avait adressé à M. le duc d'Angoulême les pouvoirs nécessaires pour diriger les armements des provinces méridionales, pensa qu'elle devait se porter de préférence vers les départements du Nord pour tâcher d'y conserver les places fortes qui s'y trouvent et leur faire servir de point d'appui aux rassemblements de sujets fidèles que l'on y formerait. Le roi partit le 19 à minuit et fut suivi, une heure après, par sa maison militaire, conduite par *Monsieur* et par M. le duc de Berry.

» Arrivé à Abbeville le 20, à cinq heures de l'après-midi, le roi qui comptait y attendre les troupes de sa maison, y resta le lendemain ; mais le maréchal Macdonald ayant rejoint Sa Majesté le 21 à midi, démontra au roi la nécessité de s'éloigner davantage, et, d'après son rapport, Sa Majesté prit la résolution de se renfermer à Lille, et envoya à sa maison militaire l'ordre de l'y rejoindre par la route d'Amiens.

» Le 22, à une heure après midi, le roi, précédé par le duc de Tarente, entra dans Lille, où il fut accueilli par les plus vives démonstrations de l'amour et de la fidélité des habitants. Sa Majesté y avait été devancée par M. le duc d'Orléans et par le duc de Trévise qui avait cru devoir y faire rentrer la garnison. Cette dernière circonstance dont le roi n'était pas instruit, pouvait déconcerter les plans de résistance qui venaient d'être formés. Si les troupes n'étaient point rentrées, les gardes nationales et la maison militaire du roi, secondées par le patriotisme des Lillois, pouvaient assurer au roi ce dernier asile sur le territoire français. Avec une garnison nombreuse et mal disposée, ce dessein paraissait de l'exécution la plus difficile.

» Sa Majesté persista toutefois à en faire la tentative. Déjà sa présence avait porté à son comble l'enthousiasme du peuple. Une foule empressée se portait sur ses pas, en faisant tous ses efforts pour émouvoir les soldats, et répétant sans cesse devant eux le cri chéri de *Vive le Roi!* Ceux-ci, mornes et glacés, gardaient un morne silence, présage alarmant de leur prochaine défection. En effet, le maréchal Mortier déclara franchement au roi qu'il ne pouvait répondre de la garnison. Questionné sur les expédients extrêmes qu'il serait possible d'employer, il déclara pareillement qu'il ne serait point en son pouvoir de faire sortir les troupes de la place.

» Sur ces entrefaites, la déclaration publiée à Vienne le 13 mars, au nom de toutes les puissances européennes réunies en congrès, parvint à Lille. Le roi l'y fit soudain répandre et placarder, espérant, mais inutilement, éclairer les troupes sur les funestes résultats dont leur trahison allait être suivie, et sur les malheurs inévitables qu'elle attirerait sur leur patrie.

» Le 23, Sa Majesté sut que le duc de Bassano, nommé ministre de l'intérieur, avait envoyé au préfet de Lille des ordres de Buonaparte. Ce même jour, à une heure après midi, le maréchal Mortier vint dire au ministre de la maison du roi que, sur le bruit qui s'était répandu que M. le duc de Berry allait arriver avec la maison militaire et deux régiments suisses, toute la garnison était prête à se soulever; qu'il conjurait le roi de partir pour éviter le plus affreux malheur; qu'en escortant lui-même Sa Majesté hors des portes de la ville, il espérait imposer encore aux soldats, ce qui lui deviendrait impossible, si l'on différait le départ d'un seul instant.

» Le roi jugea devoir alors envoyer à sa maison militaire l'ordre de se porter sur Dunkerque, ordre qui malheureusement n'est point parvenu. Quant à lui, ne pouvant se rendre directement dans cette ville, il se dirigea sur Ostende. Sa Majesté partit de Lille à trois heures, accompagnée du maréchal Mortier et suivie de M. le duc d'Orléans. Au bas du glacis, le duc de Trévise se crut obligé de rentrer pour prévenir les désordres que pourrait commettre la garnison pendant son absence. M. le duc d'Orléans rentra dans la place et n'en repartit que plusieurs heures après. Le maréchal Macdonald n'a quitté le roi qu'aux portes de Menin, et, jusqu'au dernier moment, a donné à Sa Majesté, ainsi que le duc de Trévise, la preuve consolante que la religion du serment et la foi de l'homme d'honneur n'étaient point dédaignées par tous les braves dont l'armée française s'enorgueillit.

» Un piquet de la garde nationale de Lille, un détachement des cuirassiers et des chasseurs du roi ont suivi Sa Majesté jusqu'à la frontière ; quelques-uns de ces derniers, ainsi que plusieurs officiers, n'ont pas voulu l'abandonner, et l'ont accompagnée sur le territoire de la Belgique. Le roi est arrivé à Ostende, espérant se rendre à Dunkerque, dès que cette ville serait occupée par sa maison militaire.

» Pendant ce temps, cette malheureuse maison, à laquelle s'étaient joints un grand nombre de volontaires de tout âge et de tout état, avait suivi la même route que le roi avait prise pour se rendre à Lille. *Monsieur* et M. le duc de Berry, toujours à la tête de cette brave élite et en partageant les fatigues, avaient eu sujet d'en admirer l'héroïque constance. Des jeunes gens, qui pour la première fois avaient chargé leurs bras d'une arme pesante, des vieillards faisant à pied des marches forcées dans des chemins qu'une pluie abondante et continuelle avait rendus presque impraticables, s'étaient associés à cette troupe fidèle, et n'ont été découragés ni par les privations, ni par l'incertitude plus cruelle encore d'une marche subordonnée à des avis que la défection des garnisons voisines pouvait rendre de la nature la plus désastreuse.

» Dans l'absence des ordres que le roi n'avait pu faire parvenir, et à la nouvelle que Sa Majesté était sortie de Lille, la colonne se porta directement sur la frontière ; mais ne pouvant défiler assez promptement pour suivre en entier le maréchal Marmont qui la dirigeait, sous les ordres des princes, avec un zèle et une activité dignes d'un meilleur succès, engagée dans un terrain fangeux d'où les chevaux ne pouvaient sortir qu'avec une extrême difficulté, une partie de ces infortunés a été forcée de rester en arrière, où *Monsieur*, craignant que leur dévouement ne leur fît courir des périls inutiles, les a laissés libres de se retirer. Mais bientôt surpris et renfermés dans Béthune par des ordres reçus de Paris, ils n'ont pu même tous se disperser, et ils n'ont laissé à *Monsieur* que l'espoir de réunir successivement auprès de lui tous ceux qu'il pourrait recueillir sur la frontière où il est resté dans ce dessein.

» C'est le 25, à huit heures du soir, que le roi a su *Monsieur* arrivé à Ypres et que la nouvelle du sort qu'éprouvait sa maison militaire est venue ajouter au fardeau des sentiments douloureux dont il était accablé.

» Au milieu de cet affreux désastre, Sa Majesté a reçu d'éclatants témoignages de fidélité, mais ils doivent, en quelque sorte, aggraver encore ses regrets. C'est un peuple bon, sensible, qu'il laisse en proie à tous les excès d'une soldatesque égarée. ce sont des serviteurs dévoués, courageux, qu'il n'a pu même rassembler autour de lui ; ce sont des traits de constance inébranlable dans plusieurs des chefs les plus distingués de cette armée que le roi voudrait nommer la sienne, auxquels il ne peut encore offrir d'autre récompense que le prix d'estime et d'éloges que la France et la postérité leur décerneront un jour.

» Parmi les souvenirs qu'ont gravés d'une manière ineffaçable dans le cœur du roi les honorables sentiments dont il a recueilli les preuves les plus sensibles, il met au premier rang ceux qui lui restent de la conduite du maréchal Mortier. Depuis l'arrivée de Sa Majesté à Ostende, elle a su par M. le duc d'Orléans [1] que l'ordre de l'arrêter, ainsi que tous les princes, était parvenu au maréchal. Un officier d'état-major porteur

---

1. .... Je me décidai donc à partir (*de Lille*) dans la nuit. — Ce ne fut que lorsque j'eus pris cette résolution que j'appris par le maréchal duc de Trévise (ce qu'il avait eu l'extrême délicatesse de me cacher ainsi qu'au roi) qu'une dépêche télégraphique lui avait été transmise de quinze lieues, par laquelle il lui était enjoint d'arrêter le roi et tous les Bourbons qui pouvaient être à Lille. Il me dit en outre que depuis le départ du roi, un aide de camp du maréchal Davoust s'était présenté aux portes, qu'il se l'était fait amener, et qu'il l'avait trouvé porteur d'ordres dont l'objet était de faire arrêter le roi ainsi que moi. Il ajouta qu'il s'était assuré de cet aide de camp, et me priant de n'avoir aucun égard à ce qu'il venait de m'apprendre, il me demanda de rester à Lille aussi longtemps que je l'aurais fait si je n'en avais pas eu connaissance. J'appréciais déjà toutes les qualités du maréchal duc de Trévise pour qui j'avais une amitié sincère et je n'avais pas besoin de ce nouveau trait de loyauté pour rendre justice à la noblesse de son caractère ». (*Mon journal. Événements de 1815*, par Louis-Philippe d'Orléans, t. I, p. 256).

d'une dépêche du maréchal Davoust, où était renfermé le même ordre, est arrivé ensuite à Lille lorsque le roi en était déjà sorti, mais le duc de Trévise a fait en sorte que rien ne transpirât à ce sujet avant le départ de M. le duc d'Orléans.

» Cette relation succincte des principaux faits que présente la courte et malheureuse époque dont le tableau vient d'être retracé, peut faire juger des subites et innombrables difficultés dont le roi s'est vu environné. Jamais événements plus inopinés et plus rapides n'ont changé la face d'une vaste monarchie ; mais jamais opposition plus marquante entre l'esprit du soldat et du citoyen n'a plus complètement paralysé le patriotisme, énervé l'autorité, et investi d'une terreur magique l'homme qui, paraissant presque seul sur le territoire français, y disposait deux jours après d'une foule de bras armés contre un peuple sans défense.

» Au reste, cette défection simultanée et générale de l'armée, n'a été, comme on le voit, fondée sur aucun motif qui puisse l'attacher longtemps au sort de l'homme qui a repris sur elle un trop funeste ascendant. Le pacte tacite qu'il a fait avec elle sera bientôt rompu par les revers qui l'attendent. Ce n'est point Buonaparte proscrit, rejeté, et bientôt accablé par l'Europe entière que cette soldatesque crédule a voulu suivre ; c'est le dévastateur du monde qu'elle a vu, prêt à lui en rendre les dépouilles. Le prestige détruit, Buonaparte perdrait bientôt sa force empruntée. C'est cet instant, c'est la réflexion qui suit l'ivresse d'une grande erreur, que le roi attend avec toute l'impatience que lui donnent les heureux résultats qu'il en espère.

N° 50. — LE PRINCE DE TALLEYRAND AU ROI LOUIS XVIII.

Vienne, le 13 avril 1815.

Sire,

Depuis que Bonaparte s'est rendu maître de Paris, les puissances ont pensé qu'il pouvait être utile de renouveler par une seconde déclaration la manifestation des sentiments exprimés dans celle du 13 mars. On a tout lieu de croire qu'à l'exception de quelques individus, tout ce qui, en France, est parti ou opinion, désire une même chose : la destruction de Bonaparte. On voudrait donc pouvoir se servir de cette disposition générale pour l'anéantir. Cet objet rempli, les opinions particulières de chaque parti se trouveront sans appui, sans force, sans moyen d'agir, et ne présenteront plus aucun obstacle.

La déclaration avait donc été projetée de manière à porter tous les individus qui figurent dans les différents partis, à faire disparaître Bonaparte. D'accord sur le fond de la déclaration, l'on n'a pu encore s'entendre sur la forme, et la publication s'en trouve pour le moment ajournée. On pense même à substituer à une déclaration du congrès, une proclamation qui serait faite uniformément par tous les généraux en chef des troupes alliées, au moment où ces troupes entreront sur le territoire français, et je ne suis pas éloigné d'adopter cette idée qui me semble présenter plusieurs avantages.

Tout ce qui me revient de la France prouve que Bonaparte est dans de grands embarras. J'en juge encore par les émissaires qu'il a envoyés ici.

L'un deux, M. de Montrond[1] à l'aide de l'abbé Altieri, attaché à la légation autrichienne à Paris, est parvenu jusqu'à Vienne. Il n'avait ni dépêches ni mission ostensible, et plutôt a-t-il été envoyé[2] par le parti qui sert actuellement Bonaparte, que par Bonaparte lui-même. C'est là ce que je suis porté à croire. Il était chargé de paroles pour M. de Metternich, M. de Nesselrode et moi. Il devait s'assurer si les puissances étrangères étaient sérieusement décidées à ne point reconnaître Bonaparte et à lui faire la guerre. Il avait aussi une lettre pour le prince Eugène. Ce qu'il était chargé de me demander était si je pouvais bien me résoudre à exciter une guerre contre la France. « Lisez la déclaration, lui ai-je répondu ; elle ne contient pas un mot qui ne soit dans mon opinion. Ce n'est pas d'ailleurs d'une guerre contre la France qu'il s'agit, elle est contre l'homme de l'île d'Elbe. » A M. de Metternich il a demandé si le gouvernement autrichien avait totalement perdu de vue les idées qu'il avait au mois de mars 1814. « La régence ? Nous n'en voulons point ? » a dit M. de Metternich. Enfin il a cherché à connaître par M. de Nesselrode, quelles étaient les dispositions de l'empereur Alexandre. « La destruction de Bonaparte et des siens, » a-t-il dit; et les choses en sont restées là.

On s'est attaché à faire connaître à M. de Montrond l'état des forces qui vont être immédiatement employées ainsi que

---

1. Le comte Casimir de Montrond était le deuxième fils de la comtesse de Montrond, qui au début de la Révolution eut quelques heures de célébrité. Lui-même n'eut jamais un rôle marquant mais son nom apparaît souvent dans l'histoire de M. de Talleyrand. Il vécut longtemps auprès de lui ; il était son agent de confiance, et fut souvent employé par lui dans les plus secrètes négociations.

2. Variante : *et peut-être a-t-il été plutôt envoyé.*

le traité du 25 mars dernier. Il est reparti pour Paris avec ces renseignements et ces réponses qui pourront donner beaucoup à penser à ceux qui, aujourd'hui, se sont attachés à la fortune de Bonaparte.

Le second émissaire qu'il a envoyé est M. de Flahaut[1]. Arrivé à Stuttgard, le roi de Wurtemberg l'a fait arrêter et reconduire à la frontière. Il avait des dépêches pour l'empereur d'Autriche, l'empereur Alexandre, l'impératrice Marie-Louise et pour la légation de Votre Majesté à Vienne. C'était, à ce que nous avons supposé, les dépêches étant individuelles, des lettres pour faire cesser les pouvoirs de l'ambassade de Votre Majesté.

Les puissances sont toujours très bien. Je puis attester à Votre Majesté que c'est une chose d'une difficulté extrême que de faire marcher tant de personnes vers un même but. Je ne cesse de mettre tous mes soins à empêcher qu'aucune d'elles ne s'en écarte.

Les arrangements territoriaux du midi de l'Allemagne ont été convenus hier. Encore quelques jours et j'espère que le congrès aura terminé tout ce dont il avait à s'occuper.

Par le premier courrier anglais qui partira samedi 15, j'aurai l'honneur d'envoyer à Votre Majesté la déclaration de

1. Le comte de Flahaut de la Billarderie, né en 1785, s'engagea en 1798, fit toutes les campagnes de l'empire, et devint général en 1813 et aide de camp de l'empereur. En 1814, il adhéra à la Restauration, mais fut un des premiers à se rallier à l'empereur à l'époque des Cent-jours ; au retour de sa mission manquée à Vienne, il fut nommé pair de France. Il dut s'exiler momentanément à la seconde Restauration et donna sa démission en 1817. La révolution de Juillet lui rendit son grade et la pairie. En 1831, il fut un instant ambassadeur à Berlin, et devint en 1837 premier écuyer du duc d'Orléans. En 1841, il fut nommé ambassadeur à Vienne, et conserva ces fonctions jusqu'en 1848. Il fut créé sénateur en 1853 et grand chancelier de la Légion d'honneur en 1864. Il mourut en 1870.

guerre, assez mal bâtie, de l'Autriche à Murat. Cette affaire se terminera, à ce que j'espère, sous peu et à votre satisfaction.

Je suis...

P.-S. — Cette lettre est portée par M. Fauche-Borel [1].

N° 51. — LE PRINCE DE TALLEYRAND AU ROI LOUIS XVIII.

Vienne, le 15 avril 1815.

SIRE,

J'ai remis les trois lettres que Votre Majesté avait ordonné à M. de Jaucourt de m'envoyer. J'ose lui dire qu'il m'a paru, par quelques questions dont l'objet était de savoir si Votre Majesté était contente de la déclaration, que les empereurs se seraient attendus à trouver dans ces lettres, quelques expressions de satisfaction sur cet objet. Néanmoins, il ne me revient et par ce qu'ils disent, et par ce qu'ils font que des preuves du grand accord qui règne maintenant entre eux, et que je ferai tous mes efforts pour entretenir jusqu'à la fin. M. Pozzo aura dit à Votre Majesté combien dans des circonstances moins

---

1. Louis Fauche-Borel, agent politique suisse, d'origine française. Né en 1762 à Neufchâtel, il rendit de grands services aux émigrés : en 1795, il servit d'intermédiaire entre le prince de Condé et Pichegru, et fut mêlé à toutes les intrigues et les conspirations royalistes en France jusqu'en 1801. Il fut alors arrêté à Paris et détenu pendant dix-huit mois. L'intervention du roi de Prusse le fit mettre en liberté. Il se retira à Berlin ; en 1805, sur les réclamations de Napoléon, il dut quitter cette ville et se réfugia à Londres. En 1814 et 1815, il reçut de nombreuses missions, et voyagea souvent entre Gand et Vienne. Il fut cependant arrêté à Gand par ordre de M. de Blacas. En 1816, il reçut du roi de Prusse le titre de conseiller d'ambassade ; mais bientôt, abandonné de tous, et entièrement oublié, il tomba dans la misère et finit par se tuer (1829).

difficiles, on avait eu de peine à faire marcher ensemble des intérêts qui veulent se croire différents.

Les troupes russes sont arrivées en Bohême quatre jours plus tôt qu'elles n'y étaient attendues. Il ne serait pas étonnant que, quoiqu'elles viennent de la Vistule, elles fussent sur le Rhin avant ou au moins en même temps que les troupes autrichiennes. On varie ici tellement sur la force et sur la position de l'armée qui est sous les ordres du duc de Wellington, que je désirerais beaucoup que Votre Majesté voulût bien ordonner à M. de Jaucourt de m'envoyer à cet égard des informations positives et particulièrement sur l'époque où elle pourrait entrer en France.

Le maréchal de Wrède part d'ici dans deux jours[1]. Les troupes qu'il commande, ainsi que les troupes prussiennes sont fort animées.

Les Autrichiens ont reçu d'Italie, en date du 7 avril, des nouvelles dont ils sont en général contents; mais ils sont contents de peu. Leur motif pour en être satisfaits est que le corps d'armée de Murat, après avoir essayé sans succès de forcer la tête de pont d'Occhiobello, s'est retiré, et toute son armée est entre Modène, Ferrare et la mer.

Le général Frimont se croyait en mesure d'attaquer vers le 12.

J'ai l'honneur d'adresser à Votre Majesté la déclaration contre Murat, qui m'a été officiellement communiquée par M. de Metternich.

Je suis...

---

1. Variante : *Il s'arrêtera quatre jours à Munich, et se rendra de là à son corps d'armée.*

N° 29 *ter*[1].—LE ROI LOUIS XVIII AU PRINCE DE TALLEYRAND.

Gand, ce 22 avril 1815.

Mon cousin,

J'allais répondre à votre numéro 49 renfermant le numéro 38, lorsque j'ai reçu le numéro 50 renfermant aussi le numéro 44. Vous avez [2] sans doute influé sur la déclaration des souverains ; j'espère, s'il en est temps encore, que vous influerez aussi sur celle des généraux qui sera une pièce bien importante. Si l'on veut qu'elle produise tout l'effet qu'on en doit désirer, il faut que conformément à la déclaration du 13 mars, et à l'article III du traité du 25, l'Europe s'y déclare l'alliée du roi et de la nation française, contre l'invasion de Napoléon Bonaparte ; l'amie de tout ce qui se déclarera pour les premiers, et l'enne-

---

1. M. Pallain insère ici outre la lettre n° 29 une autre lettre du roi à M. de Talleyrand, en date du 21 avril. D'après les numéros des dépêches du prince auxquelles le roi déclare répondre, il est probable que la lettre du 22, seule, a été expédiée. Le contenu est d'ailleurs presque semblable ; il y a même une phrase identique. Au surplus, voici cette lettre :

« Gand, 21 avril 1825.

» Mon cousin,

» J'ai reçu votre numéro 49 et le 38 qui y était inclus. Peu après l'avoir expédié, vous avez dû recevoir de nos nouvelles et n'en pas manquer depuis, mais le défaut de moyens tels que je les avais à Paris jette nécessairement de l'inexactitude dans la correspondance.

» Je suis impatient de recevoir la déclaration dont vous me parlez et à laquelle, d'après votre lettre, j'espère que vous aurez coopéré. Le chevalier Stuart vient de me dire qu'elle avait été signée le 11. De mon côté, je m'occupe de la proclamation que je publierai en mettant le pied en France. Je vous l'enverrai dès qu'elle sera rédigée, et aura été vue, avant d'être arrêtée, par le duc de Wellington et le général Pozzo di Borgo. Si les souverains sont encore à Vienne lorsqu'elle y parviendra, j'espère que vous lui concilierez leurs suffrages. Je ne désire cependant pas qu'elle les y trouve ; la célérité dans les opérations est la chose de toutes la plus nécessaire ; tous les rapports de l'intérieur sont excellents, mais il ne faut pas laisser de temps à l'ennemi.

« LOUIS. »

2. Variante : *auriez*.

mie de tout ce qui s'armera en faveur du second ; ce qui exclut à la fois toute idée de conquête et tout parti mitoyen dont on ne doit pas même supposer la possibilité.

De mon côté, je m'occupe de la déclaration ou proclamation que j'aurai à publier en remettant le pied en France. Je vous l'enverrai dès qu'elle sera rédigée, mais je désire fort qu'elle ne vous trouve plus à Vienne. Votre numéro 50 m'annonce la fin prochaine du congrès ; il faut sans doute que vous signiez en mon nom le traité qui le terminera, mais il me tarde beaucoup surtout, dans les conjonctures présentes, de vous revoir auprès de moi.

Vous savez la malheureuse issue de la courageuse entreprise de mon neveu ; vous savez que ma nièce elle-même n'a pu sauver Bordeaux [1]. L'esprit public n'en est point altéré en France ; tous les rapports sont unanimes sur ce point ; l'essentiel est d'agir promptement, et c'est bien l'opinion et le vœu du duc de Wellington.

Je ne dirai qu'un mot sur votre numéro 38. C'est que la lettre du duc de Campo Chiaro est bonne à conserver comme un monument de l'insigne perfidie de son maître. Sur quoi, je prie Dieu qu'il vous ait, mon cousin, en sa sainte et digne garde.

LOUIS.

N° 52. — LE PRINCE DE TALLEYRAND AU ROI LOUIS XVIII.

Vienne, le 23 avril 1815.

SIRE,

Il vient de se passer ici une chose que je voudrais pouvoir laisser ignorer à Votre Majesté, comme propre à l'affliger,

---

1. Il s'agit de M. le duc et de madame la duchesse d'Angoulême.

mais qu'il lui importe de connaître comme essentiellement liée sa situation présente, et qu'elle apprendrait infailliblement d'ailleurs, peut-être, sans les circonstances qui lui servent de correctif et de contrepoids.

Depuis quelque temps, j'ai eu lieu de remarquer que si l'empereur de Russie avait été souvent opposé à ce que désirait Votre Majesté, il n'y a pas toujours été porté seulement par le but qu'il se proposait lui-même, mais encore dans quelques circonstances parce qu'il s'est trouvé blessé :

1° De ce que Votre Majesté ne lui a point offert le cordon bleu, l'ayant donné au prince-régent ;

2° De l'inutilité de son intercession[1] et de ses instances en faveur du duc de Vicence, à qui il s'intéresse vivement, et qui a été exclu de la Chambre des pairs ;

3° De la fermeté avec laquelle Votre Majesté, dans la question du mariage, a refusé de condescendre à ses désirs sur le point religieux ;

4° Enfin de ce que la charte constitutionnelle s'éloignait, en plusieurs points, des vues qu'il avait manifestées à Paris à ce sujet, et que son attachement pour les idées libérales lui faisait regarder comme très utiles et très importantes.

Je savais que, depuis quelque temps, il s'en plaignait dans son intérieur *en termes assez vifs*[2] ; mais cela me paraissait alors de peu d'importance. Aujourd'hui, je dois croire que cette disposition d'esprit influe sur sa manière de juger la situation de la France et celle de Votre Majesté.

D'après les nouvelles de France et les rapports de ceux qui

---

1. Variante : *intervention*.

2. Supprimé dans le texte des archives.

en viennent, Votre Majesté a pour elle le corps entier de la nation; et contre elle, deux partis : celui de l'armée qui est tout entier à Bonaparte, ce qui s'y trouve de bien intentionné étant subjugué ou entraîné par la masse ; et le parti formé de ce qui reste des anciennes factions révolutionnaires. Le second ne s'est joint au premier que parce que celui-ci ayant pris les devants, *l'autre*[1] s'est trouvé dans la nécessité de suivre. Ils ne s'accordent qu'en ce seul point, que tous les deux voulaient un changement; mais ils ne le voulaient, ni pour les mêmes motifs ni pour la même fin. L'armée, impatiente [2] du repos, voulait un chef qui lui rendît toutes ces chances de péril, de fortune et de renommée auxquelles elle était habituée depuis vingt-deux ans; Bonaparte était évidemment [3] son homme. Les chefs de l'autre parti connaissent Bonaparte et le détestent. Ils connaissent son insatiable soif de dominer ; ils savent que la liberté civile n'a point de plus cruel ennemi ; ils sentent très bien que là où une armée rebelle a déféré le pouvoir suprême, il peut à peine exister une vaine ombre de gouvernement civil; que hors du gouvernement civil ils ne seront rien, et que l'obéissance passive sera leur partage comme celui de tout le monde. Ils ne se font point illusion sur le motif qui a porté Bonaparte à se rapprocher d'eux ; ils savent que son union avec eux est de sa part une union forcée, que les liens par lesquels ils essayeront de le contenir, et qu'il consent en ce moment à recevoir, n'auront de force, qu'autant qu'il n'aura pas le pouvoir de les rompre ; et que

1. Supprimé dans le texte des archives.

2. Variante : *ennuyée.*

3. Variante : *éminemment.*

des victoires, s'il en remporte, lui donneront ce pouvoir. Ils ne se dissimulent point que ce que l'armée a fait une fois, elle pourrait le faire une seconde, une troisième fois, et que, dans un tel état de choses, il n'y aurait de sécurité[1] ni pour le maître ni pour les esclaves. Désabusés de leurs anciennes chimères, ils ne rêvent plus la république; les titres et les biens qu'ils ont acquis les lient au système monarchique. Ils n'étaient point opposés à la dynastie légitime; mais ils n'ont pu supporter un système de gouvernement où, exclus de toute participation aux emplois, ils se sont crus[2] dépouillés de toute existence politique et menacés pour l'avenir de pertes encore plus grandes. Leur aversion pour cet état de choses est telle qu'ils eussent voulu en sortir à tout prix et que, pour n'y pas retomber, ils se rejetteront plutôt dans les horreurs et les hasards du régime révolutionnaire.

Le premier intérêt de Bonaparte est de nationaliser la guerre qu'il va avoir à soutenir. Le premier intérêt des puissances est qu'il n'en puisse venir à bout. Il sait assez qu'il n'y peut arriver par la persuasion, et qu'il n'a pour y parvenir d'autre moyen que la terreur. Mais son armée qu'il faudra qu'il réunisse sur les frontières, et qui sera aux prises avec les forces étrangères, n'est point un instrument qui lui suffise : il lui en faut d'autres, et il n'en peut trouver que dans ce parti auquel il a autrefois appartenu, sur les ruines duquel il s'est élevé, qu'il a tenu longtemps dans l'oppression, et dont il recherche maintenant l'appui. Les puissances ont pensé que ce parti, si l'on s'attachait à calmer ses craintes, pourrait

---

1. Variante : *sûreté*.

2. Variante : *vus*.

être amené à se détacher d'un homme qu'il n'aime pas; qu'on ôterait ainsi à Bonaparte ses principales ressources et ce qui peut rendre sa résistance plus longue et plus dangereuse. Un projet de déclaration a été fait dans cette vue. Quand il ne s'est agi que de déclarer que l'Europe ne s'armait point contre la France, mais pour la France, qu'elle ne reconnaissait d'ennemis que Bonaparte et ses adhérents, qu'elle ne traiterait jamais avec lui, qu'elle ne lui accorderait ni paix ni trêve, et ne poserait les armes qu'après l'avoir renversé, tous les avis ont été unanimes. Mais quand il a été question d'exprimer encore dans la déclaration que le but final de la guerre était le rétablissement de la dynastie légitime, les opinions ont été partagées. « Si vous ne parlez point de ce rétablissement, ont dit les uns, ceux qui, dans l'intérieur, se sont armés et que la déclaration du 13 mars a portés à s'armer pour la cause du roi, se croiront abandonnés. Vous vous ôterez une ressource certaine, pour en obtenir une qui ne l'est pas. En annonçant uniquement l'intention de renverser l'usurpateur, et en laissant entendre que, lui renversé, la France pourra faire ce qu'elle voudra, vous la livrez au jacobinisme et à des factions plus dangereuses pour l'Europe que l'existence même de Bonaparte. Le rétablissement de la dynastie légitime, ont dit les autres, est une chose par rapport à laquelle l'intention des puissances ne saurait paraître douteuse. La déclaration du 13 mars l'exprime assez. En y insistant de nouveau, d'une manière trop absolue, on manquerait le but qui est de détacher de Bonaparte des hommes qui ne peuvent être ramenés que par des concessions que les puissances peuvent bien laisser entrevoir, mais que le roi peut seul promettre et faire. »

Les choses étaient en cet état, lorsque l'empereur Alexandre a fait appeler lord Clancarty qui, depuis le départ des lords Castlereagh et Wellington, est le chef de l'ambassade anglaise.

Le récit de leur conversation m'a été fait en partie par lord Clancarty, mais beaucoup plus en détail par lord Stewart et par M. de Metternich.

La tâche d'en rendre compte à Votre Majesté m'est d'autant plus pénible que, m'y trouvant placé, par rapport à plusieurs traits, entre le respect et le dévouement, je dois craindre que ce que j'aurai donné à l'un ne paraisse manquer à l'autre. Mais Votre Majesté, qui a tant d'intérêt à bien connaître les dispositions du plus puissant des alliés, ne pourrait qu'imparfaitement en juger, si elle ne savait point quelles raisons il en donne, et même par quels reproches il prétend les justifier. La force de cette considération peut seule me contraindre à les rapporter.

L'empereur ayant demandé d'abord à lord Clancarty pourquoi il n'approuvait pas le projet de déclaration[1] : « C'est, a répondu lord Clancarty, qu'il ne dit pas à mon avis tout ce qu'il doit dire. Ce n'est pas assez de renverser Bonaparte, il ne faut pas ouvrir la porte aux jacobins dont je m'accommoderais encore moins que de Bonaparte lui-même. — Les Jacobins, a repris l'empereur Alexandre, ne sont à craindre que comme auxiliaires de Bonaparte, et c'est pour cela qu'il faut tendre à les détacher de lui. Lui tombé, ce ne sont pas eux qui recueilleront son héritage. La question est d'abord de le renverser. Nous sommes sur cela tous d'accord. Pour moi, j'y consacrerai toutes mes forces et ne me reposerai point

---

1. Variante : *et quelle objection il avait à y faire.*

que cela ne soit fait. Du reste, je consens à ajourner une déclaration ou une proclamation quelconque au moment où nos troupes seront plus près de la France ; c'est même là mon avis. Mais le renversement de Bonaparte n'est pas le seul point sur lequel il soit nécessaire de nous entendre. Dans une entreprise aussi grande que celle où nous sommes engagés, il faut, dès le principe, envisager la fin. Le renversement de Bonaparte n'est que la moitié de l'ouvrage ; il restera à pourvoir à la sécurité de l'Europe qui ne peut être tranquille tant que la France ne le sera pas, et la France ne le sera qu'avec un gouvernement qui convienne à tout le monde. — La France, a dit lord Clancarty, était heureuse sous le gouvernement du roi. Il a pour lui les vœux de toute la nation. — Oui, a répondu l'empereur, de cette partie de la nation qui n'a jamais été que passive ; qui, depuis vingt-six ans supporte toutes les révolutions, qui ne sait qu'en gémir, et n'en empêche aucune. Mais l'autre partie qui semble la nation tout entière, parce qu'elle seule se montre, qu'elle seule agit, et qu'elle domine, se soumettra-t-elle volontiers, et sera-t-elle fidèle au gouvernement qu'elle vient de trahir? Le lui imposerez-vous malgré elle? Ferez-vous pour cela[1] une guerre d'extermination, peut-être sans terme? Et avez-vous la certitude de réussir? — Je sens, a répliqué lord Clancarty, que le devoir finit où l'impossibilité commence. Mais, jusqu'à ce que l'impossibilité soit avérée, je tiens que le devoir des puissances est de soutenir le souverain légitime, et de ne pas même mettre en question s'il peut être abandonné. — Nos premiers devoirs, a repris l'empereur, sont envers l'Europe

---

1. Variante : *pour elle.*

et envers nous-mêmes. Le rétablissement du gouvernement fût-il facile, tant que l'on n'aurait pas une certitude de sa stabilité future, que ferait-on en le rétablissant, sinon de préparer à la France et à l'Europe de nouveaux malheurs? Si ce qui est arrivé une fois arrivait encore, serions-nous réunis comme aujourd'hui? Aurions-nous près d'un million d'hommes sous les armes? Serions-nous prêts au moment où le danger viendrait à éclater? Et quelle probabilité y a-t-il, les éléments de désordre étant les mêmes, que le gouvernement du roi serait plus stable qu'il ne l'a été? Du reste, quelque opinion que l'on ait à cet égard, le rétablissement du roi que nous désirons tous, et que je désire particulièrement, pouvant rencontrer des obstacles insurmontables, dès que ce cas est possible, il est bon de le prévoir et de convenir d'avance de ce qu'on aurait alors à faire. L'an dernier, on aurait pu établir la régence. Mais l'archiduchesse Marie-Louise à qui j'ai parlé, ne veut point, à quelque prix que ce soit, retourner en France. Son fils doit avoir en Autriche un établissement, et elle ne désire rien de plus pour lui. Je me suis assuré que l'Autriche, de son côté, ne songe plus à la régence et ne la veut plus. L'année dernière, elle m'avait paru pouvoir concilier les différents intérêts ; mais la situation n'est plus la même. C'est donc une chose à laquelle il ne faut plus penser. Je ne vois de propre à tout concilier que M. le duc d'Orléans. Il est Français, il est Bourbon, il est mari d'une Bourbon, il a des fils; il a servi, étant jeune, la cause constitutionnelle ; il a porté la cocarde tricolore que, je l'ai souvent dit à Paris, on n'aurait jamais dû quitter. Il réunirait tous les partis. Ne le pensez-vous pas ainsi, milord, et quelle serait là-dessus l'opinion de l'Angleterre?

— Je ne sais, a répondu lord Clancarty, quelle pourra être l'opinion de mon gouvernement sur une idée qui est toute nouvelle pour lui comme elle l'est pour moi. Pour ce qui est de mon opinion personnelle, je n'hésite point à dire qu'il me paraîtrait extrêmement dangereux d'abandonner la ligne de la légitimité pour se jeter dans une usurpation quelconque. Mais, Votre Majesté voudra assurément que j'écrive à mon gouvernement ce qu'elle m'a fait l'honneur de me dire. » L'empereur lui a dit d'écrire, et après lui avoir observé combien il était essentiel que l'on sût où l'on voulait arriver, quand on entreprenait une aussi grande chose, il s'est retiré.

Lord Clancarty a en effet écrit; mais en insistant sur les raisons qui doivent tenir l'Angleterre attachée à la cause de Votre Majesté.

M. de Metternich, auquel lord Stewart et lord Clancarty ont fait part de cette conversation, a trouvé que la question élevée par l'empereur était tout au moins intempestive; qu'il ne fallait pas aller se perdre dans des questions hypothétiques qui pouvaient ne se présenter jamais, mais qu'on devait attendre qu'elles se présentassent et traiter chacune en son temps. Il a chargé l'ambassadeur d'Autriche à Londres de parler dans ce sens.

L'empereur Alexandre qui comprend peu le principe de la légitimité, sans attendre de connaître l'opinion du cabinet anglais, a fait insérer dans la *Gazette de Francfort* un article que j'ai sous les yeux, et qui porte que les puissances ne veulent que renverser Bonaparte, mais qu'elles ne prétendent nullement se mêler du régime intérieur de la France, ni lui imposer un gouvernement, et qu'elle sera libre de se donner celui qu'elle voudra.

Mais jusqu'à présent, il est seul de son avis. La Prusse même, tout accoutumée qu'elle est à vouloir tout ce qu'il veut, est bien pour Votre Majesté. Elle a même exprimé le désir que Votre Majesté fît une proclamation, et que cette proclamation devançât la réunion à Paris des collèges électoraux que Bonaparte y a appelés. Ce désir est aussi celui de la généralité des puissances. On regarde comme très nécessaire que Votre Majesté s'attache à rallier à elle tous les partis, en leur assurant à tous, sans distinction tous les avantages d'un régime constitutionnel. Les puissances considèrent une déclaration de Votre Majesté faite dans cet esprit comme un puissant auxiliaire des forces qu'elles vont déployer. Plusieurs voudraient encore que Votre Majesté, rejetant sur les ministres les fautes qui ont pu être commises, se composât un nouveau ministère comme si elle était en France, et dans la composition duquel chaque parti trouvât les garanties qu'il désire. J'ai été invité à en écrire à Votre Majesté. J'ai même été prévenu que ce vœu lui sera exprimé dans des insinuations qui seront faites par les ministres que les cours vont envoyer près d'elle, ce qui me fait souhaiter qu'elle en devance l'expression.

A tout ce que l'empereur de Russie a dit à lord Clancarty, je dois ajouter ce qui m'est revenu de son langage par des voies que j'ai toute raison de regarder comme sûres.

En plusieurs occasions, il a répété que quand il était à Paris il y a un an, tout ce qu'il voyait et entendait lui faisait craindre que le gouvernement ne pût pas se maintenir. Il lui semblait difficile que les sentiments et les opinions des princes se trouvassent assez en harmonie avec les opinions et les habitudes d'une génération qui était née pendant leur absence, et qui n'avait en beaucoup de points ni les idées ni les mœurs de ses pères. Or, observe-t-il perpétuellement, aimant à se placer dans des idées générales, on ne peut gouverner en opposition avec les idées de son temps. Il dit que ses craintes ont augmenté quand il vit que Votre Majesté appelait au ministère et dans ses conseils des hommes très estimables sans doute, mais presque tous ayant passé le temps de la Révolution hors de France, ou dans la retraite, ne connaissant conséquemment point la France et n'en étant point connus, et manquant de cette expérience des affaires que même le génie ne peut suppléer. Il trouve que le mal qu'ils ont fait à la cause royale a été très grand, et quoiqu'il pense qu'à l'avenir un mal pareil serait évité parce que Votre Majesté ferait d'autres choix, je dois dire qu'il remarque que celui de ces ministres qui a excité le plus de plaintes de la part de tous les partis est plus que personne dans la confiance de Votre Majesté [1]. Il a été jusqu'à dire que le plus grand mal est venu de la portion de pouvoir que Votre Majesté a donnée ou laissé prendre aux princes qui l'approchent davantage; que les préventions qui se sont élevées contre eux lui paraissent un mal sans remède; que celles auxquelles Votre Majesté aurait été personnellement en butte auraient produit un effet bien moins fâcheux, attendu que les mécontentements contre celui qui règne, sont tempérés et adoucis par l'espérance que l'on met dans le successeur, au lieu que quand ce sont les successeurs que l'on craint, l'on ne peut avoir cette espérance. L'empereur dit, dans sa conversation habituelle, qu'il croirait volontiers que Votre Majesté, si elle était seule, conviendrait

---

1. C'était au comte de Blacas que l'empereur Alexandre faisait ici allusion. (*Note de M. de Bacourt.*)

à la France et qu'elle y serait aimée et respectée, mais que comme elle ne peut être séparée de tout ce qui l'entoure, il craint qu'elle ne puisse jamais s'y affermir.

J'ai la satisfaction de voir que les puissances portent toutes à Votre Majesté un intérêt sincère ; même le langage de l'empereur de Russie tient plus à de l'humeur, et aux idées philosophiques qui dominent en lui, qu'à un calcul arrêté : je serais heureux de pouvoir ajouter que cet intérêt s'étend à *Monsieur* et à Messieurs les ducs d'Angoulême et de Berry. Mais une fois le pouvoir exclusivement concentré entre les mains de Votre Majesté et de ministres responsables, ayant sa confiance et celle de la nation, les impressions exagérées que des erreurs ou des inadvertances ont données, au dedans et au dehors, s'effaceront peu à peu.

Le baron de Talleyrand[1] est arrivé ici avec la lettre dont Votre Majesté m'a honoré en date du 10 avril. Je ne cesse point d'exciter ici le zèle et de représenter combien il importe qu'on se hâte. Mais le duc de Wellington dans une lettre postérieure à celle dont Votre Majesté m'a fait l'honneur de me parler, mande que, d'après les fâcheuses nouvelles reçues du Midi, il sent la nécessité de ne commencer les opérations que quand on pourra attaquer partout à la fois, avec de grandes masses. Or, avec toute la bonne volonté du monde, les distances à parcourir font que les Autrichiens ne pourront avoir sur le Rhin, cent mille hommes qu'à la fin de mai.

Votre Majesté apprendra avec plaisir que les troupes autrichiennes en Italie ont eu des succès, qui en promettent de

---

1. Alexandre-Daniel baron de Talleyrand, cousin germain du prince, conseiller d'État, puis ministre à Florence (1832), à Copenhague (1835) et pair de France (1838). Il mourut en 1839.

plus grands. Le prince Léopold [1] partira sous peu de jours pour l'armée autrichienne. Les journaux de Vienne sont enfin arrivés à ne plus dire : *le roi Joachim* ; ils disent tout simplement : *Murat*.

M. de Bombelles [2], ancien ambassadeur en Portugal, chanoine à Glogau, et père du Bombelles qui était à Paris, voudrait rentrer dans la carrière diplomatique, sous une forme quelconque, depuis ambassadeur jusqu'à chargé d'affaires. Il pense qu'il servirait utilement dans cette dernière qualité à Munich, et huit mille francs lui paraissent suffisants pour y vivre.

Je mets à profit le zèle de M. le comte Alexis de Noailles qui aura l'honneur de remettre cette dépêche à Votre Majesté. Il a été sous tous les rapports fort utile ici, et je crois que personne ne peut mieux instruire Votre Majesté de la situation politique et militaire de tous les cabinets, dont nous avons aujourd'hui si grand besoin. Je supplie Votre Majesté de vouloir bien le rendre porteur des ordres qu'elle aurait à me donner. Il est convenable qu'il soit ici avant la fin du congrès, et les affaires de l'Allemagne et de l'Italie, qu'il faut terminer, vont si lentement, qu'il arrivera fort à temps pour y apposer sa signature.

Je suis...

---

1. Léopold, prince de Salerne, deuxième fils du roi Ferdinand, né en 1790, épousa en 1816, l'archiduchesse Marie-Clémentine. Il arriva le 21 mai au quartier général autrichien de Téano, et prit possession du pays au nom de son père.

2. Marc-Marie, marquis de Bombelles, né en 1744, issu d'une famille d'origine portugaise, établie en France, et passée ensuite au service de l'Autriche. Il entra d'abord dans la diplomatie, fut ambassadeur de France en Portugal, émigra en 1792, et servit dans l'armée de Condé. Il entra ensuite dans les ordres, et fut chanoine à Breslau et non à Glogau. Sous la Restauration, il devint aumônier la duchesse de Berry et évêque d'Amiens. Il mourut en 1821.

N° 53. — LE PRINCE DE TALLEYRAND AU ROI LOUIS XVIII.

Vienne, le 1er mai 1815.

SIRE,

M. le baron de Vincent part aujourd'hui pour se rendre auprès de Votre Majesté et il veut bien se charger de la lettre que j'ai l'honneur de lui écrire.

Murat, en commençant les hostilités, comptait sur une insurrection des peuples de l'Italie, mais il a été complètement trompé dans son attente. Dans cette confiance, il s'était avancé jusqu'aux rives du Pô, où les premiers engagements ont eu lieu. Depuis lors, il n'a éprouvé que des défaites. Il se retire en toute hâte vers le royaume de Naples, craignant que sa retraite ne soit coupée par un corps autrichien qui est en Toscane. La dernière affaire dont on ait ici des nouvelles officielles a eu lieu auprès de Césenne, où il a repassé le Ronco en essuyant une perte considérable. Son armée, déjà beaucoup diminuée par les prisonniers qu'on lui a faits et qui montent à sept mille hommes, diminue encore chaque jour par la désertion. Tout fait espérer que d'ici peu de temps, cette guerre sera terminée. L'avantage de replacer Ferdinand IV dans ses États ne sera pas le seul que nous procurera la chute de Murat. En rendant disponibles les troupes qui sont employées contre lui et en ôtant toute inquiétude sur le maintien de la tranquillité de l'Italie, elle favorisera beaucoup les opérations contre Bonaparte. Elle produira d'ailleurs en France un effet immense, en prouvant à tout le monde que personne en Europe ne veut souffrir ces dominations nouvelles fondées sur la violence et l'injustice, et que l'on est bien décidé à les renverser. C'est là le fruit des efforts que nous avons faits ici pour soutenir le principe de la légitimité. Ce principe est aujourd'hui explicitement reconnu. Un traité vient d'être signé par M. de Metternich et le commandeur Ruffo [1], ministre du roi Ferdinand IV, à Vienne. Ce traité stipule les secours que devra fournir la Sicile dans la guerre contre Murat ; et au lieu des vingt millions que Votre Majesté était dans l'intention de donner pour cette guerre, le roi Ferdinand, à ce que l'on me dit, s'engage à en donner vingt-cinq. Mes premières dépêches feront connaître à Votre Majesté toutes les stipulations du traité que je n'ai pu encore avoir sous les yeux [2].

Le prince Léopold des Deux-Siciles part le 4 de ce mois pour le quartier général autrichien.

Quoique l'affaire de Parme ne soit pas encore arrêtée, l'empereur d'Autriche a publié une ordonnance par laquelle, il prend, au nom de sa fille, l'administration définitive des trois duchés [3]. Ainsi Votre Majesté voit que les arrangements à régler par le congrès s'exécutent avant d'être convenus ; ce qui ne vaut rien, mais que nous n'avons pas la puissance d'empêcher.

Les troupes autrichiennes et russes continuent leur marche. Le quartier général du prince de Schwarzenberg est à Heilbronn dans le pays de Wurtemberg ; et lui-même est parti hier d'ici, pour s'y rendre, en passant par la Bohême, où il ne s'arrêtera que peu de jours.

Les arrangements avec la Bavière, que j'avais annoncés à

---

1. Le commandeur Ruffo, diplomate italien, était ministre du roi de Naples à Paris en 1797. Revenu à Naples en 1798, il suivit la cour en Sicile en 1805, fut chargé d'une mission en Portugal. En 1815, il alla à Vienne comme plénipotentiaire au congrès. Il mourut en 1825.

2. Voir d'Angeberg, *Congrès de Vienne*, p. 1156.

3. Parme, Plaisance et Guastalla.

Votre Majesté comme étant terminés, mais qui n'étaient pas signés, après avoir donné lieu à de nouvelles discussions, viennent enfin d'être convenus. Toutefois, ils ne le sont qu'éventuellement. Ils ne seront définitivement arrêtés qu'après la guerre, parce que étant subordonnés à des négociations avec les cours de Bade et de Darmstadt qui doivent faire des cessions à la Bavière, et être indemnisées à la gauche du Rhin, ces cours ne veulent pas accepter en ce moment des dédommagements que les chances de la guerre, si elle était malheureuse, pourraient leur ôter.

Le général de Walterstorff[1], ministre de Danemark, doit partir après-demain, pour se rendre auprès de Votre Majesté. Il est ainsi que M. de Vincent, accrédité aussi comme commissaire auprès du duc de Wellington.

Je suis...

N° 54. — LE PRINCE DE TALLEYRAND AU ROI LOUIS XVIII.

Vienne, le 5 mai 1815.

Sire,

Un ancien chambellan de Bonaparte, qui, ayant accompagné ici l'archiduchesse Marie-Louise, était devenu chambellan de l'empereur François, et était depuis quelque temps retourné à Paris[2], en a été dernièrement expédié avec une lettre de

1. Ernest-Frédéric de Walterstorff (1755-1820), lieutenant général et chambellan du roi de Danemark, ministre plénipotentiaire à Paris depuis 1810.

2. C'est le baron de Stassart. Né en 1780 à Malines, il avait été sous l'empire auditeur au conseil d'État, puis intendant du Tyrol (1805) et de la Prusse occidentale (1807). En 1810, il fut nommé préfet de Vaucluse et en 1811, des Bouches de la Meuse. Après la chute de Napoléon, il fut reçu par l'empereur d'Autriche, dont il était né le sujet et qui le nomma chambellan. De retour à Paris pendant les Cent-jours, il en repartit le 17 avril pour Vienne avec des dépêches de Napoléon. Il fut arrêté à Lintz, et se retira à

Bonaparte, pour l'empereur, et une de M. de Caulaincourt pour M. de Metternich. A la faveur de son titre de chambellan autrichien, il est arrivé jusqu'à Munich, mais il y a été arrêté, et les lettres dont il était porteur ont été envoyées ici. Ces lettres réclament l'une et l'autre, pour des motifs différents, le retour de l'impératrice et de son fils. Le ton que prennent Bonaparte et son ministre est celui de la modération et de la sensibilité. Les lettres sont restées cachetées jusqu'au moment de la conférence, et elles ont été ouvertes en présence des ministres des puissances alliées ; on est convenu de n'y point répondre ; l'opinion a été unanime. Ainsi Votre Majesté voit que toutes les tentatives de Bonaparte pour établir [1] des relations de quelque nature qu'elles soient avec les puissances étrangères sont repoussées et restent sans fruit.

Les ministres anglais auxquels je m'étais adressé pour subvenir aux besoins pécuniaires de l'ambassade de Votre Majesté au congrès, et qui s'étaient montrés faciles à cet égard, ont reçu des lettres de leur gouvernement qui ne les autorisent qu'à avancer une somme de cent mille francs dans un cours de six mois.

Les crédits que nous avions sur France, et qui étaient loin d'être épuisés, ont été suspendus à la date du 21 mars. Cette disposition porte à notre charge des dépenses faites et qui devaient être acquittées au 1er avril. Les personnes attachées

---

Weltz d'où il envoya ses dépêches à Vienne. Il rentra dans sa patrie après Waterloo, et fut plusieurs fois élu aux états généraux. Sous le règne du roi Léopold, il devint président du Sénat. — C'est par erreur que M. de Talleyrand le qualifie d'ancien chambellan de Napoléon. M. de Stassart ne fut jamais revêtu de cette charge.

1. Variante : *obtenir*.

184   MÉMOIRES DU PRINCE DE TALLEYRAND.

à l'ambassade n'ont d'ailleurs point été payées à Paris depuis le mois de janvier.

La dépense la plus réduite, pour les mois d'avril et de mai, sans pouvoir satisfaire à tout ce qui est arriéré, exigera cependant une partie considérable de la somme qui m'est promise[1] par le ministère britannique ; et le reste, ne pourra nous conduire qu'au commencement d'août. A cette époque, Votre Majesté jugera quelles dispositions il lui sera possible de prendre à cet égard.

Je suis...

N° 30 *ter*. — LE ROI LOUIS XVIII AU PRINCE DE TALLEYRAND.

Gand, ce 5 mai 1815.

Mon cousin,

J'ai reçu par M. de Noailles votre numéro 52. Je joins à cette dépêche, la proclamation que je vais publier et dont je me flatte que les souverains seront aussi satisfaits que l'ont été les ministres résidents auprès de moi. Mais cet objet quoique important, n'est pas celui qui l'est le plus. Il est un autre point dans votre dépêche qui a été depuis que je l'ai reçue et qui ne cesse pas d'être le sujet de mes plus sérieuses réflexions[2] ; pour achever de le résoudre, j'ai besoin de sages avis et ce n'est pas par écrit qu'on peut les donner. Je vous ai mandé

---

1. Variante : ... une *partie considérable* qui *nous a été* promise.

2. Ce sont les représentations que M. de Talleyrand, sous le couvert d'une conversation avec l'empereur Alexandre, faisait au roi sur sa politique intérieure. Le roi lui-même et plusieurs membres de son ministère, M. de Jaucourt en particulier, désiraient vivement le retour de M. de Talleyrand pour combattre l'influence de ce qu'on appelait alors le *parti resté émigré*.

de venir me joindre aussitôt que vous aurez signé, en mon nom, l'acte final du congrès ; mais je me sens aujourd'hui plus pressé de vous revoir. Ainsi donc, à moins que cette signature ne dût vous retarder que de deux ou trois jours au plus, partez sans l'attendre. Il est assez indifférent que ce soit tel ou tel de mes plénipotentiaires qui signe le traité ; mais il m'importe fort de vous avoir auprès de moi. Sur quoi, je prie Dieu, qu'il vous ait, mon cousin, en sa sainte et digne garde.

LOUIS.

N° 55. — LE PRINCE DE TALLEYRAND AU ROI LOUIS XVIII.

Vienne, le 14 mai 1815.

SIRE,

M. le comte de Noailles vient d'arriver, et me remet la lettre dont Votre Majesté m'a honoré en date du 5 mai. Le moment de son arrivée est si proche de celui où part le courrier dont je dois profiter, que je ne puis avoir l'honneur d'écrire à Votre Majesté qu'une lettre très courte.

Mon empressement de me retrouver près d'elle me ferait partir dès demain, si les choses étaient assez avancées pour qu'il ne restât plus qu'à signer, ou si la fin du congrès était encore éloignée. Mais les affaires d'Italie ne sont point encore réglées et vont l'être. Le retard qu'elles ont éprouvé retient ici, encore pour quelques jours, M. de Saint-Marsan et le commandeur Ruffo, quoique le départ de celui-ci soit fort nécessaire et que le premier soit appelé à Turin, où il est aujourd'hui ministre de la guerre. D'un autre côté, les souverains vont partir, et comme, dans une coalition, toute démarche est sujette à mille interprétations, je ne pourrais pas devancer l'époque de leur départ sans qu'il en résultât, pour les affaires de Votre Majesté, plus d'inconvénient que d'avantage. Du reste, la différence, d'après les préparatifs que je vais faire, est de quelque quarante-huit heures de plus ou de moins, et en outre[1], je ne crois pas que l'on puisse dans nos circonstances, quitter à une époque où tout le monde a besoin d'être pressé.

J'ai eu aujourd'hui avec l'empereur Alexandre un assez long entretien dont j'aurai l'honneur de rendre compte à Votre Majesté. Je me bornerai à lui dire que son langage a été très bon ; qu'il s'est exprimé très vivement et très convenablement sur nos affaires. Son opinion est que, pour le moment, il doit y avoir peu d'action de la part de Votre Majesté et autour d'elle. Il s'est particulièrement attaché à établir que toutes les démarches qui pourraient être faites par aucune des puissances ayant une utilité ou un danger commun, devaient être combinées avec toutes les autres. C'est là le principal motif de l'envoi de ministres auprès de tous les corps d'armée, et il pense que cette règle doit être adoptée par Votre Majesté.

Je suis...

N° 56. — LE PRINCE DE TALLEYRAND AU ROI LOUIS XVIII.

Vienne, le 17 mai 1815.

SIRE,

A la seconde déclaration qui avait été projetée et dont j'ai eu plusieurs fois l'honneur d'entretenir Votre Majesté, on est convenu de substituer un rapport qui remplira le même objet. Ce rapport sera publié demain dans *la Gazette de Vienne* ; il le sera ensuite dans les différents journaux de l'Allemagne et dans

---

1. Variante : *et de plus.*

ceux des autres pays, et on l'a, de plus, imprimé à l'imprimerie de la chancellerie autrichienne. J'ai l'honneur d'en envoyer plusieurs exemplaires à Votre Majesté.

Elle verra que ce rapport confirme pleinement les dispositions manifestées par les puissances dans la déclaration du 13 mars; que les sophismes de Bonaparte sont réfutés, ses impostures mises au grand jour. Mais, elle remarquera surtout que l'Europe ne se présente pas comme faisant la guerre pour Votre Majesté, et sur sa demande; qu'elle la fait pour elle-même, parce que son intérêt le veut, parce que sa sûreté l'exige. Non seulement cette manière de faire envisager la guerre actuelle est la seule exacte, mais de plus, tout le monde pense que c'est la seule qui convienne à Votre Majesté. C'est la seule qui ne la mette pas dans une position fausse, à l'égard de ses sujets. Car rien ne pourrait contribuer davantage à aliéner leurs sentiments, que l'opinion qu'on leur laisserait prendre sur la cause de la guerre. Il ne faut pas qu'ils puissent jamais attribuer à Votre Majesté les maux dont la guerre va les accabler.

Je suis...

P.-S. — J'ai, conformément aux ordres de Votre Majesté, écrit au service des souverains, souveraines et archiducs qui sont ici, pour demander à prendre congé.

J'adresse à M. de Jaucourt les lettres de M. de la Tour du Pin qui pourront être de quelque intérêt pour Votre Majesté. Celle de M. d'Osmond[1] qui les renferme, donne quelques détails sur les affaires dernières d'Italie.

---

1. M. d'Osmond était ambassadeur du roi à Turin. On a vu plus haut que M. de la Tour du Pin s'était rendu de Vienne dans le Midi de la France où il se flattait de l'espoir d'être utile à la cause royale. *Note de M. de Bacourt.*)

N° 57. — LE PRINCE DE TALLEYRAND AU ROI LOUIS XVIII.

Vienne, le 25 mai 1815[1].

Sire,

Dans mes audiences de congé, j'ai reçu de la part de tous les souverains, des témoignages des meilleurs sentiments pour Votre Majesté. Ces audiences n'ont pas été seulement de forme ; elles ont été beaucoup plus longues que celles qui sont ordinairement accordées dans de semblables circonstances. J'aurai l'honneur d'en rendre compte à Votre Majesté.

Quoique tout ne soit pas encore achevé, l'empressement que j'ai de me trouver auprès de Votre Majesté m'avait déterminé à partir demain. Mais M. de Metternich, M. de Nesselrode, ainsi que le chancelier de Hardenberg, m'ayant prié de signer avec tous les chefs de cabinet les protocoles qui contiennent les arrangements arrêtés par le congrès, j'ai cru devoir céder à leur demande, qui ne retarde mon départ que de deux ou trois jours. Les protocoles contiendront la rédaction définitive, à quelques légères modifications près, et qui ne pourront porter que sur les expressions des articles qui devront former l'instrument du congrès. Une commission, composée d'un plénipotentiaire de chaque puissance, sera laissée ici pour mettre ces articles dans l'ordre convenable, et séparer ce qui fixe les relations particulières de ce qui tient à l'intérêt général. Je laisserai ici M. de Dalberg, pour représenter la France dans cette commission. Ce travail ne durera guère que huit à dix

---

1. Variante : le *23 mai* 1815.

jours, si ces délégués travaillent avec un peu plus d'assiduité que ne l'ont fait leurs chefs.

J'ai l'honneur d'adresser à Votre Majesté deux lettres de M. le duc d'Angoulême. J'avais eu l'honneur de lui en écrire une qui, probablement, est perdue. Nous la retrouverons peut-être quelque jour dans les journaux français. J'ai adressé par le courrier de ce jour à milady Castlereagh[1] une lettre pour madame la duchesse d'Angoulême.

Pour que Votre Majesté ait la collection complète de ma volumineuse correspondance, j'ai l'honneur de lui envoyer les copies des numéros que je prévois ne pas lui être arrivés.

Si je n'éprouve pas d'obstacles inattendus, je serai aux ordres de Votre Majesté à Gand le dimanche 4 de juin.

Je suis...

N° 58. — LE PRINCE DE TALLEYRAND AU ROI LOUIS XVIII.

Vienne, le 27 mai 1815.

Sire,

Je puis dire aujourd'hui à Votre Majesté toutes les craintes que j'ai éprouvées depuis huit jours. On avait mis en question si les circonstances, qui forcent à laisser quelques points indécis, ne devaient pas déterminer à remettre à un autre temps la signature de l'acte du congrès. Une intrigue assez forte agissait dans ce sens. Son objet était de remettre en question des choses décidées et de ne point prendre de détermination sur plusieurs de celles qui devaient l'être. Rien n'importait plus aux intérêts de Votre Majesté, que d'avoir son nom placé dans un acte qui devait annoncer l'union de

1. Variante : à *lord* Castlereagh.

toutes les puissances. Aussi, ai-je dû faire tous mes efforts pour atteindre ce but. J'ai été très bien secondé par l'ambassade d'Angleterre et par l'Autriche. La signature aura lieu demain ou après-demain.

J'ai l'honneur d'envoyer à Votre Majesté une déclaration adressée par la Diète helvétique aux ministres accrédités près d'elle, et une convention signée entre ces ministres et ceux de la Suisse. Votre Majesté verra que si, dans la déclaration, la Suisse semble vouloir conserver sa neutralité, son intention qui se trouve clairement expliquée par la convention, est pourtant de faire tout ce qu'il est possible d'attendre d'elle pour la cause de l'Europe. L'urgence dont les généraux de la coalition sont juges, autorisera le passage des troupes alliées par le territoire de la Suisse. Dans toutes les lettres reçues hier par les ministres des puissances à Vienne, on se loue de ce qui a été fait par M. Auguste de Talleyrand pour atteindre ce but salutaire. Moralement et militairement, la conduite de la Suisse est regardée, par les alliés, comme leur étant de la plus grande utilité.

Je n'aurai plus l'honneur d'écrire à Votre Majesté de Vienne. Je vais me mettre en route et porter à ses pieds l'hommage de mon respect et de mon dévouement.

Je n'emporte aucun papier avec moi.

Je suis...

FIN DE LA HUITIÈME PARTIE

NEUVIÈME PARTIE

SECONDE RESTAURATION

1815

SECONDE RESTAURATION

(1815)

Mon départ de Vienne fut retardé bien des jours encore après celui que j'avais indiqué au roi dans ma lettre du 27 mai. L'intrigue montée pour empêcher la signature de l'acte final du congrès ne s'était pas tenue pour battue ; elle espérait lasser ma patience. Mais je sentais trop bien la grande importance de ne pas céder, pour abandonner la partie. Je croyais qu'il fallait absolument avoir des engagements écrits, signés, irrévocables des puissances, avant le commencement d'une guerre dont l'issue pouvait rester longtemps douteuse. Il n'était donné à personne de prévoir que ces mêmes puissances manqueraient à leurs engagements à la suite de leur triomphe, et que, de notre côté, nous commettrions la faute de leur en laisser les moyens. Quoi qu'il en fût, mon devoir me paraissait tracé et je l'accomplis. Je ne quittai Vienne que le 10 juin, l'acte final du congrès ayant été signé la veille. Ainsi, qu'on l'a déjà vu, c'est en arrivant en Belgique que je connus le résultat de la bataille de Waterloo.

Le roi était déjà parti de Gand lorsque j'arrivai à Bruxelles. Je ne pus le rejoindre qu'à Mons. Il s'était mis à la suite de l'armée anglaise : c'est là ce que j'aurais voulu prévenir. Quand j'entrai chez lui, il était au moment de monter en voiture. Il chercha quelques mots obligeants à me dire. Je ne lui cachai pas que j'étais extrêmement peiné de voir la manière dont il se disposait à rentrer en France ; qu'il ne devait pas s'y présenter dans les rangs des étrangers ; qu'il gâtait sa cause ; qu'il refroidirait l'attachement qu'on avait pour sa personne en blessant ainsi l'orgueil national ; que mon avis était, qu'avec une escorte quelconque, et mieux encore sans escorte, il se dirigeât sur un point des frontières de France où les étrangers n'eussent pas encore pénétré, et que là, il établît le siège de son gouvernement. Je lui désignai la ville de Lyon comme convenant à tous égards, et par son importance, et par sa position à l'exécution de mon plan. « Le roi, lui dis-je, pourrait de Lyon exercer son pouvoir avec une indépendance entière des alliés ; je l'y précéderais, s'il le voulait, et je viendrais lui rendre compte de l'esprit de cette ville ; qu'une fois arrivé à Lyon, il ferait un appel à ses fidèles sujets ; que ceux qui avaient été égarés, seraient probablement les premiers à s'y rendre ; qu'il y convoquerait les Chambres ; qu'avant que l'esprit de parti, vînt apporter des entraves, on aurait le temps de faire toutes les lois organiques ; que de Lyon, il pourrait protéger la France, et que de Paris, il ne le pourrait pas ; qu'il fallait prévoir le cas où, les alliés changeant, après la victoire qu'ils venaient de remporter, de dispositions et de langage, voudraient profiter contre la France des succès qu'ils avaient si solennellement déclaré ne vouloir obtenir que pour elle. Plusieurs indices, poursuivis-je, me font appréhender un tel changement. Leur retour aux principes est trop nouveau pour que nous n'ayons rien à redouter de la part de gens accoutumés à mesurer leurs droits sur leurs prétentions, et leurs prétentions sur leurs forces. Or, s'ils quittaient le rôle d'alliés pour celui d'ennemis et que le roi dût alors traiter avec eux, il ne pourrait être nulle part autant à leur merci que dans sa capitale même. J'insistai donc pour que le roi n'y rentrât que quand il pourrait y régner sans partage, et quand Paris serait également débarrassé des factieux et de toute force étrangère. » Je terminai ces explications en déclarant au roi que s'il prenait un autre parti, il me serait impossible de diriger ses affaires. Je lui offris ma démission, et je me retirai après avoir remis le mémoire qu'on va lire[1]; c'est un résumé de nos travaux au congrès et un exposé des moyens que je croyais propres à réparer les fautes commises pendant la première Restauration.

RAPPORT

FAIT AU ROI PENDANT SON VOYAGE DE GAND A PARIS.

« SIRE,

» La France en avril 1814 était occupée par trois cent mille hommes de troupes étrangères, que cinq cent mille autres étaient prêts à suivre. Il ne lui restait au dedans qu'une poignée de soldats, qui avaient fait des prodiges de valeur,

---

1. Cette démission n'eut pas de suite. M. de Talleyrand ne se retira que le 24 septembre.

mais qui étaient épuisés. Elle avait au dehors de grandes forces, mais qui, disséminées et sans communications, ne pouvaient plus être d'aucune utilité pour elle, ni même se porter mutuellement secours. Une partie de ces forces étaient enfermées dans des places lointaines qu'elles pouvaient tenir plus ou moins de temps, mais qu'un simple blocus devait de toute nécessité faire tomber. Deux cent mille Français étaient prisonniers de guerre. Dans un tel état de choses, il fallait à tout prix faire cesser les hostilités par la conclusion d'un armistice. Il eut lieu le 23 avril.

» Cet armistice n'était pas seulement nécessaire; il fut un acte très politique. Il fallait, avant tout, qu'à la force, les alliés pussent faire succéder la confiance, et pour cela, il fallait leur en inspirer. Cet armistice, d'ailleurs, n'ôtait rien à la France qui pût être pour elle un secours présent ou même éloigné; il ne lui ôtait rien qu'elle pût avoir la plus légère espérance de conserver. Ceux qui ont cru qu'en différant jusqu'à la conclusion de la paix la reddition des places on aurait rendu meilleures les conclusions du traité, ignorent ou oublient qu'outre l'impossibilité d'obtenir un armistice en France, sans rendre les places, si l'on eût cherché à en prolonger l'occupation, on aurait excité la défiance des alliés et par conséquent changé leurs dispositions.

» Ces dispositions étaient telles que la France pouvait le désirer; elles étaient de beaucoup meilleures que l'on était en droit de s'y attendre. Les alliés avaient été accueillis comme des libérateurs; les éloges prodigués à leur générosité les excitaient à en montrer; il fallait profiter de ce sentiment, quand il était dans sa ferveur et ne pas lui donner le temps de se refroidir. Ce n'était pas assez de faire cesser les hostilités, il fallait faire évacuer le territoire français ; il fallait que les intérêts de la France fussent en entier réglés, et qu'il ne restât pas d'incertitude sur son sort, afin que Votre Majesté pût prendre sur-le-champ la position qui lui convenait. Pour faire la paix aux meilleures conditions possibles, et pour en retirer tous les avantages qu'elle devait procurer, il était donc nécessaire de se hâter de la signer.

» Le traité du 30 mai ne fit perdre à la France que ce qu'elle avait conquis, et pas même tout ce qu'elle avait conquis dans le cours de la lutte qu'il terminait. Il ne lui ôta rien qui fût essentiel à sa sûreté. Elle perdit des moyens de domination qui n'étaient point pour elle des moyens de prospérité et de bonheur, et qu'elle ne pouvait conserver avec les avantages d'une paix durable.

» Pour bien juger le caractère de la paix de 1814, il faut considérer l'impression qu'elle fit sur les peuples alliés. L'empereur Alexandre à Saint-Pétersbourg, le roi de Prusse à Berlin furent non seulement reçus avec froideur, mais reçus avec mécontentement et par des murmures, parce que le traité du 30 mai ne remplissait pas les espérances de leurs sujets. La France avait levé partout d'immenses contributions de guerre; on s'était attendu à ce qu'il en serait levé sur elle ; elle n'en eut aucune à payer ; elle resta en possession de tous les objets d'art qu'elle avait conquis ; tous ses monuments furent respectés ; et il est vrai de dire qu'elle fut traitée avec une modération dont aucune époque de l'histoire n'offre d'exemples dans des circonstances semblables.

» Tous les intérêts directs de la France avaient été réglés, tandis que ceux des autres États étaient restés subordonnés aux décisions d'un futur congrès. La France était appelée à ce congrès, mais lorsque ses plénipotentiaires y arrivèrent, ils trouvèrent que des passions que le traité du 30 mai devait avoir éteintes, que des préventions qu'il devait avoir dissipées s'étaient ranimées depuis sa conclusion, et peut-être même par une suite des regrets qu'il avait laissés aux puissances.

» Aussi, continuaient-elles à se qualifier d'alliées, comme si la guerre eût encore duré. Arrivées les premières à Vienne, elles y avaient pris, par écrit, dans les protocoles dont la légation française soupçonna l'existence dès les premiers temps, mais qu'elle ne put connaître que quatre mois après, l'engagement de n'admettre l'intervention de la France que pour la forme.

» Deux de ces protocoles qui sont sous les yeux de Votre Majesté, et qui sont datés du 22 septembre 1814[1], portaient en substance : « que les puissances alliées prendraient l'initiative sur tous les objets qui seraient à discuter (sous le nom de puissances alliées étaient seulement désignées, l'Autriche, la Russie, l'Angleterre et la Prusse, parce que ces quatre puissances étaient plus étroitement unies entre elles qu'avec aucune autre, tant par leurs traités que par leurs vues).

» Qu'elles devraient seules convenir entre elles de la distribution des provinces disponibles, mais que la France et l'Espagne seraient admises à énoncer leurs avis et proposer leurs objections qui seraient alors discutées avec elles ;

» Que les plénipotentiaires des quatre puissances n'entreraient en conférence avec ceux des deux autres sur ce qui était relatif à la distribution territoriale du duché de Varsovie, à celle de l'Allemagne, et à celle de l'Italie, qu'à mesure qu'ils auraient

---

1. Voir d'Angeberg, *Congrès de Vienne*, p. 249.

terminé entièrement et jusqu'à un parfait accord entre eux chacun de ces trois points.

» On voulait donc que la France jouât au congrès un rôle purement passif; elle devait être simple spectatrice de ce que l'on y voulait faire, plutôt qu'elle ne devait y prendre part. Elle était toujours l'objet d'une défiance que nourrissait le souvenir de ses envahissements successifs, et d'une animosité qu'excitait le sentiment des maux que, si récemment encore, elle avait répandus sur l'Europe. On n'avait point cessé de la craindre; on était encore effrayé de sa force, et l'on ne croyait pouvoir trouver de sécurité, qu'en coordonnant l'Europe dans un système uniquement dirigé contre elle. La coalition enfin subsistait toujours.

» Votre Majesté me permettra de me rappeler avec quelque plaisir que, dans toutes les occasions, j'ai soutenu, j'ai essayé de persuader même aux principaux officiers de ses armées, qu'il était de l'intérêt de la France, qu'il était aujourd'hui de leur gloire de renoncer volontairement à l'idée de recouvrer la Belgique et la rive gauche du Rhin. Je pensais que sans cet abandon patriotique, il ne pouvait exister de paix entre la France et l'Europe. Et, en effet, quoique la France n'eût plus ces provinces, la grandeur de la puissance française tenait l'Europe dans un état de crainte qui la forçait de conserver une attitude [1] hostile. Notre puissance est telle, qu'aujourd'hui que l'Europe est dans le maximum de sa force, et la France dans le minimum de la sienne, l'Europe doute encore du succès de la lutte qu'elle entreprend. Mon opinion à cet égard n'était que l'expression des sentiments de Votre Majesté. Mais

---

1. Variante: *véritablement* hostile.

la plupart de ses principaux serviteurs, mais des écrivains d'ailleurs estimables, mais l'armée, mais la plus grande partie de la nation, ne partageaient point cette modération sans laquelle toute paix durable, ou même toute apparence de paix était impossible ; et cette disposition ambitieuse que l'on avait quelque raison de regarder comme celle de la France, augmentait et justifiait la crainte que sa force inspirait.

» C'est pour cela que les papiers publics étaient remplis ou d'insinuations ou d'accusations[1] contre la France et ses plénipotentiaires. Ils restaient isolés ; presque personne n'osait les voir. Le petit nombre même de ministres qui ne partageaient point ces préventions, les évitaient pour ne point se compromettre auprès des autres. Pour tout ce que l'on voulait faire, on se cachait avec soin de nous. On tenait des conférences à notre insu, et lorsqu'au commencement du congrès, un comité fut formé pour l'organisation fédérale de l'Allemagne, chacun des ministres qui y entrèrent dut s'engager par une promesse d'honneur à ne nous rien communiquer de ce qui s'y passerait.

» Quoique le gouvernement de Votre Majesté n'eût aucune des vues qu'on lui supposait, quoiqu'il n'eût rien à demander pour lui-même, et qu'il ne voulût rien demander, tout ce qui devait être réglé par le congrès était pour lui d'une haute importance. Mais, si son intérêt sur la manière de le régler différait de l'intérêt actuel et momentané de quelques-unes des puissances, il était heureusement conforme à l'intérêt du plus grand nombre et même aux intérêts durables et permanents de toutes.

---

1. Variante : *ouvertes.*

» Bonaparte avait détruit tant de gouvernements, réuni à son empire tant de territoires et tant de populations diverses que, lorsque la France cessa d'être l'ennemie de l'Europe et rentra dans les limites hors desquelles elle ne pouvait conserver avec les autres États des rapports[1] d'amitié, il se trouva sur presque tous les points de l'Europe, de vastes contrées sans gouvernements. Les États qu'il avait dépouillés sans les détruire entièrement ne pouvaient recouvrer les provinces qu'ils avaient perdues, parce qu'elles avaient en partie passé sous la domination de princes qui, depuis, étaient entrés dans leur alliance. Il fallait donc, pour que les pays devenus vacants par la renonciation de la France eussent un gouvernement, et pour indemniser les États qui avaient été dépouillés par elle, que ces pays leur fussent partagés. Quelque répugnance que l'on dût avoir pour ces distributions d'hommes et de pays, qui dégradent l'humanité, elles avaient été rendues indispensables par les usurpations violentes d'un gouvernement qui, n'ayant employé sa force qu'à détruire, avait amené cette nécessité de reconstruire avec les débris qu'il avait laissés.

» La Saxe était sous la conquête, le royaume de Naples était au pouvoir d'un usurpateur; il fallait décider du sort de ces États.

» Le traité de Paris portait que ces dispositions seraient faites de manière à établir en Europe un équilibre réel et durable. Aucune puissance ne niait qu'il fallût se conformer à ce principe; mais les vues particulières de quelques-unes les abusaient sur les moyens d'en remplir l'objet.

» D'un autre côté, c'eût été vainement que cet équilibre eût

---

1. Variante : *de paix* et d'amitié.

été établi, si l'on n'eût en même temps posé comme une des bases de la tranquillité future de l'Europe, les principes qui seuls peuvent assurer la tranquillité intérieure des États, en même temps qu'ils empêchent que, dans leurs rapports entre eux, ils ne se trouvent uniquement sous l'empire de la force.

» Votre Majesté, en rentrant en France, avait voulu que les maximes d'une politique toute morale reparussent avec elle, et devinssent la règle de son gouvernement. Elle sentit qu'il était nécessaire aussi qu'elles parvinssent dans les cabinets, qu'elles se montrassent dans les rapports entre les différents États, et elle nous avait ordonné d'employer toute l'influence qu'elle devait avoir et de consacrer tous nos efforts à leur faire rendre hommage par l'Europe assemblée. C'était une restauration générale qu'elle voulait entreprendre de faire.

» Cette entreprise présentait de nombreux obstacles. La Révolution n'avait point borné ses effets au seul territoire de la France ; elle s'était répandue au dehors par la force des armes, par les encouragements donnés à toutes les passions et par un appel général à la licence. La Hollande et plusieurs parties de l'Italie avaient vu, à diverses reprises, des gouvernements révolutionnaires remplacer des gouvernements légitimes. Depuis que Bonaparte était maître de la France, non seulement le fait de la conquête suffisait pour ôter la souveraineté, mais on s'était accoutumé à voir de simples décrets détrôner des souverains, anéantir des gouvernements, faire disparaître des nations entières.

» Quoiqu'un tel ordre de choses, s'il eût subsisté, dût nécessairement amener la ruine de toute société civilisée, l'habitude et la crainte le faisaient encore supporter, et comme il était favorable aux intérêts momentanés de quelques puissances, plusieurs ne craignirent point assez le reproche de prendre Bonaparte pour modèle.

» Nous montrâmes tous les dangers de cette fausse manière de voir. Nous établîmes que l'existence de tous les gouvernements était compromise au plus haut degré dans un système qui faisait dépendre leur conservation ou d'une faction, ou du sort de la guerre. Nous fîmes voir enfin que c'était surtout pour l'intérêt des peuples qu'il fallait consacrer la légitimité des gouvernements, parce que les gouvernements légitimes peuvent seuls être stables, et que les gouvernements illégitimes, n'ayant d'autre appui que la force, tombent d'eux-mêmes, dès que cet appui vient à manquer, et livrent ainsi les nations à une suite de révolutions dont il est impossible de prévoir le terme.

» Ces principes trop sévères pour la politique de quelques cours, opposés au système que suivent les Anglais dans l'Inde, gênants peut-être pour la Russie, ou que, du moins, elle avait elle-même méconnus dans plusieurs actes solennels et peu anciens, eurent pendant longtemps peine à se faire entendre. Avant que nous fussions parvenus à en faire sentir l'importance, les puissances alliées avaient déjà pris des arrangements qui y étaient entièrement opposés.

» La Prusse avait demandé la Saxe tout entière. La Russie l'avait demandée pour la Prusse. L'Angleterre avait, par des notes officielles, non seulement consenti sans réserve à ce qu'elle lui fût donnée, mais elle avait encore essayé de démontrer qu'il était juste, qu'il était utile de le faire. L'Autriche y avait aussi officiellement donné son adhésion, sauf quelques rectifications de frontières. La Saxe était ainsi complètement sacrifiée par des arrangements particuliers faits entre l'Autriche, la Russie, l'Angleterre et la Prusse, auxquels la France était restée étrangère.

» Cependant le langage de l'ambassade de France, sa marche raisonnée, sérieuse, uniforme, dégagée de toutes vues ambitieuses, commençaient à faire impression. Elle voyait renaître la confiance autour d'elle ; on sentait que ce qu'elle disait n'était pas plus dans l'intérêt de la France que dans celui de l'Europe, et de chaque État en particulier. On ouvrait les yeux sur les dangers qu'elle avait signalés. L'Autriche, la première, voulut revenir sur ce qui était, pour ainsi dire, définitivement arrêté relativement à la Saxe, et déclara, dans une note remise au prince de Hardenberg, le 10 décembre 1814, qu'elle ne souffrirait pas que ce royaume fût détruit.

» Ce fut là le premier avantage que nous obtînmes, en suivant la ligne que Votre Majesté nous avait tracée.

» Je me reproche de m'être souvent plaint, dans les lettres que j'ai eu l'honneur de lui écrire, des difficultés que nous éprouvions ; de la lenteur avec laquelle marchaient les affaires. Cette lenteur, je la bénis aujourd'hui, car, si les affaires eussent été conduites avec plus de rapidité, avant le mois de mars, le congrès eût été fini, les souverains dans leurs capitales, les armées rentrées chez elles, et alors, que de difficultés à surmonter !

» M. de Metternich m'ayant communiqué officiellement sa note du 10 décembre, je pus faire entendre l'opinion de la France et j'adressai, à lui et à lord Castlereagh, une profession de foi politique complète. Je déclarai que Votre Majesté ne demandait rien pour la France ; qu'elle ne demandait pour qui que ce fût que la simple justice ; que ce qu'elle désirait par-dessus toutes choses, c'était que les révolutions finissent, que les doctrines qu'elles avaient produites n'entrassent plus dans les relations politiques des États, afin que chaque gouvernement pût ou les prévenir ou les terminer complètement, s'il en était menacé ou atteint.

» Ces déclarations achevèrent de dissiper la défiance dont nous avions d'abord été l'objet; elle fit bientôt place au sentiment contraire. Rien ne se fit plus sans notre concours; non seulement nous fûmes consultés, mais on rechercha notre suffrage. L'opinion publique changea tout à fait à notre égard ; et une affluence de personnes qui s'étaient montrées si craintives remplaça l'isolement où nous avions d'abord été laissés.

» Il était plus difficile pour l'Angleterre qu'il ne l'avait été pour l'Autriche, de revenir sur la promesse faite à la Prusse de lui abandonner la totalité du royaume de Saxe. Ses notes étaient plus positives. Elle n'avait point, comme l'Autriche, subordonné cet abandon à la difficulté de trouver d'autres moyens d'indemniser complètement la Prusse, par des possessions à sa convenance, des pertes qu'elle avait faites depuis 1806. D'ailleurs, la position des ministres anglais les oblige, sous peine de perdre ce que l'on nomme en Angleterre le *character*, à ne point s'écarter de la route dans laquelle ils sont une fois entrés ; et, dans le choix qu'ils font de cette route, leur politique doit toujours être de se conformer à l'opinion probable du parlement. Cependant, la légation anglaise fut amenée aussi à revenir sur ce qu'elle avait promis, à changer de système, à vouloir que le royaume de Saxe ne fût pas détruit, à se rapprocher de la France, et même à s'unir avec elle et l'Autriche par un traité d'alliance.

Ce traité remarquable surtout comme premier rapprochement entre des puissances que des intérêts communs devaient tôt ou tard appeler à se soutenir, fut signé le 3 janvier. La Bavière, le Hanovre et les Pays-Bas y accédèrent, et ce fut seulement alors que la coalition, qui, malgré la paix, avait toujours subsisté, se trouva réellement dissoute.

» De ce moment, le plus grand nombre des puissances adoptèrent nos principes ; les autres montrèrent qu'elles ne les combattraient pas longtemps : il ne restait donc plus guère qu'à en faire l'application.

» La Prusse, privée de l'appui de l'Autriche et de l'Angleterre, se vit alors, quoique soutenue encore par la Russie dans la nécessité de borner ses prétentions à recevoir une portion de la Saxe, et ce fut ainsi que ce royaume, dont le sort paraissait irrévocablement décidé et dont la destruction était prononcée, fut sauvé de sa ruine.

» Bonaparte, après avoir occupé le royaume de Naples par la force des armes, l'avait donné, au mépris de l'indépendance des nations, comme une chose qui lui aurait appartenu en propre, et ainsi qu'il eût pu faire d'un simple domaine, à l'un de ses généraux, pour récompenser les services qu'il avait reçus de lui. Ce n'eût pas été une moindre violation de la légitimité de laisser sur un pareil droit la possession de ce royaume. Sa chute fut préparée, et elle n'était plus douteuse lorsqu'il la consomma lui-même par son agression. Sept semaines se sont à peine écoulées depuis cette aggression, et déjà l'usurpateur ne règne plus ; déjà Ferdinand IV est remonté sur son trône. Dans cette importante question, le ministère anglais eut le courage de se joindre entièrement au système de la France, malgré les clameurs indiscrètes et déplacées du parti de l'opposition et les intrigues inconsidérées que des voyageurs anglais faisaient sur tous les points de l'Italie.

» La France avait aussi à s'applaudir de la manière dont avaient été réglés la plupart des autres arrangements du congrès.

» Le roi de Sardaigne n'ayant dans la branche actuellement régnante de sa maison aucun héritier mâle, il pouvait être à craindre que l'Autriche ne tentât de faire passer sa succession à l'un des archiducs qui avait épousé l'une de ses filles, ce qui eût mis entre les mains de l'Autriche ou de princes de sa famille toute la haute Italie. Le droit de succéder de la branche de Carignan aux États du roi de Sardaigne fut reconnu. Ces États accrus du pays de Gênes, et devenus l'héritage d'une famille que tout attache à la France, formeront ainsi pour la puissance autrichienne en Italie un contrepoids nécessaire au maintien de l'équilibre dans cette contrée.

» S'il n'avait pas été possible d'empêcher que la Russie n'eût rien du duché de Varsovie, la moitié de ce duché retourna, du moins, à ses anciens possesseurs.

» La Prusse n'eut ni Luxembourg ni Mayence ; elle ne fut, sur aucun point, limitrophe de la France; partout, elle en fut séparée par le royaume des Pays-Bas, dont la politique naturelle, depuis que son territoire s'est accru, assure à la France qu'elle n'a rien à craindre.

» Le bienfait d'une neutralité perpétuelle fut assuré à la Suisse, ce qui était pour la France, dont la frontière de ce côté est ouverte et sans défense, un avantage presque aussi grand que pour la Suisse elle-même. Mais cette neutralité n'empêche pas aujourd'hui la Suisse de s'unir aux efforts de l'Europe contre Bonaparte. Celle qu'elle a désirée, celle qui lui est assurée pour toujours, elle en jouira dans toutes les guerres qui auront lieu entre les différents États. Mais elle a elle-même senti qu'elle ne devait pas en réclamer l'avantage dans une guerre qui n'est point faite contre une nation, dans une guerre que l'Europe se trouve forcée d'entreprendre pour son salut, qui intéresse la Suisse elle-même comme tous les autres pays, et elle a voulu prendre part à la cause de l'Europe, de la manière dont sa position, son organisation et ses ressources, lui permettaient de le faire.

» La France s'était engagée, par le traité de Paris à abolir à l'expiration d'un délai fixé le commerce des noirs, ce qui aurait pu être considéré comme un sacrifice et une concession qu'elle aurait faite, si les autres puissances maritimes, ne partageant point les sentiments d'humanité qui avaient dicté cette mesure, ne l'avaient pas aussi adoptée.

» L'Espagne et le Portugal, les seules de ces puissances qui fissent encore la traite, s'engagèrent comme la France à l'abolir. A la vérité, elles se réservèrent un plus long délai; mais ce délai se trouve proportionnellement moindre si l'on considère les besoins de leurs colonies, et si l'on pense combien dans ces pays un peu arriérés, l'opinion sur cette matière a besoin d'être préparée.

» La navigation du Rhin et de l'Escaut fut soumise à des règles fixes, les mêmes pour toutes les nations. Ces règles empêchent les États riverains de mettre à la navigation des entraves particulières et de l'assujettir à d'autres droits que ceux qui sont établis pour leurs propres sujets. Ces dispositions rendent à la France, par les facilités qu'elles lui donnent pour son commerce, une grande partie des avantages qu'elle retirait de la Belgique et de la rive gauche du Rhin.

» Tous les points principaux avaient été réglés à la satisfaction de la France, autant, et plus peut-être, qu'il n'était permis de l'espérer. Dans les détails aussi, on avait eu égard à ses convenances particulières, aussi bien qu'à celles des autres pays.

» Depuis que, revenues de leurs préventions, les puissances avaient senti que pour établir un ordre de choses solide, il fallait que chaque État y trouvât les avantages auxquels il a droit de prétendre, on avait travaillé de bonne foi à procurer à chacun ce qui ne peut pas nuire à un autre. Cette entreprise était immense. Il s'agissait de refaire ce que vingt années de désordre avaient détruit, de concilier des intérêts contradictoires par des arrangements équitables, de compenser des inconvénients *partiels*[1] par des avantages majeurs, de subordonner même l'idée d'une perfection absolue, dans des institutions politiques et dans la distribution des forces, à l'établissement d'une paix durable.

» On était parvenu à vaincre les principaux obstacles ; les questions les plus épineuses étaient résolues ; on travaillait à n'en laisser aucune indécise. L'Allemagne allait recevoir une constitution fédérale qu'elle attendait des délibérations du congrès, ce qui aurait arrêté la tendance, que l'on y observe dans les opinions, à se former en ligue du Midi et en ligue du Nord. Les puissances allaient opposer en Italie, par des arrangements justes et sages, une barrière efficace au retour de ces révolutions fréquentes, dont les peuples de ce pays sont tourmentés depuis des siècles. On s'occupait des mesures bienfaisantes par lesquelles les intérêts réciproques des différents pays eussent été assurés, leurs points de contact et leurs

---

1. Supprimé dans le texte des archives.

rapports d'industrie et de commerce multipliés ; toutes les communications utiles perfectionnées et facilitées d'après les principes d'une politique libérale.

» Nous nous flattions enfin que le congrès couronnerait ses travaux en substituant à ces alliances passagères, fruit des besoins et des calculs momentanés, un système permanent de garantie commune et d'équilibre général, dont nous avions fait apprécier les avantages par toutes les puissances. Lord Castlereagh avait, dans cette idée, fait rédiger un très bon article. L'empire ottoman entrait dans la grande préservation, et peut-être l'information que l'Angleterre et nous lui en avons donnée a-t-elle contribué à le déterminer à repousser toutes les insinuations que Bonaparte avait essayé de lui faire. Ainsi, l'ordre établi en Europe eût été placé sous la protection constante de toutes les parties intéressées, qui, par des démarches sagement concertées, ou par des efforts sincèrement réunis, eussent étouffé, dès sa naissance, toute tentative faite pour le compromettre.

» Alors les révolutions se seraient trouvées arrêtées ; les gouvernements auraient pu consacrer leurs soins à l'administration intérieure, à des améliorations réelles, conformes aux besoins et aux vœux des peuples et à l'exécution de tant de plans salutaires que les dangers et les convulsions des temps passés les avaient malheureusement forcés de suspendre.

» C'était le rétablissement du gouvernement de Votre Majesté, dont les intérêts, les principes et les vœux se dirigeaient tous vers la conservation de la paix, qui avait mis l'Europe en état de donner une base solide à sa tranquillité et à son bonheur à venir. Le maintien de Votre Majesté sur son trône était nécessaire à l'achèvement de ce grand ouvrage.

La terrible catastrophe qui l'a, pour quelque temps, séparée de ses peuples, est venue l'interrompre. Il a fallu négliger les soins que l'on voulait donner à la prospérité des nations pour s'occuper des moyens de sauver leur existence menacée. On a dû ajourner à d'autres temps plusieurs des choses que l'on avait projetées et en régler d'autres avec moins de maturité et de réflexion que l'on ne l'eût fait si on avait pu s'y livrer tout entier.

» Le congrès étant ainsi obligé de laisser incomplets les travaux qu'il avait entrepris, quelques personnes parlèrent d'ajourner au temps où ces travaux pourraient être achevés la signature de l'acte qui devait les sanctionner.

» Plusieurs cabinets agirent dans ce sens, peut-être avec le désir secret de tirer parti des événements qui se préparent. J'aurais regardé cet ajournement comme un malheur très grand pour Votre Majesté, moins encore par l'incertitude qu'il aurait laissée sur les intentions des puissances, que par l'effet que doit avoir sur l'opinion en France un acte qui intéresse à un si haut point l'Europe entière, et dans lequel Votre Majesté paraît, malgré les circonstances actuelles, comme l'une des parties principales. J'ai donc dû faire tout ce qui pouvait dépendre de moi pour qu'il fût signé, et je m'estime heureux que l'on s'y soit enfin décidé.

» La considération que devait avoir le gouvernement de Votre Majesté dans les cours étrangères ne pouvait être complète qu'en faisant obtenir à ses sujets celle qui naturellement appartient aux membres d'une grande nation, et que crainte que les Français avaient inspirée leur avait fait perdre. Depuis le mois de décembre 1814, il n'est pas venu à Vienne un seul Français, quelque affaire qui l'y ait amené, qui n'y ait été traité avec des égards particuliers ; et je puis dire à Votre Majesté que le 7 mars 1815, jour où l'on a appris l'arrivée de Bonaparte en France, la qualité de Français était devenue, dans cette ville, un titre à la bienveillance. Je sais tout le prix que Votre Majesté mettait à cette grande réconciliation, et je suis heureux de pouvoir lui dire que ses vœux à cet égard avaient été complètement remplis.

» Je prie Votre Majesté de vouloir bien me permettre de lui faire connaître toute la part qu'ont eue au succès des négociations M. le duc de Dalberg, M. le comte de la Tour du Pin, et M. le comte de Noailles, qu'elle m'avait adjoints en qualité de ses ambassadeurs, et M. de la Besnardière, conseiller d'État, qui m'avait accompagné à Vienne. Ils n'ont pas seulement été utiles par leurs travaux dans les différentes commissions auxquelles ils ont été attachés, mais ils l'ont été encore par leur conduite dans le monde, par leur langage et par l'opinion qu'ils ont su faire prendre et d'eux-mêmes et du gouvernement qu'ils représentaient. C'est à leur coopération éclairée que je dois d'être parvenu à surmonter tant d'obstacles, à changer tant de mauvaises dispositions, à détruire tant d'impressions fâcheuses ; d'avoir enfin rendu au gouvernement de Votre Majesté toute la part d'influence qu'il devait avoir dans les délibérations de l'Europe.

» C'était en nous attachant à défendre le principe de la légitimité que nous avions atteint ce but important. La présence des souverains qui se trouvaient à Vienne, et de tous les membres du congrès à la cérémonie expiatoire du 21 janvier, fut un hommage éclatant rendu à ce principe.

» Mais, pendant qu'il triomphait au congrès, en France, il était attaqué.

» Ce que je vais dire à ce sujet à Votre Majesté a pu être

vu plus distinctement de loin, qu'il ne l'était à Paris. Hors de la France, l'attention étant moins détournée, les faits arrivaient en masse, et dégagés des circonstances accessoires qui sur les lieux mêmes pouvaient les faire méconnaître, devaient à une certaine distance être mieux jugés, et, cependant, je n'aurais pas assez de confiance dans des observations qui ne seraient que les miennes. Ayant rempli une mission longue hors de France, il est de mon devoir de faire auprès de Votre Majesté ce qui, dans le département des affaires étrangères, est prescrit à tous les agents employés au dehors. Ils doivent rendre compte de l'opinion que l'on a prise dans les pays où ils ont été accrédités des différents actes du gouvernement et des réflexions que, parmi les hommes éclairés et attentifs, ils ont pu faire naître.

» On peut s'accommoder d'un état de choses qui est fixe, lors même qu'on en est blessé dans son principe, parce qu'il ne laisse pas de craintes pour l'avenir, mais non d'un état de choses qui varie chaque jour, parce que chaque jour il fait naître de nouvelles craintes et que l'on ne sait quel en sera le terme. Les révolutionnaires avaient pris leur parti sur les premiers actes du gouvernement de Votre Majesté ; ils se sont effrayés de ce qui a été fait, quinze jours, un mois, six mois après. C'est ainsi qu'ils s'étaient résignés à l'élimination faite dans le Sénat[1], et qu'ils n'ont pu tolérer celle de

---

[1]. La Chambre des pairs créée par Louis XVIII comptait cent cinquante-quatre membres, dont quatre-vingt-quatre étaient d'anciens sénateurs ; cinquante-trois sénateurs en avaient été exclus : vingt-trois d'entre eux comme ayant cessé d'être Français, et les trente autres pour raison politique. Parmi ces derniers les plus connus étaient : Cambacérès, Chaptal, de Lapparent, Curé, Fouché, Siéyès, Roger-Ducos, François de Neufchâteau, l'abbé Grégoire, Garat, Lambrechts, Rœderer, le cardinal Fesch, etc.

l'Institut[1], quoiqu'elle fut d'une moindre importance. Les changements faits dans la Cour de cassation, puisque Votre Majesté croyait utile d'y en faire, devaient l'être huit mois plus tôt[2].

» Le principe de la légitimité était attaqué aussi, et d'une manière peut-être plus dangereuse, par les fautes des défenseurs du pouvoir légitime, qui, confondant deux choses aussi différentes que la source du pouvoir et son exercice, se persuadaient, ou agissaient comme s'ils étaient persuadés, que, par cela même qu'il était légitime, il devait aussi être absolu.

» Mais quelque légitime que soit un pouvoir, son exercice doit varier selon les objets auxquels il s'applique, selon les temps et selon les lieux. Or, l'esprit des temps où nous vivons exige que, dans les grands États civilisés, le pouvoir suprême ne s'exerce qu'avec le concours de corps tirés du sein de la société qu'il gouverne.

» Lutter contre cette opinion, c'était lutter contre une opinion universelle, et un grand nombre d'individus placés près du trône nuisaient essentiellement au gouvernement, parce que celle qu'ils exprimaient y était opposée. Toute la force de

---

1. La réorganisation de l'Institut ne date que du 21 mars 1816, mais dès la première Restauration on parlait, comme d'une chose décidée, des mesures qui allaient être prises contre la compagnie. La loi de 1816, en rendant aux classes de l'Institut leur ancien nom d'académies, prononça les éliminations suivantes : le prince Lucien, le cardinal Fesch, le cardinal Maury, MM. Cambacérés, Garat, Merlin, Rœderer et Siéyès, furent exclus de l'Académie française : l'empereur Napoléon, Monge, Guyton de Morveau, et Carnot, de l'Académie des sciences : le roi Joseph, Lakanal et l'abbé Grégoire, de l'Académie des inscriptions.

2. Par l'ordonnance du 16 février 1815, la composition de la Cour de cassation subit les modifications suivantes. Le premier président, le comte Muraire, fut remplacé par M. Desèze. Des trois présidents, deux furent conservés : MM. Barris et Henrion de Pensey. Le troisième, M. Mourre, fut nommé procureur général à la place de Merlin de Douay, destitué, et fut remplacé par M. Brisson. Quant aux conseillers, quatorze furent privés de leur siège.

Votre Majesté consistait dans l'idée que l'on avait de ses vertus et de sa bonne foi ; quelques actes tendirent à l'affaiblir. Je citerai seulement à ce sujet, les interprétations forcées et les subtilités par lesquelles quelques dispositions de la charte constitutionnelle parurent éludées, particulièrement dans des ordonnances qui renversaient des institutions fondées sur des lois [1]. Alors, on commença à douter de la sincérité du gouvernement, on soupçonna qu'il ne considérait la charte que comme un acte passager accordé à la difficulté des circonstances, et qu'il se proposait de laisser tomber en désuétude, si la surveillance représentative lui en laissait les moyens. On craignit des réactions; quelques choix augmentèrent ces craintes. La nomination de M. de Bruges [2], par exemple, à la place de grand chancelier de la Légion d'honneur, quelque qualité personnelle qu'il pût avoir, a déplu à tout le monde en France, et, je dois le dire à Votre Majesté, a étonné tout le monde en Europe.

» L'inquiétude rallia au parti des révolutionnaires tous ceux qui, sans avoir partagé leurs erreurs, étaient attachés aux principes constitutionnels, et tous ceux qui avaient intérêt au maintien, non des doctrines de la Révolution, mais de ce qui s'est fait sous leur influence.

» C'est bien plutôt à ces causes qu'à un véritable attache-

---

1. C'est ainsi par exemple que l'ordonnance de police du 7 juin 1814 sur l'observation des dimanches et fêtes fut considérée comme une violation de la charte qui avait garanti la liberté des cultes.

2. Henry-Alphonse, vicomte de Bruges (1764-1820), était lieutenant de vaisseau en 1789. Il émigra et servit dans l'armée de Condé ; plus tard, il s'engagea dans l'armée anglaise. En 1815, il fut nommé maréchal de camp et grand chancelier de la Légion d'honneur en remplacement de M. de Pradt.

ment pour sa personne que Bonaparte a dû de trouver quelques partisans hors de l'armée, et même une grande partie de ceux qu'il a eus dans l'armée, parce que, élevés avec la Révolution, ils étaient attachés par toutes sortes de liens [1] aux hommes qui en avaient été les chefs.

» On ne peut se dissimuler que quelque grands que soient les avantages de la légitimité, il en peut aussi résulter des abus. Il y a, à cet égard, une opinion fortement établie, parce que dans les vingt années qui ont précédé la Révolution, la pente de tous les écrits politiques était de les faire connaître et de les exagérer. Peu de personnes savent apprécier les avantages de la légitimité, parce qu'ils sont tous de prévoyance. Tout le monde est frappé des abus, parce qu'ils peuvent être de tous les moments, et se montrer dans toutes les occasions. Qui, depuis vingt ans, s'est donné assez le temps de réfléchir, pour avoir appris qu'un gouvernement s'il n'est légitime, ne peut être stable ? qu'offrant à toutes les ambitions, l'espérance de le renverser, pour le remplacer par un autre, il est toujours menacé, et porte en lui, un ferment révolutionnaire, toujours prêt à se développer ? Il est malheureusement resté dans les esprits que la légitimité en assurant au souverain de quelque manière qu'il gouverne, la conservation de sa couronne, lui donne trop de facilité de se mettre au-dessus de toutes les lois.

» Avec cette disposition qui se montre aujourd'hui chez tous les peuples, et dans un temps où l'on discute, où l'on examine, où l'on analyse tout et surtout, les matières politi-

---

1. Variante : parce que, *élevé* avec la révolution, *il était attaché* par toute sorte de liens...

ques, on se demande ce que c'est que la légitimité, d'où elle provient, ce qui la constitue.

» Lorsque les sentiments religieux étaient profondément gravés dans les cœurs, et qu'ils étaient tout-puissants sur les esprits, les hommes pouvaient croire que la puissance souveraine était une émanation de la Divinité. Ils pouvaient croire que les familles que la protection du ciel avait placées sur les trônes, et que sa volonté y avait longtemps maintenues, régnaient sur eux de droit divin. Mais dans un temps où il reste à peine une trace légère de ces sentiments, où le lien de la religion, s'il n'est rompu, est au moins bien relâché, on ne veut plus admettre une telle origine de la légitimité.

» Aujourd'hui l'opinion générale, et l'on tenterait vainement de l'affaiblir, est que les gouvernements existent uniquement pour les peuples : une conséquence nécessaire de cette opinion, c'est que le pouvoir légitime est celui qui peut le mieux assurer leur bonheur et leur repos. Or, il suit de là, que le seul pouvoir légitime est celui qui existe depuis une longue succession d'années ; et, en effet, ce pouvoir, fortifié par le respect qu'inspire le souvenir des temps passés, par l'attachement qu'il est naturel aux hommes d'avoir pour la race de leur maîtres, ayant pour lui l'ancien état de possession qui est un droit aux yeux de tous les individus, parce qu'il en est un d'après les lois qui régissent les propriétés particulières, livre plus rarement qu'aucun autre, le sort des peuples aux funestes hasards des révolutions. C'est donc celui auquel leurs plus chers intérêts leur commandent de rester soumis. Mais si l'on vient malheureusement à penser que les abus de ce pouvoir l'emportent sur les avantages qu'il peut procurer, on est conduit à regarder la légitimité comme une chimère.

» Que faut-il donc, pour donner aux peuples la confiance dans le pouvoir légitime, pour conserver à ce pouvoir le respect qui assure sa stabilité ? Il suffit, mais il est indispensable de le constituer de telle manière que tous les motifs de crainte qu'il peut donner soient écartés.

» Il n'est pas moins de l'intérêt du souverain que de l'intérêt des sujets de le constituer ainsi ; car le pouvoir absolu serait aujourd'hui un fardeau aussi pesant pour celui qui l'exercerait que pour ceux sur lesquels il serait exercé.

» Avant la Révolution, le pouvoir en France était restreint par d'antiques institutions ; il était modifié par l'action des grands corps de la magistrature, du clergé et de la noblesse, qui étaient des éléments nécessaires de son existence et dont il se servait pour gouverner. Aujourd'hui, ces institutions sont détruites, ces grands moyens de gouvernement sont anéantis. Il faut en retrouver d'autres que l'opinion publique ne réprouve pas ; il faut même qu'ils soient tels qu'elle les indique.

» Autrefois, l'autorité de la religion pouvait prêter son appui à l'autorité de la puissance souveraine ; elle ne le peut plus aujourd'hui que l'indifférence religieuse a pénétré dans toutes les classes et y est devenue générale. La puissance souveraine ne peut donc trouver d'appui que dans l'opinion, et, pour cela, il faut qu'elle marche d'accord avec cette même opinion.

» Elle aura cet appui si les peuples voient que le gouvernement tout puissant pour faire leur bonheur, ne peut rien qui y soit contraire. Mais il faut pour cela qu'ils aient la certitude qu'il ne peut y avoir rien d'arbitraire dans sa marche. Il ne suffirait pas qu'ils lui crussent la volonté de faire le bien, car ils pourraient craindre que cette volonté ne vînt à changer, ou qu'il ne se trompât sur les moyens qu'il emploierait. Ce n'est pas assez que la confiance soit fondée sur les vertus et les grandes qualités du souverain, qui comme lui sont périssables, il faut qu'elle soit fondée sur la force des institutions qui sont permanentes ; il faut même plus encore. En vain les institutions seraient-elles de nature, à assurer le bonheur des peuples ; alors même, elles ne leur inspireraient aucune confiance, si elles n'établissaient pas la forme de gouvernement que l'opinion générale du siècle fait regarder comme la seule propre à atteindre ce but.

» On veut avoir des garanties : on en veut pour le souverain, on en veut pour les sujets. Or, on croirait n'en point avoir :

» Si la liberté individuelle n'était pas mise par les lois, à l'abri de toute atteinte ;

» Si la liberté de la presse n'était point pleinement assurée, et si les lois ne se bornaient pas à en punir les délits ;

» Si l'ordre judiciaire n'était pas indépendant, et pour cela composé de membres inamovibles ;

» Si le pouvoir de juger était réservé dans de certains cas aux administrations ou à tout autre corps qu'aux tribunaux ;

» Si les ministres n'étaient pas solidairement responsables de l'exercice du pouvoir dont ils sont dépositaires ;

» S'il pouvait entrer dans les conseils du souverain d'autres personnes que des personnes responsables ;

» Enfin, si la loi n'était pas l'expression d'une volonté formée par la réunion de trois volontés distinctes.

» Dans les sociétés anciennes et nombreuses où l'intelligence s'est développée avec les besoins, et les passions avec l'intelligence, il est nécessaire que les pouvoirs publics acquièrent une force proportionnée, et l'expérience a prouvé qu'on les fortifie en les divisant.

» Ces opinions ne sont plus aujourd'hui particulières à un seul pays; elles sont communes à presque tous. Aussi partout on demande des constitutions; partout on sent le besoin d'en établir d'analogues à l'état plus ou moins avancé des sociétés politiques, et partout on en prépare. Le congrès n'a donné Gênes à la Sardaigne, Lucques à l'infante Marie-Louise d'Espagne; il n'a restitué Naples à Ferdinand IV, il ne rend les légations au pape, qu'en stipulant pour ces pays l'ordre de choses que leur état actuel a paru requérir ou comporter. Je n'ai vu aucun souverain, aucun ministre qui, effrayé des suites que doit avoir en Espagne le système de gouvernement suivi par Ferdinand VII, ne regrettât amèrement qu'il ait pu remonter sur son trône, sans que l'Europe lui eût imposé la condition de donner à ses États des institutions qui fussent en harmonie avec les idées du temps. J'ai même entendu des souverains, dont les peuples encore trop peu avancés dans la civilisation, ne sont pas susceptibles de recevoir les institutions qui la supposent parvenue à un haut degré, s'en affliger comme d'un malheur dont ils souffrent eux-mêmes.

» J'ai recueilli ces opinions au milieu des délibérations de l'Europe assemblée. Dans tous les entretiens que j'ai eus avec les souverains et avec leurs ministres, je les en ai trouvés pénétrés. Elles sont exprimées dans toutes les lettres qu'écrivent les ambassadeurs d'Autriche et de Russie à Londres, et dans celles de lord Castlereagh. C'était donc un devoir pour moi de les soumettre à Votre Majesté dans ce rapport. J'ai dû bien moins encore m'en dispenser, lorsque les souverains, dans les audiences de congé qu'ils m'ont accordées, m'ont tous recommandé de dire à Votre Majesté qu'ils sont intimement convaincus que la France ne saurait jamais être tranquille, si Votre Majesté ne partageait pas ces opinions sans réserve, et ne les prenait pas pour règle unique de son gouvernement; qu'il fallait que tout fût oublié en France, et le fût sans restriction; que toute exclusion était dangereuse, que l'on n'y pourrait trouver de garanties pour le souverain que quand il y en aurait pour tous les partis, et que ces garanties ne seraient suffisantes qu'autant qu'elles seraient jugées telles par toutes les classes de la société; qu'il paraît indispensable d'arriver à un système complet et tel que chaque partie en fasse ressortir la sincérité et la rende évidente; qui fasse voir clairement, et dès le commencement, le but auquel tend le gouvernement; qui mette chacun en état d'apprécier sa propre position, et qui ne laisse d'incertitude à personne. Ils ont ajouté que si Votre Majesté paraissait plus qu'aucun autre intéressée au maintien de la tranquillité en France, ils n'y étaient en réalité pas moins intéressés eux-mêmes, puisque la crise où elle se trouve aujourd'hui compromet l'existence de toute l'Europe, et qu'enfin les efforts qu'ils faisaient cette année deviendraient, une fois rentrés dans leurs États, difficiles à renouveler.

» Après avoir lu la déclaration que Votre Majesté a dernièrement adressée à ses sujets, les souverains m'ont encore dit qu'ils avaient remarqué avec regret une phrase où Votre Majesté fait entendre, quoique avec beaucoup de ménagements, qu'elle s'est soumise à accepter leur secours, d'où l'on conclura peut-être, qu'elle aurait pu les refuser et que la paix eût subsisté. Ils craignent que par là, Votre Majesté ne se soit donnée aux yeux de la France le tort de paraître imposée par eux. Ils pensent que pour ne point confirmer ses peuples dans une idée si contraire à ses intérêts, il doit y avoir peu d'action de sa part et de la part des personnes qui l'entourent. Votre Majesté a beaucoup à faire pour cela, puisque c'est le zèle qu'il faut contenir et même réprimer. Selon leur manière de voir, Votre Majesté doit paraître gémir de ce qui se passe plutôt que d'y coopérer. Elle doit se placer, par elle-même ou par les siens, entre les souverains alliés et ses peuples, pour diminuer, autant qu'elle le pourra, les maux de la guerre, et pour tranquilliser les alliés sur la fidélité des places qui se seraient rendues et qui, d'après les arrangements que je suppose avoir été pris par vos ministres avec le duc de Wellington, auraient été confiées à des personnes de votre choix. Ils croient enfin que, pour ne point paraître exciter la guerre, et encore moins la faire elle-même, ni Votre Majesté, ni aucun prince de sa famille, ne doit se montrer avec les armées alliées. Il n'était jamais arrivé à la politique d'avoir tant de délicatesse[1].

---

1. M. de Talleyrand fait ici allusion à la proclamation suivante que le roi avait signée le 25 juin en rentrant en France :

« Français,

» Dès l'époque où la plus criminelle des entreprises, secondée par la plus inconcevable défection, nous a contraint de quitter momentanément notre royaume, nous vous avons avertis des dangers qui vous menaçaient, si vous ne vous hâtiez de secouer le joug du tyran usurpateur.

» Nous n'avons pas voulu unir nos bras ni ceux de notre famille aux instruments dont la Providence s'est servie pour punir la trahison. Mais aujourd'hui que les puissants efforts de nos alliés ont dissipé les satellites du tyran, nous nous hâtons de rentrer dans nos États, pour y rétablir la constitution que nous avons donnée à la France, réparer par tous les moyens qui sont en notre pouvoir les maux de la révolte et de la guerre qui en a été la suite nécessaire, récompenser les bons, mettre à exécution les lois existantes contre

» Si une partie quelconque de la France parvenait, à la faveur des événements qui vont avoir lieu, à se soustraire au joug de Bonaparte, je crois que Votre Majesté ne pourrait mieux faire que de s'y rendre immédiatement, d'y avoir son ministère avec elle, d'y convoquer les chambres et d'y reprendre le gouvernement de son royaume, comme s'il était soumis en entier. Le projet d'une expédition sur Lyon, que je désirais vivement à cause du résultat essentiel qu'elle aurait sur les provinces du Midi, aurait pu faire exécuter cette idée avec bien de l'avantage.

» L'annonce d'un trop grand nombre de commissaires envoyés auprès des armées n'a pas été agréable. Je crois que toutes les démarches de Votre Majesté doivent être faites de concert avec les alliés, presque avec leur attache. Cette déférence doit contribuer à placer clairement dans leur esprit le but de la guerre, qui, je dois le dire, dans les différents cabinets, n'est peut-être pas exactement le même. Car, si l'Angleterre veut exclusivement et vivement le retour de Votre Majesté, je ne pourrais pas assurer que la Russie ne se

les coupables, enfin pour appeler autour de notre trône paternel l'immense majorité des Français dont la fidélité, le courage et le dévouement ont porté de si douces consolations à notre cœur.

» Cateau-Cambrésis, 25 juin 1815.

» LOUIS «.
» Par le roi,
» Le ministre secrétaire d'État à la guerre,
» Duc DE FELTRE. »

C'est ce manifeste, qui avait alarmé M. de Talleyrand. Communiqué par lui au conseil et aux membres du corps diplomatique, il fit l'objet de vives représentations dont le duc de Wellington et lui-même se firent l'écho auprès du roi. Celui-ci céda, et trois jours plus tard, le 28 juin, à Cambrai, il publia une deuxième proclamation, contresignée Talleyrand, qu'on trouvera insérée page 230.

permît pas d'autres combinaisons; je ne pourrais pas dire que l'Autriche qui, je crois, le veut aussi, y portât la même chaleur, et que la Prusse ne mît pas en première ligne des idées d'agrandissement pour elle.

» Ne serait-il pas possible qu'au moment où les armées étrangères vont entrer en France, Votre Majesté adressât à ses sujets une seconde déclaration qui ménagerait avec soin l'amour-propre français qui veut et avec raison que rien, pas même ce qu'il désire, ne lui soit imposé par les étrangers?

» Cette déclaration, s'adressant d'abord à l'opinion que Bonaparte cherche à égarer sur la cause et sur l'objet de la guerre actuelle, pourrait dire que ce n'est point pour l'intérêt de Votre Majesté que les puissances étrangères l'ont entreprise, parce qu'elles savent que la France n'a besoin que d'être soustraite à l'oppression, mais que c'est pour leur propre sûreté; qu'elles ne l'auraient point faite si elles n'avaient été persuadées que l'Europe serait menacée des plus grands malheurs tant que l'homme qui l'en avait depuis si longtemps accablée, serait maître de la France; que la cause de la guerre est donc uniquement le retour de cet homme en France, et son objet principal et immédiat de lui arracher le pouvoir dont il s'est emparé; que pour adoucir les maux de la guerre, pour en prévenir les désastres lorsqu'ils pourront l'être, pour arrêter les dévastations, Votre Majesté entourée de Français, se place comme intermédiaire entre les souverains étrangers et son peuple, espérant que les égards dont elle peut être l'objet, tourneront ainsi à l'avantage de ses États; que c'est la seule position qu'elle veuille prendre pendant la guerre, et qu'elle ne veut point que les princes de sa maison y prennent avec les armées étrangères aucune part.

» Passant ensuite aux dispositions intérieures de la France, Votre Majesté ferait connaître qu'elle veut donner toutes les garanties qui seront jugées nécessaires. Comme le choix de ses ministres est l'une des plus grandes qu'elle puisse offrir, elle veut, dès à présent, annoncer un changement de ministère. Elle doit dire que les ministres qu'elle emploie ne sont nommés que provisoirement, parce qu'elle veut se réserver de composer son ministère, en arrivant en France, de manière à ce que la garantie qu'elle donnera[1] en soit une pour tous les partis, pour toutes les opinions, pour toutes les inquiétudes.

» Enfin, il serait bon encore que cette déclaration parlât des domaines nationaux, et qu'elle s'exprimât à ce sujet d'une manière plus positive, plus absolue, plus rassurante encore que la charte constitutionnelle dont les dispositions n'ont pas suffi pour faire cesser les inquiétudes des acquéreurs de ces domaines. Il est aujourd'hui d'autant plus important de les calmer et de ne plus leur laisser même le moindre prétexte, qu'elles ont arrêté la vente des forêts domaniales dont le produit va devenir bien plus nécessaire encore qu'il ne l'était, et qu'il faut, par conséquent, encourager par tous les moyens.

» Tel est l'esprit dans lequel on croit généralement qu'il serait utile et même nécessaire que Votre Majesté parlât à ses peuples. J'avoue à Votre Majesté que j'en suis moi-même persuadé. Je regarde surtout comme indispensable, qu'à l'égard des garanties, elle ne laisse rien à désirer. Si, comme j'ose l'espérer, Votre Majesté partage cette opinion, elle jugera sans doute devoir charger quelques-unes des personnes qui

---

1. Variante : *qu'il* donnera.

jouissent de sa confiance de préparer et de lui soumettre le projet de cette déclaration.

» Je viens de rendre à Votre Majesté un compte exact et complet des résultats des négociations qui ont eu lieu pendant la durée du congrès et de l'impression que les affaires de France ont faite à Vienne : il ne me reste plus qu'à lui parler des choses de détail et de peu d'importance.

» Depuis que j'étais à Vienne, une assez grande quantité de papiers s'étaient accumulés entre mes mains. La plupart ne sont pas d'un assez grand intérêt pour que je puisse en avoir besoin. Votre Majesté a des copies de tous les autres, de sorte qu'il m'était inutile de les emporter. C'est pourquoi j'en ai brûlé une grande partie, et j'ai laissé le reste à Vienne déposé entre les mains d'une personne sûre.

» Je suis heureux de pouvoir terminer un si long travail que la nature des choses que j'avais à soumettre à Votre Majesté a quelquefois rendu bien pénible pour moi, en lui parlant du zèle et du dévouement au-dessus de tout éloge dont ses ambassadeurs et ministres dans les différentes cours n'ont cessé de donner des preuves pendant toute la durée du congrès. Leur position, difficile d'abord par les mêmes raisons qui m'ont fait trouver tant de contrariétés *à Vienne*[1], l'a été plus tard par suite des événements funestes qui se sont succédé depuis le commencement de mars. Ils n'ont vu dans ces difficultés mêmes qu'une occasion de plus de montrer l'attachement pour Votre Majesté dont ils sont animés. Plusieurs se trouvent aussi, et *déjà*[2] depuis quelque temps, dans de

---

1. Supprimé dans le texte des archives.

2. Supprimé dans le texte des archives.

grands embarras pécuniaires. Ils ont fait tout ce qui était en leur pouvoir pour exister convenablement dans les différents postes que Votre Majesté leur avait confiés. On aura sûrement fait quelques dispositions pour adoucir la situation dans laquelle ils se trouvent[1].

» Prince DE TALLEYRAND. »

Ce mémoire, pas plus que mes paroles, ne produisit aucun effet sur le roi, qui demanda ses chevaux, et se fit traîner en France. Je lui avais désigné Lyon comme résidence, parce que c'était la seconde ville du royaume, et que je savais que de ce côté, nous ne serions pas pressés par les armées autrichiennes. On pouvait se rendre rapidement à Lyon par les bords du Rhin et la Suisse.

Je restai à Mons vingt-quatre heures, pendant lesquelles il m'arrivait des messages de toute part. J'y reçus entre autres la lettre suivante du prince de Metternich, qui était bien faite pour me confirmer dans mon opinion :

« Mannheim, le 24 juin 1815[2].

« Voici, cher prince, une adresse aux Français que j'ai faite et au bas de laquelle le prince de Schwarzenberg a mis son nom. Je me flatte que vous la trouverez correcte et en principes et en paroles, et surtout conforme à notre marche[3].

» M. de Vincent, et à son défaut M. Pozzo, reçoivent l'ordre de faire les remarques contre la nomination des commissaires

---

1. Variante : *Plusieurs éprouvent des besoins très pressants.*

2. Les souverains alliés étaient ce jour-là réunis à Mannheim. (*Note de M. de Bacourt.*)

3. Voir le *Moniteur* du 10 juillet 1825.

royaux à nos armées. La chose tournerait entièrement contre le roi. Je m'en rapporte, sous ce rapport, à ce que je mande à Vincent, et je vous envoie pour votre connaissance particulière la copie ci-jointe d'une lettre que j'ai écrite à lord Wellington, en réponse à une lettre par laquelle il a voulu me démontrer l'utilité qui résulterait de réquisitions faites au nom du roi. Je n'y vois qu'inconvénients, que complications inutiles vis-à-vis des généraux alliés, et que de graves inconvénients vis-à-vis de l'intérieur. Restez fidèle à *votre* idée ; faites aller le roi en France : dans le midi, dans le nord dans l'ouest, où vous voudrez, pourvu qu'il soit seul chez lui, entouré de Français, loin des baïonnettes étrangères et des secours de l'étranger. Il suffit de suivre le système du gouvernement de Bonaparte pour se convaincre que la grande arme dont il veut se servir est celle de l'*émigration*. Le roi cessera d'être émigré le jour où il sera chez lui, au milieu des siens. Il faut que le roi *gouverne*, et que les armées *royales* opèrent loin des armées alliées. Dès que le roi aura formé le noyau dans l'intérieur, nous dirigerons vers lui tout ce qui déserte à nos armées.

» La blessure de Vincent[1] me gêne beaucoup. J'attends que j'aie de ses nouvelles, pour savoir si je dois vous envoyer un suppléant, car de toute manière est-il très essentiel que vous ayez quelqu'un près de vous, qui nous serve d'intermédiaire.

---

1. Le baron de Vincent était à la fois ministre d'Autriche près du roi Louis XVIII, et commissaire près du duc de Wellington. Il avait été blessé à la main, le matin même de la bataille de Waterloo, qu'il crut d'abord perdue ; il courut en porter la nouvelle à Gand, et ce n'est que tard, dans la nuit du 18 au 19 juin, qu'on y apprit la victoire des alliés. (*Note de M. de Bacourt.*)

» Ici tout va bien. Maintenant que les armées russes sont *en ligne* (et cette mesure est bonne et rien moins qu'utile) les opérations vont se pousser avec beaucoup de vigueur. La grande armée autrichienne passera le Rhin, à Bâle, le 25. L'armée de Frimont sera à Genève le 26. Une autre armée passera le même jour le mont Cenis et une troisième débarquera incessamment dans le Midi.

» L'avant-garde a passé dans le centre la frontière hier. Les nouvelles qui nous arrivent de l'intérieur prouvent que la fermentation augmente beaucoup. Il suffirait, au reste, du rapport de Fouché, qui prouve ce fait. J'espère vous revoir bientôt, mon cher prince, et cela de manière ou d'autre.

» Tout à vous,

» METTERNICH. »

Mais à Mons, les amis du roi s'agitaient autour de moi en me représentant les dangers qu'il courait, et je ne fus pas peu étonné de trouver parmi ces amis si ardents M. de Chateaubriand qui m'avait écrit à la fin de 1814, à Vienne, pour se plaindre avec amertume de tout ce qui se faisait en France. Il se montrait alors mécontent de tout le monde et de toute chose ; regardait comme très étrange qu'on voulût l'envoyer à Stockholm en qualité de ministre du roi, et finissait par me déclarer qu'il allait demander à entrer au service de la Russie. Sa lettre doit se retrouver aux archives du ministère des affaires étrangères, parmi les papiers relatifs au congrès de Vienne.

Enfin, tracassé, poursuivi par ceux qui me dépeignaient le dénuement absolu dans lequel le roi allait être, sa passion pour se retrouver aux Tuileries, et la crainte que les étrangers avec lesquels il serait seul, n'abusassent immédiatement contre la France de sa position, j'abandonnai ma propre conviction et je suivis le roi à Cambrai, pour me mettre comme lui dans les bagages de l'armée anglaise.

Mon arrivée à Cambrai eut du moins pour résultat d'obtenir du roi une seconde déclaration publique, propre à amortir, sinon à réparer, les fâcheux effets de celle, si malencontreuse, qui avait été publiée le 25 juin au Cateau-Cambrésis. Voici celle que je rédigeai, que le roi copia et que je contresignai. Je crois encore aujourd'hui que c'était ce qu'on pouvait dire de mieux dans une pareille circonstance.

DÉCLARATION DU ROI LOUIS XVIII

[Donnée à Cambrai le 28 juin 1815.]

« J'apprends qu'une porte de mon royaume est ouverte, et j'accours. J'accours pour ramener mes sujets égarés, pour adoucir les maux que j'avais voulu prévenir, pour me placer une seconde fois entre les armées alliées et les Français, dans l'espoir que les égards dont je peux être l'objet tourneront à leur salut ; c'est la seule manière dont j'ai voulu prendre part à la guerre ; je n'ai pas permis qu'aucun prince de ma famille parût dans les rangs des étrangers, et j'ai enchaîné le courage de ceux de mes serviteurs qui avaient pu se ranger autour de moi.

» Revenu sur le sol de la patrie, je me plais à parler de confiance à mes peuples. Lorsque j'ai reparu au milieu d'eux, j'ai trouvé les esprits agités et emportés par des passions contraires ; les regards ne rencontraient de toute part que des difficultés et des obstacles. Mon gouvernement devait faire des fautes ; peut-être en a-t-il fait. Il est des temps où les intentions les plus pures ne suffisent pas pour diriger, où quelquefois même elles égarent ; l'expérience seule pouvait avertir ; elle ne sera pas perdue. Je veux tout ce qui sauvera la France ; mes sujets ont appris par de cruelles épreuves que le principe de la légitimité des souverains est une des bases fondamentales de l'ordre social, la seule sur laquelle puisse s'établir, au milieu d'un grand peuple, une liberté sage et bien ordonnée. Cette doctrine vient d'être proclamée comme celle de l'Europe entière. Je l'avais consacrée d'avance, par ma charte, et je prétends ajouter à cette charte toutes les garanties qui peuvent en assurer le bienfait. L'unité du ministère est la plus forte que je puisse offrir : j'entends qu'elle existe, et que la marche franche et assurée de mon conseil garantisse tous les intérêts et calme toutes les inquiétudes. On a parlé dans les derniers temps du rétablissement de la dîme et des droits féodaux. Cette fable, inventée par l'ennemi commun, n'a pas besoin d'être réfutée : on ne s'attendra pas que le roi de France s'abaisse jusqu'à repousser des calomnies et des mensonges dont les succès ont trop indiqué la source. Si les acquéreurs des domaines nationaux ont conçu des inquiétudes, la charte aurait dû suffire pour les rassurer. N'ai-je pas moi-même proposé aux Chambres et fait exécuter des ventes de ces biens ? Cette preuve de ma sincérité est sans réplique.

» J'ai reçu dans ces derniers temps, de mes sujets de toutes les classes, des preuves égales d'amour et de fidélité. Je veux qu'ils sachent combien j'y ai été sensible ; et c'est parmi tous les Français que j'aimerai à choisir ceux qui doivent approcher de ma personne et de ma famille.

» Je ne veux exclure de ma présence que ces hommes dont la renommée est un sujet de douleur pour la France, et d'effroi pour l'Europe. Dans la trame qu'ils ont ourdie, j'aperçois beaucoup de mes sujets égarés et quelques coupables. Je promets, moi qui n'ai jamais promis en vain, l'Europe entière le sait, de pardonner, à l'égard des Français égarés, tout ce qui s'est passé depuis le jour où j'ai quitté Lille, au milieu de tant de larmes, jusqu'au jour où je suis rentré dans Cambrai, au milieu de tant d'acclamations. Cependant, le sang de mes sujets a coulé par une trahison dont les annales du monde n'offrent pas d'exemple. Cette trahison a appelé l'étranger dans le cœur de la France; chaque jour me révèle un désastre nouveau. Je dois donc pour la dignité de mon trône, pour l'intérêt de mes peuples, pour le repos de l'Europe, excepter du pardon les instigateurs et les acteurs de cette trame horrible. Ils seront désignés à la vengeance des lois par les deux Chambres, que je me propose d'assembler incessamment.

» Français, tels sont les sentiments que je rapporte au milieu de vous; celui que le temps n'a pu changer, que le malheur n'a pu fatiguer, que l'injustice n'a pu abattre, le roi, dont les pères règnent depuis huit siècles sur les vôtres, revient pour consacrer le reste de ses jours à vous défendre et à vous consoler.

» LOUIS.

Et plus bas :

» Le Prince DE TALLEYRAND. »

J'avoue néanmoins que j'étais désolé de devoir renoncer à l'espérance que j'avais conçue, en faisant aller le roi à Lyon, d'établir un ordre de choses qui empêchât le retour des événements du 20 mars. J'étais convaincu que la France ne pouvait trouver du calme et de la liberté que dans la monarchie constitutionnelle. La loi organique que l'on appelle la charte, n'étant qu'un mélange de maximes appartenant à toute sorte de gouvernements, me paraissait devoir être interprétée dans un corps d'institutions qui ferait la règle du pays. Et comment faire dans Paris une vraie constitution, en présence de souverains absolus ou aspirant à l'être, nécessairement peu jaloux de voir donner par un grand pays un exemple qu'ils ne voulaient pas suivre? Loin de pouvoir espérer de les trouver favorables à l'établissement constitutionnel de la France, il n'était que trop à craindre que le parti *resté émigré* ne se servît d'eux, sinon pour l'accomplissement actuel de ses vues, du moins pour en préparer le succès.

Le roi ne traitant que de loin avec les étrangers, et gardant auprès de lui sa famille, aurait coupé le fil de toutes les intrigues, et ne serait revenu à Paris qu'assez tôt, tout au plus, pour faire aux souverains alliés ses remerciements, s'ils n'avaient point exigé un prix de leurs services qui dispensât de toute reconnaissance. Le roi serait rentré dans sa capitale avec un ministère tout fait. Le choix de M. Fouché, comme ministre de la police, qui, ainsi que je le dis au roi, me paraissait une faiblesse, n'aurait pas trouvé à Arnouville[1] l'appui de *Monsieur*, auprès de qui il arrivait soutenu par le bailli de Crussol, représentant les royalistes restés à Paris. Le duc de Wellington ne se serait pas persuadé que, pour arrêter les entreprises sauvages du général Blücher et pour avoir la gloire d'entrer le premier dans Paris, il fût nécessaire d'avoir

---

1. Château près de Saint-Denis, où le roi séjourna pendant quelques jours avant de faire son entrée dans la capitale. (*Note de M. de Bacourt.*)

à Senlis, et ensuite à Neuilly, des conférences avec M. Fouché et avec d'autres intrigants[1] qui ne pensaient qu'à trafiquer de la puissance qu'ils n'avaient plus, et qui ne pouvaient lui conseiller que ce qui les tirait de leurs embarras personnels[2].

1. Le gouvernement provisoire nomma le 27 juin une commission d'armistice composée du général comte de Valence, pair de France, du général comte Andréossy, de M. Flaugergues, député, du comte Boissy-d'Anglas, pair de France, et de M. de la Besnardière. Leurs instructions, rédigées par M. Bignon, ministre des affaires étrangères, les autorisaient à offrir, comme ligne de démarcation pendant l'armistice, la Somme avec une place forte. Il leur était interdit de répondre aux insinuations qui pourraient leur être faites au sujet du gouvernement futur de la France. — Les négociateurs quittèrent Paris le 28, rencontrèrent à Noyon, Blücher qui les éconduisit, et rejoignirent Wellington, le 29, à Estrées Saint-Denis, village situé à 16 kilomètres N.-O. de Compiègne, et non pas à Senlis. Cette mission n'eut aucun résultat. — Quant aux conférences de Neuilly, M. de Talleyrand a en vue les négociations qui précédèrent la nomination de Fouché au ministère. Fouché s'était plusieurs fois rencontré à Neuilly avec Wellington. Il lui avait persuadé que les difficultés qui s'opposaient au rétablissement de la royauté nécessitaient, pour le roi, l'obligation de recourir aux hommes de la Révolution. C'est à la suite de ces conférences que Wellington s'entremit auprès du roi en faveur de Fouché.

2. Voici la lettre que le duc de Wellington m'écrivit à ce sujet. Je laisse subsister les incorrections du style de cette lettre, en rappelant que le général en chef de l'armée anglaise n'était pas obligé d'écrire le français comme un académicien.

« Saint-Denis, le 29 juin 1815.

» Mon prince,

» M. Boissy d'Anglas, M. le général Valence, M. le général Andréossy, M. de la Besnardière et M. Flaugergues ont été envoyés de Paris chez moi, afin de demander une suspension des hostilités, et j'ai eu un entretien avec eux si hautement intéressant au roi, que je le crois convenable de vous écrire sans perte de temps.

» Je leur ai expliqué que je ne crois pas que l'abdication de Napoléon offre le garant aux puissances alliées, qui peut motiver la suspension des opérations, et après quelques discussions, je leur dis : « Que je ne considère » nos objets assurés, si Napoléon ne fût livré aux alliés, et nos avant-postes » occupant Paris, et si un gouvernement fût établi à même de concilier la » confiance, non seulement de la France, mais de l'Europe.

» Après quelques hésitations, ces messieurs m'ont prié d'expliquer ce que

Aussi, à peine arrivés à Paris, nous ne rencontrâmes que des difficultés. Nous eûmes d'abord à lutter contre les violences et les déprédations des Prussiens, qui, pleins d'une vieille fureur qu'ils n'avaient pu assouvir l'année précédente, se dédommageaient de la contrainte dans laquelle on les avait tenus. Nous ne pûmes préserver beaucoup de dépôts qu'ils

---

j'entends par un tel gouvernement. Je leur ai dit que je ne suis pas autorisé à parler sur ce sujet, mais, en mon particulier, mon avis serait de rappeler le roi sans condition quelconque, et que l'honneur de la France exige cette démarche, avant que l'on puisse imaginer que l'intervention des puissances ont pu seul motiver son rappel.

» Tous ces messieurs furent d'accord avec moi, et quoique apparemment, ils pensent que quelques changements dans la constitution seraient nécessaires, surtout quant au ministère, et à la proposition des lois, ils convinrent qu'il valait mieux laisser le roi maître de ces changements, que de lui en faire des conditions.

» M. de Flaugergues dit : qu'il ne croyait pas que les deux Chambres tombassent d'accord du rappel du roi sans conditions.

» Nos raisonnements roulaient sur la manière d'effectuer ce que tous désirent, sans infraction aux principes du rétablissement tranquille et naturel de Sa Majesté sans conditions.

» Pendant cette discussion, nous reçûmes la déclaration du roi datée du 28, et contresignée par Votre Altesse, et ces messieurs la croient admirablement calculée à répondre à toutes nos intentions, si les deux articles que je vous envoie ci-joint n'y étaient pas, ou bien s'ils étaient plus clairs.

» Les individus entendus par la pièce n° 1er sont les personnes comprises dans le dernier complot, mais ne l'ayant pas assez expliqué, on croit ou on pourrait croire que vous y comprenez les régicides. Je combattais cette idée parce que le roi ayant consenti avant son départ au principe de l'emploi de Fouché, ne pouvait actuellement se refuser de l'employer, lui ou tout autre ministre, et la phrase précédente l'explique assez clairement. Néanmoins, il est bon de l'expliquer ou de la retrancher tout à fait. — L'article 2 est désagréable à ces messieurs, parce qu'il renferme une menace ; ils le jugent inutile, parce qu'il comprend trop de personnes, et surtout parce qu'il exprime un langage plus fort qu'il ne convient au roi, et sont d'avis qu'il soit supprimé.

» Ils réprouvent fortement les paroles marquées numéro 3 ; ils sont d'avis que le rappel du roi ne peut avoir lieu de la manière la plus avantageuse aux intérêts de Sa Majesté et aux intérêts généraux si les Chambres apprennent qu'elles seront renvoyées sur le champ.

» Je recommande donc que les paroles soulignées soient omises ; le roi

pillèrent, mais nous sauvâmes le pont d'Iéna qu'ils voulaient détruire à cause de son nom. Une lettre admirable du roi nous le conserva [1].

On transigea et le pont d'Iéna prit le nom de pont de *l'École militaire*, dénomination qui satisfit la sauvage vanité des Prussiens, et qui, par le jeu de mot, devint une allusion plus piquante peut-être que le nom primitif d'Iéna.

Le duc de Wellington lui-même, je le dis à regret, se mit à la tête de ceux qui voulaient dépouiller le musée. Les monuments des arts n'auraient peut-être jamais dû entrer

---

aura alors le moyen de convoquer une nouvelle Assemblée, ou bien de continuer les Chambres actuelles s'il le juge convenable. Il ne pourrait admettre *à priori* que les Chambres actuelles composent une Assemblée légale, mais il n'est aucunement nécessaire de leur faire savoir d'abord qu'elles seront renvoyées. Votre Altesse reconnaîtra à tout ce qui s'est passé, mon désir de rétablir le roi : 1° sans condition; 2° de manière qu'il ne paraisse être l'effet de la violence des alliés, et peut-être, vous paraîtra-t-il comme à moi, qu'il vaut bien la peine de faire quelques sacrifices afin d'obtenir un tel résultat.

» Je vais à présent voir le maréchal Blücher et tâcherai de le persuader de tomber d'accord sur l'armistice d'après les conditions ci-dessus énoncées. J'espère beaucoup recevoir votre réponse de bonne heure demain. En attendant je pense que le roi devra venir à Roze, laissant une garnison à Cambray.

» WELLINGTON. »

(*Note du prince de Talleyrand.*)

1. LE ROI LOUIS XVIII AU PRINCE DE TALLEYRAND.

« Paris, le 15 juillet 1815. Samedi, 10 heures.

» J'apprends dans l'instant que les Prussiens ont miné le pont de Iéna, et que vraisemblablement ils veulent le faire sauter cette nuit même. Le duc d'Otrante a dit au général Maison de l'empêcher par tous les moyens qui sont en son pouvoir, mais vous savez bien qu'il n'en a aucun ; faites tout ce qui est en votre pouvoir, soit par vous-même, soit par le duc, soit par lord Castlereagh, etc. Quant à moi, s'il le faut, je me porterai sur le pont; on me fera sauter si l'on veut.

» J'ai été fort content des deux lords pour la contribution.

» LOUIS. »

(*Note du prince de Talleyrand.*)

dans le domaine de la conquête. Et, si nous avions eu tort quand nous les avons enlevés à d'autres peuples, il pouvait être très juste d'en reprendre une partie en 1814 à la France, alors ennemie; mais les reprendre en 1815 à la France, alors alliée, c'était un acte de violence. Du moins, aurait-il fallu distinguer ceux de ces monuments qui nous avaient été cédés par traité, de ceux qui ne l'avaient pas été. On ne distingua rien et tout fut pris; et voilà ce que M. le duc de Wellington prétendait justifier dans une lettre où il gourmandait la France, au nom de la morale dont il se faisait le champion, comme il l'avait été sans doute, quand il servait dans l'Inde, où son gouvernement ne fait certainement rien que de très moral. Si l'on eût voulu se borner à reprendre à la France des tableaux et des statues, rien n'était moins nécessaire que cette lettre, et le duc de Wellington se serait dispensé de l'écrire; mais elle avait un autre objet : celui de nous apprendre que nos libérateurs n'étaient pas tellement nos alliés, qu'ils ne pussent très justement exercer sur nous tous les droits de la conquête, et de nous préparer aux demandes que les cabinets alliés méditaient, mais qu'ils étaient embarrassés de produire, parce qu'ils ne savaient quel nom donner à ce qu'ils voulaient.

Je m'arrête ici, ne voulant pas anticiper sur les négociations que je dus suivre avec les puissances alliées, avant d'avoir rappelé quelques faits relatifs aux affaires intérieures de la France du mois de juillet 1815.

Le lendemain du retour du roi à Paris, le 9 juillet, une ordonnance royale annonça la formation du nouveau ministère à la tête duquel je me trouvais appelé comme président du conseil et ministre des affaires étrangères. J'y avais fait entrer le maréchal Gouvion [1] à la guerre, le comte de Jaucourt à la marine, le baron Pasquier [2] à la justice, et le baron Louis aux finances. Il était nécessaire de contre-balancer le choix malheureux du duc d'Otrante, qui avait obtenu le ministère de la police par suite de la condescendance de Louis XVIII pour les instances de *Monsieur* et du duc de Wellington. M. Fouché, pendant les Cent-jours, était entré dans des correspondances secrètes d'abord avec M. de Metternich [3], puis avec la cour de Gand, et enfin avec le duc de Wellington, persuadant à tous qu'il était indispensable au rétablissement de la monarchie légitime, parce qu'il tenait le fil de toutes les intrigues qui l'avaient renversée. L'entourage de *Monsieur* croyait avoir

---

1. Laurent Gouvion-Saint-Cyr, né à Toul en 1764, s'engagea en 1792, devint général de division en 1794, commanda en chef l'armée de Rome, en 1798, prit part à la campagne de Hohenlinden (1799), et fut en 1801 nommé ambassadeur à Madrid. Il fut peu en faveur sous l'empire, reçut néanmoins, en 1812, le bâton de maréchal. En 1813, il capitula dans Dresde et fut retenu prisonnier. En 1814, il se rallia à Louis XVIII, et de 1815 à 1821 reçut plusieurs fois le portefeuille de la guerre. Il mourut dans la retraite en 1830.

2. Étienne Denis, baron puis duc Pasquier, né en 1767, fut reçu conseiller au parlement de Paris en 1787. Emprisonné sous la Terreur, il fut sauvé par le 9 thermidor. En 1806, il fut nommé maître des requêtes au conseil d'État, puis conseiller d'État et préfet de police (1810). Sous la première Restauration, il devint directeur général des ponts et chaussées, resta à l'écart pendant les Cent-jours, devint garde des sceaux en 1815, puis ministre d'État, membre du conseil privé, grand-croix de la Légion d'honneur, et président de la Chambre des députés. Le 12 janvier 1817, il fut de nouveau nommé garde des sceaux, quitta le ministère en septembre 1818, y rentra en 1819 comme ministre des affaires étrangères. Il se retira en décembre 1821 et fut alors nommé pair de France. — En 1830, il devint président de la Chambre des pairs, puis chancelier de France (1837) et reçut en même temps le titre de duc. Le duc Pasquier rentra dans la vie privée en 1848 et mourut en 1862.

3. Sur les intrigues de Fouché avec M. de Metternich, et la curieuse négociation de Bâle, consulter Thiers (t. XVIII, p. 488 et suiv.), et les *Mémoires* de M. Fleury de Chaboulon, (t. II, p. 1-42).

fait une grande conquête en ralliant au roi un homme si habile, ne sentant pas que son nom seul serait un déshonneur pour le parti royaliste, plutôt qu'un épouvantail pour le parti révolutionnaire. Le duc de Wellington, trompé par les préjugés répandus en Angleterre sur l'immense influence du duc d'Otrante, le croyait seul capable d'affermir le roi sur son trône; et M. de Metternich n'était pas éloigné de partager cette opinion. Tandis que ce choix plaisait aux cabinets d'Angleterre et d'Autriche, il ne pouvait manquer, par cette raison même, de déplaire à l'empereur Alexandre qui, d'ailleurs, me gardait rancune à moi, pour avoir fortement défendu les intérêts de la légitimité et de la France au congrès de Vienne. Il devenait donc essentiel de ménager les susceptibilités de ce souverain qui jouait un si grand rôle dans la coalition, et c'est dans ce but que j'avais proposé au roi de laisser vacants le ministère de sa maison, et celui de l'intérieur, avec l'intention d'y appeler plus tard deux hommes qui seraient agréables à l'empereur de Russie : MM. le duc de Richelieu et Pozzo di Porgo, qui tous les deux étaient encore au service de la Russie. M. Pozzo di Borgo est un homme de beaucoup d'esprit, aussi Français que Bonaparte, contre lequel il nourrissait une haine qui, jusque-là, avait été la passion unique de sa vie, haine de Corse. Il avait été membre de l'Assemblée législative en 1791 et s'était ainsi associé aux premiers événements de la Révolution française ; sa présence dans le ministère n'avait donc rien que de rassurant pour tous les partis auxquels il touchait par un point ou par un autre. Mais cette combinaison échoua après bien des pourparlers. M. Pozzo préféra rester au service de la Russie, et quant au duc de Richelieu, j'insérerai ici la correspondance échangée entre nous à ce sujet, qui fera connaître les motifs de son refus.

LE DUC DE RICHELIEU AU PRINCE DE TALLEYRAND.

« Paris, le 20 juillet 1815.

» Mon prince,

» Sa Majesté l'empereur de Russie a bien voulu m'informer de la conversation que le roi avait eue avec lui à mon sujet. Ne doutant pas, d'après ce que Votre Altesse m'a fait l'honneur de me dire l'autre jour, que vous ne soyez, mon prince, la cause des instances que le roi a faites à l'empereur, j'ai cru devoir vous soumettre les motifs du parti que j'ai pris irrévocablement, vous suppliant de vouloir bien en rendre compte au roi.

» Je suis absent de France depuis vingt-quatre ans; je n'y ai fait durant ce long espace de temps, que deux apparitions très courtes. Je suis étranger aux hommes comme aux choses, j'ignore la manière dont les affaires se traitent : tout ce qui tient à l'administration m'est inconnu. Dans quel temps serait-il plus indispensable de connaître tout ce que j'ignore que dans celui où nous vivons? Personne n'est moins propre que moi à occuper une place dans le ministère, nulle part, et surtout ici. Je sais, mon prince, mieux que personne ce que je vaux et ce à quoi je suis propre; il m'est parfaitement démontré que je ne le suis pas du tout à ce qu'on me propose, tellement que si j'occupais ce poste, je suis assuré que je n'y tiendrais pas six semaines. Il me serait bien pénible de croire que mon refus pût faire une impression fâcheuse dans le public; mais je ne pourrais m'en attribuer la faute, puisque cette nomination a été faite à mon insu, lorsque j'étais encore à Nancy. Excusez, mon prince, ma franchise, mais j'ai préféré vous parler à cœur ouvert de la détermination que j'ai prise. J'ajouterai encore, qu'attaché au service de Russie, depuis vingt-quatre ans et occupé depuis douze d'un établissement auquel je tiens extrêmement, je ne puis songer à l'abandonner en ce moment.

» Veuillez bien, mon prince, mettre aux pieds du roi mes excuses et mes regrets, et agréer l'hommage des sentiments, respectueux avec lesquels j'ai l'honneur d'être

» De Votre Altesse,

» Le très humble et obéissant serviteur,

» RICHELIEU. »

LE PRINCE DE TALLEYRAND AU DUC DE RICHELIEU.

« Paris, le 28 juillet 1815.

» Monsieur le duc,

» En informant le roi du parti que vous m'assurez avoir irrévocablement pris, j'aurais voulu, je vous l'avoue, pouvoir lui en justifier les motifs mieux que vous ne me mettez en mesure de le faire. *Vous êtes depuis longtemps*, dites-vous, *étranger aux hommes et aux choses de ce pays*, mais, depuis que vous le revoyez, vous avez dû observer qu'il y a un grand nombre de personnes qui, pour ne s'en être jamais éloignées, n'en sont que plus étrangères aux idées d'ordre, de modération et de sagesse que le roi a conçues et qu'il veut désormais imposer à son ministère, et vous avez sur elles l'avantage de les avoir conçues et mises avec talent en pratique dans des pays qui vous étaient bien plus étrangers et plus nouveaux que la France. Vous voyez de grandes difficultés, mais, je ne crains pas de vous le dire, monsieur le duc, en acceptant la confiance du roi, aucun de nous ne s'est aveuglé, ni sur le présent, ni sur l'avenir. Nous avons vu aussi les difficultés sans mesure et sans nombre qui, tous les jours et à tous les instants, doivent mettre notre zèle et notre caractère à l'épreuve. Cette perspective nous a effrayés, et nous effraye encore ; mais nous avons vu la France accablée de maux, l'Europe environnée de périls, le cœur du roi en proie à de cruels soucis, et dans de telles circonstances, nous avons pensé que nous n'avions plus le droit de choisir. Enfin, monsieur le duc, *vous êtes lié par des intérêts*, et par des engagements envers un pays que vous avez longtemps servi. Mais, permettez-moi de vous rappeler que le nom que vous portez a brillé avec éclat pendant le cours des deux plus beaux siècles de notre histoire ; et ne pensez-vous pas que cette gloire qui lui est attachée pour toujours, vous impose des obligations que d'autres devoirs ne seront jamais capables de balancer, et dont il ne peut aujourd'hui vous être permis de vous affranchir ?

» J'ai, comme vous le voyez, différé de répondre à la lettre que vous m'avez fait l'honneur de m'écrire ; vous en concevrez facilement le motif ; j'espérais que quelques-unes de ces idées se présenteraient à votre esprit, et vous suggéreraient quelque autre détermination.

» Agréez...

» Prince DE TALLEYRAND.»

Je ne ferai qu'une réflexion sur le refus de M. de Richelieu dans lequel il persista. Ou les raisons qu'il allégua étaient mauvaises pour refuser le ministère relativement indifférent de la maison du roi, ou elles étaient valables ; et alors comment deux mois plus tard pouvait-il devenir président du conseil et gouverner la France?

Les refus de MM. Pozzo et de Richelieu obligèrent à donner l'*intérim* du ministère de l'intérieur au garde des sceaux, M. Pasquier, et celui du ministère de la maison, au comte de Pradel.

Le roi était rentré le 8 juillet à Paris, et dès le 13, une ordonnance royale prononçant la dissolution de la Chambre des députés convoquait les collèges électoraux pour le 15 août. Cette ordonnance est conçue dans des idées sages et libérales pour l'époque, qui méritent d'être rappelées.

ORDONNANCE

PORTANT DISSOLUTION DE LA CHAMBRE DES DÉPUTÉS, CONVOCATION DES COLLÈGES ÉLECTORAUX ET RÈGLEMENT PROVISOIRE POUR LES ÉLECTIONS.

« Louis, par la grâce de Dieu, roi de France et de Navarre,
» A tous ceux qui ces présentes verront, salut :
» Nous avions annoncé que notre intention était de proposer aux Chambres une loi qui réglât les élections des députés des départements. Notre projet était de modifier conformément à la leçon de l'expérience et au vœu bien connu de la nation, plusieurs articles de la charte touchant les conditions d'éligibilité, le nombre des députés, et quelques autres dispositions relatives à la formation de la Chambre, à l'initiative des lois et au mode de ses délibérations.
» Le malheur des temps ayant interrompu la session des deux Chambres, nous avons pensé que maintenant le nombre des députés des départements se trouvait, par diverses causes, beaucoup trop réduit pour que la nation fût suffi-

samment représentée ; qu'il importait surtout dans de telles circonstances, que la représentation nationale fût nombreuse, que ses pouvoirs fussent renouvelés, qu'ils émanassent plus directement des collèges électoraux, qu'enfin, les élections servissent comme d'expression à l'opinion actuelle de nos peuples.

» Nous nous sommes donc déterminé à dissoudre la Chambre des députés et à en convoquer sans délai une nouvelle ; mais le mode des élections n'ayant pu être réglé par une loi, non plus que les modifications à faire à la charte, nous avons pensé qu'il était de notre justice de faire jouir dès à présent la nation des avantages qu'elle doit recueillir d'une représentation plus nombreuse et moins restreinte dans les conditions d'éligibilité ; mais voulant cependant que, dans aucun cas, aucune modification dans la charte ne puisse devenir définitive que d'après les formes constitutionnelles, les dispositions de la présente ordonnance seront le premier objet des délibérations des Chambres. Le pouvoir législatif, dans son ensemble, statuera sur la loi des élections, sur les changements à faire à la charte dans cette partie, changements dont nous ne prenons ici l'initiative que dans les points les plus indispensables et les plus urgents, en nous imposant même l'obligation de nous rapprocher autant que possible de la charte et des formes précédemment en usage.

» A ces causes, nous avons déclaré et déclarons, ordonné et ordonnons ce qui suit :

» ARTICLE PREMIER. — La Chambre des députés est dissoute.

» ARTICLE II. — Les collèges électoraux d'arrondissement se réuniront le 14 août de la présente année.

» ARTICLE III. — Les collèges électoraux de département se réuniront huit jours après l'ouverture des collèges d'arrondissement.

» ARTICLE IV. — Le nombre des députés des départements est fixé conformément au tableau ci-joint.

» ARTICLE V. — Chaque collège électoral d'arrondissement élira un nombre de candidats égal au nombre des députés du département.

» ARTICLE VI. — Nos préfets transmettront au président du collège électoral du département les listes de candidats proposées par les collèges électoraux d'arrondissement, listes qui leur seront transmises par les présidents de ces collèges.

» ARTICLE VII. — Les collèges électoraux de département choisiront au moins la moitié des députés parmi ces candidats. Si le nombre total des députés du département est impair, le partage se fera à l'avantage de la portion qui doit être choisie dans les candidats.

» ARTICLE VIII. — Les électeurs des collèges d'arrondissement pourront siéger pourvu qu'ils aient vingt et un ans accomplis. Les électeurs de collèges de département pourront siéger au même âge, mais ils ¦devront avoir été choisis sur la liste des plus imposés.

» ARTICLE IX. — Si le nombre des membres de la Légion d'honneur, qui, conformément à l'acte du 22 février 1806, peut être adjoint aux collèges d'arrondissement ou de département, n'est pas complet, nos préfets pourront, sur la demande des légionnaires, proposer de nouvelles adjonctions, qui recevront leur exécution provisoire.

» Toutefois les légionnaires admis aux collèges électoraux des départements devront, conformément à l'article 40 de la charte, payer au moins trois cents francs de contribution directe.

» Toutes adjonctions faites depuis le 1er mars 1815 sont nulles et illégales.

» Article X. — Les députés peuvent être élus à l'âge de vingt-cinq ans accomplis.

» Article XI. — Conformément aux lois et règlements antérieurs, toute élection où n'assisterait pas la moitié plus un du collège sera nulle. La majorité absolue parmi les membres présents est nécessaire pour la validité de l'élection.

» Article XII. — Si les collèges électoraux d'arrondissement n'avaient pas complété l'élection du nombre de candidats qu'ils peuvent choisir, le collège du département n'en procéderait pas moins à ses opérations.

» Article XIII. — Les procès-verbaux d'élection seront examinés à la Chambre des députés qui prononcera sur la régularité des élections. Les députés élus seront tenus de produire à la Chambre leur acte de naissance et un relevé de leurs contributions, constatant qu'ils payent au moins mille francs d'impôt.

» Article XIV. — Les articles 16, 25, 35, 36, 37, 38, 39, 40, 41, 42, 43, 44, 45 et 46 de la charte seront soumis à la revision du pouvoir législatif dans la prochaine session des Chambres.

» Article XV. — La présente ordonnance sera imprimée et affichée dans le lieu des séances de chaque collège électoral.

» Les articles de la charte ci-dessus mentionnés seront imprimés conjointement.

» Article XVI. — Notre ministre de l'intérieur est chargé de l'exécution de la présente ordonnance.

» Donné au château des Tuileries, le 13 juillet, l'an de grâce 1815,
» et de notre règne le vingt-unième.

» *Signé :* louis. »

Cette ordonnance rendue, il fallait pourvoir au choix des préfets qui seraient chargés de la faire exécuter dans les départements, et ce n'était pas un choix facile. Les nouveaux préfets devaient être des hommes modérés pour faire prévaloir le système du gouvernement, énergiques pour résister autant que possible aux exactions des troupes alliées dans les départements occupés par elles, et aux dispositions réactionnaires de quelques départements du Midi. La plupart des préfets du régime impérial ne pouvaient inspirer de confiance au gouvernement royal, et les hommes que recommandait l'entourage de *Monsieur* et des princes étaient dangereux par la violence de leurs opinions. Il n'était pas aisé dans de pareilles conditions de trouver quatre-vingt-six hommes réunissant les qualités requises pour bien remplir une mission aussi délicate que celle des nouveaux préfets, et on s'étonnera moins que le résultat ait abouti à donner à la France une Chambre des députés comme celle qui, au moment même où j'écris[1], se signale

---

1. On se rappelle que cette partie des *Mémoires* fut écrite en 1816 au moment où siégeait la *Chambre introuvable*.

par son esprit réactionnaire et par ses imprudentes exagérations[1].

---

[1]. Je ne citerai qu'une lettre d'un des préfets de cette époque, pour montrer combien étaient difficiles la tâche du gouvernement et celle de ses agents.

M. DE BOURRIENNE[*], PRÉFET DE L'YONNE,
AU PRINCE DE TALLEYRAND.

« Auxerre, le 20 août 1815.

» Mon prince,

» Il y a quatre jours ce département était au désespoir : saisies et enlèvement des caisses publiques, réquisitions énormes, demandes exagérées de toutes espèces, mauvais traitement, et menaces d'exécutions militaires, mépris affecté pour les agents du roi, telle était la conduite des Bavarois, lorsque je m'en plaignis au comte de Rechberg[**], frère du ministre de son roi à Paris. Il me dit que n'ayant point été appelé à la rédaction de la note du 24 juillet[***] et s'apercevant qu'on voulait les exclure du partage des contributions de guerre, les Bavarois se trouvaient dans la nécessité de songer à eux, et de faire eux-mêmes leur part. Puis, manifestant hautement sa haine contre les Autrichiens, le comte de Rechberg ajouta : « Nous
» avons soixante mille hommes sous les armes, et nous nous chargeons bien
» de cent mille Autrichiens en bataille rangée. » Toutefois, comme je lui parlais avec un peu de force et surtout beaucoup de raison, il me dit que, malgré que les mesures administratives ne le regardassent pas, il allait cependant en conférer avec l'intendant de l'armée. Tout cela se passait le 18 ; il ne fut pris ce jour-là aucune mesure de rigueur. Hier, arrivent enfin de Paris les nouvelles de l'arrangement fait le 17, et la circulaire aux préfets a produit un grand changement, et dans la situation des habitants du pays et dans la conduite des Bavarois. Dieu veuille qu'ils ne viennent pas encore nous dire *qu'ils ne connaissent pas cet arrangement et qu'ils n'y ont aucune part.* Jusqu'à présent les *hostilités* ont cessé, et l'on attend le prince de Wrède le 22, pour voir s'il sera donné suite à leur premier système d'isolement, ou s'ils se rangeront sous la bannière générale des alliés pour nous dépouiller avec ordre et méthode.

» Avec la nouvelle de l'arrangement du 17, nous est parvenue l'ordon-

---

[*] M. de Bourrienne n'était pas préfet de l'Yonne. Il était à ce moment président du collège électoral de ce département.

[**] Le comte Joseph de Rechberg (1769-1833), général dans l'armée bavaroise en 1814 et 1815. Il fut plus tard ministre à Berlin.

[***] Cette note, adressée par l'Autriche, la Russie, la Prusse et l'Angleterre au cabinet français, avait pour but de régler le mode d'administration des territoires occupés en France par les alliés. L'article 8, notamment, spécifiait qu'aucune contribution de guerre ne pouvait être exigée isolément par les intendants des différentes armées.

Ce qui aurait compliqué davantage encore la situation des nouveaux préfets, c'était l'envoi qui avait été fait prénance royale sur les cent millions de contribution de guerre. Je vous dirai, mon prince, qu'elle a été reçue *presque avec plaisir* ; il ne s'est pas élevé une seule plainte ; on entendait dire partout : *plaie d'argent n'est pas mortelle*. On payera promptement ici et dans les autres départements, parce que l'on sait gré au gouvernement d'avoir tenu compte aux départements qui ont souffert de leurs sacrifices et de leurs pertes. Je crois pouvoir vous assurer, mon prince, que toute demande d'argent sera accueillie sans murmures, pourvu que la répartition en soit juste et l'emploi connu.

» Il est à peu près certain que nous n'aurons pas Dumolard * pour député. Quant à Desfourneaux ** je n'en répondrais pas. Je suis déjà parvenu, il est vrai, à l'exclure de la liste des candidats ; mais, depuis, cet homme a redoublé ses intrigues et ses sollicitations. Il parcourt toutes les communes du département, son grand cordon rouge par-dessus son habit, une énorme plaque toute neuve sur le côté gauche, et si on lui objecte que cette faveur royale est de l'année dernière et qu'elle fait encore plus ressortir sa félonie, il répond de suite, en montrant deux lettres du mois d'août 1815, l'une du duc d'Otrante, l'autre du duc d'Havré ***, toutes deux le désignant comme l'homme le plus digne de représenter le département de l'Yonne. D'un côté, le gouvernement veut, et avec raison, éloigner ces intrigants, et, de l'autre, un des ministres et un capitaine des gardes appellent sur lui la bienveillance des autorités et du public.

» J'ai dû vous informer de cette circonstance, mon prince, pour que vous ne m'en vouliez pas trop si je succombe.

» J'ai lu avec autant de plaisir que de reconnaissance le nom du marquis de Louvois **** sur la liste des pairs : ce choix a plu généralement. J'aime

---

* Bouvier-Dumolard, né en 1781, d'abord auditeur au conseil d'État, puis intendant de la Carinthie, de la Saxe et chargé de l'organisation des États vénitiens. En 1810, il fut nommé préfet. De nouveau préfet sous les Cent-jours, il fut en même temps élu député. A la deuxième Restauration, il reçut l'ordre de s'éloigner de Paris.

** Le comte Etienne Desfourneaux, né en 1769, était sergent en 1789, passa en 1792 à Saint-Domingue, où ses succès le firent nommer en 1793 général en chef. En 1798 il fut nommé gouverneur de la Guadeloupe. En 1802, il commandait une division dans l'expédition de Saint-Domingue. Il revint peu après en France, se retira dans le département de l'Yonne, fut élu député en 1813, puis de nouveau pendant les Cent-jours. Il ne fut pas élu en 1815.

*** Joseph-Anne-Auguste-Maximilien de Croy, duc d'Havré, prince du Saint-Empire et grand d'Espagne, né en 1744, lieutenant général en 1789, député du bailliage d'Amiens aux états généraux, pair de France à la Restauration et capitaine des gardes du roi. Il mourut en 1839.

**** Auguste-Michel Le Tellier de Souvré, marquis de Louvois, né en 1783, fut chambellan de l'empereur en 1809 et pair de France sous la Restauration. Il ne joua aucun rôle politique, mais eut une situation importante dans l'industrie. Il mourut en 1844.

cédemment de commissaires royaux extraordinaires dans les départements du Midi, soit par M. le duc d'Angoulême, soit par le roi lui-même. Mais le conseil décida le roi à révoquer par une ordonnance les pouvoirs de tous ces commissaires. Cette ordonnance devint un des grands griefs d'une partie de la cour contre le ministère qui rencontrait ainsi des entraves de tous les côtés.

Nous eûmes une peine infinie à faire adopter par le roi une autre ordonnance sur la presse, qui, sauf les journaux, lui rendait une entière liberté [1].

Mais je fus moins heureux dans une autre question très grave, où M. Fouché l'emporta sur moi. J'aurais voulu que, pour toute mesure de rigueur, le roi se bornât à déclarer démissionnaires tous les pairs de la Chambre de 1814, qui avaient accepté de faire partie de la Chambre des pairs créée par Napoléon pendant les Cent-jours. Je croyais qu'en frappant ainsi les premiers personnages de l'État, c'était un exemple suffisant pour punir les fauteurs de l'événement du 20 mars, et pour faire respecter, à l'avenir, la religion du serment si indignement trahie par ceux qui, à quelques jours

---

à me persuader que vous vous êtes souvenu, mon prince, de ce que je vous ai dit delui. Je reconnaîtrai toujours vos bontés pour moi par un dévouement sans bornes, et une fidélité à toute épreuve.

» Je suis avec un profond respect, de Votre Altesse, le très humble et très obéissant serviteur.

» BOURRIENNE. »

(Note de M. de Talleyrand.)

1. Une première ordonnance du 20 juillet 1815 ordonnait au directeur de la librairie et aux préfets de ne point user des articles 3, 4, 5 de la loi du 12 octobre 1814, articles qui leur donnaient le droit de soumettre tout écrit de moins de vingt feuilles d'impression à l'inspection préalable des censeurs.
— Une autre ordonnance du 8-22 août 1815, assujettissait tous les journaux à une nouvelle autorisation du ministre de la police et soumettait tous les écrits périodiques à l'examen d'une commission.

de distance, avaient abandonné la cause royale. Mais cette mesure ne suffisait pas à la réaction royaliste qui demandait des poursuites judiciaires et des proscriptions. Je sollicitai en vain qu'on attendît la réunion des Chambres, auxquelles, si cela était nécessaire, on laisserait le soin de désigner les coupables. J'espérais qu'en retardant la mesure, le temps nous viendrait en aide pour l'amortir, sinon pour la faire rejeter entièrement. Mes efforts demeurèrent inutiles. Le duc d'Otrante, qui était gêné par les relations qu'il avait liées avec les exagérés du parti royaliste et avec des cabinets étrangers, subissait leur pression ; il présenta un jour au conseil une liste de plus de cent personnes qu'il demandait, les unes de proscrire, les autres de faire passer devant des conseils de guerre. Après une lutte pénible qui dura plusieurs jours, et le roi s'étant prononcé pour cette mesure odieuse, il fallut céder ; seulement, on réduisit la liste à cinquante-sept personnes : dix-neuf, presque tous militaires, devaient passer devant des conseils de guerre ou devant la cour d'assises, tandis que les trente-huit autres devaient quitter Paris dans les trois jours, et se rendre dans les lieux désignés par la police. Ceux compris dans la première catégorie furent tous avertis à temps pour s'échapper s'ils l'avaient voulu : mais la mesure n'en resta pas moins un acte maladroit, insensé, et qui ne pouvait créer que des difficultés et des périls au gouvernement royal[1].

1. Voici la liste des personnes comprises dans l'ordonnance du 24 juillet 1815.
Catégorie des dix-neuf qui devaient être poursuivis et mis en jugement : MM. le maréchal Ney, Labédoyère, les deux frères Lallemand, Drouet d'Erlon, Laborde, Lefebvre-Desnouettes, Ameille, Brayer, Gilly, Mouton-Duvernet, Grouchy, Clausel, Debelle, Bertrand, Drouot, Cambronne, Lavalette, Rovigo. — Catégorie des trente-huit qui devaient quitter Paris

Malgré cette ordonnance, la proposition que j'avais faite au sujet de la Chambre des pairs ne pouvait plus être écartée, et je dus, à mon tour, faire la liste des pairs qui, ayant siégé dans la chambre des Cent-jours, ne pourraient plus faire partie de la Chambre des pairs, constituée d'ailleurs sur une nouvelle base, puisque j'avais amené le roi, bien contre son gré, à admettre que la pairie serait désormais héréditaire. La liste des pairs éliminés comprenait : MM. le comte d'Aboville, le maréchal duc d'Albuféra, le comte de Barral, archevêque de Tours, le comte Belliard, le comte Boissy-d'Anglas, le duc de Cadore, le comte de Canclaux, le comte de Casabianca, le comte Clément de Ris, le comte Colchen, le maréchal duc de Conégliano, le comte Cornudet, le comte de Croix, le maréchal duc de Dantzig, le comte Dedeley d'Agier, le comte Dejean, le maréchal prince d'Essling, le comte Fabre de l'Aude, le comte Gassendi, le comte de Lacépède, le comte de Latour-Maubourg, le comte de Montesquiou, le duc de Plaisance, le comte de Pontécoulant, le duc de Praslin, le comte Rampon, le comte de Ségur, le maréchal duc de Trévise, le comte de Valence.

Cette ordonnance portait aussi la date du 24 juillet. Mais, le 17 août suivant, le roi en rendit une, sur ma proposition, qui créait quatre-vingt-douze nouveaux pairs, en rétablissant

---

dans les trois jours et se rendre dans les lieux désignés par la police : MM. le maréchal Soult, les généraux Alix, Exelmans, Vandamme, Marbot, Lamarque, Lobau, Piré, Dejean fils et Hullin, MM. Félix Lepelletier, Boulay de la Meurthe, Méhée-Latouche, Fressinnet, Thibaudeau, Carnot, Harel, Barrère, Arrighi (de Padoue), Arnault, Pommereuil, Regnauld de Saint-Jean-d'Angély, Réal, Garrau, Bouvier-Dumolard, Merlin de Douai, Durbach, Dirat, Defermont, Bory, de Saint-Vincent, Félix Desportes, Garnier de Saintes, Mellinet, Cluys, Courtin, Forbin-Janson fils aîné et Lelorgne d'Ideville. (*Note du prince de Talleyrand.*)

les comtes d'Aboville et de Canclaux, qui prouvèrent n'avoir pas siégé dans la Chambre des Cent-jours et M. Boissy-d'Anglas, en souvenir de sa noble et courageuse conduite à la Convention et des services particuliers qu'il avait rendus au roi. Je fis ajouter aussi à la liste les trois fils, mineurs encore, du duc de Montebello, et des maréchaux Berthier et Bessières. Le roi, en signant cette ordonnance, fit quelque résistance au nom de M. Molé, qui avait servi pendant les Cent-jours; mais j'insistai en disant : « Que le roi rétablisse ce nom, c'est Mathieu Molé qui le lui demande[1]. » Et le roi, qui l'avait d'abord effacé, le récrivit de sa main.

Enfin, le 20 août, parut l'ordonnance constitutive de la pairie. Elle avait été discutée pendant plusieurs jours, au conseil. Le roi s'opposait avec vivacité à l'hérédité de la pairie, comme lui ôtant toute action personnelle sur les membres de la Chambre, mais je combattis cette considération comme secondaire à côté de la force et de la stabilité que donnerait à la Chambre l'hérédité de ses membres. Aussi, dans le préambule de l'ordonnance, le roi disait que : « Voulant donner à ses peuples un nouveau gage du prix qu'il mettait à fonder de la manière la plus stable les institutions sur lesquelles repose le gouvernement, convaincu que rien ne consolide plus le repos des États que cette hérédité de sentiments qui s'attache dans les familles à l'hérédité des hautes fonctions publiques, et qui crée ainsi une succession non interrompue de sujets dont la fidélité et le dévouement au

---

1. M. Molé était le cinquième descendant en ligne directe du premier président Mathieu Molé. Pendant les Cent-jours il avait refusé le portefeuille de l'intérieur et celui des affaires étrangères. Nommé pair de France, il n'avait pas siégé à la Chambre.

prince et à la patrie sont garantis par les principes et les exemples qu'ils ont reçus de leur père... »

Les mesures acerbes provoquées par M. Fouché n'avaient pas tardé à produire leurs fruits : d'affreux désordres, des scènes sanglantes avaient éclaté sur divers points du Midi où la réaction royaliste, se croyant encouragée par ces mesures, se livra à d'horribles massacres. Le gouvernement fit tous ses efforts pour les réprimer et publia une proclamation du roi dans laquelle il disait :

« ...Nous avons appris avec douleur que, dans les départements du Midi, plusieurs de nos sujets se sont récemment portés aux plus coupables excès ; que, sous prétexte de se faire les ministres de la vengeance publique, des Français, satisfaisant leurs haines et leurs vengeances privées, avaient versé le sang des Français, même depuis que notre autorité était universellement rétablie et reconnue dans tout notre royaume. Certes, d'infâmes trahisons, de grands crimes ont été commis, et ont plongé la France dans un abîme de maux ; mais la punition de ces crimes doit être nationale, solennelle et régulière ; les coupables doivent tomber sous le glaive de la loi, et non sous le poids de vengeances particulières. Ce serait bouleverser l'ordre social que de se faire à la fois juge et exécuteur pour les offenses qu'on a reçues ou même pour les attentats commis contre notre personne. Nous espérons que cette odieuse entreprise de prévenir l'action des lois a déjà cessé : elle serait un attentat contre nous et contre la France, et, quelque vive douleur que nous puissions en ressentir, rien ne serait épargné pour punir de tels crimes. C'est pourquoi nous avons recommandé par des ordres précis à nos ministres et à nos magistrats, de faire strictement respecter les lois, et de ne mettre ni indulgence ni faiblesse dans la poursuite de ceux qui les ont violées. »

Cette proclamation, si naturelle dans les circonstances, devint cependant un texte d'accusation de la part du parti royaliste exagéré contre le ministère, tandis que M. Fouché, effrayé du mal qu'il avait fait en flattant les mauvaises passions de ce parti, voulut revenir sur ses pas et se tirer d'affaire par une perfidie qui devait, pensait-il, ramener l'opinion publique à lui personnellement, en affaiblissant encore le gouvernement. Il fit au roi deux rapports confidentiels : l'un, dans lequel il dépeignait le déplorable état où la conduite des troupes alliées réduisait les populations des provinces occupées par ces troupes et les conséquences que cela ne pouvait pas manquer d'amener. Le second rapport n'était pas moins énergique que l'autre, dans la peinture qu'il faisait des attentats commis dans le Midi et des haines violentes entre les partis qui se manifestaient sur tous les points de la France. Jusque-là, tout était bien ; M. Fouché avait rempli son devoir, et nous nous empressons de reconnaître que ce que contenaient ces mémoires était à peu près vrai. Mais ces mémoires étaient confidentiels, et n'auraient dû être communiqués qu'au roi et au conseil. C'est ce que ne fit pas M. Fouché, qui les cacha d'abord au ministère, et qui, après en avoir remis un exemplaire au roi, les livra à la publicité, en prétendant qu'ils lui avaient été dérobés et que ce n'était pas lui qui les avait fait publier. On ne pouvait continuer à avoir des relations avec un homme qui recourait à de pareils moyens ; je demandai au roi son renvoi du ministère, et il ne tarda pas à être congédié [1].

---

1. 19 septembre.

Mais la plus grande, la plus douloureuse difficulté qui pesait sur la situation, c'était la conduite des souverains alliés et de leurs troupes. Je dois maintenant traiter ce point, laissant aux historiens qui s'occuperont de cette époque à rappeler les événements connus de tous. Pour moi, je me bornerai à exposer les pénibles négociations que je fus condamné à suivre, et quelques-uns des faits qui s'y rattachent : j'ai hâte d'en finir avec ces cruels souvenirs.

Le point le plus urgent de ces négociations, le premier à traiter avant tout, était celui qui concernait la fixation des services des innombrables armées qui avaient envahi la France, et qui la dévoraient en commettant partout les exactions les plus scandaleuses de la part de puissances qui avaient signé à Vienne l'engagement de s'armer pour secourir le roi de France, leur allié. J'ai déjà cité la lettre que m'écrivit le préfet de l'Yonne sur la conduite des généraux bavarois. Je veux rappeler encore un arrêté de l'intendant général de l'armée autrichienne, pour montrer jusqu'où s'étendait l'esprit révolutionnaire, je ne puis pas le qualifier autrement, des gouvernements qui s'annonçaient hautement comme ne faisant la guerre qu'à la Révolution, dans la personne de Bonaparte.

Armée impériale, royale, apostolique d'Italie.

« Nous, comte de Wurmser, chambellan, conseiller actuel intime d'État de Sa Majesté Impériale, Royale, Apostolique, commandeur de l'ordre royal de Saint-Étienne de Hongrie, président de la commission aulique, chargé de la direction du cadastre de la monarchie, intendant général de l'armée impériale et royale d'Italie.

» Considérant, d'une part, que les receveurs généraux et particuliers des départements et arrondissements ont été forcés de souscrire des soumissions à l'ordre du trésor, pour le payement, à des époques fixes, des rentrées en contributions directes et indirectes; et, de l'autre, que ces contributions et impôts sont, dans les parties du territoire français occupées par les troupes des puissances alliées, dévolus, d'après le droit des gens et de la guerre, auxdites puissances.

» Arrêtons et ordonnons ce qui suit :

» Article premier. — Les soumissions souscrites en faveur du trésor français par les receveurs généraux particuliers et autres comptables des parties du territoire français occupées par l'armée impériale autrichienne d'Italie, ou qui le seront par la suite, sont de nulle valeur, tant pour l'arriéré que pour le courant des contributions et impositions publiques de toute espèce. Il est en conséquence défendu auxdits receveurs et comptables de les acquitter sous quelque titre ou prétexte que ce soit.

» Article II. — Toute contravention à cette prohibition entraîne, non seulement la responsabilité personnelle des receveurs et comptables respectifs, mais sera, en outre, punie selon toute la rigueur des lois de la guerre, comme acte d'intelligence avec l'ennemi.

» Article III. — Ces dispositions sont applicables aux soumissions ou traités délivrées par des acquéreurs de biens nationaux ou communaux et de coupes de bois de l'État.

» Article IV. — Il est prohibé aux tribunaux d'admettre des actions en payement desdites soumissions ou traites, sous peine d'être dissous, et traités en outre selon toutes les rigueurs des lois militaires.

» Article V. — Le présent arrêté sera imprimé et affiché à la diligence des préfets et sous-préfets partout où besoin sera.

» Donné au quartier général, à Nantua, le 18 juillet 1815.

» Comte DE WURMSER.

» Par ordonnance de Son Excellence M. l'Intendant général,

» *L'Intendant,*

» CUVELIER. »

Le roi Louis XVIII, qui avait reconnu trop tard la faute grave qu'il avait commise en ne suivant pas le conseil que je lui avais donné de ne pas rentrer dans sa capitale avant d'avoir tout réglé avec les gouvernements étrangers, essaya vainement de la réparer, en m'adressant la lettre suivante que je communiquai aux plénipotentiaires alliés.

LE ROI LOUIS XVIII AU PRINCE DE TALLEYRAND.

Paris, le 21 juillet 1815.

« La conduite des armées alliées réduira incessamment mon peuple à s'armer en masse contre elles, à l'exemple des Espagnols. Plus jeune, je me mettrais à sa tête; mais si l'âge et les infirmités ne me le permettent, au moins je ne veux pas sembler conniver aux violences dont je gémis. Je suis résolu, si je ne puis obtenir justice, à me retirer de mon royaume, et à demander asile au roi d'Espagne. Si ceux, qui, même après la capture de l'homme auquel seul ils avaient déclaré la guerre, continuent à traiter mes sujets en ennemis, et qui doivent par conséquent me regarder comme tel, veulent attenter à ma liberté, ils en sont les maîtres ; j'aime mieux être dans une prison qu'aux Tuileries, témoin passif du malheur de mes peuples.

» LOUIS. »

A la suite de cette lettre et d'un projet d'arrangement, remis par le baron Louis, ministre des finances, les plénipotentiaires alliés m'adressèrent, le 25 juillet, une note conçue dans ces termes :

« Les ministres soussignés ont pris en mûre considération les ouvertures que les ministres du roi leur ont fait parvenir par Son Excellence le baron Louis. Ils sont trop pénétrés de la nécessité de prendre, en ce qui touche la marche de l'administration, les mesures les plus urgentes et les plus efficaces, pour ne pas entrer avec empressement dans les vues qui ont dicté ces propositions. Ils croient donc que les dispositions suivantes, qui viennent d'être arrêtées, seront les plus propres à concilier les désirs du roi avec la situation où se trouveront les armées alliées, pendant leur séjour en France. »

Les dispositions mentionnées dans cette note établissaient qu'en échange d'une contribution de cent millions, consentie par le gouvernement français, il était convenu : qu'une ligne de démarcation serait tracée pour fixer les départements qui seraient occupés par les armées alliées et destinés à leur subsistance ; les autorités du roi devaient être rétablies et les préfets et sous-préfets réintégrés dans leurs fonctions ; des gouverneurs militaires étaient nommés par les départements qui composaient le rayon de chaque armée; ils devaient protéger les autorités, assurer le service des armées, et surveiller les rapports de celles-ci avec l'autorité française. Une commission administrative siégerait à Paris, pour suivre directement les affaires entre le gouvernement du roi et les autorités étrangères. Des ordres furent donnés immédiatement pour faire cesser toutes les contributions irrégulières qui avaient été frappées sur les départements.

Ce point réglé, le reste eût été bientôt terminé si les souverains avaient été les loyaux alliés du roi de France, mais ainsi que je l'ai dit plus haut en parlant de l'arrivée des armées étrangères à Paris, les cabinets alliés étaient embarrassés de produire leurs demandes parce qu'ils ne savaient quel nom donner à ce qu'ils voulaient. Ils n'employèrent d'abord que le nom de *garanties* : ils voulaient des garanties en général, sans dire lesquelles ; sur quoi, je leur adressai la note suivante en date du 31 juillet 1815 :

« Le ministre du roi a l'honneur de communiquer à Leurs Excellences MM. les ministres et secrétaires d'État des puissances alliées trois ordonnances de Sa Majesté : l'une rendue à Lille pour le licenciement de l'armée française et les deux autres qui ne sont encore qu'en projet et qui sont relatives à l'organisation d'une nouvelle armée. Le besoin de l'Europe, non moins que de la France elle-même, étant que celle-ci ait une armée, le roi s'est attaché et croit être parvenu à concilier ce besoin avec le besoin encore plus grand qu'elles ont également l'une et l'autre, de finir sans retour les révolutions.

» Il y a vingt-six ans que la France, cherchant des garanties contre les abus d'un pouvoir ministériel sans contrepoids, et exercé sans unité comme sans contrôle, s'égara et se perdit dans cette sorte d'égalité dont l'inévitable conséquence est la domination de la multitude, c'est-à-dire, sa tyrannie, la plus effroyable de toutes, mais aussi, et par cela même, la moins durable. Cette tyrannie fit place, ainsi qu'il est toujours arrivé, et qu'il arrivera toujours, au despotisme d'un seul, lequel, par tempérament, et par calcul, déplaça la révolution en en changeant le mobile et la transporta du dedans au dehors, en substituant à l'esprit d'égalité, l'esprit de conquête.

» Les derniers événements ont prouvé jusqu'à quel point l'un et l'autre s'étaient affaiblis, puisque l'usurpateur qui les avait tous deux appelés à son secours, n'a pu être soutenu par eux, contre les effets d'un premier et seul revers.

» Mais les chances de révolution ne pouvant cesser, qu'ils ne soient tous deux entièrement éteints ou contenus de manière à ne pouvoir jamais redevenir dominants, toutes les pensées du roi, pendant sa retraite en Belgique, ont été tournées vers les moyens d'obtenir ce résultat, et tous ses actes, depuis son retour, ont eu pour but de l'assurer.

» La doctrine d'une égalité extrême peut bien avoir encore pour apôtres et pour partisans quelques spéculatifs bâtissant des théories pour un monde imaginaire et un certain nombre d'hommes à qui cette doctrine seule a valu, pendant un temps, un pouvoir dont ils ont abusé et qu'ils regrettent ; mais la multitude même en est depuis longtemps détrompée par la cruelle expérience qu'elle en a faite. Cette doctrine ne pourra faire de prosélytes, et son esprit ne sera jamais à craindre tant que les droits civils de chacun seront garantis contre tout arbitraire, par une constitution politique qui exclue du pouvoir quiconque n'est pas dans cette situation où l'on sent plus le besoin de conserver, que la nécessité et le désir d'acquérir.

» Or, tel est le caractère de l'institution politique qui va régir la France.

» La Chambre des pairs sera héréditaire. La Chambre des députés sera formée selon le seul principe qui la puisse mettre en harmonie avec les deux autres branches de la législature ; principe que l'on s'attachera à réintroduire ou à renforcer dans l'institution civile.

» Elles partageront avec le roi l'initiative des lois qu'il s'était précédemment réservée.

» De la manière de former la loi résultera la plus forte garantie que l'on puisse avoir de son impartiale équité, puisqu'elle sera l'expression, non de la volonté d'une seule personne ou d'un seul corps, mais d'une volonté formée par le concours de trois volontés distinctes.

» Un ministère est déjà constitué dont les membres exécutent, chacun dans sa sphère d'attributions, ce qui a été arrêté dans une délibération commune. Il a ainsi toute la force d'action que donne l'unité ; il est responsable, ce qui est un préservatif contre les aberrations du pouvoir.

» Les juges seront inamovibles, ce qui assure l'indépendance des tribunaux.

» En matière criminelle, le jugement par jurés déjà existant sera maintenu. La confiscation reste pour tous les cas et pour toujours abolie.

» Enfin les restrictions mises à la liberté de la presse ont déjà été révoquées.

» Cette institution, plaçant l'État à une égale distance du pouvoir absolu et de la licence, ne laissera à celle-ci ni accès ni prétexte dont elle puisse abuser pour s'en faire un.

» Cette même institution ne réprimera pas avec moins de bonheur l'esprit de conquête né dans des circonstances et entretenu par des causes qui ne reparaîtront plus.

» Il n'y aura plus en France de dynastie révolutionnaire, intéressée au renversement des souverains légitimes pour en établir qui lui ressemblent.

» Il n'y aura plus en France de dynastie tyrannique qui ait besoin de distraire le peuple de ses maux, en le berçant des illusions d'une gloire payée du plus pur de son sang.

» Bonaparte est au pouvoir des alliés et a cessé pour jamais d'être à craindre.

» Les instigateurs et principaux fauteurs de son dernier crime sont livrés aux tribunaux.

» Les principaux instruments de son despotisme, les plus ardents de ses zélateurs sont éloignés, les uns de la France, les autres de la capitale et tous des affaires publiques.

» L'esprit de conquête n'était pas celui de la France, pour qui il n'était qu'une calamité cruelle. Il ne régnait que dans l'armée ; mais il doit être nourri par le succès, il s'éteint dans les revers. Les campagnes précédentes l'avaient graduellement affaibli. Il semble impossible qu'il survive à la dernière campagne. Ceux qui en sont encore atteints ne peuvent se dissimuler qu'ils ne trouveraient plus comme autrefois l'Europe divisée, et que, contre l'Europe unie, ils n'auraient rien à espérer. Or, nul ne s'obstine à désirer sans espérance. L'esprit de conquête était encore entretenu par la presque perpétuité du service militaire qui faisait que le soldat finissait par ne plus connaître d'autre famille et d'autre patrie que l'armée. Cette cause sera ôtée par le plan d'organisation actuelle qui, rendant fréquemment les militaires aux habitudes et aux affections de la vie civile et domestique, les disposera à ne plus se faire des intérêts et des sentiments contraires à ceux de leur pays.

» Le roi pense que cet ensemble de faits, de dispositions et de mesures, donne à la France, à l'Europe et à lui-même tous les motifs désirables de sécurité.

» Le ministère du roi est de la même opinion.

» Il prie Leurs Excellences MM. les ministres secrétaires d'État des puissances alliées de vouloir bien lui faire connaître s'ils la partagent, ou s'ils jugent qu'il faille ajouter quelque chose à ces dispositions, et, dans ce cas, ce qu'ils croient nécessaire d'y ajouter.

» Le prince de Talleyrand a l'honneur de renouveler à Leurs Excellences....

» Paris, le 31 juillet 1815. »

Avec des alliés de bonne foi et dans des circonstances données, les observations contenues dans cette note eussent été sans réplique, mais j'avais déjà pu m'apercevoir que ce n'était pas à de tels alliés que j'avais affaire : c'était à l'occasion du dépouillement de nos musées qui donna lieu à un échange de notes que j'ai omis de rapporter précédemment quand j'ai parlé de cet objet. Je réparerai ici cette omission afin de compléter l'ensemble des pièces des négociations de cette douloureuse époque.

Je commencerai par la première note sur ce sujet, à moi adressée par lord Castlereagh le *11 septembre* 1815.

*Traduction d'une note de lord Castlereagh
au prince de Talleyrand.*

« Des représentations ayant été faites aux ministres des puissances alliées par le pape, le grand-duc de Toscane, le roi des Pays-Bas et autres souverains réclamant, par l'intervention des hautes puissances alliées, la restitution des statues, tableaux, manuscrits et autres objets d'art dont leurs États respectifs ont été successivement et méthodiquement dépouillés par le dernier gouvernement révolutionnaire de la France, contre tout principe de justice et les usages du droit actuel de la guerre ; et ces représentations ayant été portées à l'examen de sa cour, le soussigné a reçu l'ordre du prince régent de soumettre aux réflexions de ses alliés les remarques suivantes sur cet intéressant sujet :

» C'est maintenant la seconde fois que les puissances de l'Europe ont été forcées, pour défendre leur propre liberté, et assurer la tranquillité du monde, à envahir la France, et deux fois leurs armées se sont emparées par la conquête de la capitale de l'État dans lequel ces objets, dépouilles de la plus grande partie de l'Europe, sont accumulés.

» Deux fois aussi, le souverain légitime de la France, a pu, sous la protection de ces armées, reprendre son trône, et obtenir pour ses peuples, de l'indulgence signalée des alliés, une paix à laquelle leur conduite envers leur propre monarque, et envers les autres États, ne leur avait pas donné le droit d'espérer comme nation.

» Que le plus pur sentiment d'égard pour Louis XVIII, la déférence pour son ancienne et illustre maison, et le respect pour ses malheurs, ont invariablement guidé les conseils des alliés : c'est ce qu'ils ont prouvé d'une manière irrécusable par le soin qu'ils ont mis d'établir l'année dernière, pour base expresse du traité de Paris, la conservation de l'entière intégrité de la France, et bien plus encore, après avoir vu dernièrement leurs espérances cruellement trompées, par les efforts qu'ils font encore pour combiner définitivement l'intégrité substantielle de la France avec un système équivalent de précautions temporaires, qui puisse satisfaire à ce qu'ils doivent à la sûreté de leurs propres sujets.

» Mais, ce qui serait le comble de la faiblesse et de l'injustice, et l'effet en serait bien plus vraisemblablement d'égarer le peuple français, que de le ramener à la morale et à la tranquillité, ce serait si les souverains alliés, de qui le monde attendait la protection et le repos, allaient refuser l'application juste et libérale de ce principe d'intégrité à d'autres nations leurs alliées (et surtout à celles qui sont faibles et sans appui), lorsqu'ils sont sur le point de l'accorder, pour la seconde fois, à une nation contre laquelle ils ont si longtemps combattu.

» A quel titre la France peut-elle, à l'issue d'une telle guerre, s'attendre à conserver la même étendue de territoire qu'avant la Révolution? à désirer, en même temps, garder les chefs-d'œuvre, dépouilles de tous les autres pays? Est-ce qu'il peut exister un doute sur l'issue de la contestation ou sur la puissance des alliés à exécuter ce que la justice et la politique demandent?

» Sinon, à quel titre priver la France de ses dernières acquisitions territoriales, et lui laisser les dépouilles de ces mêmes territoires, que tous les conquérants modernes ont constamment respectées comme inséparables du pays à qui elles appartiennent?

» Les souverains alliés ont peut-être à se justifier, aux yeux de l'Europe, de la conduite qu'ils ont tenue à ce sujet, lorsqu'ils étaient à Paris, l'année dernière. Il est vrai qu'ils ne se sont jamais rendus complices de ce que cet amas de vols a de criminel, au point de le sanctionner par aucune stipulation dans leurs traités : une pareille reconnaissance a été constamment refusée par eux. Mais il est certain qu'ils ont employé leur influence pour réprimer alors la voix de ces réclamations, dans l'espérance que la France, non moins subjuguée par leur générosité que par leurs armes, serait disposée à maintenir inviolablement une paix qui avait été soigneusement établie pour servir de lien de réconciliation entre la nation et le roi.

» Mais la question est bien changée à présent, et garder la même conduite dans des circonstances si essentiellement différentes, serait, à l'avis du prince régent, également peu sage à l'égard de la France, et injuste à l'égard des alliés qui ont un intérêt direct dans cette question.

» Son Altesse Royale, en donnant cette opinion, sent qu'il est nécessaire de se défendre contre la possibilité d'une fausse interprétation. Quand il juge que c'est le devoir des souverains alliés, non seulement de ne pas empêcher, mais même de faciliter dans cette occasion le retour de ces objets dans les lieux d'où ils ont été enlevés, il ne semble pas moins convenable à leur délicatesse de ne pas souffrir que la position de leurs armées en France, ou l'enlèvement de ces objets du Louvre, deviennent des moyens directs ou indirects de faire entrer dans leurs propres États un seul objet qui n'appartînt pas à l'époque de leur conquête, à leurs collections de familles respectives, ou aux pays sur lesquels ils règnent actuellement.

» Quelque prix que le prince régent puisse attacher à de si parfaits modèles des beaux-arts, s'ils étaient acquis autrement, il n'a aucun désir d'en devenir possesseur aux dépens de la

France, et surtout en suivant un principe dans la guerre dont il fait un reproche au pays qui l'a adopté. Et bien loin de vouloir profiter de l'occasion pour acquérir des légitimes possesseurs aucun objet qu'ils seraient décidés à céder par des considérations pécuniaires, Son Altesse Royale voudrait, au contraire, donner les moyens de les replacer dans ces mêmes temples et galeries dont ils ont été si longtemps les ornements.

» S'il était possible que les sentiments de Son Altesse Royale pour la personne et la cause de Louis XVIII fussent mis en doute, ou que la position de Sa Majesté Très Chrétienne vis-à-vis de son propre peuple dût en souffrir, le prince régent n'en viendrait pas à cette conclusion sans la plus pénible répugnance.

» Mais, au contraire, Son Altesse Royale le croit réellement, Sa Majesté Très Chrétienne augmentera l'amour et le respect de ses propres sujets pour sa personne, à proportion qu'elle se séparera de ces souvenirs d'un système de guerre révolutionnaire.

» Ces dépouilles, qui sont un obstacle à la réconciliation morale de la France et des États qu'elle a envahis, ne sont pas nécessaires pour rappeler les exploits de ses armées, qui, malgré la cause pour laquelle ils ont eu lieu, doivent toujours faire respecter au dehors les armes de la nation. Mais tant que ces objets resteront à Paris, constituant pour ainsi dire les *titres* des pays qui ont été rendus, le désir de les réunir à la France ne sera jamais éteint, et le génie du peuple français ne pourra jamais s'accoutumer à la diminution d'existence territoriale assignée à la nation sur qui règnent les Bourbons.

» Le prince régent, en donnant cette opinion, n'a aucune intention d'humilier la nation française. La politique générale de Son Altesse Royale, la conduite de ses troupes en France, son empressement à rendre à la France, dès le premier moment de la reddition de Bonaparte, la liberté de son commerce, et, par-dessus tout, le désir qu'il a récemment témoigné de conserver définitivement à la France, avec quelques modifications peu considérables, son intégrité territoriale, sont les meilleures preuves qu'un motif de justice pour les autres, le désir de cicatriser les blessures faites par la Révolution, et non aucun sentiment peu généreux envers la France, ont seuls dicté cette décision.

» Toute la question se réduit à ceci : Les puissances de l'Europe forment-elles aujourd'hui un accord sincère et durable avec le roi? Et, s'il en est ainsi, sur quels principes sera-t-il conclu? Sera-ce sur la conservation ou l'abandon des dépouilles révolutionnaires? Le roi peut-il croire rehausser sa propre dignité en s'entourant des monuments des arts qui ne rappellent pas moins les souffrances de son illustre maison que celles des autres nations de l'Europe?

» Si les Français veulent porter leurs pas en arrière, peuvent-ils raisonnablement désirer conserver cette source d'animosités entre eux et les autres nations? Et, s'ils ne le veulent pas, est-il politique de flatter leur vanité et de tenir éveillées les espérances que la contemplation de ces trophées doit éveiller?

» L'armée même peut-elle raisonnablement le désirer? Le souvenir de ses campagnes ne peut jamais périr; elles sont rappelées dans les annales militaires de l'Europe; elles sont gravées sur les monuments publics de son propre pays. Pourquoi faut-il associer à sa gloire acquise sur le champ de bataille un système de pillage contraire aux lois actuelles de la guerre, et par lequel le chef qui la conduisait aux combats a, en effet, terni l'éclat de ses armes?

» Si nous voulons réellement revenir à la paix et aux anciennes maximes, il ne peut pas être sage de conserver tant de restes des abus du passé, et le roi ne peut désirer, en sortant du naufrage de la Révolution, dont sa famille a été la principale victime, perpétuer dans sa maison cet odieux monopole des arts.

» Les riches collections que la France possédait avant la Révolution, augmentées de la collection Borghèse (une des plus belles du monde) qui a été achetée depuis, donneront au roi d'amples moyens d'orner convenablement la capitale de son empire, et le roi peut renoncer lui-même aux objets précieux venus d'une source impure, sans porter atteinte à la culture des arts en France.

» En appliquant un remède à ce mal dangereux, il ne semble pas qu'on puisse adopter une ligne moyenne qui ne tende pas à reconnaître diverses spoliations faites sous le nom de traités, et dont le caractère est, s'il est possible, plus frappant que les actes d'une rapine ouverte par lesquels ces restes ont été en général rassemblés.

» Le principe de la propriété, réglé par les réclamations du pays où ces ouvrages ont été pris, est le plus sûr et le seul guide que doit suivre la justice, et, peut-être, n'y a-t-il rien qui puisse contribuer davantage à établir aujourd'hui l'esprit public de l'Europe, qu'un tel hommage rendu par le roi de France à ce principe de vertu, de conciliation et de paix.

» CASTLEREAGH. »

Je répondis à cette note :

« Le ministre du roi a reçu la note que Son Excellence lord Castlereagh lui a fait l'honneur de lui adresser, touchant les objets d'art qui appartiennent à la France. Sa Majesté, à qui cette note a été soumise, lui a donné l'ordre d'y faire la réponse suivante :

« Les protestations faites par Son Excellence, n'étaient pas nécessaires au roi pour qu'il fût persuadé du désintéressement que le prince régent a porté dans la demande qu'il a cru devoir ordonner à son ministre de faire au gouvernement français. Sa Majesté se plaît même à reconnaître dans les motifs qui ont dicté cette démarche, les sentiments de bienveillance dont Son Altesse Royale s'est toujours montrée animée à son égard. Mais les raisons desquelles ces motifs sont tirés ne lui ont paru reposer que sur des suppositions inexactes ou sur des erreurs. En effet, Son Excellence semble croire que les deux guerres de 1814 et de 1815 sont de même nature, et que la seconde doit, comme le fut la première, être terminée par un traité de paix. Mais ces deux guerres sont de nature bien différente. La première était véritablement faite à la nation française, parce qu'elle était faite à un homme qui était son chef reconnu par toute l'Europe, au nom de qui tout était administré, à qui tout était soumis, qui disposait enfin de toutes les ressources de la France, et qui en disposait légalement. La guerre étant faite à la nation, un traité de paix était nécessaire. En 1815, au contraire, ce même homme auquel l'Europe a fait la guerre n'était reconnu par aucune puissance, comme chef de la France. S'il disposait en partie des mêmes instruments, il n'en disposait pas légalement et la soumission était loin d'être complète. C'est à lui seul, et à la faction qui l'a rappelé et non à la nation, que, d'après ses propres déclarations, l'Europe a fait la guerre. La guerre s'est donc trouvée terminée et l'état de paix rétabli par le fait seul du renversement de l'usurpateur, la dispersion de ses adhérents et la punition de leurs chefs. On ne voit donc pas comment la guerre de 1815 pourrait être un motif valable pour changer l'état des choses établi par la paix de 1814.

» Son Excellence lord vicomte Castlereagh a, d'un autre côté, posé en fait que des objets d'art ne peuvent point s'acquérir par la conquête. Le ministère du roi est bien loin de vouloir faire l'apologie d'aucune sorte de conquête. Plût à Dieu que le nom ou la chose n'eussent jamais existé! Mais enfin, puisque c'est pour les nations une manière d'acquérir admise par les usages de tous les peuples et de tous les temps, le ministre du roi n'hésite pas à dire avec conviction que la conquête d'objets inanimés, dont le seul usage est de procurer une jouissance physique, ou, si l'on veut, intellectuelle, est bien moins odieuse que celles par lesquelles des peuples sont séparés de la société dont ils sont membres, soumis à de nouvelles lois, à des coutumes qui ne sont pas les leurs, réunis à des peuples dont souvent leurs dispositions naturelles les éloignent et perdent jusqu'au nom qu'ils avaient toujours porté.

» Il y a à faire, relativement aux objets d'art qui ont été successivement apportés en France, une distinction que l'on paraît n'avoir pas faite. Parmi les pays auxquels la France a renoncé en 1814, plusieurs appartenaient très légitimement à elle, ou au chef qu'elle avait eu, parce qu'ils leur avaient été cédés. Elle a donc pu disposer des objets d'art qui s'y trouvaient. Lorsqu'elle a renoncé à ces pays, elle les a restitués tels qu'ils étaient au moment de la restitution, et l'on ne voit point d'après quel droit leurs possesseurs actuels viendraient réclamer aujourd'hui des choses qui n'ont pas été comprises dans l'abandon que la France en a fait.

» Enfin, d'autres objets d'art appartiennent encore à la France, à un titre qui n'est pas moins légitime : ils lui appartiennent en vertu de la cession qui lui en a été faite par des traités solennels.

» Quant aux considérations morales développées dans la note de Son Excellence lord vicomte Castlereagh, Son Excellence a toute raison de croire que le roi voudrait pouvoir y céder, et qu'il s'empresserait de restituer tout ce qui a été enlevé et conduit en France pendant le cours de la Révolution, s'il pouvait ne suivre que son propre penchant. Mais Son Excellence se trompe si elle croit que le roi soit aujourd'hui plus qu'en 1814 en position de le faire; et le ministère ne craint pas d'affirmer que si, comme il n'en doute pas, toute cession de l'ancien territoire, dans le cas où le roi y consentirait, lui serait imputée à crime, celle des objets d'art ne le serait pas moins, et serait peut-être même plus fortement ressentie, comme blessant plus vivement l'amour-propre national.

» Le prince de Talleyrand, président du conseil des ministres, a l'honneur de...

» Prince DE TALLEYRAND.

» Paris, le *19 septembre* 1815. »

C'est le duc de Wellington, je l'ai déjà dit, qui se chargea de répliquer à cette note; il le fit avec la rudesse, je pourrais dire, la brutalité d'un soldat. Ainsi il me répondit : « Que lors des conférences pour la capitulation de Paris, les négociateurs français avaient voulu faire insérer un article sur le musée et sur le respect pour les monuments des arts; que le prince Blücher avait déclaré qu'il s'y opposait, attendu qu'il y avait dans le musée des tableaux enlevés au roi de Prusse et dont Louis XVIII avait promis la restitution. »

Le duc de Wellington ajoutait : « qu'étant, dans le moment de la capitulation, comme le représentant des autres nations de l'Europe, il devait réclamer tout ce qu'on avait enlevé aux Prussiens ; que, bien qu'il n'eût pas d'instruction relative au musée, ni une connaissance formelle de l'opinion des souverains sur ce point, il devait néanmoins présumer qu'ils insisteraient fortement sur l'accomplissement des promesses du roi de France, d'après l'obligation où ils étaient tous de faire restituer à leurs États les tableaux et statues qui en avaient été enlevés, contre l'usage des guerres régulières pendant l'effrayante période de la Révolution française. Les souverains ne pouvaient faire tort à leurs sujets pour satisfaire l'orgueil de l'armée et du peuple français, auxquels il convenait de faire sentir que, malgré quelques avantages partiels et temporaires sur plusieurs États de l'Europe, le jour de la restitution était arrivé et que les monarques alliés ne devaient point laisser échapper cette occasion de donner aux Français *une grande leçon de morale.* »

Que pouvait-on faire devant un pareil langage appuyé de la force? Une résistance armée à l'aide de la garde nationale de Paris ne pouvait produire qu'une vaine lutte et une défaite certaine propres seulement à justifier les vengeances de nos ennemis acharnés, et à irriter ceux qui, comme le duc de Wellington lui-même, voulaient se montrer moins mal disposés pour nous dans les négociations générales. Il fallut donc courber la tête sous cet acte de violence, plus flétrissant pour ceux qui le commettaient que pour ceux qui le subissaient, et l'histoire sera d'accord à cet égard, avec le sentiment général de la France et, j'ose le dire, de l'Europe.

Un passage de la réponse du duc de Wellington révèle une des difficultés les plus graves que rencontraient les négociateurs français, et c'est ici le lieu d'exposer ces difficultés. On a vu que le duc de Wellington repoussait ma réclamation en faveur de nos musées, en s'appuyant sur le refus déjà fait d'admettre cette réclamation lors de la capitulation de Paris, de cette capitulation consentie par la Chambre des représentants des Cent-jours, après qu'elle eut vainement sollicité un armistice du duc de Wellington et du maréchal Blücher, préférant traiter avec les étrangers qu'avec le roi légitime de France [1]. La Chambre des représentants avait fait pis encore. Une députation choisie par elle s'était rendue près des souverains étrangers à Hagueneau, et là, dominée par la haine contre la maison de Bourbon, avait à peu près consenti à une cession de territoire, si Louis XVIII n'était pas rétabli sur le trône [2]. Et c'étaient des gens qui se disaient grands patriotes

---

1. Le 3 juillet 1815, les commissaires nommés par le gouvernement provisoire, le baron Bignon, ministre des affaires étrangères, le comte de Bondy préfet de la Seine, et le général Guilleminot, signèrent avec le général Müffling et le colonel Hervey agissant le premier au nom de Blücher et le second au nom de Wellington, une convention militaire, aux termes de laquelle Paris était évacué et livré à l'ennemi, et l'armée française ramenée au delà de la Loire. Cette convention fut présentée à la Chambre le 4 juillet.

2. Le gouvernement provisoire dès son installation avait nommé une commission chargée d'arrêter la marche des alliés et d'obtenir un traité de paix. MM. de La Fayette, d'Argenson, Sébastiani, de Pontécoulant, et de la Forest furent désignés. Les plénipotentiaires allèrent d'abord à Laon, où était Blücher qui refusa toute suspension d'armes. Ils ne rencontrèrent les souverains qu'à Hagueneau, le 30 juin ; on convint d'une conférence plutôt militaire que diplomatique où siégèrent non les ministres des puissances alliées, mais des officiers. Elle n'aboutit à rien. Les plénipotentiaires français furent invités à quitter le quartier général et conduits à Bâle sous escorte (1er juillet).

qui osaient suggérer de pareilles propositions! Si elles ne furent point acceptées, elles ne laissèrent pas moins une déplorable impression que je devais fatalement retrouver dans les négociations. Quand je rejetai les premières ouvertures que les plénipotentiaires alliés me firent sur des cessions de territoire en déclarant que la France en masse s'opposerait d'une manière invincible à de telles cessions, on me répliqua que les pourparlers d'Haguenau prouvaient bien le contraire, puisque c'était le parti qui se prétendait le plus dévoué aux intérêts de la France qui avait, lui-même, mis en avant des cessions de territoire.

Pendant que le parti dit patriote avait ainsi affaibli nos moyens de résistance contre les exigences des alliés, le parti émigré, qui avait des relations secrètes avec les diplomates étrangers, répétait partout qu'on devait faire les concessions réclamées par les alliés, puisque c'était à eux qu'on devait le rétablissement de la maison de Bourbon.

D'autre part, les quatre puissances, malgré nos efforts, restaient unies pour nous imposer les plus dures conditions. L'empereur Alexandre, plein d'amertume de n'être pas, comme en 1814, l'auteur principal de la seconde Restauration, ne me pardonnait pas non plus d'avoir défendu à Vienne, la cause des peuples et de la légitimité des gouvernements, et d'avoir provoqué le traité du 3 janvier 1815. Les Prussiens, plus violents que jamais dans leur haine et leur vengeance, demandaient avec emportement le démembrement de plusieurs provinces de France.

M. de Metternich, qui d'abord avait paru vouloir tenir ses engagements et s'associer aux vues plus modérées de l'Angleterre, finit par craindre que cette modération ne lui nuisît dans l'opinion de l'Allemagne, et épousa les passions haineuses de la Prusse. Il ne restait que l'Angleterre représentée par le duc de Wellington, de l'équité de laquelle on pût attendre quelque secours. Mais, de ce côté même, les plénipotentiaires russes, autrichiens et prussiens avaient trouvé un moyen d'action qui nous était contraire. Ils avaient persuadé aux Anglais que le nouveau royaume des Pays-Bas, leur création, avait besoin d'être fortifié contre la France à laquelle il fallait arracher plusieurs places de sa frontière, afin de l'affaiblir de tout ce qu'on donnerait au royaume des Pays-Bas pour le consolider.

Ce qui achevait de rendre la situation des négociateurs français plus embarrassante et plus compromettante, c'est qu'on leur faisait un mystère de tout ; qu'ils n'étaient point admis dans les conférences où les plénipotentiaires alliés tramaient entre eux leurs projets, et que ce n'était que par des demi-mots, des insinuations, qu'on pouvait deviner les vues qui les dirigeaient.

C'est ainsi que se passa tout le mois d'août et une partie du mois de septembre, vers le milieu duquel je reçus enfin de la part des plénipotentiaires des quatre cours la note suivante, qu'ils me remirent comme une sorte d'*ultimatum des garanties* qu'ils réclamaient de la France.

N° 1. — La pièce que l'on présente est le résultat des devoirs que les souverains alliés ont envers leurs peuples, et du désir de concilier ces devoirs avec les sentiments qu'ils ont voués à Sa Majesté le roi de France.

» C'est comme telle qu'elle présente l'ensemble qu'ils sont convenus de former vis-à-vis de la France.

N° 2. — *Bases de l'arrangement définitif proposé à la France.*

» 1° Confirmation du traité de Paris dans celles de ses dispositions qui ne seront pas modifiées par le nouveau traité.

» 2° Rectification des frontières telles qu'elles étaient établies par le traité de Paris. Par cet article, les deux tiers à peu près du territoire que le traité de Paris avait ajouté à celui de l'ancienne France en seront détachés.

» Le roi des Pays-Bas reprendra la plupart des districts qui ont anciennement appartenu à la Belgique, et le roi de Sardaigne rentrera en possession de la totalité de la Savoie. Il y aura même plusieurs changements du côté de l'Allemagne. Les places de Condé, Philippeville, Marienbourg, Givet et Charlemont, Sarrelouis, Landau, sont comprises dans les cessions que l'on demande à la France.

» 3° Démolition des fortifications de Huningue avec l'engagement de ne jamais les rétablir.

» 4° Une contribution de six cents millions à titre d'indemnité pour les frais de la guerre.

» 5° Le payement d'une autre somme de deux cents millions pour couvrir une partie des dépenses consacrées à la construction de nouvelles places fortes dans les pays limitrophes de la France.

» 6° L'occupation pendant sept ans d'une ligne militaire le long des frontières du nord et de l'est, par une armée de cent cinquante mille hommes sous le commandement d'un général à nommer par les alliés, laquelle sera entretenue aux frais de la France.

» N° 3. — *Projet de traité.*

» Les puissances alliées ayant par leurs efforts réunis, et par le succès de leurs armes, soustrait la nation française aux calamités que lui préparait le dernier attentat de Napoléon Bonaparte, et préservé l'Europe des bouleversements dont elle était menacée par suite du système révolutionnaire reproduit en France pour faire réussir cet attentat ;

» Et, partageant aujourd'hui avec Sa Majesté Très Chrétienne le désir d'offrir à l'Europe par le maintien inviolable de l'autorité royale et la remise en vigueur de la charte constitutionnelle, les garanties les plus rassurantes de la stabilité de l'ordre des choses heureusement rétabli en France, de consolider les rapports d'amitié et de bonne harmonie que le traité de Paris avait ramenés entre la France et les États voisins, et d'écarter tout ce qui pourrait altérer ou compromettre ces rapports :

» Leurs Majestés impériales et royales ont proposé à Sa Majesté le roi de France et de Navarre, les bases d'un arrangement propre à leur assurer de justes indemnités pour le passé, ainsi que des garanties solides pour l'avenir, seules conditions auxquelles il serait possible d'atteindre à une pacification prompte et durable ; et Sa Majesté Très Chrétienne ayant accédé auxdites propositions, il a été convenu de les consigner dans un traité définitif.

» A cet effet, les hautes parties contractantes ont nommé...

» Lesquels après avoir échangé leurs pleins pouvoirs, trouvés en bonne et due forme, ont signé les articles suivants :

» ARTICLE PREMIER. — Le traité du 30/18 mai 1814 est confirmé et sera exécuté et maintenu dans celles de ses dispositions qui ne se trouveraient pas modifiées par le présent traité.

» ARTICLE II. — Les hautes parties contractantes instruites par l'expérience des inconvénients attachés sous plusieurs rapports administratifs et militaires à la désignation des limites du territoire français, telle qu'elle avait été établie par l'article 2 du traité du 30 mai 1814, et voulant à cet égard adopter pour l'avenir un système également favorable au maintien de la tranquillité générale et au bien-être de leurs sujets, ont définitivement réglé la ligne de démarcation entre ledit territoire français et les États voisins de la manière suivante :

» Du côté du nord, cette ligne suivra la démarcation fixée par le traité de Paris, jusqu'au point où l'Escaut entre dans le département de Jemmapes, et de là ce fleuve jusqu'à la frontière du canton de Condé qui restera hors de la frontière de la France. Depuis Quiévrain, la démarcation sera tracée le long de l'ancienne frontière des provinces belgiques et du ci-devant évêché de Liège, jusqu'à Villers près d'Orval, en laissant le territoire de Philippeville et de Marienbourg qui s'y trouvent enclavés, ainsi que le canton de Givet, hors des limites françaises;

» Depuis Villers jusqu'à Bourg, à droite de la chaussée qui mène de Thionville à Trèves, la démarcation restera telle qu'elle a été fixée par le traité de Paris. De Bourg, elle suivra une ligne qui sera tirée sur Launsdorf, Waltwich, Schardorf, Niederreiling, Palweiler, jusqu'à Houvre, laissant tous ces endroits avec leurs appartenances à la France. De Houvre, la frontière suivra les anciennes limites du pays de Saarbruck, en laissant Saarlouis et le cours de la Sarre, avec les endroits situés à la droite de la ligne susmentionnée et leurs appartenances à l'Allemagne. Des limites du pays de Saarbruck, la démarcation suivra celle qui sépare actuellement le département de la Moselle et celui du Bas-Rhin de l'Allemagne jusqu'à la Lauter, qui servira de frontière jusqu'à son embouchure dans le Rhin, de sorte que Landau, enclavé dans la pointe avancée formée par la Lauter, restera à l'Allemagne, tandis que Lauterbourg et Weissembourg, situés sur cette rivière, resteront à la France ;

Du côté de l'est, la démarcation restera telle qu'elle était établie par le traité de Paris, depuis l'embouchure de la Lauter jusqu'à Saint-Brais, dans le département du Haut-Rhin. Elle suivra de là le Doubs jusqu'au fort de Joux en sorte que la ville de Pontarlier, située sur la droite du Doubs, appartiendra avec un rayon à la France, et le fort de Joux, situé sur la gauche, à la confédération helvétique. Du fort de Joux, la ligne suivra sa crête du Jura, jusqu'au Rhône, laissant le fort de l'Écluse hors de la frontière de France ;

» Depuis le Rhône jusqu'à la mer, la ligne de démarcation sera formée par celle des frontières qui, en 1790, séparaient la France de la Savoie et du comté de Nice ;

» La France renoncera au droit de tenir garnison à Monaco ;

» La neutralité de la Suisse sera étendue au territoire qui se trouve au nord d'une ligne à tirer depuis Ugine, y compris cette ville, au midi du lac d'Annecy, par Taverge, jusqu'à Lecheraine, et de là au lac du Bourget jusqu'au Rhône, de la même manière qu'elle a été étendue aux provinces de Chablais et de Francigny par l'article 92 de l'acte final du congrès de Vienne.

» ARTICLE III. — Les fortifications de Huningue étant un objet d'inquiétude perpétuelle pour la ville de Bâle, les hautes parties contractantes, pour donner à la confédération helvétique une nouvelle preuve de leur bienveillance et de leur sollicitude, sont convenues entre elles de faire démolir les fortifications de Huningue, et le gouvernement français s'engage par le même motif, à ne les rétablir dans aucun temps, et à ne point les remplacer par d'autres fortifications à une distance de trois heures de la ville de Bâle.

» Article IV. — Le devoir des souverains alliés envers les peuples qu'ils gouvernent, les ayant portés à demander une compensation des sacrifices pécuniaires que le dernier armement général a fait imposer à des pays déjà fortement épuisés par cette longue suite de guerres soutenues contre les pouvoirs révolutionnaires de la France ; et Sa Majesté Très Chrétienne n'ayant pas pu se refuser à admettre le principe sur lequel cette réclamation se fonde, la somme de six cent millions de francs sera fournie par la France, à titre d'indemnité. Le mode et les termes de payement de cette somme seront réglés par une convention particulière qui aura la même force et valeur qui si elle était textuellement insérée dans le présent traité.

» Article V. — Considérant, de plus, que dans le cours des guerres amenées par les événements de la Révolution tous les pays limitrophes de la France, et notamment les Pays-Bas, l'Allemagne et le Piémont, ont vu successivement démolir les places fortes qui, jusque-là, leur avaient servi de barrière, et que la sûreté de ces pays et le repos futur de l'Europe font également désirer un ordre de choses qui établisse entre les moyens de défense, de part et d'autre, un équilibre essentiellement favorable au maintien de la paix générale, les puissances alliées ont cru ne pouvoir mieux atteindre ce but qu'en proposant à la France de se charger d'une partie des frais qu'entraînera la construction d'un certain nombre de places sur les frontières opposées aux siennes, et de faciliter et de compléter cette mesure, en renonçant en faveur des alliés à quelques-unes de celles qui se trouvent sur les points les plus avancés de ses lignes de fortifications ; et Sa Majesté Très Chrétienne pénétrée des avantages que la France, après de si longues agitations, retirera de l'affermissement de la paix générale, et prête à se soumettre, pour obtenir un aussi grand bien à tout sacrifice qui ne compromet pas l'intégrité substantielle de son royaume, ayant accédé aux propositions des puissances, il est convenu que, indépendamment de l'indemnité pécuniaire stipulée dans l'article précédent, le gouvernement français fournira aux alliés, pour couvrir une partie des charges résultant du rétablissement de leur système défensif, la somme de deux cents millions, et cédera les places de Condé, Givet avec Charlemont et Saarlouis, avec des rayons convenables, tels qu'ils ont été désignés dans l'article II.

» Article VI. — L'état d'inquiétude et de fermentation, dont après tant de secousses violentes et surtout après la dernière catastrophe, la France doit nécessairement se ressentir encore, et dont, malgré les intentions paternelles de son roi et les avantages assurés par la charte constitutionnelle à toutes les classes de ses sujets, il est difficile de calculer la durée, exigeant, pour la sûreté des États voisins, des mesures de précaution et de garantie temporaires, il a été jugé indispensable de faire occuper provisoirement par un corps de troupes alliées des positions militaires le long des frontières de la France, sous la réserve expresse que cette occupation ne portera aucun préjudice à la souveraineté de Sa Majesté Très Chrétienne, ni à l'état de possession, tel qu'il est reconnu et confirmé par le présent traité.

» Le nombre de ces troupes ne dépassera pas cent cinquante mille hommes. Le commandant en chef de cette armée sera nommé par les puissances alliées.

» Ce corps d'armée occupera les places de Valenciennes, Bouchain, Cambrai, Maubeuge, Landrecies, le Quesnoy, Avesnes, Rocroi, Longwy, Thionville, Bitche et la tête de pont du fort Louis.

» La place de Strasbourg sera évacuée par la troupe de ligne et confiée à la garde urbaine, la citadelle restant occupée par les alliés;

» Ou bien elle sera complètement évacuée, désarmée et confiée à la garde urbaine.

» La ligne qui séparera les armées françaises et alliées sera particulièrement déterminée. Les places comprises dans cette ligne, et non occupées par les troupes alliées, seront confiées à la garde urbaine.

» L'entretien de l'armée destinée à ce service, devant être fourni par la France, une convention spéciale réglera tout ce qui peut avoir rapport à cet objet. Cette convention réglera de même les relations de l'armée d'occupation avec les autorités civiles et militaires du pays.

» La durée de cette occupation militaire est limitée à sept ans. Elle finira avant ce terme si, au bout de trois ans, les souverains alliés, réunis pour prendre en considération l'état de la France, s'accordent à reconnaître que les motifs qui les portaient à cette mesure ont cessé d'exister. Mais, au terme de sept ans révolus, toutes les places et positions occupées par les troupes alliées seront, sans autre délai, évacuées et remises à Sa Majesté Louis XVIII ou à ses héritiers et successeurs.

» Paris, *le 20 septembre 1825.* »

(*Suivent les signatures.*)

Je ressentis la plus profonde indignation en recevant cette communication, plus insolente peut-être encore par sa forme que par les demandes iniques qu'elle renfermait. Il n'y eut qu'une opinion dans le conseil sur la réponse que je proposai d'y faire, et le roi partagea pleinement cette opinion. J'adressai, en conséquence, aux plénipotentiaires alliés, la note suivante, en regrettant vivement de ne pouvoir y exprimer toute l'indignation que j'éprouvais; mais les circonstances commandaient une douloureuse prudence.

NOTE DES PLÉNIPOTENTIAIRES FRANÇAIS EN RÉPONSE AUX PROPOSITIONS DES ALLIÉS[1].

« Les soussignés, plénipotentiaires de Sa Majesté Très Chrétienne, ont porté sur-le-champ, à sa connaissance, les communications qui, dans la conférence d'hier, leur ont été faites par Leurs Excellences MM. les ministres plénipotentiaires des quatre cours réunies touchant l'arrangement définitif, pour base duquel Leurs Excellences ont proposé :

» 1° La cession par Sa Majesté Très Chrétienne d'un territoire égal aux deux tiers de ce qui avait été ajouté à l'ancienne France par le traité du 30 mai, et dans lequel seraient comprises les places de Condé, Philippeville, Marienbourg, Givet et Charlemont, Saarlouis, Landau et les forts de Joux et de l'Écluse.

» 2° Démolition des fortifications d'Huningue.

» 3° Le payement de deux sommes, l'une de six cents millions à titre d'indemnité, l'autre de deux cents millions pour servir à la construction de places fortes dans les pays limitrophes de la France.

---

1. Cette réponse est du 21 septembre.

» 4° L'occupation pendant sept ans des places de Valenciennes, Bouchain, Cambrai, Maubeuge, Landrecies, le Quesnoy, Avesnes, Rocroi, Longwy, Thionville, Bitche, et la tête de pont du fort Louis, ainsi que d'une ligne le long des frontières du nord et de l'est par une armée de cent cinquante mille hommes, sous les ordres d'un général à nommer par les alliés et entretenue par la France.

» Sa Majesté désirant ardemment de hâter, autant qu'il est en elle, la conclusion d'un arrangement dont le retard a causé à ses peuples tant de maux qu'elle déplore chaque jour, a prolongé et prolonge en France cette agitation intérieure qui a excité la sollicitude des puissances; mais, plus animée encore du désir de faire connaître ses bonnes dispositions aux souverains ses alliés, a voulu que, sans perte de temps, les soussignés communiquassent à Leurs Excellences MM. les ministres plénipotentiaires des quatre cours, les principes sur lesquels elle pense que la négociation doit être suivie, relativement à chacune des bases proposées, en leur ordonnant de présenter sur la première de ces bases, celle qui concerne les cessions territoriales, les observations suivantes, dans lesquelles cet important objet est envisagé sous le double rapport de la justice et de l'utilité qu'il serait si dangereux de diviser.

» Le défaut de juge commun qui ait autorité et puissance pour terminer les différends des souverains ne leur laisse d'autre parti, lorsqu'ils n'ont pu s'accorder à l'amiable, que de remettre la décision de ces différends au sort des armes, ce qui constitue entre eux l'état de guerre. Si, dans cet état, des possessions de l'un sont occupées par les forces de l'autre, ces possessions sont sous la conquête, par le droit de laquelle l'occupant en acquiert la pleine jouissance pour tout le temps qu'il les occupe ou jusqu'au rétablissement de la paix. Il est en droit de demander comme condition de ce rétablissement que ce qu'il occupe lui soit cédé en tout ou en partie, et la cession, lorsqu'elle a lieu, transformant la jouissance en propriété, de simple occupant, il en devient souverain. C'est une manière d'acquérir que la loi des nations autorise.

» Mais, l'état de guerre, la conquête et le droit d'exiger des cessions territoriales sont des choses qui procèdent et qui dépendent l'une de l'autre, de telle sorte que la première est une condition absolue de la seconde, et celle-ci de la troisième, car, hors de l'état de guerre, il ne peut pas être fait de conquête, et là où la conquête n'a point eu, ou n'a plus lieu, le droit de demander des cessions territoriales ne saurait exister, puisqu'on ne peut demander de conserver ce qu'on n'a point eu ou ce qu'on n'a plus.

» Il ne peut y avoir de conquêtes hors de l'état de guerre, et comme on ne peut prendre à qui n'a rien, on ne peut conquérir que sur qui possède ; d'où il suit que, pour qu'il puisse y avoir conquête, il faut qu'il y ait guerre de l'occupant au possesseur, c'est-à-dire au souverain : droits de possession sur un pays et souveraineté étant choses inséparables ou plutôt identiques.

» Si donc, on fait la guerre dans un pays, et contre un nombre plus ou moins grand des habitants de ce pays, mais que le souverain en soit excepté, on ne fait pas la guerre au pays ; cette dernière expression n'étant qu'un trope par lequel le domaine est pris pour le possesseur. Or, un souverain est excepté de la guerre que des étrangers font chez lui, lorsqu'ils le reconnaissent et qu'ils entretiennent avec lui des relations de paix accoutumées. La guerre est faite alors contre des hommes aux droits desquels celui qui les combat ne peut succéder, parce qu'ils n'en ont point, et sur lesquels il est impossible de conquérir ce qui n'est pas à eux. L'objet ni l'effet d'une telle guerre, ne peuvent être de conquérir, mais de recouvrer; or, quiconque recouvre ce qui n'est pas à lui ne peut le recouvrer que pour celui qu'il en reconnaît comme le possesseur légitime.

» Pour pouvoir se croire en guerre avec un pays, sans l'être avec celui qu'on en reconnaissait précédemment comme souverain, il faut de toute nécessité de deux choses l'une : ou cesser de le tenir comme tel, et regarder la souveraineté comme transférée à ceux que l'on combat, par l'acte même pour lequel on les combat, c'est-à-dire reconnaître, suivre, et par là sanctionner ces doctrines, qui avaient renversé tant de trônes, qui les avaient ébranlés tous et contre lesquelles l'Europe a dû s'armer tout entière ;

» Ou bien croire que la souveraineté peut être double; mais elle est essentiellement une et ne peut se diviser. Elle peut exister sous des formes différentes : être collective ou individuelle, mais non à la fois dans un même pays, qui ne peut avoir en même temps deux souverains.

» Or, les puissances alliées n'ont fait ou cru ni l'une ni l'autre de ces deux choses.

» Elles ont considéré l'entreprise de Bonaparte comme le plus grand crime qui pût être commis par les hommes et dont la seule tentative le mettait hors de la loi des nations. Elles n'ont vu dans ses adhérents que des complices de ce crime, qu'il fallait combattre, soumettre et punir; ce qui excluait invinciblement toute supposition qu'ils pussent avoir naturellement, ou acquérir, conférer, ni transmettre aucun droit.

» Les puissances alliées n'ont pas un instant cessé de reconnaître Sa Majesté Très Chrétienne comme roi de France, et conséquemment les droits qui lui appartiennent en cette qualité. Elles n'ont pas un instant cessé d'être avec lui dans des relations de paix et d'amitié, ce qui seul emportait l'engagement de respecter ses droits. Elles ont pris cet engagement d'une manière formelle, bien qu'implicite, dans leur déclaration du 13 mars et dans le traité du 25. Elles l'ont rendu plus étroit, en faisant entrer le roi, par son accession à ce traité, dans leur alliance contre l'ennemi commun. Car si l'on ne peut conquérir sur un ami, à plus forte raison on ne le peut pas sur un allié. Et qu'on ne dise pas que le roi ne pouvait être l'allié des puissances qu'en coopérant activement avec elles et qu'il ne l'a point fait : si la défection totale de l'armée, qui à l'époque du traité du 25 mars était déjà connue et réputée inévitable, ne lui a point permis de faire agir des forces régulières, les Français, qui en prenant pour lui les armes, au nombre de soixante à soixante-dix mille, dans les départements de l'ouest et du midi ; et ceux qui se montrant disposés à les prendre ont mis l'usurpateur dans la nécessité de diviser ses forces ; et ceux qui, après sa défaite de Waterloo, au lieu des ressources en hommes et en argent qu'il demandait, ne lui en ont laissé d'autre que de tout abandonner, ont été pour les puissances alliées des auxiliaires très réels et très utiles. Enfin, les puissances alliées, à mesure que leurs forces se sont avancées dans les provinces françaises, y ont rétabli l'autorité du roi, mesure qui aurait fait cesser la conquête, si ces provinces eussent été véritablement conquises.

» Il est donc évident que la demande qui est faite de

cessions territoriales ne peut être fondée sur la conquête.

» Elle ne peut pas davantage avoir pour motif les dépenses faites par les puissances alliées, car s'il est juste que les sacrifices auxquels elles ont été forcées par une guerre entreprise pour l'utilité commune, mais pour l'utilité plus spéciale de la France, ne reste pas à leur charge, il est également juste qu'elles se contentent d'un dédommagement de même nature que le sacrifice. Or, les puissances alliées n'ont point sacrifié de territoire.

» Nous vivons dans un temps où, plus qu'en aucun autre, il importe d'affermir la confiance dans la parole des rois. Des cessions exigées de Sa Majesté Très Chrétienne produiraient l'effet tout contraire, après la déclaration où les puissances ont annoncé qu'elles ne s'armaient que contre Bonaparte et ses adhérents; après le traité où elles se sont engagées à maintenir contre toute atteinte *l'intégrité des stipulations du 30 mai 1814*, qui ne peut être maintenue si celle de la France ne l'est pas; après les proclamations de leurs généraux en chef, où les mêmes assurances sont renouvelées.

» Des cessions exigées de Sa Majesté Très Chrétienne lui ôteraient les moyens d'éteindre totalement et pour toujours, parmi ses peuples, cet esprit de conquête soufflé par l'usurpateur et qui se rallumerait infailliblement avec le désir de recouvrer ce que la France ne croirait jamais avoir justement perdu.

» Des cessions exigées de Sa Majesté Très Chrétienne lui seraient imputées à crime, comme si elle eût acheté par là les secours des puissances, et seraient un obstacle à l'affermissement du gouvernement royal, si important pour les dynasties légitimes et si nécessaire au repos de l'Europe, en tant que ce repos est lié à la tranquillité intérieure de la France.

» Enfin, des cessions exigées de Sa Majesté Très Chrétienne détruiraient ou altéreraient du moins cet équilibre à l'établissement duquel les puissances ont voué tant de sacrifices, d'efforts et de soins. Ce sont elles-mêmes qui ont fixé l'étendue que la France devrait avoir. Comment ce qu'elles jugeaient nécessaire, il y a un an, aurait-il cessé de l'être ? Il y a, sur le continent de l'Europe, deux États qui surpassent la France en étendue et en population ; leur grandeur relative croîtrait nécessairement en même temps que la grandeur absolue de la France serait diminuée. Cela serait-il conforme aux intérêts de l'Europe? Cela conviendrait-il même aux intérêts particuliers de ces deux États, dans l'ordre des rapports où ils se trouvent l'un à l'égard de l'autre ?

» Si, dans une petite démocratie de l'antiquité, le peuple en corps, apprenant qu'un de ses généraux avait à lui proposer une chose très utile mais qui n'était pas juste, s'écria d'une voix unanime qu'il ne voulait pas même savoir quelle était cette chose, comment serait-il possible de douter que les monarques de l'Europe ne soient unanimes dans une circonstance où ce qui ne serait pas juste serait encore pernicieux?

» C'est donc avec la plus entière confiance que les soussignés ont l'honneur de soumettre aux souverains alliés les observations qui précèdent.

» Cependant, et malgré les inconvénients attachés à toute cession territoriale, dans les circonstances actuelles, Sa Majesté consentira au rétablissement des anciennes limites, sur les points où il a été ajouté à l'ancienne France, par le traité du 30 mai.

» Elle consentira pareillement au payement d'une indemnité, mais qui laisse les moyens de fournir aux besoins de l'administration intérieure du royaume, sans quoi il serait impossible de parvenir au rétablissement de l'ordre et de la tranquillité, qui a été le but de la guerre.

» Elle consentira encore à une occupation provisoire. Sa durée, le nombre des forteresses et l'étendue du pays à occuper seront l'objet des négociations. Mais le roi n'hésite pas à déclarer dès ce moment qu'une occupation de sept années étant incompatible avec la tranquillité du royaume, est entièrement inadmissible.

» Ainsi, le roi admet en principe : des cessions de territoire sur ce qui n'était pas l'ancienne France ; le payement d'une indemnité ; l'occupation provisoire par un nombre de troupes et pour un temps à déterminer.

» Sa Majesté Très Chrétienne se flatte que les souverains ses alliés consentiront à établir la négociation sur ces trois principes, aussi bien qu'à porter dans le calcul des quotités l'esprit de justice et de modération qui les anime, et qu'alors 'arrangement pourra être conclu très promptement à la satisfaction mutuelle.

» Si ces bases n'étaient pas adoptées, les soussignés ne se trouvent pas autorisés à en entendre ni à en proposer d'autres.

> » Le prince DE TALLEYRAND,
> » Le duc DE DALBERG,
> » Le baron LOUIS. »

Je reste encore aujourd'hui convaincu qu'en s'attachant avec fermeté et énergie aux principes et aux idées développés dans cette note, nous aurions triomphé des exigences des plénipotentiaires de quelques-uns des alliés, et que nous nous serions tirés d'affaire, moyennant : 1° une cession insignifiante de territoire sous le prétexte d'une rectification de frontière ; 2° une contribution de trois ou quatre cents millions de francs au plus ; et 3° une occupation momentanée de quelques forteresses par des troupes étrangères pour donner le temps de réorganiser l'armée. Mais ceux des cabinets étrangers qui étaient le plus animés par l'esprit de vengeance et de rapacité, informés d'ailleurs des intrigues par lesquelles la faiblesse du roi était enlacée, insistèrent sur les prétentions formulées dans la note du 15 septembre et répliquèrent à la note du 20 par celle ci :

RÉPONSE DES MINISTRES DES ALLIÉS.

« 22 septembre 1815.

» Les soussignés, plénipotentiaires des quatre cours alliées, ont reçu la note par laquelle MM. les plénipotentiaires de France ont répondu aux communications qui leur avaient été faites dans la conférence du 20 de ce mois, relativement à un arrangement définitif. Ils ont été surpris de trouver dans cette pièce une longue suite d'observations sur le droit de conquête, sur la nature des guerres auxquelles il est applicable, et sur les raisons qui auraient dû empêcher les puissances d'y recourir dans le cas présent.

» Les soussignés se croient d'autant plus dispensés de suivre MM. les plénipotentiaires de France dans ce raisonnement, qu'aucune des propositions qu'ils ont faites, par ordre de leurs augustes souverains, pour régler les rapports présents et futurs entre la France et l'Europe, n'était basée sur le droit de conquête, et qu'ils ont soigneusement écarté dans leurs communications tout ce qui pouvait conduire à une discussion de ce droit.

» Les cours alliées considérant toujours le rétablissement de l'ordre et l'affermissement de l'autorité royale en France comme l'objet principal de leurs démarches, mais persuadées en même temps que la France ne saurait jouir d'une paix solide, si les nations voisines ne cessent de nourrir vis-à-vis d'elle, soit des ressentiments amers, soit des alarmes perpétuelles, ont envisagé ce principe d'une juste satisfaction pour les pertes et les sacrifices passés, ainsi que celui d'une garantie suffisante de la sûreté future des pays voisins, comme les seuls propres à mettre un terme à tous les mécontentements et à toutes les craintes : et par conséquent, comme les seules et véritables bases de tout arrangement solide et durable. Ce n'est absolument que sur ces deux principes que les cours alliées ont basé leurs propositions et la rédaction même du projet que les soussignés ont eu l'honneur de remettre à MM. les plénipotentiaires de France les énonce distinctement dans chacun de ses articles.

» MM. les plénipotentiaires de France reconnaissent eux-mêmes le premier de ces principes tandis qu'ils gardent le silence sur le second. Il est cependant de toute évidence que la nécessité des garanties pour l'avenir est devenue plus sensible et plus urgente qu'elle ne l'était au temps de la signature du traité de Paris. Les derniers événements ont porté la consternation et l'alarme dans toutes les parties de l'Europe. Dans un moment où les souverains et les peuples se flattaient de jouir enfin après tant de tourments, d'un long intervalle de paix, ces événements ont provoqué partout l'agitation, les charges et les sacrifices inséparables d'un nouvel armement général. Il est impossible d'effacer de sitôt dans l'esprit des contemporains le souvenir d'un bouleversement pareil. Ce qui a pu les satisfaire en 1814 ne peut donc plus les contenter en 1815. La ligne de démarcation qui semblait devoir rassurer les États voisins de la France à l'époque du traité du 30 mai, ne peut pas répondre aux justes prétentions qu'ils forment aujourd'hui. La France doit de toute nécessité leur offrir quelque nouveau gage de sécurité. Elle doit s'y déterminer tout autant par un sentiment de justice et de convenance, que par son propre intérêt bien entendu; car, pour que les Français puissent être heureux et tranquilles il faut absolument que leurs voisins le soient aussi.

» Ce sont là les motifs puissants qui ont engagé les cours alliées à demander à la France quelques cessions territoriales. L'étendue peu considérable de ces cessions, le choix même des points sur lesquels elles portent, prouvent assez qu'elles n'ont rien de commun avec des vues d'agrandissement et de conquête, et que la sûreté des États limitrophes en est le seul et unique objet. Ces cessions ne sont pas de nature à entamer l'intégrité substantielle de la France ; elles n'embrassent que des terrains détachés et des points très avancés de son territoire ; elles ne sauraient réellement l'affaiblir sous aucun rapport administratif ou militaire ; son système défensif n'en sera point affecté ; la France n'en restera pas moins un des États les mieux arrondis, les mieux fortifiés de l'Europe, et les plus riches en moyens de toute espèce, pour résister au danger d'une invasion.

» Sans entrer dans ces considérations majeures, MM. les plénipotentiaires de France admettent cependant le principe des cessions relativement aux points que le traité de Paris avait ajoutés à l'ancienne France. Les soussignés ont de la peine à comprendre sur quoi cette distinction pourrait être fondée, et en quoi consisterait, sous le point de vue établi par les puissances alliées, la différence essentielle entre l'ancien et le nouveau territoire. Il est impossible de supposer que MM. les plénipotentiaires de France voulussent reproduire dans les transactions actuelles, la doctrine de la *prétendue inviolabilité du territoire français*. Ils savent trop bien que cette doctrine mise en avant par les chefs et apôtres du système révolutionnaire formait un des chapitres les plus choquants du code arbitraire qu'ils voulaient imposer à l'Europe. Ce serait complétement détruire toute idée d'égalité et de réciprocité entre les puissances, que d'ériger en principe que la France a pu sans difficulté étendre ses dimensions, acquérir des provinces, les réunir à son territoire par des conquêtes ou par des traités, tandis qu'elle jouirait seule du privilège de ne jamais rien perdre de ses anciennes possessions, ni par les malheurs de la guerre, ni par les arrangements politiques qui en résulteraient.

» Quant à la dernière partie de la note de MM. les plénipotentiaires de France, les soussignés se réservent de s'en expliquer ultérieurement dans une conférence prochaine qu'ils auront l'honneur de proposer à MM. les plénipotentiaires de France. »

(Ce dernier paragraphe était relatif à la *durée* du séjour des troupes étrangères sur le territoire français.)

(*Suivent les signatures.*)

Quand je portai cette note à Louis XVIII, je le trouvai très effrayé des conséquences qu'elle pouvait avoir. La *faction émi-*

grée qui craignait avant tout de se voir abandonnée à ses propres forces, ayant tant crié autour du roi qu'irriter les alliés par des refus péremptoires c'était compromettre et la France et lui-même, que le courage lui faillit. Il me déclara qu'il fallait négocier encore, prendre des tempéraments, ne céder sans doute qu'à la dernière nécessité, mais enfin céder. Or, traiter sur une demande de cession, c'était implicitement admettre qu'elle était légitime ; c'était se réduire à disputer uniquement sur le plus ou le moins ; c'était se mettre dans l'impuissance de ne pas céder.

De ma part, c'eût été démentir tous les actes que j'avais faits à Vienne et annuler les précautions que j'avais prises pour qu'on ne tournât pas un jour contre nous l'alliance alors dirigée contre Bonaparte. J'étais donc immuablement déterminé à ne jamais reconnaître, de quelque manière que ce pût être, aux alliés, un droit qu'ils ne pouvaient point avoir, et à ne mettre ma signature au bas d'aucun acte contenant la cession d'une portion de territoire. Les autres ministres étaient dans la même disposition. Mais le roi, placé entre les alliés qui demandaient, entre les courtisans qui feignaient pour sa personne des alarmes qu'ils n'avaient que pour eux-mêmes, et un ministère dont l'opinion était inébranlable et qui n'avait pas craint d'éloigner les princes du conseil, le roi, dis-je, se trouvait visiblement dans un embarras si cruel, que je me crus obligé de l'en tirer en lui offrant ma démission ; les autres membres du ministère offrirent également de se retirer [1].

Je ne voulus me rendre à aucune des instances que me firent M. de Metternich, lord Castlereagh et son frère lord

---

1. 24 septembre

Stewart, qui tous les trois vinrent me prier de ne pas me séparer d'eux. Lord Castlereagh alla jusqu'à me dire : « Pourquoi ne voulez-vous pas être ministre de l'*Europe* avec nous ? — Parce que, lui répondis-je, je ne veux être que le ministre de la *France*, et vous le voyez par la manière dont j'ai répondu à votre note. »

Ma démission était irrévocablement donnée. Le roi l'accepta de l'air d'un homme fort soulagé. Ma retraite fut aussi un soulagement pour l'empereur de Russie qui me faisait l'honneur de haïr dans ma personne, non pas, comme il le disait, l'ami des Anglais (il savait très bien que si je m'étais fait contre lui des auxiliaires des Anglais lorsqu'il s'était flatté de porter jusqu'à l'Oder les frontières de son empire, je n'étais pas pour cela leur ami plus qu'il ne convenait aux intérêts de l'Europe en général et de la France en particulier) ; mais qui haïssait en moi l'homme qui l'ayant vu de très près, dans des situations bien différentes, dans la bonne ou dans la mauvaise fortune, savait parfaitement à quoi s'en tenir sur la générosité de son caractère, sur son ancien libéralisme, sur sa dévotion récente : il lui fallait une dupe et je ne pouvais pas l'être. Mais ce qui mit le comble à sa satisfaction, c'est que j'eus pour successeur dans les doubles fonctions de président du conseil et de ministre des affaires étrangères, un lieutenant général russe, l'ancien gouverneur d'Odessa, le duc de Richelieu, très bon homme assurément, mais novice en diplomatie, et tant soit peu crédule. Persuadé qu'entre les images de la Divinité sur la terre, il n'y en avait pas de plus belle et de plus digne que l'empereur Alexandre, il n'imagina rien de mieux, en se chargeant des affaires de la France, que d'aller implorer les lumières et l'appui de ce prince.

SECONDE RESTAURATION (1815).

Je quittai le pouvoir sans de très vifs regrets. Certes, l'honneur de gouverner la France doit être le but de la plus noble ambition, mais telles étaient les circonstances d'alors, que la satisfaction de cette ambition eût été trop chèrement payée, pour moi. Indépendamment des sacrifices exigés par nos alliés devenus nos ennemis, je devais rencontrer des difficultés qui m'étaient personnelles, et qui m'auraient rendu l'exercice du pouvoir à peu près impossible. Louis XVIII, tout en ayant donné la charte, n'en admettait qu'à regret les conséquences en ce qui concernait l'indépendance de ses ministres, et portait avec peine le fardeau de la reconnaissance qu'il sentait me devoir. Ses courtisans, encouragés par le succès des élections qui avaient produit une Chambre des députés ardente dans la voie des réactions, auraient constamment miné le cabinet que je présidais. Cette Chambre elle-même, appuyée par les répugnances secrètes du roi, n'aurait pas manqué de se montrer encore plus insensée et plus violente qu'elle ne l'a fait en présence d'un ministère qui avait choisi la modération pour symbole. J'avais assez apprécié la valeur des luttes passionnées de la tribune pendant les années 1789-1791 pour savoir qu'en France elles ne peuvent aboutir qu'au désordre, si on n'a pas l'autorité de les restreindre à la simple et calme discussion des intérêts du pays, et je ne me souciais pas d'exposer la monarchie à des orages sans dignité pour elle et sans utilité pour le pays. L'âge, d'ailleurs, et les fatigues que m'avaient imposées les derniers événements m'auraient prescrit la retraite que mes goûts me faisaient désirer. Je puis donc dire que c'est sans regret que je me retirai des affaires publiques, avec la résolution arrêtée de n'en plus jamais reprendre la direction.

Ce n'est plus que par mes vœux que je pourrai servir ma

patrie et le gouvernement que j'ai souhaité pour elle, parce que je le crois le mieux adapté à son bonheur et à ses besoins actuels. Si nos nouvelles institutions sont bien comprises et sincèrement pratiquées, j'ai le ferme espoir que la France reprendra promptement le rang qu'elle doit occuper en Europe pour sa gloire et pour l'intérêt du monde et de la civilisation.

Je termine ici ces souvenirs qui doivent se clore avec la fin de ma carrière politique. En traçant ces dernières lignes, je suis heureux de me rendre à moi-même le témoignage que, si j'ai commis des fautes et des erreurs pendant cette carrière, trop longue peut-être, elles n'ont tourné qu'à mon désavantage personnel, et qu'animé de l'amour le plus dévoué pour la France, je l'ai toujours servie consciencieusement, en cherchant pour elle ce que je croyais honnêtement lui être le plus utile. La postérité portera un jugement plus libre et plus indépendant que les contemporains sur ceux qui, placés comme moi sur le grand théâtre du monde, à une des époques les plus extraordinaires de l'histoire, ont droit par cela même d'être jugés avec plus d'impartialité et plus d'équité.

Valençay, août 1816.

APPENDICE[1]

Paris, janvier 1824.

Je me vois obligé d'ajouter quelques mots à ces souvenirs, en regrettant de devoir rappeler un événement cruel et douloureux que je n'avais pas voulu même mentionner dans les pages qui précèdent.

J'ai toujours dédaigné de répondre aux accusations mensongères et injurieuses qui dans des temps comme ceux où j'ai vécu, ne pouvaient manquer d'atteindre les personnes vouées aux grandes affaires publiques. Il y a des bornes cependant à ce dédain, et, quand on soulève des questions *de sang*, le silence, au moins devant la postérité, n'est plus possible. La bassesse et les crimes de mes accusateurs, honteusement exposés par leurs propres récits, seraient peut-être, dans des cas ordinaires, une réfutation suffisante de leurs accusations. Mais, dans les cas actuels, la nature des faits, leur importance historique, la part de vérité qu'il y a dans ces récits, la grandeur des personnages dont il s'agit, l'honneur de mon nom et de ma famille, tout me commande de repousser le sang que des haines passionnées et cupides voudraient faire rejaillir sur moi.

J'ai été accusé par M. Savary, duc de Rovigo, d'avoir été l'instigateur, et, par conséquent, l'auteur de l'affreux attentat dont il

---

[1]. Cet appendice écrit en 1824 avait été provoqué par les accusations du duc de Rovigo. Celui-ci avait publié en 1823 un extrait de ses *Mémoires* relatif à l'affaire du duc d'Enghien, dans lequel il accusait formellement M. de Talleyrand d'avoir préparé et conseillé l'arrestation et l'exécution de ce prince. M. de Talleyrand présente ici sa défense.

reconnaît avoir été l'instrument, et qui a été commis il y a vingt ans sur la personne de monseigneur le duc d'Enghien. M. le marquis de Maubreuil, de son côté, prétend que j'ai cherché à le suborner pour assassiner, en 1814, l'empereur Napoléon pendant qu'il se rendait à l'île d'Elbe[1]. La démence a parfois d'étranges aberrations! C'est tout ce que je devrais dire sur cette dernière accusation, qui est tellement absurde et insensée qu'elle ne peut avoir été inventée que par un fou ou par un maniaque; mais M. Savary n'est ni l'un ni l'autre, et c'est à lui que je veux d'abord répondre.

Toutes les accusations de M. Savary se perdent, il est vrai, dans celles qu'il a faites contre lui-même. Jamais homme prévenu d'un crime ne s'est plus imprudemment et plus honteusement dévoilé. Faut-il le suivre dans l'abime où il s'est volontairement jeté pour répondre à de vaines, à de fausses allégations? Cependant, ces allégations se lient à des publications qui viennent d'une autre source. Des écrits venus ou donnés comme venant de Sainte-Hélène ont été publiés dans le seul objet de réhabiliter une grande renommée déchue par la diffamation étudiée et passionnée de toutes les célébrités contemporaines. Aussi je m'honore d'y voir mon nom perpétuellement associé à celui de tous les princes, de tous les ministres du temps. Je ne puis que m'applaudir qu'une

---

1. Marie-Armand Guerri de Maubreuil marquis d'Orsvault (1782-1855). Il appartenait à une vieille famille de Bretagne. A la Révolution, il suivit ses parents à l'étranger, revint en France en 1797, et servit dans les rangs des Vendéens. Plus tard il entra à l'armée et devint écuyer du roi Jérôme. Tombé en disgrâce, il eut dès lors l'existence la plus mouvementée, et se lança dans de nombreuses spéculations. En 1814, il fut mêlé aux aventures singulières qui sont relatées dans le présent appendice et qui n'ont pas encore été éclaircies. Arrêté en avril 1814, relâché en mars 1815, de nouveau arrêté par l'ordre de l'empereur, il parvint à s'évader, gagna la Belgique où Louis XVIII le fit encore une fois saisir. Il fut mis en liberté par ordre du roi des Pays-Bas, et revint en France. En 1816, nouvelle arrestation, et nouvelle évasion cette fois, avec la connivence, dit-on, de la police. Après de nombreuses vicissitudes, il revint à Paris en 1827. C'est alors que dans sa haine contre M. de Talleyrand qu'il voulait rendre responsable de tous ses maux, il se livra sur lui, le 21 janvier, dans la cathédrale de Reims à des voies de fait, qui le firent condamner à cinq ans d'emprisonnement. Depuis ce temps il ne fit plus parler de lui.

si grande part me soit personnellement réservée dans les expressions d'un ressentiment dont le motif prédominant a été de satisfaire des haines implacables et jalouses, et de punir la France de sa gloire passée, de ses malheurs récents, de sa prospérité actuelle et des espérances de son avenir. Rien de ce qui se trouve dans ces informes compilations d'entretiens oiseux, de jactances orgueilleuses, de dissertations pédantesques et de diffamations calomnieuses, ne peut être apporté en preuve à la charge de qui que ce soit.

Dans ces écrits, comme dans la brochure de M. Savary, on a cité deux lettres de moi ; on ne les a pas fidèlement rapportées ; je les donnerai textuellement, telles qu'elles doivent se trouver dans les archives, et j'en assume encore aujourd'hui toute la responsabilité. Ce ne sont pas ces lettres qui représentent pour moi la partie douloureuse du devoir que j'eus alors à remplir : je n'ai rien à cacher sur cette épouvantable catastrophe, car la participation que j'y ai eue a été rendue publique, et, si elle peut m'inspirer de pénibles regrets, elle ne me laisse aucun remords.

Rappelons sommairement les faits : ce sera la meilleure manière de réfuter les imputations mensongères de M. Savary.

On sait que la fin de l'année 1803 et le commencement de l'année 1804 avaient été marqués par de nombreux complots contre la vie du premier consul. Une grande procédure s'instruisait, dans les premiers mois de 1804, contre Georges, Pichegru, Moreau et d'autres accusés. A la suite des investigations faites par la police à l'intérieur, on découvrit les traces d'autres complots à l'étranger, et on chercha naturellement à rattacher les uns aux autres. Le ministère de la police générale avait été supprimé depuis plusieurs mois ; c'était un conseiller d'État qui était chargé de cette partie de l'administration, et qui, en cette qualité, était placé sous la direction du grand juge, ministre de la justice, M. Régnier [1].

---

[1]. Claude-Ambroise Régnier, duc de Massa, né en 1736, était avocat à Nancy en 1789, lorsqu'il fut élu député aux états généraux. En l'an III il reparut comme député au Conseil des anciens, seconda Bonaparte au 18 brumaire, devint conseiller d'État, grand juge, ministre de la justice et fut un instant ministre de la police (1804). Il entra plus tard au Sénat, et fut nommé en 1813 président du Corps législatif. Il mourut en 1814.

Ce ministre fit, le 7 mars 1804 (16 ventôse an XII), le rapport suivant au premier consul :

« Citoyen premier consul,

» Il existe dans Offenburg, électorat de Bade, et tout à portée des départements du Rhin, un comité soudoyé par le gouvernement britannique. Ce comité est composé d'émigrés français, ci-devant officiers généraux, chevaliers de Saint-Louis... Sa destination est de chercher par tous les moyens possibles à exciter des troubles dans l'intérieur de la République. Il a pour principal agent un émigré nommé *Mucey,* personnage connu depuis longtemps par ses intrigues et par la haine implacable qu'il a vouée à son pays.

» Ce misérable est chargé par le comité d'introduire en France, et de faire circuler avec profusion, les mandements incendiaires des évêques rebelles, ainsi que tous les libelles infâmes qui se fabriquent dans l'étranger contre la France et son gouvernement.

» Le nommé *Trident,* maître de la poste à Kehl, est l'homme qu'emploie le comité pour faire parvenir sa correspondance aux affidés qu'il a dans Strasbourg. Ces affidés sont connus et les ordres sont donnés pour leur arrestation.

» Mais je ne pense pas qu'il faille se borner à cette mesure. La tranquillité publique ainsi que la dignité de la nation et de son chef sollicitent la destruction de ce foyer d'intrigants et de conspirateurs qui existent dans Offenburg, et qui viennent avec impudence braver la République et son gouvernement pour ainsi dire à leurs portes. Il faut aussi que l'un et l'autre soient vengés par leur prompte punition.

» Je vous propose en conséquence, citoyen premier consul, de faire demander à Son Altesse Sérénissime, l'électeur de Bade, l'extradition immédiate de Mucey, Trident et de leurs complices.

» Salut et respect.

» *Signé* : RÉGNIER.

» Certifié conforme :

» *Le secrétaire d'État,*

» HUGUES MARET. »

Le premier consul, en me communiquant ce rapport, me donna l'ordre de le transmettre au gouvernement de l'électeur de Bade, et de réclamer de lui l'extradition des individus qui y étaient mentionnés.

Voici la note que j'adressai, à cette occasion, au baron d'Edelsheim, ministre des affaires étrangères de Son Altesse Sérénissime l'électeur de Bade :

« Paris, le 19 ventôse, an XII (10 mars 1804).

» Le soussigné, ministre des relations extérieures de la République française, a l'honneur d'adresser à M. le baron d'Edelsheim copie d'un rapport que le grand juge a fait au premier consul. Il prie Son Excellence de placer cette pièce importante sous les yeux de Son Altesse Sérénissime l'électeur de Bade. Son Altesse y trouvera des preuves nouvelles et évidentes du genre de guerre que le gouvernement britannique poursuit contre la France ; et elle sera douloureusement étonnée d'apprendre que dans ses propres États, à Offenburg, il existe une association d'émigrés français qui sont au nombre des plus actifs instruments de toutes ces trames abominables.

» Le soussigné est chargé de demander formellement que les individus qui composent ce comité d'Offenburg soient arrêtés et livrés avec tous leurs papiers aux officiers français chargés de les recevoir à Strasbourg.

» La réclamation officielle que le soussigné présente à cet égard dérive du texte même de l'article 1er du traité de Lunéville. Et quand il s'agit d'une conspiration d'État dont les faits connus ont déjà excité l'indignation de l'Europe, les rapports particuliers d'amitié et de bon voisinage qui subsistent entre la France et Son Altesse Sérénissime Électorale ne permettent pas de douter qu'elle ne soit empressée d'exécuter à la réquisition du gouvernement français, cette stipulation capitale du traité de Lunéville, et de concourir d'ailleurs à donner plus de moyens de dévoiler une machination qui menaçait à la fois la vie du premier consul, la sûreté de la France et le repos de l'Europe[1].

---

[1] L'article 1er du traité de Lunéville qui stipule le rétablissement de la paix entre l'empire et la France ajoute : « Il ne sera donné aucun secours ou protection soit directement, soit indirectement à ceux qui voudraient porter préjudice à l'une ou l'autre des parties contractantes. »

» Le soussigné est chargé, de plus, de demander que, par une mesure générale et irrévocable, tous les émigrés français soient éloignés des pays qui composent l'électorat de Bade. Leur séjour dans la partie de l'Allemagne la plus rapprochée de la France ne peut jamais être qu'une cause d'inquiétude, une occasion de troubles, et pour eux-mêmes une excitation à lier des intrigues dont l'Angleterre profite et qu'elle étend et dirige au gré de ses détestables projets.

» Et si l'on considère que les émigrés qui se trouvent encore hors de France sont tous des hommes conjurés contre le gouvernement actuel de leur ancienne patrie, des hommes qu'aucune circonstance, aucun changement n'ont pu rapprocher et qui sont dans un perpétuel état de guerre contre la France, il est évident qu'ils sont de ceux qui, aux termes du traité de Lunéville, ne devaient trouver ni asile ni protection dans les États germaniques. Leur exclusion est donc de droit rigoureux. Mais quand on ne devrait l'attendre que des principes et des sentiments connus de Son Altesse Sérénissime Électorale, on ne douterait pas qu'elle ne mît du soin à éloigner de ses États des hommes aussi dangereux, et à donner ainsi au gouvernement français une preuve de plus du prix qu'elle attache aux relations parfaitement amicales, que tant de circonstances ont contribué à établir entre la France et l'Électorat de Bade.

» Le soussigné attend donc avec toute confiance la détermination qui sera prise par Son Altesse Sérénissime Électorale sur les deux demandes qu'il a été chargé de lui faire parvenir, et il saisit cette occasion pour lui renouveler l'assurance... »

Cette note et la pièce qui y était jointe constatent bien que ce n'était que sur les informations fournies par la police que le gouvernement français réclamait l'extradition de certains individus et l'expulsion des autres de l'électorat de Bade, et on va voir qu'en effet ce n'était pas du ministère des relations extérieures qu'émanaient les renseignements d'après lesquels on motiva les poursuites exercées contre le duc d'Enghien.

Ma note avait été expédiée le 10 mars; quelques heures après, je me rendis chez le premier consul, sur son ordre. Je le trouvai dans un état de violente agitation ; il reprochait à M. Réal [1], conseiller d'État chargé de la police générale et qui était présent, de n'avoir pas su que le duc d'Enghien était à Ettenheim avec le général Dumouriez [2], y complotant contre la sûreté de la république, et contre sa vie à lui, et que ces complots avaient leur principal foyer à Offenburg. Se tournant bientôt vers moi, il m'adressa les mêmes reproches, en me demandant comment il se faisait que le chargé d'affaires de la France à Carlsruhe n'eût pas rendu compte de pareils faits. Dès que je pus me faire entendre de lui, ce qui n'était pas facile, car son emportement était tel qu'il ne me laissait pas l'occasion de lui répondre, je lui rappelai que la présence du duc d'Enghien dans l'électorat de Bade était depuis longtemps connue de lui, et qu'il m'avait même chargé d'informer l'électeur de Bade que le prince pouvait résider à Ettenheim ; que, quant aux intrigues qui se tramaient à Offenburg, le chargé d'affaires à Carlsruhe, M. Massias[3], avait pu les ignorer ou négliger d'en faire mention dans sa correspondance, soit qu'il y attachât peu d'importance, soit qu'il craignît de compromettre la baronne de Reich qui était, dit-on, parente ou alliée de sa femme. J'essayai, mais vainement, d'adoucir la colère que manifestait le premier consul : il nous montra les rapports qui lui étaient venus par le général Moncey, premier inspecteur général de la gendar-

---

1. Pierre-François, comte Réal, né en 1765, était procureur au Châtelet en 1789, fut sous la Révolution substitut du procureur de la Commune et accusateur public près le tribunal révolutionnaire. Sous le directoire, il devint commissaire près le département de la Seine. Après le 18 brumaire, il fut nommé conseiller d'État et attaché au ministère de la police. Il fut préfet de police sous les Cent-jours, fut exilé à la deuxième Restauration, mais revint peu après en France et mourut en 1834.

2. On connait l'erreur qui avait fait prendre pour Dumouriez l'émigré Thumery qui se trouvait alors auprès du duc d'Enghien. La ressemblance des noms, accrue encore par l'accent allemand, avait été la cause de cette erreur des agents de police.

3. Nicolas, baron Massias, littérateur et diplomate français, né en 1764, fut d'abord officier, puis professeur de belles-lettres, entra dans la diplomatie sous le directoire, fut en 1800 nommé chargé d'affaires près le cercle de Souabe à Carlsruhe, puis accrédité également près le grand-duc de Bade. En 1807, il devint consul général à Dantzig. Il se retira en 1815 et s'adonna exclusivement aux lettres jusqu'à sa mort (1848).

merie, et qui annonçaient, en effet, la présence de Dumouriez à Ettenheim. Ces rapports, comme tous ceux de ce genre, étaient fondés sur des inductions, plus que sur des faits positifs, sauf celui de la présence de Dumouriez qui y était affirmée et qui cependant n'était pas vraie. Mais le premier consul en avait l'esprit frappé, et rien ne put le dissuader que ces intrigues se rattachaient directement aux complots dont l'instruction se poursuivait alors à Paris. En conséquence, il prit sur-le-champ la fatale résolution de faire arrêter par des troupes françaises, sur le territoire badois, tous les émigrés qui se trouveraient à Offenburg et à Ettenheim. Il dicta lui-même les ordres au ministre de la guerre pour l'exécution de cette résolution, et m'imposa le devoir de prévenir après coup l'électeur de Bade de la mesure qu'il avait cru devoir adopter. J'écrivis donc au baron d'Edelsheim la lettre que je vais également insérer ici.

« Paris, le 20 ventôse an XII (11 mars 1804.)
» 3 heures du matin.

» Monsieur le baron,

» Je venais de vous adresser une note dont l'objet était de demander l'arrestation du comité d'émigrés français résidant à Offenburg, lorsque le premier consul, par l'arrestation successive des brigands que le gouvernement anglais a vomis en France, ainsi que par la marche et les résultats des procédures qui s'instruisent ici, a connu toute la part que les agents anglais d'Offenburg avaient aux horribles complots tramés contre sa personne et contre la sûreté de la France. Il a appris également que le duc d'Enghien et le général Dumouriez étaient à Ettenheim, et comme il est impossible qu'ils se trouvent dans cette ville sans la permission de Son Altesse Sérénissime Électorale, le premier consul n'a pu voir sans la plus profonde douleur qu'un prince, auquel il s'était plu à faire ressentir les effets les plus spéciaux de l'amitié de la France, ait pu donner refuge à ses plus cruels ennemis et les ait laissés tramer paisiblement des conspirations aussi inouïes.

» Dans cette circonstance extraordinaire, le premier consul a cru devoir ordonner à deux petits détachements de se porter à Offenburg et à Ettenheim pour y saisir les instigateurs d'un crime

APPENDICE. 309

qui, par sa nature, met hors du droit des gens ceux qui sont convaincus d'y avoir pris part.

» C'est le général Caulaincourt qui est chargé à cet égard des ordres du premier consul. Vous ne devez pas douter qu'il ne mette dans leur exécution tous les égards que peut désirer Son Altesse Sérénissime Électorale. Ce sera lui qui aura l'honneur de faire parvenir à Votre Excellence la lettre que j'ai été chargé de lui écrire.

» Recevez, monsieur le baron... »

En envoyant cette lettre au général Caulaincourt, je lui écrivis les lignes suivantes :

« Paris, le 20 ventôse an XII (11 mars 1804.)
» Général,

» J'ai l'honneur de vous adresser une lettre pour le baron d'Edelsheim, ministre principal de l'électeur de Bade, vous voudrez bien la lui faire parvenir aussitôt que votre expédition d'Offenburg sera consommée. Le premier consul me charge de vous dire que si vous n'êtes pas dans le cas de faire entrer des troupes dans les États de l'électeur, et que vous appreniez que le général Ordener[1] n'en a point fait entrer, cette lettre doit rester entre vos mains, et ne pas être remise aux mains de l'électeur. Je suis chargé de vous recommander particulièrement de faire prendre et de rapporter avec vous les papiers de madame de Reich[2].

» J'ai l'honneur de vous saluer. »

J'ai donné en entier ces trois lettres parce qu'elles constituent la part réelle, unique, que j'ai eue dans la déplorable affaire de

---

1. Michel Ordener (1755-1811) engagé à dix-huit ans, était sous-officier en 1789. Au 18 brumaire, il fut nommé commandant de la cavalerie de la garde consulaire. C'est lui qui commandait le détachement chargé d'enlever le duc d'Enghien. En 1805, Ordener devint général de division, puis sénateur (1806) et premier écuyer de l'impératrice.

2. La baronne de Reich avait été déjà arrêtée à Offenburg par l'autorité badoise, livrée par elle aux autorités françaises et transportée à Strasbourg avec ses papiers. (*Note de M. de Bacourt.*)

M. le duc d'Enghien. Il sera facile en examinant ces lettres avec un peu d'attention, de juger à quoi se réduit mon action dans tout ceci. Le premier consul connaissait depuis longtemps la présence du duc d'Enghien dans l'électorat de Bade ; le chargé d'affaires de France à Carlsruhe nous en avait avisé au nom de l'électeur de Bade, et il lui avait été répondu que la conduite inoffensive du prince, dont il rendait compte, ne mettait aucun obstacle à ce qu'il pût y prolonger son séjour. Le ministère des relations extérieures n'avait en quoi que ce fût participé aux recherches que la police française faisait faire alors dans les pays avoisinants notre frontière du Rhin ; ces recherches étaient dirigées, soit par le préfet de Strasbourg, d'après les ordres du conseiller d'État Réal, chargé de la police générale de la république ; soit par les officiers de gendarmerie des localités, d'après les ordres du premier inspecteur de la gendarmerie, le général Moncey. C'étaient MM. Réal et Moncey qui rendaient compte directement au premier consul des rapports qu'ils recevaient. Je n'ai jamais rien appris sur ces affaires que ce que le premier consul m'en disait quand il avait des ordres à me donner. Ainsi qu'on l'a vu, je transmis au baron d'Edelsheim le rapport du grand juge, M. Régnier, dans lequel il n'était fait encore aucune mention de M. le duc d'Enghien. Lorsque, sur de nouvelles informations dont je cherchai à infirmer l'authenticité, je reçus l'ordre péremptoire d'écrire une seconde fois au baron d'Edelsheim, ce n'est pas ma lettre qui pouvait avoir une action quelconque dans l'arrestation du prince, puisqu'elle n'était destinée à annoncer cette arrestation à M. d'Edelsheim qu'après qu'elle aurait été déjà exécutée. La lettre au général Caulaincourt constate de plus que j'avais prévu le cas où on n'aurait pas effectué la violation du territoire badois, ce qui prouve clairement que j'ignorais combien l'ordre donné au ministre de la guerre de faire entrer des troupes dans les États de l'électeur, était précis, impératif et d'une exécution inévitable. A plus forte raison devais-je ignorer le projet sanguinaire arrêté dans la pensée du premier consul.

J'insiste sur ces faits qui sont appuyés sur toutes les pièces publiées ou non publiées, parce qu'ils réfutent de la manière la plus péremptoire les affirmations et les insinuations perfides de M. Savary. En dehors des lettres que j'ai citées, je suis resté dans la plus complète ignorance, et M. Savary, à son insu, et certainement contre son gré, a pris lui-même le soin de le constater. On voit en effet que dans un des paragraphes les plus importants de son libelle, il cherche à établir que dans ce temps, les investigations de la police ne s'étendaient pas au delà des frontières et que mon ministère en était seul chargé au dehors; et cependant, il nous apprend plus loin que le premier consul ignorait jusqu'au nom, jusqu'à l'existence de M. le duc d'Enghien, ne craignant pas d'ôter toute vraisemblance à ses récits en avançant une pareille absurdité. Il se complaît ensuite à exposer dans le plus grand détail tout ce que le conseiller d'État Réal et le chef de la gendarmerie avaient imaginé de moyens et de ruses de police pour être exactement informés du séjour, des absences, des liaisons, des correspondances et des voyages de l'infortuné prince : c'est enfin sur leurs rapports et sur ceux de leurs agents qu'est prise la sinistre et fatale détermination, et jamais ni moi, ni les agents de mon ministère au dehors, ne paraissons, soit dans la préméditation soit dans l'exécution d'aucune de ces mesures. Le conseiller d'État Réal et le premier consul savaient très bien qu'elles ne convenaient pas plus à mon caractère qu'aux principes de mon ministère ; que mon intervention y était inutile, et qu'il était préférable de me les laisser ignorer.

Quant aux deux lettres adressées au baron d'Edelsheim, je ne pense pas qu'elles aient besoin d'une apologie ; mais si cette apologie est nécessaire, elle se trouverait dans la position officielle où j'étais placé à cette époque, dans la difficile position que de grands événements avaient alors créée pour la France ; enfin, dans les rapports nouveaux et tout à fait inattendus que ces mêmes événements avaient formés entre le gouvernement qui venait de s'y établir et les autres gouvernements du continent.

Qu'on me permette ici quelques considérations sur les devoirs des hommes en place à ces époques funestes où il plaît à la Providence de séparer violemment le sort personnel des rois de celui de leurs peuples. Alors, le monarque est absent, son avenir reste caché; il est donné à ses serviteurs particuliers de s'attacher à son sort, de partager ses malheurs, ses dangers, ses espérances ; en s'éloignant du sol natal, ils s'engagent irrévocablement dans sa cause, et je ne refuse ni mon respect ni mon admiration à ce parti généreux. Mais pour les autres, la patrie reste ; elle a le droit d'être défendue, d'être gouvernée ; elle a incontestablement un autre droit : celui de réclamer d'eux les mêmes services qu'ils lui devaient, qu'ils lui rendaient avant l'absence du roi. C'est dans cette manière de voir que j'ai cherché les règles de ma conduite.

A cette époque, la France, engagée de nouveau dans une guerre avec l'Angleterre, était en paix avec le reste du monde. Le devoir du ministre des affaires étrangères était de faire tout ce qui, dans les limites de la justice et du droit, était en son pouvoir pour conserver cette paix.

Sur ce point, on ne sait pas assez combien un tel devoir était compliqué. Interposé entre des gouvernements craintifs, ombrageux, inquiets sur leurs dangers, tous ensemble plus ou moins réconciliés, et un souverain puissant dont le génie, le caractère et l'ambition ne donnaient que de trop justes motifs d'inquiétude et d'ombrage, le ministre des affaires étrangères devait incessamment exercer une égale vigilance et sur la politique qu'il avait à modérer et sur celle qu'il avait à combattre. Ses négociations avec le gouvernement dont il était ministre étaient souvent bien plus difficiles et bien plus continues que celles qu'il était chargé d'entretenir avec les gouvernements qu'il avait à rassurer.

La lettre adressée au général Caulaincourt, que j'ai donnée plus haut, jette sur ce sujet une grande lumière, elle prouve évidemment que le premier consul s'était mis en garde contre ce genre de négociations ; et ce fait seul établit que j'avais tout fait pour prévenir des événements qui devaient amener pour mon ministère de longues et inextricables difficultés. Mes lettres au ministre de l'électeur de Bade en sont le prélude ; on ne doit pas perdre de vue, si l'on veut en saisir le véritable sens, que je n'avais, heureusement pour moi, à y justifier que les mesures dont j'avais connaissance.

Détourner un prince faible de s'attirer l'inimitié d'un puissant voisin, éloigner des frontières françaises des rassemblements d'ennemis qui ne pouvaient nuire au gouvernement établi que par des tentatives imprudentes et aussi fatales au repos de l'Europe qu'à celui de la France ; prévenir enfin toute cause de mésintelligence entre le gouvernement français et ceux des États limitrophes tel était l'objet de la première lettre. Il est vrai que la seconde renferme une justification peu fondée d'un acte qui portait atteinte à un des principes du droit public, et c'est là le tort que je me reproche; mais autre chose est la justification plus ou moins plausible, et autre le conseil d'un tel acte et la part prise à son exécution. Dans ce dernier cas, il y a crime; le premier n'implique qu'une pénible, qu'une malheureuse nécessité.

Je dis trop en qualifiant de crime une infraction du droit public, lorsqu'elle n'emporte que la simple violation d'un territoire voisin. Dans le cours de cette guerre, dans le cours de toutes les autres, il en a été commis de plus graves, par les ennemis de la France, par la France elle-même, et les gouvernements qui les ont commandées, on ne les a pas qualifiés de criminels pas plus que les ministres qui se sont chargés de les exécuter et ensuite d'en faire l'apologie. Dans le cas présent, il y a eu crime, mais il n'était que dans le but final que l'on avait en vue en violant le territoire étranger, et j'en suis disculpé par mon ignorance. Ici, le crime est dans les conséquences fatales que cette violation a entraînée. Mais convient-il à l'accusateur d'alléguer sans preuve que je les avais prévues? Une aussi horrible prévoyance n'appartenait qu'à des complices.

Je dois ajouter encore d'autres observations à celles que j'ai présentées plus haut sur les devoirs des hommes en place dans des temps exceptionnels. Quand, par la force des circonstances, on se trouve placé dans l'obligation de vivre et de servir sous un gouvernement qui n'a d'autre sanction que les événements qui l'ont élevé et le besoin que les peuples ont des sauvegardes de sa puissance, il peut subvenir des conjonctures où l'on ait à discuter sur la nature de ses devoirs relativement à la position où l'on est. Le gouvernement auquel on obéit vous commande-t-il un crime? Incontestablement, et sans la moindre hésitation, il faut désobéir. Il faut à tout risque encourir sa disgrâce, et se préparer à en subir toutes les conséquences. Mais ce gouvernement, sans votre participation, se rend-il criminel? Ici, il y a une discussion à établir sur une double hypothèse. Si le crime expose l'ordre public, s'il entraîne ou peut entraîner le pays dans de grands dangers, s'il tend à la désorganisation sociale, au mépris des lois, à la ruine de l'État, nul doute qu'il faut non seulement résister, mais encore secouer le joug et s'armer contre un pouvoir devenu désormais ennemi du pays qu'il a perdu tout droit de gouverner.

Mais, si le crime est, de sa nature, isolé, circonscrit dans son objet comme dans ses effets, s'il n'a de résultat général que de flétrir le nom de celui qui l'a commis, et de condamner à l'horreur publique les noms de ceux qui se sont faits ses instruments, ses bourreaux ou ses complices, alors il faut se livrer à d'amères et inconsolables douleurs ; il faut s'attrister sur ce mélange de grandeur et de faiblesse, d'élévation et d'abaissement, d'énergie et de perversité qui éclate dans des caractères que la nature se plaît quelquefois à former. Mais il faut s'en remettre à la justice des siècles du soin de leur distribuer la part de gloire ou d'infamie qui doit leur revenir. Il n'y a de compromis dans ces crimes que la renommée de ceux qui les commettent ; et si les lois du pays, si la morale commune, si la sûreté de l'État, si l'ordre public ne sont pas altérés, il faut continuer de servir.

S'il en était autrement, qu'on se figure un gouvernement tout à coup délaissé par tout ce que le pays renferme d'hommes capables, généreux, éclairés, consciencieux, et toutes ses administrations tout à coup envahies par l'écume et la lie de la population ! Quels seraient les effroyables résultats d'un tel état de choses ? Et quelle en serait la cause, si ce n'est l'oubli du principe qui vient d'être exposé, et qui non seulement justifie les engagements que les hommes les plus ennemis des gouvernements illégitimes peuvent se trouver obligés de contracter volontairement avec eux, mais encore leur font une loi d'y rester fidèles, tant que le maintien de l'ordre social et la défense des droits nationaux contre les entreprises étrangères résultent de leur observation ?

C'est là qu'il faut chercher l'apologie de toute l'administration française à l'époque dont il s'agit ici. On ne doit point oublier qu'à peu de distance de temps de cette époque, l'ordre social, au dedans, et le système politique au dehors avaient été en proie à l'anarchie. C'était aux administrations françaises qu'était confié le soin de mettre un terme à ces excès ; et cette noble tâche, elles la remplissaient avec autant de zèle que de succès. C'en sera une pour l'histoire que de dire tout ce qui fut fait alors pour calmer les esprits agités, pour mettre un frein à des passions effrénées, pour ramener dans tous les services l'ordre, la régularité, la modération et la justice. Un bon système des finances, l'établissement des préfectures, la formation, la bonne composition des grandes armées, l'entretien des routes et la publication du code civil datent de cette époque, et attestent les bons services rendus dans ce temps par toutes les branches des administrations militaires et civiles de la France. Le concordat, la paix d'Amiens, l'organisation politique de l'Italie, la médiation suisse, les premiers essais de l'établissement du système fédératif allemand attestent l'activité, la sagesse et le crédit de l'administration que j'avais formée et que je dirigeais. Si, plus tard, on s'est écarté des règles de prudence et de modération que je m'attachais avec la plus infatigable patience à établir, à maintenir et à défendre, la détermination que j'ai prise alors d'abandonner les affaires, et l'époque où cette détermination a été prise, me disculpent aux yeux de la postérité, de toute participation à ses écarts. Mais ce qui m'était possible en 1807 ne l'était pas en 1804, car alors, c'eût été déserter les grands devoirs que je pouvais me considérer comme obligé de rendre à mon pays. Cette manière de voir fut du reste partagée par d'autres que moi, et il n'est pas inutile de rappeler que pas une voix ne s'éleva dans le pays pour protester contre l'épouvantable attentat dont M. le duc d'Enghien était victime. C'est triste à dire, mais le fait est exact et ne peut s'expliquer que par la crainte que chacun avait d'ébranler un gouvernement qui avait tiré la France de l'anarchie.

Quoi qu'il en soit des considérations que je viens d'exposer et que je tiens pour justes et fondées, résumons les différents points qui se rattachent à la déplorable affaire qui les a motivées, et répétons pour ce qui me concerne :

1° Que ce n'est ni par le ministère des relations extérieures, ni par moi conséquemment, que le premier consul a été informé des complots vrais ou exagérés qui se tramaient à cette époque de l'autre côté du Rhin ;

2° Que je n'ai pas eu d'autre part dans toute l'affaire du duc d'Enghien que de transmettre au ministre de l'électeur de Bade, d'abord le rapport du ministre de la justice, et plus tard de l'informer après coup des ordres donnés par le premier consul aux généraux Ordener et Caulaincourt, ordres sur lesquels je n'ai eu et ne pouvais avoir aucune influence.

Maintenant, pour ce qui touche le jugement et l'exécution de M. le duc d'Enghien, il ne me sera pas difficile, je pense, de démontrer que je n'y ai contribué en quoi que ce soit. Ministre des relations extérieures, je ne pouvais avoir rien à démêler ni avec la nomination du conseil de guerre, ni avec l'exécution dont M. Savary accepte si hardiment la responsabilité. Il faudrait donc pour me faire jouer un rôle dans ce drame sanglant, avancer que ce serait pour ainsi dire bénévolement, et sans autre raison que le goût du sang, que j'y serais intervenu. Si mon caractère et mes antécédents ne me mettaient pas à l'abri d'un soupçon aussi infâme et aussi odieux, je pourrais encore poser à mon accusateur une question à laquelle il sera mieux que personne en état de répondre, et lui demander quel intérêt j'aurais pu avoir dans le meurtre du duc d'Enghien? Je n'ai trempé dans aucun des crimes de la Révolution française; j'avais donné assez de preuves au premier consul de mon dévouement à l'ordre de choses établi par lui, pour n'avoir pas besoin d'enflammer sa colère passionnée afin d'obtenir une confiance que je possédais entièrement depuis cinq ans. La postérité jugera entre moi et M. Savary et tous ceux qui, comme lui, par un motif ou par un autre, chercheraient à rejeter sur moi la responsabilité d'un crime que je repousse avec horreur. Je ne me suis fait ni ne me ferai l'accusateur de personne, et je me bornai à écrire au roi la lettre que je donnerai ici en la faisant suivre de la réponse de M. de Villèle :

AU ROI LOUIS XVIII.

« Sire,

» Je n'apprendrai rien à Votre Majesté en lui disant que j'ai beaucoup d'ennemis.

» J'en ai auprès du trône, j'en ai loin du trône. Les uns n'ont pas assez oublié que j'ai envisagé autrement qu'eux les premiers troubles de la Révolution; mais, quel que soit leur jugement, ils doivent savoir que c'est à la détermination que je pris alors, que je dois le bonheur d'avoir, dans les temps marqués par la Providence, contribué si heureusement à la restauration de votre trône auguste et au triomphe de la légitimité. C'est cette même restauration, c'est ce triomphe que mes autres ennemis ne m'ont point pardonné, ne me pardonneront jamais. De là, tous ces libelles, tous ces volumineux souvenirs de Sainte-Hélène dans lesquels depuis deux ans je suis incessamment insulté, diffamé par des hommes qui, en vendant les paroles vraies ou supposées d'un mort célèbre, spéculent sur toutes les hautes renommées de la France, et qui, par ce honteux trafic, se sont constitués les exécuteurs testamentaires des vengeances de Napoléon Bonaparte.

» Sire, c'est dans cette dernière classe que je dois ranger cet ancien ministre de l'empereur, le seul dont je n'ose pas même prononcer le nom devant Votre Majesté, cet homme qui, dans un accès de démence, vient tout récemment de se dénoncer lui-même à la vindicte publique, comme l'exécuteur matériel d'un exécrable assassinat ; heureux si, en se plongeant dans le sang, il peut m'entraîner avec lui et flétrir, en accolant mon nom au sien, le principal instrument des deux restaurations. Oui, Sire, des deux restaurations! On poursuit en moi les journées du 30 mars 1814 et du 13 avril 1815; journées de gloire pour moi, de bonheur pour la France, journées qui ont uni mon nom à la fondation de l'ordre constitutionnel que nous devons à Votre Majesté. Mais, c'est en vain que l'envie, que la haine, que l'ambition trompée se réunissent pour me ravir mes titres à l'estime contemporaine, à la justice de l'histoire ; je saurai les défendre et les transmettre entiers aux héritiers de mon nom.

» A travers tant d'orages qui ont signalé les trente dernières années que nous venons de passer, la calomnie m'a prodigué bien des outrages, mais il en était un qu'elle m'avait jusqu'à présent épargné. Aucune famille ne s'était cru le droit de me redemander le sang d'un de ses membres; et voilà qu'un furieux imagine que, renonçant tout à coup à cette douceur de mœurs, à cette modération de caractère que mes ennemis même ne m'ont jamais contestées, je suis devenu l'auteur, l'instigateur du plus exécrable assassinat. Moi qui n'ai jamais prononcé — et j'en rends grâces au ciel, — une parole de haine, un conseil de vengeance, contre personne, pas même contre mes ennemis les plus acharnés, j'aurais été choisir par une exception unique, qui ? Un prince de la famille de mes rois pour en faire ma victime et signaler ainsi mon début dans la carrière de l'assassinat! Et ce crime atroce, non seulement je l'aurais conseillé, mais, de plus, employant tout mon pouvoir pour soustraire la victime à la clémence du premier consul, ce serait malgré Bonaparte, contre les ordres de Bonaparte, et aux risques de la plus épouvantable et de la plus juste responsabilité que j'aurais hâté le jugement et l'exécution ! Et quel est l'homme qui ose articuler contre moi de pareilles horreurs? Mon accusateur s'est assez fait connaître lui-même.

» Toutefois, Sire, mon nom, mon âge, mon caractère, la haute dignité que je dois à vos bontés, ne me permettent pas de laisser un pareil outrage sans réparation. Pair de France, je ne dois pas demander cette réparation aux tribunaux que les lois ont chargés de punir la calomnie. C'est devant la Chambre des pairs elle-même que je traduirai mon accusateur; c'est d'elle que j'obtiendrai une enquête et un jugement. Cette épreuve, Sire, que je réclame de votre justice, vous ne la craignez pas plus pour moi que je ne la crains moi-même. La calomnie sera confondue et sa rage impuissante viendra expirer devant le grand jour de la vérité.

» Je suis, avec le plus profond respect...

» Prince DE TALLEYRAND.

» Paris, le 8 novembre 1823. »

M. DE VILLÈLE AU PRINCE DE TALLEYRAND.

« Prince,

» Le roi a lu avec attention votre lettre du 8 novembre.

» Sa Majesté m'ordonne de vous dire qu'elle a vu avec surprise que vous eussiez formé le projet de provoquer dans la Chambre des pairs un examen solennel des faits dont M. le duc de Rovigo vient de publier le récit.

» Sa Majesté a voulu que le passé restât dans l'oubli: elle n'en a excepté que les services rendus à la France et à sa personne.

» Le roi ne pourrait donc approuver une démarche inutile et inusitée qui ferait éclater de fâcheux débats et réveillerait les plus douloureux souvenirs.

» Le haut rang que vous conservez à la cour, prince, est une preuve certaine que les imputations qui vous blessent et qui vous affligent n'ont fait aucune impression sur l'esprit de Sa Majesté.

» Je suis, prince, de Votre Excellence, le très humble et très obéissant serviteur.

» JOSEPH DE VILLÈLE.

» Paris, le 15 novembre 1823. »

APPENDICE.

Après cette lettre, le silence m'était commandé ; je l'observai, et si j'ai cru devoir faire l'exposé qu'on vient de lire, c'est qu'il est destiné à n'être publié que longtemps après ma mort, et qu'il rétablira la vérité des faits sans provoquer les scandales qu'on redoutait en 1823.

Un avertissement contenu dans les journaux du 17 novembre 1823 disait :

« Le roi a interdit l'entrée du château des Tuileries au duc de Rovigo. »

Lorsque, peu de jours après avoir reçu la lettre de M. de Villèle, je me présentai au château pour avoir l'honneur de faire ma cour au roi, Sa Majesté, m'apercevant, me dit : « Prince de Talleyrand, vous et les vôtres pourrez venir ici sans crainte de mauvaises rencontres. »

Je n'ai rien à ajouter à ce récit. Et maintenant un mot sur l'accusation de M. de Maubreuil. Celle-ci est tellement absurde qu'il suffira, je pense, de l'exposer dans les termes mêmes employés par son auteur pour la faire tomber d'elle-même. Il est cependant indispensable de savoir d'abord qui était M. de Maubreuil.

Issu d'une famille ancienne et honorable de la Bretagne, M. de Maubreuil entra au service militaire sous l'empire en 1807. Après avoir servi quelque temps à l'armée qui occupait l'Espagne, il s'en fit chasser à une époque où on ne renvoyait des armées que pour des méfaits bien graves, car on avait avant tout besoin de soldats. Son nom et les recommandations qu'il se procura le firent employer à la cour du roi Jérôme en Westphalie. Cette cour n'a jamais passé, on le sait, pour avoir été très scrupuleuse dans le choix de ceux qui la composaient ; la nomination de M. de Maubreuil comme écuyer du roi après l'incident d'Espagne en serait au besoin une preuve. Et cependant, Maubreuil trouva moyen de se faire encore chasser, même de cette cour. Revenu à Paris et en possession d'une fortune assez considérable, Maubreuil se lança dans les affaires, mais dans le genre d'affaires des gens de son espèce, dans les fournitures d'armée. Soit trop grande habileté chez lui et ses associés, soit mauvaise foi de leur part, il ne tarda pas à avoir des démêlés avec le gouvernement, à la suite desquels il avait, raconte-t-il, fait des pertes considérables qui l'avaient irrité contre l'empereur Napoléon. Telle était sa position à la chute de l'empire. Et c'est alors, d'après son dire, dans les premiers jours du moi d'avril 1814, qu'il aurait été plusieurs fois appelé à mon hôtel par M. Roux Laborie[1], remplissant les fonctions de secrétaire du gouvernement provisoire, et que celui-ci, en mon nom, lui aurait proposé d'assassiner l'empereur Napoléon. On lui aurait offert des récompenses pour remplir cette *mission secrète* ainsi qu'il la qualifie, et toujours par l'intermédiaire de M. Roux Laborie, car Maubreuil déclare ne m'avoir jamais parlé. Ces récompenses devaient être, ce sont ses propres termes que je répète : « des chevaux, des équipages, le grade de lieutenant général, le titre de duc, et le gouvernement d'une province ». Il avoue qu'il a tout accepté et pris ses mesures pour l'exécution de sa *mission secrète*. Ce serait sorti de Paris seulement, et déjà en route, que les scrupules lui seraient venus et qu'il aurait compris l'horreur du crime qu'il allait commettre. Il prend sur-le-champ la généreuse résolution d'y renoncer, mais comme il tient à signaler son retour à la vertu par une bonne action, il profite de l'occasion qui se présente. Il rencontre sur la route la reine Catherine, princesse de Wurtemberg, femme de Jérôme Bonaparte, et sa souveraine en Westphalie; il l'arrête, s'empare du fourgon qui suivait sa voiture et la dépouille entièrement de son argent, de ses effets et de ses bijoux ; puis il revient triomphant à Paris, où il s'étonne d'être bientôt arrêté et poursuivi comme voleur de grand chemin. Voilà en abrégé l'histoire de mon accusateur, M. de Maubreuil.

Je demande si elle ne suffit pas pour réfuter l'accusation elle-même.

Il n'y a qu'un fait dont je n'ai pas parlé parce que je me réservais, en le rapportant, de dire que je ne puis encore m'en rendre exactement compte aujourd'hui, et que je ne trouve que des conjectures pour l'expliquer. Au moment de son arrestation, Maubreuil

---

[1]. Antoine Roux Laborie, né en 1769, était secrétaire du ministre des affaires étrangères en 1792, se réfugia à l'étranger après le 10 août : de retour en France, il fut après le 18 brumaire chef du secrétariat des affaires étrangères, mais compromis dans les conspirations royalistes du temps, il dut se cacher et vécut ensuite dans la retraite jusqu'en 1814. Il fut alors nommé secrétaire général du gouvernement provisoire, suivit la cour à Gand en 1815, et à la deuxième Restauration, fut élu député de la Somme, mais ne fut pas réélu en 1816. Il mourut en 1840.

était muni de passeports et de laissez-passer réguliers délivrés par les chefs des armées alliées et par les autorités françaises, dans lesquels on le recommandait comme étant chargé d'une mission qui exigeait la plus grande célérité.

Il faut se rappeler que dans les premiers jours du mois d'avril 1814, le gouvernement provisoire fut dans le cas d'envoyer des émissaires sur tous les points de la France pour y annoncer le renversement du gouvernement impérial et l'avènement du gouvernement légitime. On dut choisir un peu au hasard ceux qu'on chargeait de ces missions ; et je croirais volontiers qu'une haine hautement affichée contre Napoléon a pu être dans ce moment-là un titre de recommandation pour obtenir une de ces missions qui étaient dans le fait des missions de simple courrier. On n'avait pas trop le temps de s'informer de la moralité de ceux qu'on envoyait ainsi en courrier; et un homme se présentant sous le nom de marquis de Maubreuil et comme victime des persécutions de l'empereur, aura été agréé sans autres recherches.

Les mots de *mission secrète* mentionnés sur ses passeports s'expliquent tout naturellement dans les circonstances où l'on se trouvait, puisque chargés des ordres du gouvernement provisoire, ils étaient dans le cas de rencontrer des détachements de l'armée française ou des autorités qui auraient pu être disposés à entraver leur mission, s'ils avaient su qu'elle avait pour but de faire proclamer partout le renversement du gouvernement impérial. Je ne vois pas d'autre explication possible au fait des passeports et des ordres réguliers dont Maubreuil était porteur au moment de son arrestation.

Quant au fond même de la question, à l'idée que je pourrais avoir conçue de faire assassiner l'empereur Napoléon, laissant pour un moment de côté ce qu'une pareille idée aurait eu de révoltant, je demanderai aussi quel intérêt je pouvais avoir à me charger d'un crime odieux que rien ne commandait. Avant son abdication, l'empereur était à Fontainebleau entouré des glorieux débris de ses armées, et il ne serait entré, je suppose, dans la pensée de personne, d'aller l'y chercher pour l'assassiner. Après l'abdication c'était un ennemi abattu dont l'existence n'offrait plus aucun danger pour personne. Puis enfin, qui pourra jamais admettre qu'on irait offrir un titre de duc, un gouvernement de province à un lâche assassin, et qu'un homme tel que M. de Maubreuil aurait pu croire à des offres de ce genre? Mais j'en ai déjà trop dit pour repousser une accusation encore plus absurde, si c'est possible, qu'infâme. Aussi, répéterai-je encore, en finissant, qu'elle ne peut avoir été inventée que par un fou ou un maniaque.

FIN DE LA NEUVIÈME PARTIE ET DE L'APPENDICE.

DIXIÈME PARTIE

RÉVOLUTION DE 1830

(1830-1832)

RÉVOLUTION DE 1830

(1830-1832)

Je n'imaginais pas lorsque, en 1816, je terminais le récit de quelques-uns des événements de mon temps et de ma vie, que je fusse jamais dans le cas de rentrer dans les affaires publiques et, par conséquent que j'eusse un motif de reprendre la plume pour compléter ce récit. Il est vrai que je n'étais pas entièrement rassuré par la sagesse et l'habileté de ceux qui avaient alors la direction du gouvernement de la France ; mais je ne croyais pas qu'ils dussent le conduire à sa perte. Je me flattai longtemps de l'espoir, je l'avoue, de mourir en paix à l'ombre du trône que mes efforts avaient quelque peu contribué à relever ; et si, de 1816 à 1829, j'éprouvai souvent de l'inquiétude en voyant dans quelles voies fatales on était parfois entraîné, mes craintes n'allaient jamais jusqu'à la pensée d'une nouvelle révolution. J'essayai à diverses reprises de donner des avertissements dans la mesure qui m'était permise. Tantôt de la Chambre des pairs, tantôt dans des entretiens privés, j'exprimai mes impressions et, tout en le faisant avec modération, je n'hésitai pas cependant à montrer les périls de la politique intérieure et extérieure qu'on avait adoptée, ou plutôt qu'on se laissait imposer par un parti encore plus imprudent que coupable. Lorsque, en 1829, le roi Charles X prit la résolution insensée de changer son ministère et d'appeler dans son conseil les hommes les plus impopulaires du pays et qui n'avaient d'autre mérite qu'une obéissance aussi aveugle que l'obstination de l'infortuné roi, on ne pouvait plus se dissimuler que nous marchions vers l'abîme.

Je puis le déclarer ici en toute sincérité, je n'ai pas cessé de souhaiter le maintien de la restauration, et cela n'était que naturel après la part que j'y avais eue ; je n'ai rien fait pour l'ébranler et je repousse toute solidarité avec ceux qui se vantent d'avoir contribué à sa chute. J'ai cru en 1814 et 1815, et je le crois encore, que la France ne pouvait avoir de solides et durables institutions que celles qui étaient basées à la fois sur la légitimité et sur ceux des principes sagement libéraux dont la révolution de 1789 avait fait reconnaître la pratique possible. Ceci restera ma conviction, ma foi politique. Mais, du moment où la légitimité elle-même trahissait son principe en rompant ses serments, il fallait chercher le salut de la France au hasard et sauver au moins, si cela était possible, le principe monarchique, indépendamment de la légitimité, dans la grande tempête soulevée par celle-ci. L'idée d'une substitution de la branche cadette à la branche aînée de la famille royale, à l'instar de ce qui s'était fait en 1688 en Angleterre, courait pour ainsi dire les rues depuis l'avènement du dernier ministère de Charles X; les journaux amis et ennemis de ce ministère la discutaient à l'envi ; elle était dans l'esprit de tout le monde, et ce n'est pas le moindre tort de ce ministère imbécile d'y avoir ainsi préparé l'opinion publique. Il n'a manqué d'aucun avertissement à cet égard, mais il a manqué de la courageuse loyauté, de la fermeté qui auraient pu arrêter sur la pente un prince faible et crédule ; et c'est un crime, on ne peut pas le nommer autrement, car là est le nœud de la révolution du mois de juillet 1830. Si Charles X n'avait pas trouvé de lâches serviteurs pour signer les fatales ordonnances de cette époque, il aurait bien fallu qu'elles rentrassent dans sa pensée [1].

Quoi qu'il en soit, comme je n'ai pas l'intention de faire ici l'histoire des fautes de la Restauration, je m'arrête au simple fait de la nécessité dans laquelle, par suite de ces fautes, la France a été placée de se choisir un gouvernement. Il m'est d'autant plus aisé de déclarer que le choix qu'elle a fait était le meilleur possible, dans les circonstances données, que je n'ai eu aucune action dans cette création. Je l'ai acceptée ; je m'y suis rattaché comme à une ancre de salut, et je l'ai servie avec empressement, parce que, ce gouvernement croulant, je ne voyais plus que la république et les effrayantes conséquences qu'elle amenait avec elle : l'anarchie, la guerre révolutionnaire et les malheurs auxquels la France avait été arrachée avec tant de peine en 1815. Je n'examinerai même pas la question de savoir si Louis-Philippe eût mieux fait de s'en tenir au titre de lieutenant général du royaume et de refuser la couronne ; elle a été résolue par les hommes qui s'étaient mis à la tête du mouvement provoqué par les ordon-

---

1. Voir à l'Appendice (p. 446 et 447) deux lettres du prince de Talleyrand à madame de Vaudémont, sur le ministère Polignac.

nances, et qui crurent que la royauté légitime ne leur pardonnerait jamais le rôle qu'ils y avaient joué. Ces hommes placèrent Louis-Philippe dans le dilemme de livrer la France à la république ou d'accepter la royauté. Son acceptation détermina la conduite de ceux qui voulaient sauver leur pays avant tout. On raisonne facilement quand le danger est passé ; c'est la seule réponse que j'opposerai à ceux qui, le jour du danger, se tinrent tranquilles, et qui, le lendemain, descendirent sur la place publique pour blâmer et critiquer ce qu'ils n'eurent pas le courage d'empêcher.

Je vis le roi Louis-Philippe bientôt après le vote du 8 août qui lui avait décerné la couronne [1]. Le premier sujet de nos entretiens devait être l'impression que la nouvelle révolution produirait en Europe ; nous comprîmes tous deux que la première mesure à prendre était de faire reconnaître le principe de cette révolution par les gouvernements étrangers et d'obtenir ainsi, sinon leur bon vouloir, du moins leur abstention absolue dans les affaires intérieures de la France. Nos regards se portèrent naturellement vers l'Angleterre, notre plus proche voisine et qui, par ses institutions et ses révolutions passées, devait être la puissance le mieux disposée pour nous. Le roi y envoya immédiatement son aide de camp, le général Baudrand [2], qui ne tarda pas à rapporter la reconnaissance de notre gouvernement par celui de la Grande-Bretagne et des paroles assez favorables du ministère anglais. Ce premier point acquis,

---

1. Le vote de la Chambre eut lieu le 7 août.

2. Le général comte Baudrand (1774-1848), engagé volontaire en 1792, fit sa carrière dans l'arme du génie. Il était colonel en 1815, et devint après la révolution de 1830 lieutenant général et pair de France.

le roi sentit aussi bien que moi que cette reconnaissance entraînerait vraisemblablement celle des autres cabinets[1], mais que c'était à Londres que le nouveau gouvernement devait aller chercher le pivot de sa politique extérieure. Il était donc indispensable d'y envoyer un ambassadeur expérimenté et déjà connu en Europe. Le roi m'offrit tout de suite cette position délicate. J'objectai mon grand âge, l'activité qu'exigeait une pareille mission et les difficultés sans nombre qui y étaient attachées. Mais je dus céder aux instances du roi, à celle de son ministère[2] et particulièrement de M. Molé, alors ministre des affaires étrangères. Je me décidai, dans cette circonstance comme dans d'autres de ma vie, par le sentiment du devoir et par la pensée de servir mon pays. Je crus que le nouveau gouvernement ne pourrait gagner de stabilité que par le maintien de la paix, et quoique à cette époque tout le monde soutînt contre moi l'opinion que la guerre était inévitable, je me persuadai que mon nom, les services que j'avais rendus à l'Europe dans d'autres temps et mes efforts parviendraient peut-être à conjurer le malheur le plus redoutable : une guerre révolutionnaire et universelle. Je suis heureux, avant de finir ma carrière, de penser que j'y ai réussi.

---

1. L'Angleterre reconnut le nouveau gouvernement français à la fin d'août. A la fin d'octobre, la Russie, l'Autriche, la Prusse, l'Espagne et toutes les puissances secondaires de l'Europe avaient fait la même reconnaissance. — Voir à l'Appendice, page 450 : Le prince de Talleyrand à Madame Adélaïde (7 oct.), et page 452 : Madame Adélaïde au prince de Talleyrand (8 oct.).

2. C'était le ministère du 11 août. M. Dupont de l'Eure avait reçu le portefeuille de la justice ; le comte Molé, les affaires étrangères ; M. Guizot, l'intérieur ; le duc de Broglie, l'instruction publique, les cultes et la présidence du conseil d'État ; le baron Louis, les finances ; le général Gérard, la guerre ; le général Sébastiani, la marine ; MM. Laffitte, Casimir Périer, Dupin et Bignon étaient ministres sans portefeuille.

Nous étions arrivés au commencement du mois de septembre ; le 3, je reçus le billet suivant de M. Molé :

« Il est six heures et demie, et j'arrive du Palais-Royal, mort de fatigue et de mal de tête. Le roi y tient, *exige* plus que je ne puis vous le répéter. Voyez-le pour en juger vous-même. C'est ce soir, au conseil de huit heures, qu'on en parlera. Si j'étais moins exténué et moins souffrant, j'irais vous dire tout cela.

» Je vous appartiens en tout et pour tout.

» MOLÉ[1].

» Vendredi 3 septembre 1830, six heures et demie du soir. »

Deux jours après, le roi m'écrivait :

« Je veux avoir le plaisir de vous annoncer moi-même que *le Moniteur* de demain annoncera une nomination que j'ai faite avec une vive satisfaction. Si mon ambassadeur à Londres est libre demain vers quatre heures, je serai charmé qu'il vienne me voir.

» L.-P.

» Ce dimanche, 5 septembre 1830, à neuf heures et demie du soir. »

Ainsi, j'étais ambassadeur à Londres, et il fallait prendre en hâte mes dispositions pour me rendre à mon poste. Lord

---

1. On verra plus tard pourquoi j'insère ici ce billet. Je veux d'ailleurs dire une fois pour toutes que j'entremêlerai mon récit de lettres et de billets, autant que je le pourrai, parce que je crois que le meilleur récit dans ce genre, n'équivaut jamais aux pièces écrites dans le moment même des événements. (*Note du prince de Talleyrand.*)

Aberdeen [1] était ministre des affaires étrangères dans le cabinet présidé par le duc de Wellington ; j'avais eu d'intimes relations avec tous les deux en 1814 et en 1815 et je les informai de ma nomination en écrivant à lord Aberdeen qui me répondit sur-le-champ :

« Forcing-Office, 20 septembre 1830.

» Mon prince,

» Je suis trop flatté de votre souvenir pour ne pas éprouver le besoin de vous exprimer mes sentiments. Si, dans un temps des plus remarquables, j'étais assez heureux de me trouver en rapport avec Votre Excellence, certes, ce n'est pas moi qui dois en méconnaître le prix et les agréments. Permettez-moi de vous assurer, mon prince, qu'en arrivant en Angleterre, vous me trouverez très empressé de renouveler ces relations, — d'autant plus que j'espère ne pas me tromper en regardant l'affermissement d'une bonne intelligence entre les deux pays, comme le but principal de votre mission.

» Agréez...

» ABERDEEN. »

Assuré d'avoir été compris par l'homme avec lequel j'étais appelé à traiter le plus habituellement, il ne me restait plus qu'à faire mes préparatifs de départ. Je quittai Paris le 22 septembre. Je

---

[1]. Georges Gordon, comte d'Aberdeen, né en 1784, avait été ambassadeur à Vienne en 1814 pendant le congrès. En 1828, il entra comme ministre des affaires étrangères dans le cabinet Wellington et se retira avec le ministère le 16 novembre 1830. Il revint aux affaires en novembre 1834 dans le court ministère Wellington, comme ministre des colonies, puis de nouveau en 1841 sous le ministère Peel. En 1852, il présida le cabinet qui devait conclure une alliance offensive et défensive avec la France. Il se retira en 1855 et mourut en 1860.

débarquais le 24 au soir à Douvres. En entendant résonner les canons de la forteresse qui annonçaient l'arrivée de l'ambassadeur de France, je ne pus me défendre du souvenir que trente-six ans auparavant, j'avais quitté ces mêmes rivages de l'Angleterre, exilé de mon pays par la tourmente révolutionnaire, repoussé du sol britannique par les intrigues de l'émigration ; j'y rentrais maintenant animé de l'espoir, du désir surtout d'établir enfin cette alliance de la France et de l'Angleterre que j'ai toujours considérée comme la garantie la plus solide du bonheur des deux nations et de la paix du monde. Mais que d'obstacles à surmonter pour atteindre ce but! Si je les cachais aux autres pour soutenir leur courage, je ne pouvais les dissimuler à moi-même ; ils étaient nombreux, graves et d'une double nature : les uns venaient de la France, où un gouvernement mal affermi, luttait encore journellement pour son existence, ce qui n'était pas propre à inspirer de la confiance aux gouvernements étrangers. D'autre part, je n'ignorais pas que c'était un ministère tory et conservateur qui gouvernait l'Angleterre, et qui, malgré son empressement à reconnaître notre révolution, n'avait pas pu la voir d'un œil bien favorable, particulièrement après le soulèvement de la Belgique dont j'avais eu connaissance à Calais[1]. C'étaient là les réflexions qui assiégeaient mon esprit en traversant la belle Angleterre si riche, si paisible, et en entrant

---

1. C'est le 25 août que le peuple de Bruxelles se souleva au nom de l'indépendance nationale. Le 1ᵉʳ septembre, le prince d'Orange, fils aîné du roi, arriva sous les murs de la ville, mais il fut rappelé par son père qui craignait de le voir pactiser avec les insurgés. Le 23 septembre, son frère, le prince Frédéric, pénétra dans la ville, mais dut l'évacuer après quatre jours de lutte. Le 3 octobre suivant, un gouvernement provisoire proclama à Bruxelles l'indépendance de la Belgique.

à Londres le 25 septembre 1830. Elles n'ébranlèrent heureusement ni mes résolutions ni mes convictions. Et c'était assez nécessaire, car je reçus bientôt de France, des lettres qui étaient peu rassurantes.

Ainsi M. Molé m'écrivait :

« Paris, 26 septembre 1830.

» J'ai reçu hier, mon prince, votre aimable lettre de Calais. J'y ai vu avec un grand plaisir que vous aviez parfaitement supporté le voyage. — Les journaux, tout inexacts qu'ils ont été dans leurs récits, vous auront fait pressentir ce qui s'est passé depuis votre départ. J'ai cru un moment que notre correspondance officielle cesserait avant d'avoir commencé. Maintenant je crois qu'elle commencera mais je ne m'engagerais pas sur sa durée. — Madame de Dino que j'ai vue hier et avec laquelle je dîne aujourd'hui, vous en dira davantage.

» Agréez...

Et de son côté le duc de Dalberg me mandait sous la date du 27 septembre :

« Vous avez, mon cher prince, à peine quitté Paris ; les journaux vous ont fait connaître les faits qui nous ont occupés depuis peu de jours, et j'aurais cru inutile de vous écrire, si madame de Dino n'eût voulu porter de ma part quelque chose de plus que mes tendres hommages pour vous.

» Je vous ai mandé que nous étions à la veille d'entrer dans un système d'anarchie démocratique. Le ministère était sur le point de se diviser. Laffitte [1] devait former un ministère, et on m'assure que le roi avait exclu le général Lamarque [2] et Mauguin [3]. Laffitte a reculé lorsqu'il a vu que quatre-vingt-dix députés se plaçaient dans l'opposition ; que des pétitions se signaient à la Bourse ; que les nouvelles des départements étaient défavorables à un pouvoir qui prenait l'action trop bas. La question se réduit à savoir si on ira jusqu'à la fin d'octobre tel qu'on se trouve en ce moment. La question est encore de savoir si la Belgique s'arrange avec son souverain qui me paraît fort obstiné et qui n'a pas un langage franc et positif. Si la Belgique s'insurge et résiste, vous aurez ici le changement du ministère et la guerre après. Le maréchal de Trévise me disait ce matin : « Les Belges ont com-

---

1. Jacques Laffitte né en 1767, entra en 1788 dans les bureaux du banquier Perregaux, dont il gagna la confiance entière et devint l'associé (1800). Il lui succéda après sa mort, devint en 1809 régent de la Banque de France et gouverneur en 1814, député à la Chambre des représentants en 1815. Il fut réélu en 1816 et 1817. Après la révolution de Juillet, il entra dans le ministère du 11 août, et présida ensuite le cabinet du 3 novembre 1830. Il se retira en mars 1831. Il fut toujours réélu à la Chambre sauf une courte interruption en 1837 ; il siégea jusqu'à sa mort dans les rangs de l'opposition (1844).

2. Maximilien comte Lamarque, né en 1770, engagé volontaire en 1791, général de brigade en 1801, chef d'état-major de l'armée de Naples en 1807, général de division la même année. Pendant les Cent-jours, il fut nommé gouverneur de Paris, puis commandant en chef de l'armée de Vendée. A la deuxième Restauration, il fut exilé, revint en France en 1818, fut élu député en 1828 et fut un des membres les plus actifs de l'opposition. Il mourut du choléra en 1832. Ses obsèques donnèrent lieu à des manifestations tumultueuses et à une sanglante émeute (5 et 6 juin).

3. François Mauguin, né en 1785, entra au barreau de Paris en 1813, défendit en 1815 M. de Labédoyère, et plaida dans la plupart des procès politiques de la Restauration. En 1827 il fut élu député par la Côte-d'Or et depuis lors siégea constamment à la Chambre jusqu'en 1851. Il faisait partie en 1830 de l'opposition avancée et était l'ami du général Lamarque. Il mourut le 4 juin 1854.

mencé six mois trop tôt. » — Le maréchal Soult qui était son voisin, observa qu'on était ici en retard. Si c'est avec ces opinions-là qu'on veut faire de la diplomatie, je vous engage, mon prince, à vous retirer. Vous ne calmerez rien... »

Voilà pour ce qui concernait la France. L'extrait suivant de ma seconde dépêche à M. Molé donnera une idée exacte des dispositions dans lesquelles je trouvai les ministres anglais à notre égard[1] :

« Londres, le 27 septembre 1830.

» Monsieur le comte,

» Lord Aberdeen étant rentré aujourd'hui en ville, j'ai chargé M. de Vaudreuil[2] de le prévenir de mon arrivée et de lui demander l'heure à laquelle je pourrais le voir. Il a répondu avec empressement qu'il m'attendrait et qu'il ne sortirait pas. J'ai eu tout lieu d'être satisfait de cette première entrevue. Il m'a dit avec obligeance, qu'à la nouvelle de mon arrivée à Londres, il avait abrégé son séjour à la campagne et hâté son retour. Quoique ma visite se soit assez longtemps prolongée, nous sommes restés comme je le désirais dans des généralités dans lesquelles j'ai pu placer naturellement les principes qui dirigent la politique de la France. Je

1. Les lettres officielles de M. de Talleyrand au ministre des affaires étrangères celle-ci, en particulier ont déjà été publiées par M. Pallain (*Ambassade de Talleyrand à Londres, 1830-1834, première partie*). Quelques-unes de ces lettres sont reproduites dans les *Mémoires*. Elles seront signalées au passage en même temps que les variantes des deux textes.

2. Victor-Louis Rigaud vicomte de Vaudreuil, né en 1799, était entré dans la diplomatie sous la Restauration et avait été secrétaire à La Haye, à Cassel, à Londres et à Lisbonne. En 1830, il était premier secrétaire à Londres : il fut peu après nommé ministre à Weimar puis à Munich où il mourut (1834).

n'ai eu, pour cela, besoin que de me rappeler les instructions que le roi m'avait données. Il m'a été facile de juger que le ministre de Sa Majesté Britannique était plus disposé à y applaudir qu'à les combattre. Je n'ai pu qu'être[1] content de ce qu'il m'a dit à cet égard.

» En sortant de chez lord Aberdeen, je suis allé chez le duc de Wellington qui est aussi revenu ce matin. J'ai eu fort à me louer de l'accueil que le ministre du roi a reçu de lui. Tous les sentiments qu'il a exprimés sont favorables à l'ordre de choses qui, *heureusement*[2], règne aujourd'hui en France. Cependant, comme dans le cours de la conversation, il s'est servi du mot *malheureuse*, en parlant de la révolution amenée par les folles entreprises du dernier gouvernement, j'ai cru devoir relever cette expression, et dire que sans doute elle lui était inspirée par un sentiment de commisération bien naturel pour ceux que cette révolution avait précipités du trône, mais qu'il devait être bien convaincu qu'elle n'était un malheur, ni pour la France, retirée par elle de la funeste position où le système de gouvernement précédemment suivi l'avait placée, ni pour les autres États avec lesquels nous désirons rester dans de bons rapports, dont nous ne nous écarterons jamais, si, comme nous avons le droit de l'exiger, la dignité de la France est constamment respectée. Sur cette observation, faite un peu vivement, le duc a, en quelque sorte rétracté l'expression dont il s'était servi, en s'empressant de la renfermer dans le sens que je lui donnais.

---

1. Variante : *très* content.

2. Supprimé dans le texte des archives.

» En tout, monsieur le comte, je crois pouvoir en toute assurance augurer de ces premiers entretiens que les dispositions personnelles des ministres anglais ne compliqueront pas les difficultés qui pourront sortir de la nature même des affaires que j'aurai à traiter avec eux.

» Lord Aberdeen n'a pu me dire encore, quel jour le roi me donnerait audience, ni si ce serait à Londres ou à Brighton. »

Ces citations de dépêches et de lettres suffiront pour constater, jusques dans ses nuances, la délicatesse de ma situation. L'avenir, heureusement caché pour les hommes, ne me révélait pas de combien de complications nouvelles, cette situation serait encore embarrassée, et je me mis à l'œuvre avec bon courage.

Le personnel de mon ambassade était assez médiocrement composé ; il m'avait été en grande partie imposé avant mon départ de Paris, et je dus lui faire subir plusieurs changements avant de le rendre aussi utile qu'il le devint par la suite. Mais en revanche, ma nièce, madame la duchesse de Dino, avait consenti à m'accompagner à Londres, et je pouvais compter sur les ressources de son grand et charmant esprit, aussi bien pour moi-même, que pour nous concilier la société anglaise si exclusive, et dont elle ne tarda pas, comme je l'avais prévu, à conquérir la bienveillance. Ce n'était pas une œuvre facile, cependant, car la grande majorité de l'aristocratie anglaise n'avait pas accepté notre révolution aussi aisément que le ministère ; et il y avait en outre dans cette aristocratie des influences étrangères que j'aurai occasion de signaler plus tard, et qui s'exercèrent activement contre nous à notre début, mais que nous parvînmes, non sans peine, à surmonter.

Les événements prirent promptement un caractère plus grave en Belgique ; l'émeute de Bruxelles se transforma en un soulèvement général du pays, et, soit par les fautes du gouvernement et son impopularité, soit par le désir d'imiter ce qui s'était fait en France, il s'y opéra une révolution aussi complète que la nôtre, avec cette différence fort remarquable, qu'en France, la révolution s'était faite en partie par suite des empiètements du clergé, tandis qu'en Belgique c'était le clergé lui-même qui l'excitait[1]. Grande leçon donnée aux gouvernements, qui devaient apprendre une fois de plus le double danger qu'il y a à persécuter une religion au profit d'une autre, comme on l'avait fait dans les Pays-Bas, ou à placer la religion dans le gouvernement, ainsi qu'on avait tenté de le faire en France.

Cet incident de la révolution belge aggravait singulièrement les difficultés de nos premières relations avec le gouvernement anglais : car, si j'avais dû, dès le début, faire valoir en faveur de notre révolution le principe de non-intervention, généralement adopté par ce gouvernement, je ne pouvais pas oublier cependant que la création du royaume des Pays-Bas, par la réunion de la Belgique à la Hollande, avait été, en 1814, l'œuvre de l'Angleterre et des mêmes hommes d'État anglais que je retrouvais précisément encore au pouvoir en 1830. Ces hommes consentiraient-ils à accepter les conséquences du principe de non-intervention, quand elles avaient pour résultat de renverser une combinaison adoptée en haine ou par crainte de la France, lorsque cette même France devait leur paraître

---

1. Dès l'année 1815 la constitution hollandaise qui venait d'être étendue à la Belgique avait été soumise à l'approbation des *notables* belges. Elle fut rejetée par 796 voix contre 527, et parmi les membres de la majorité 126 avaient spécialement motivé leur vote « *par les articles relatifs au culte* ».

bien plus dangereuse après la révolution qu'elle venait de faire ? Première question fort délicate à poser aux ministres anglais. Je n'hésitai pas néanmoins à le faire, dès que la nouvelle arriva à Londres que l'armée hollandaise avait été repoussée de Bruxelles, et que le roi des Pays-Bas était hors d'état de rétablir son pouvoir sur la Belgique.

Je dois rendre la justice au gouvernement anglais de dire qu'il reconnut loyalement et immédiatement l'autorité du principe de non-intervention ; mais il présenta sur son application au cas actuel des considérations qui n'étaient pas sans force. Voici le langage qu'il me tint :

« S'il est démontré que le roi des Pays-Bas est dans l'impossibilité de rétablir l'ordre dans ses États, il n'en est pas moins du plus grand intérêt pour l'Europe que les choses ne restent pas dans l'état où elles sont aujourd'hui. Nous ne pouvons pas, et vous ne pouvez pas plus que nous, rester insensibles à ce qui se passe. Tout en maintenant le principe de non-intervention, il faut que nous trouvions ensemble le moyen d'empêcher les États, qui craignent de voir se propager chez eux l'esprit d'insurrection, de prendre des mesures violentes qui rendraient la guerre inévitable. Ne pourrait-on pas essayer, par d'utiles conseils, de ménager un rapprochement avantageux à la Hollande et à la Belgique, et tel que chacun, en faisant un sacrifice, obtiendrait la partie essentielle de ce qu'il a le droit d'exiger ? Donner des conseils n'est pas intervenir, lorsque celui qui les donne n'élève pas la prétention de contraindre à les suivre. En se bornant à ce rôle amical, on ne blesse pas l'indépendance de l'État à qui ces conseils s'adressent, et aucun autre gouvernement ne saurait en prendre de l'ombrage. Toute l'Europe a concouru à la formation du royaume des Pays-Bas en 1814 ; ce serait s'abuser étrangement que d'espérer que, si le déchirement de ce royaume est complet, la paix de l'Europe n'en soit pas troublée. »

Lord Aberdeen concluait que c'était un devoir pour les puissances qui pouvaient exercer quelque influence auprès du roi des Pays-Bas, d'en faire aujourd'hui usage, mais seulement par la voie de la persuasion, et en évitant toute démarche qui pourrait présenter un autre caractère, pour engager les deux partis à faire franchement des concessions, à la faveur desquelles un rapprochement puisse être opéré ; et comme la France et l'Angleterre étaient les seules à portée d'agir, et de le faire immédiatement, ainsi que l'urgence des circonstances l'exigeait, il pensait que c'était à elles à faire entendre leurs conseils.

Ces considérations eurent d'autant plus de valeur à mes yeux que, ne pouvant pas douter de la droiture des intentions du gouvernement anglais, j'y voyais tout d'abord un besoin de se concerter avec nous dans une affaire où son intérêt était engagé. Il me parut donc qu'il était impossible pour nous de nous retrancher dans la généralité du principe de non-intervention, et de garder une attitude passive qui n'était pas sans danger pour le repos de l'Europe, et qui nous aurait fait perdre une partie de l'influence que le gouvernement anglais désirait nous voir prendre. J'appuyai en conséquence à Paris les propositions que lord Aberdeen y fit présenter par l'ambassadeur d'Angleterre, lord Stuart de Rothesay.

Dans l'intervalle de la réponse attendue de Paris à ces ouvertures, j'eus le 6 octobre, du roi d'Angleterre, l'audience dans laquelle je lui présentai mes lettres de créance[1].

---

1. Appendice, p. 450 : Le prince de Talleyrand à madame Adélaïde (7 oct.).

Je lui adressai, à cette occasion, le discours suivant :

« SIRE,

» Sa Majesté le roi des Français m'a choisi pour être l'interprète des sentiments qui l'animent pour Votre Majesté.

» J'ai accepté avec joie une mission qui donnait un si noble but aux derniers pas de ma carrière.

» Sire, de toutes les vicissitudes que mon grand âge a traversées, de toutes les diverses fortunes auxquelles quarante années, si fécondes en événements, ont mêlé ma vie, rien peut-être n'avait encore aussi pleinement satisfait mes vœux, qu'un choix qui me ramène dans cette heureuse contrée. Mais quelle différence entre les époques! Les jalousies, les préjugés, qui divisèrent si longtemps la France et l'Angleterre, ont fait place aux sentiments d'une estime et d'une affection éclairées. Des principes communs resserrent plus étroitement les liens des deux pays. L'Angleterre, au dehors, répudie comme la France le principe de l'intervention dans les affaires intérieures de ses voisins, et l'ambassadeur d'une royauté votée unanimement par un grand peuple se sent à l'aise sur une terre de liberté, et près d'un descendant de l'illustre maison de Brunswick.

» J'appelle avec confiance, Sire, votre bienveillance sur les relations que je suis chargé d'entretenir avec Votre Majesté, et je la prie d'agréer l'hommage de mon profond respect. »

Le roi Guillaume IV, près duquel je me trouvais accrédité, avait été marin, et avait conservé le ton et les manières que donne en général cette carrière. C'était un brave homme, d'un esprit assez étroit, que le parti whig avait toujours compté dans ses rangs, mais qui, cependant, depuis son récent avènement au trône (26 juin 1830), avait conservé le ministère tory de son frère et prédécesseur George IV. Il me reçut fort bien, balbutia dans son français incorrect quelques phrases amicales pour le roi Louis-Philippe, et me témoigna la satisfaction qu'il avait éprouvée en apprenant qu'on avait fermé les sociétés populaires à Paris[1]. Je veux dire ici, pour n'avoir plus à y revenir, que, pendant les quatre années de mon ambassade à Londres, je n'ai jamais eu qu'à me louer des procédés du roi et de la reine d'Angleterre, qui ont saisi avec empressement toutes les occasions de m'être agréable, ainsi qu'à ma nièce, madame la duchesse de Dino.

Avant que me parvînt la réponse de M. Molé aux ouvertures du cabinet anglais, je reçus de lui deux lettres qui contenaient quelques reproches assez mal fondés[2]. L'extrait suivant de la dépêche que je lui écrivis le 6 octobre, après avoir vu le roi, expliquera suffisamment, et la nature de ces reproches, et leur peu de fondement[3].

«...Nous ne devons[4] pas reprocher à lord Aberdeen de ne m'avoir pas fait de communication sur une demande de secours qui lui aurait[5] été adressée par le gouvernement des Pays-Bas. Je puis vous donner l'assurance qu'il n'y a pas eu telle chose, qu'une démarche de cette nature. Il y a eu des

---

1. Il n'était pas exact que les clubs eussent été fermés à cette date (6 octobre). Le 25 septembre précédent, il s'était bien engagé à la Chambre une discussion à ce sujet, et MM. Guizot et Dupin avaient engagé le cabinet à agir avec vigueur ; mais les ministres avaient refusé de s'engager. Toutefois le soir même de ce jour, la *Société des amis du peuple*, qui siégeait rue Montmartre, fut envahie et dispersée par les habitants du quartier.

2. Voir ces lettres à l'Appendice, p. 447 et 450.

3. Dépêche officielle déjà publiée.

4. Variante : *Je ne dois pas.*

5. Variante : *avait.*

craintes exprimées, des besoins montrés ; on a parlé des peines et des embarras de la circonstance ; mais aucune demande positive n'a été faite. La vraie demande d'appui et d'assistance n'est arrivée que cette nuit à minuit. Lord Aberdeen vient de me confirmer tout ce que je vous écris à ce sujet. Le gouvernement anglais ne répondra qu'après s'être entendu avec nous. Ce concert est aujourd'hui désiré vivement par le cabinet de Londres ; et il me semble que pour obtenir[1] un pareil résultat, du 27 septembre au 3 octobre *que je vous ai écrit*[2], il n'y a pas eu de temps de perdu. J'avais cru préférable que la proposition en vînt du gouvernement anglais ; je suis encore de cet avis, mais sans y tenir beaucoup, puisque je vois par la lettre que vous avez écrite, soit dit en passant, sans m'en avoir prévenu, au duc de Wellington, qu'il y a des ouvertures faites de notre côté[3]. Ce n'est pas là, au reste, le point important. L'affaire est en bonne direction et les dispositions favorables ne font ici que se fortifier. L'on cherche avec bonne foi les moyens d'arriver à une solution. Vous rencontrerez le moins de difficultés possible de la part du gouvernement anglais. Celles qu'il ferait tiendraient à des engagements pris par des traités particuliers, et les objections de cette nature, quand un gouvernement puissant veut tout à fait, ne sont pas insurmontables. Les interprétations se présentent aisément à tous les gouvernements forts.

» Lord Aberdeen m'a annoncé il y a plusieurs jours que

1. Variante : *avoir obtenu*.

2. Supprimé dans le texte des archives.

3. M. de Talleyrand avait été blessé de cet incident. (Voir sa lettre à Madame Adélaïde du 7 octobre. Appendice, p. 450.)

nous aurions une conférence sur les affaires de Portugal mais en ajoutant qu'il n'y avait pas d'urgence. Je vous écrirai donc plus tard sur cette question. Il vous[1] sera difficile d'établir près du gouvernement anglais, comme le portent mes instructions, que le gouvernement de Terceira est un gouvernement de fait[2]: car ce qui est de fait, c'est qu'il émane de Dom Pedro, qu'il est payé par lui et qu'il en nomme les membres. Quand vous voudrez traiter cette question, c'est probablement là l'objection qui nous[3] sera opposée par l'Angleterre.

» Le roi m'a dit en me quittant, un *à revoir, à Brigthon*, qui m'y fera aller lorsque je jugerai que ma présence n'est point ici nécessaire aux affaires... »

Comme j'étais informé qu'à Paris, on trouvait que je n'écrivais pas assez depuis huit jours que j'étais à Londres, qu'on s'agitait à ce sujet[4], je ne m'en tins pas à ce qu'on vient de lire de ma dépêche du 6 octobre, et j'écrivis le 8 à M. Molé une lettre particulière que j'insérerai ici, afin de constater comment j'entendais traiter les affaires dont j'étais chargé.

« Londres, le 8 octobre 1830.

» Nous nous connaissons, nous nous aimons, nous voulons les mêmes choses, nous les comprenons de même,

---

1. Variante: *nous*.

2. L'île de Terceira (Açores) fut pendant l'usurpation de dom Miguel la résidence du gouvernement de la reine dona Maria (1829-1833). Voir page 349 et note.

3. Variante: *vous*.

4. Madame Adélaïde s'était fait auprès du prince l'interprète de ce sentiment (Voir à l'Appendice, p. 452, la lettre qu'elle lui écrivait le 8 octobre). — M. de Talleyrand lui répondit le 29 pour se justifier, p. 456.

nous les voulons de la même façon; notre point de départ est semblable, notre but est le même. Pourquoi sur la route, ne nous entendons-nous pas? Il y a là quelque chose que je ne comprends pas bien et qui sera, je l'espère, fort passager. — Notre correspondance n'est ni amicale ni ministérielle; il me semble cependant qu'entre nous deux il doit en être autrement, et je viens avec tout mon vieil intérêt vous le demander. Une confiance moins parfaite, une entente moins intime, pourraient nuire, entraver, arrêter les affaires et j'en serais malheureux; notre amitié en souffrirait, et j'en serais très fâché. Si ma façon de comprendre les affaires est passée de mode, il est plus simple de me le dire tout naturellement. Soyons donc bien ouverts l'un à l'autre. Nous ne ferons bien que si nous traitons les affaires avec cette facilité qui naît de la confiance. Vous me trouverez disant tout, excepté ce qui me paraît sans importance aucune. C'est ainsi que je faisais avec l'empereur et même avec Louis XVIII. Je sais que la France actuelle n'en est plus à cette vieille tradition; qu'elle est dans ce qu'on appelle *le mouvement*; mais, moi, qui suis ici sur le sol de la vieille Europe, je sens qu'il faut laisser au temps tous ses droits, et que de nous presser est trop hors des habitudes anglaises pour ne pas nous ôter un peu de l'espèce de poids qu'il faut donner à toutes nos démarches. Le gouvernement anglais est et sera, soyez-en sûr, très bien pour nous. Mille amitiés. »

Avec cette lettre, j'expédiai une dépêche qui rendait compte de ce que savait et pensait le ministère des affaires de Belgique. La Prusse, à laquelle le roi des Pays-Bas avait aussi adressé une demande de secours, avait répondu qu'elle n'agirait que de concert avec l'Angleterre. On pensait que l'Autriche ferait de même, et on ne savait naturellement rien encore de Pétersbourg sur cette question. On était assez inquiet de la marche du prince Frédéric des Pays-Bas sur Bruxelles [1].

Le jour même où ces lettres partirent, je vis arriver à Londres M. Bresson [2], chef du cabinet particulier de M. Molé et qui avait été nommé premier secrétaire de mon ambassade en remplacement de M. Challaye, envoyé comme consul général à Smyrne. J'avais besoin de ce renfort pour le travail quotidien qui réclamait beaucoup d'assiduité.

La réponse de Paris sur les ouvertures du gouvernement anglais arriva enfin ; par cette réponse, on acceptait les propositions anglaises ; mais on exprimait en même temps la volonté invincible que les conférences sur la question belge se tinssent à Paris. M. Molé répondait amicalement à ma lettre, et tout semblait prendre ainsi une marche régulière.

Lorsque je fis part à lord Aberdeen du désir du gouvernement français relativement au siège des conférences, il me dit qu'il devait consulter ses collègues sur cette proposition à laquelle, lui, personnellement, ne voyait pas d'objection. Mais il ne tarda pas à m'informer que dans une réunion du

---

1. Frédéric-Guillaume-Charles, prince des Pays-Bas, fils du roi Guillaume Ier, né en 1797, fut nommé par son père administrateur général du département de la guerre et amiral. En 1830, mis à la tête de l'armée qui devait opérer contre Bruxelles, il pénétra dans la ville le 23 septembre, mais dut l'évacuer après quatre jours de lutte.

2. Charles comte Bresson, né en 1798, entra dans la diplomatie sous la Restauration. En 1830, il fut nommé premier secrétaire à Londres, et en 1833, chargé d'affaires à Berlin. En novembre 1834, il devint ministre des affaires étrangères et fut créé pair de France. En 1841, il fut envoyé à Madrid comme ambassadeur et en 1847 à Naples, où il se donna la mort peu de jours après son arrivée.

cabinet dans laquelle la proposition du gouvernement français avait été soumise, ses collègues et lui étaient arrivés à la conclusion qu'elle ne pouvait être acceptée. Le duc de Wellington que je vis à la suite de cette communication, m'exposa les raisons qui les avaient déterminé à rejeter notre proposition. Il pensait, me dit-il, que, dans cette circonstance, la question de temps était tout ; qu'il était immense de pouvoir délibérer et conclure vite, et que tout était prêt à Londres pour une solution prompte et définitive. Il y voyait pour nous un grand intérêt, parce que notre position, malgré la reconnaissance des puissances, ne serait complétée qu'après la pacification de la Belgique, et i ajoutait qu'il importait aujourd'hui à l'Angleterre que cette position fût, non seulement complète, mais aussi grande et forte. Il se croyait sûr des ministres étrangers qui seraient appelés à la conférence, si elle était tenue à Londres; plusieurs même avaient déjà leurs pouvoirs et ceux qui ne les avaient pas prendraient sur eux, et tous signeraient ce que voudraient la France et l'Angleterre, tandis qu'il doutait qu'il en fût de même à Paris, où les ministres étrangers n'oseraient rien signer sans consulter leurs cours. Quelques jours perdus pourraient compliquer les choses, à tel point qu'il devînt extrêmement difficile d'y porter remède et de s'entendre.

J'essayai vainement de combattre ces considérations ainsi que me le prescrivaient les instructions qui m'étaient venues de Paris; j'insistai particulièrement sur le mot d'*invincible* contenu dans ces instructions; je n'obtins rien, et, tout ce que je pus écrire à Paris, c'est que, de quelque côté que vînt la concession sur ce point, de la France ou de l'Angleterre, la

France ne trouverait pas moins le cabinet anglais disposé à agir de bon accord avec nous.

Je dois avouer, néanmoins, que je partageais à cet égard l'opinion du cabinet anglais, mais pour des raisons qu'il ne faisait pas encore valoir. Il ne me paraissait pas convenable de placer une conférence au milieu de Paris livré alors, soit à des émeutes, soit à des alarmes journalières, et où la situation précaire du gouvernement, troublée par le prochain procès des ministres de Charles X[1], n'eût inspiré aucune confiance aux plénipotentiaires étrangers chargés de maintenir la paix en Europe; puis, je savais qu'à Paris, c'eût été Pozzo[2] qui aurait eu la direction des conférences par l'empire qu'il exerçait sur M. Molé, et le crédit en Europe du duc de Wellington me paraissait préférable à celui de Pozzo. Je fis tous mes efforts cependant pour déterminer les ministres anglais à accepter Paris comme siège des négociations; mais je crois encore aujourd'hui qu'ils agirent sagement en s'y refusant[3].

Une autre question compliquait alors les rapports entre le nouveau gouvernement français et le cabinet anglais ; c'était celle des affaires de Portugal.

J'en ai déjà touché un mot, mais il faut rappeler ici briè-

---

1. Le procès des ministres allait s'ouvrir le 15 décembre devant la Chambre des pairs.

2. Le comte Pozzo di Borgo était alors ambassadeur de Russie à Paris.

3. M. de Talleyrand, dans sa correspondance particulière, insiste tous les jours sur l'influence considérable du duc de Wellington, sur son crédit en Europe et sur la nécessité de fixer le siège des conférences à Londres. (Voir notamment sa lettre du 15 octobre à Madame Adélaïde (Appendice p. 453) et celles des 15, 19 et 22 octobre à madame de Vaudémont (Appendice, p. 454 et 455).

vement les faits pour faire mieux comprendre l'état de la question[1].

On sait que Dom Miguel, rentré en Portugal, du consentement de toutes les puissances avait été chargé du gouvernement du pays, jusqu'à la majorité de sa nièce Dona Maria, qu'il devait alors épouser. C'était au moyen de cette transaction

---

[1]. Il est nécessaire ici pour comprendre la situation du Portugal, de reprendre les événements d'un peu haut. — Le roi Jean VI était mort en 1826, après avoir accepté et mis en vigueur la constitution imposée par les Cortès en 1821. Il laissait deux fils : l'aîné, dom Pedro était resté en Brésil au moment du retour de sa famille à Lisbonne (1821), s'était fait proclamer empereur du Brésil (1822), et avait signé avec son père, en 1825, un traité, aux termes duquel la séparation des deux États était reconnue, et les deux couronnes ne devaient jamais être réunies, le second, dom Miguel, avait toujours protesté contre les tendances constitutionnelles de son père et avait même suscité contre lui des complots.

Le roi Jean en mourant avait institué une régence provisoire sous la présidence de sa fille Isabelle-Marie, en attendant que *celui à qui appartînt la couronne* eût fait connaître sa volonté. Cette désignation ambiguë suscita de longs troubles. D'un côté, dom Pedro se déclara roi de Portugal, malgré le traité de séparation de 1825. D'ailleurs il abdiqua presque aussitôt, après avoir octroyé une nouvelle constitution à ses sujets, en faveur de sa fille dona Maria da Gloria, à laquelle il destinait pour époux dom Miguel lui-même, pensant par cette union réconcilier les deux branches de la famille. Mais dom Miguel, après avoir fait une feinte soumission, d'accord avec sa mère, avec son oncle le roi d'Espagne Ferdinand VII, et avec l'appui moral des principales cours de l'Europe qui voyaient d'un mauvais œil les idées constitutionnelles s'établir en Portugal, dom Miguel releva l'étendard absolutiste (octobre 1826). Les miguelistes furent d'abord vainqueurs ; la régente Isabelle-Marie résigna ses pouvoirs en faveur de dom Miguel et l'assemblée des Cortès le proclama en juillet 1828 roi de Portugal. Une guerre civile générale éclata. La ville de Porto se déclara en faveur de la reine Marie et une véritable terreur s'étendit sur tout le pays. Cependant, l'empereur dom Pedro voulut soutenir par les armes les droits de sa fille. Les Açores, s'étant déclarées pour elle, devinrent le point de ralliement des constitutionnels. Une régence s'y établit en mars 1830 au nom de la jeune reine, mais elle ne fut pas tout de suite reconnue par les cours du continent. Dom Miguel put même, comme roi légitime, négocier un emprunt de cinquante millions.

Telle était la situation respective des deux partis au moment de la révolution de Juillet qui, par contre-coup, allait changer la face des choses en Portugal. Dom Miguel dut céder, et la reine Marie monta sur le trône en 1834.

qu'on avait cru pouvoir concilier les difficultés que présentaient les droits de Dom Pedro, père de Dona Maria, qui devenu empereur du Brésil, avait dû renoncer pour lui-même à la couronne du Portugal, et les prétentions de Dom Miguel qui, après cette renonciation, avait réclamé la couronne du Portugal pour lui-même. Dom Miguel, cependant, à peine rentré en Portugal, n'avait pas tardé à jeter le masque et à manquer à ses engagements. Il avait aboli la constitution ; il gouvernait le pays en son propre nom et persécutait sans pitié les partisans de sa nièce qui étaient en même temps ceux des institutions constitutionnelles accordées par le roi Dom Jean VI. L'empereur Dom Pedro, irrité de cette conduite, avait envoyé du Brésil une expédition composée toute de Portugais qui s'était établie à l'île de Terceira, n'étant pas assez forte pour débarquer en Portugal avec des chances de succès, et qui avait proclamé dans cette île le gouvernement de Dona Maria et la charte que Dom Pedro avait donnée au Portugal, avant d'abdiquer la couronne de ce pays en faveur de sa fille. Jusqu'à l'époque de mon arrivée à Londres, le gouvernement de Dom Miguel, après les changements qu'il avait faits, n'avait point été reconnu par les puissances ; et celui, établi dans l'île de Terceira, ne l'était pas davantage. Le nouveau gouvernement français aurait voulu que l'Angleterre se prononçât en faveur de la régence installée à Terceira, tandis que les cabinets des autres grandes puissances, et à leur tête le cabinet anglais, penchaient pour Dom Miguel. Il est aisé de comprendre les motifs qui guidaient de part et d'autre. La France, qui venait de faire une révolution libérale, voulait naturellement appuyer ses principes politiques partout où elle les voyait établis ; elle aurait pu se rencontrer sur ce point avec l'Angleterre, si les intérêts de celle-ci n'y avaient mis obstacle. En effet on n'était pas bien persuadé en Angleterre que la majorité de la nation portugaise ne fût pas favorable au gouvernement de Dom Miguel ; mais on y était surtout convaincu que toute lutte y amènerait de grandes perturbations dans le commerce de l'Angleterre avec le Portugal, commerce si important, qu'on pouvait presque considérer ce dernier pays comme une colonie anglaise. Le ministère tory du duc de Wellington, tout en blâmant l'indigne conduite de Dom Miguel, aurait cependant préféré le maintien de son gouvernement, afin d'éviter la guerre civile, de nouvelles révolutions, et des changements toujours nuisibles aux relations commerciales. Les cabinets de Vienne, de Berlin et de Pétersbourg, n'avaient pas les mêmes motifs que l'Angleterre, mais Dom Miguel, tout despote cruel qu'il se montrât, leur était cher comme représentant de la monarchie sans institutions constitutionnelles. On voit qu'il n'était pas aisé de mettre d'accord des vues aussi opposées. Je crus toutefois, qu'embarrassés comme nous l'étions chez nous, et par nos propres affaires et par celles de la Belgique, il n'eût pas été habile de nous brouiller avec l'Angleterre à propos du Portugal. Je résolus d'agir dans le sens de mes instructions et de presser le cabinet anglais de se séparer de la cause de Dom Miguel en reconnaissant la régence de l'île de Terceira ; mais cependant, de le faire avec modération, pour ne pas compromettre nos bons rapports dans les autres questions. Je m'en remis un peu au temps et aux fautes de Dom Miguel qui ne manquèrent pas de me donner raison. Au mois d'octobre 1830, lord Aberdeen et son gouvernement se persuadaient encore qu'ils parviendraient à obtenir de Dom Miguel une amnistie générale pour prix de la reconnaissance de l'Angleterre, et c'était à l'aide de cette mesure qu'ils espéraient se justifier devant l'opinion libérale en Angleterre, d'avoir reconnu l'odieuse tyrannie de Dom Miguel.

A la date du 19 octobre, rendant compte à Paris de l'état de la question portugaise, j'écrivais les lignes suivantes[1] :

« Les nouvelles que nous avons du Portugal nous représentent ce malheureux pays comme livré à un redoublement de méfiance et de fureurs de Dom Miguel. L'effet n'en sera pas cependant de retarder la reconnaissance de son gouvernement par les puissances ; c'est toujours un parti à peu près pris et l'intérêt l'emporte sur toutes les autres considérations. Il y a même lieu de croire aujourd'hui que l'amnistie exigée de Dom Miguel, comme condition première, ne serait plus, pour ainsi dire que promise, et n'aurait son exécution qu'à une époque éloignée que le gouvernement anglais et Dom Miguel détermineraient de commun accord. Les convenances ne seraient donc même plus observées. Ce matin, j'ai laissé entrevoir à lord Aberdeen le scandale véritable qui en serait la conséquence. Il m'a bien assuré que l'amnistie accompagnerait obligatoirement la reconnaissance ; mais je suis peu porté à y ajouter foi. »

Tel était à cette époque l'état de la question portugaise, sur laquelle j'aurai plus d'une fois occasion de revenir. Reprenons maintenant l'affaire de la Belgique, beaucoup plus sérieuse, parce qu'elle menaçait d'embraser l'Europe. Le gouvernement

---

1. Dépêche officielle déjà publiée.

français, c'est-à-dire, M. Molé, malgré l'importance qu'il y avait de se hâter, dans cette affaire, insistait avec une grande vivacité pour que le lieu des conférences fût Paris. Je reçus des instructions plus pressantes à ce sujet, et je dus les communiquer au gouvernement anglais. Ici encore, je vais donner un extrait de la dépêche par laquelle je rendis compte le 25 octobre des nouvelles explications que j'avais eues avec le duc de Wellington[1] :

« Je n'ai pas perdu un moment pour presser une décision conforme aux désirs que vous m'exprimez dans votre dépêche du 20 du courant. J'en ai conféré hier encore avec le duc de Wellington qui a rendu la conversation commune avec l'ambassadeur d'Autriche et le ministre de Prusse. J'ai reproduit vos raisonnements, je les ai étendus et développés ; je crois n'avoir négligé aucun moyen de conviction. Tous trois m'ont néanmoins répondu par un même langage. Leur résistance s'est même plutôt accrue des derniers événements de Paris. Ils voient dans notre persistance à y attirer les conférences, une sorte de volonté de concentrer la question belge, dans ce qu'ils appellent le tourbillon révolutionnaire ; c'est avec les journaux français à la main, qu'ils soutiennent cette opinion. En cela, assurément, ils ne séparent pas assez le gouvernement du roi des influences fâcheuses contre lesquelles il lutte, mais leurs inquiétudes expliquent leurs erreurs.

» Ces inquiétudes sont grandes et ils les justifient par des faits dont vous saurez mieux que moi apprécier l'exactitude. Ils se disent informés que quelques officiers français qui com-

1. Dépêche officielle déjà publiée.

battent dans les rangs des Belges ne sont devenus l'objet d'aucune mesure de répression de la part du gouvernement du roi, et que, malgré les protestations fondées (car ils en conviennent) de repousser toutes les insinuations et toutes les sollicitations des Belges et de s'abstenir de toute coopération directe ou indirecte au succès de leur cause, ces officiers, dont je ne doute pas qu'ils n'augmentent le nombre, sont conservés dans les cadres de l'armée française. Le nom de M. de Pontecoulant leur revient souvent à ce sujet. Ils trouvent que l'expédition des réfugiés espagnols n'a pas été prévenue par des moyens assez efficaces[1] ; ils remarquent parmi eux des noms français qui leur sont transmis d'Espagne, et qui éveillent leurs soupçons. Je vous cacherais la vérité, si je ne vous disais que les dispositions des cabinets et de leurs ministres envers nous ont subi quelques modifications ; que leurs alarmes sont bien plus vives, que leur propre sûreté leur semble mise en question. Le duc de Wellington a particulièrement remarqué que la marche du gouvernement du roi devait tendre à rassurer les diverses puissances contre cet état de fermentation de la France, qui préoccupe l'Europe entière. Les ministres verraient une marche commune et par conséquent tranquillisante dans la concession qui serait faite

---

1. La réaction qui avait suivi le retour au pouvoir absolu du roi Ferdinand avait déterminé beaucoup de libéraux espagnols à se réfugier à l'étranger. Après la révolution de Juillet, ils se réunirent en comités révolutionnaires, dans le but de tenter un coup hardi et de pénétrer à main armée en Espagne. Le gouvernement de Madrid réclama auprès des cabinets de Paris et de Londres. Ce dernier prit quelques mesures de rigueur, mais en France, le ministère ne put ou ne voulut pas arrêter l'entreprise. Le colonel Francisco Valdès et le célèbre Mina pénétrèrent en Navarre à la tête de quinze cents hommes et s'emparèrent de la ville d'Urdax. Cette expédition échoua. Battues et refoulées de tous côtés, les troupes révolutionnaires durent repasser la frontière.

aujourd'hui, si vous accédiez à leur proposition de placer le centre des conférences à Londres, où les cinq grandes puissances ont des hommes de toute leur confiance. Ils s'accordent à dire que ces conférences devraient être à La Haye ; les engagements antérieurs de l'Europe les avaient conduits à cette idée, et, en l'abandonnant, ils consultent surtout l'urgence des circonstances, la nécessité de faire vite, condition qui, selon eux, ne peut être remplie qu'à Londres, où, répètent-ils encore, tout le monde est prêt, tandis que personne ne l'est ailleurs. Ils prétendent qu'on s'isolerait des autres puissances en insistant dans un sens opposé, qu'on perdrait un temps précieux, et que les semaines, ou plutôt les jours, qui changent l'état des choses en Belgique, changent aussi les dispositions des cabinets.

» Vous remarquerez, monsieur le comte, que je rapporte ce que j'ai entendu, et que je m'abstiens de toute opinion personnelle. Le duc de Wellington m'a dit vous avoir écrit une lettre dans laquelle il vous donnait ses raisons pour persister. Je les ai vainement combattues ; l'état de Paris préoccupe trop son esprit et celui des ministres accrédités ici ; ils n'y veulent pas voir, au milieu de pareilles agitations, un lieu favorable à des conférences diplomatiques. Mais ces conférences qui, selon eux, ne peuvent être là, ne leur semblent pas moins urgentes autre part. Quelque célérité qu'aient les événements en Belgique, quelque arrangement qui se conclue entre le prince d'Orange et les Belges, le succès, soit du gouvernement provisoire, soit du prince, ne termine en aucune manière, selon eux, la question. L'union des Pays-Bas est garantie par les grandes puissances ; *c'est là l'état de choses reconnu;* il reste donc toujours à reconnaître *l'état de choses qui s'y substitue*, et alors reparaît inévitablement la grande question des forteresses[1]. Dans des délibérations aussi délicates que celles qu'amèneraient ces difficultés, et quand il s'agit de faire de toute part des concessions, de revenir sur des engagements antérieurs, ils pensent que beaucoup de choses doivent être faites de vive voix et que des conférences valent mieux que des notes ou tout autre instrument politique. Cette observation est juste.

» Il restait au duc de Wellington et aux ministres une dernière raison qu'ils m'ont donnée hier séparément comme prépondérante. Ils m'ont fait observer que le parlement anglais allait s'assembler, que le roi aurait à s'exprimer sur la question belge et que son langage serait de la plus haute importance. S'il dit qu'il y a ou qu'il n'y a pas des conférences ouvertes à Londres, cette déclaration, dans un sens ou dans l'autre, produira de la tranquillité ou de l'inquiétude, et cela partout. Ils vont jusqu'à avancer que ce discours peut changer la face des choses et qu'on ne saurait trop lui préparer un texte de communications rassurantes.

» Ici, monsieur le comte, je vous prie de nouveau de ne pas voir dans ces observations une opinion qui me soit commune avec le cabinet anglais et avec les ministres étrangers. Je n'ai cédé sur aucun point. J'ai cherché à modifier des opinions qui

---

1. Les traités de 1815 en créant le royaume des Pays-Bas, n'avaient eu pour objet que d'imposer une barrière entre la France et les puissances du Nord. A cet effet, ils avaient assuré au nouveau royaume une puissante ligne de forteresses : Courtray, Tournai, Mons, Charleroi, Namur, Liège, Luxembourg, Philippeville, Marienbourg et Bouillon, destinée à prévenir toutes les entreprises de la France. Ces forteresses devaient être entretenues en bon état par le roi de Hollande. Les souverains alliés avaient même sur elles un droit de surveillance et d'inspection. Si l'état de choses créé en 1815 disparaissait, l'Europe perdait cette garantie précieuse contre les empiétements toujours redoutés de la France. Qu'allait-il advenir si cette ligne de forteresses tombait aux mains d'un nouveau royaume ami et allié de la nation même contre qui elle avait été dirigée ?

m'ont paru arrêtées, mais elles nous importent trop et indiquent une altération trop marquée dans les premières dispositions des puissances, pour que je ne vous les fasse pas connaître telles que je les ai trouvées. Je vous expédie cette dépêche par M. de Chenoise, auquel je recommande une grande diligence; vous jugerez sans doute[1] devoir me le renvoyer avec une prompte et décisive réponse. Le parlement anglais s'ouvrira le 2 novembre. »

Quatre jours après, le 29 octobre, je mandais à M. Molé quelques autres détails, qui, sans avoir un rapport direct avec la question du lieu des conférences, étaient cependant de nature à faire réfléchir sur les dispositions des puissances[2].

« ... Il est certain qu'il a été ouvert à Charles X, chez un banquier d'Édimbourg[3], un crédit illimité. Cette étrange générosité étonne et occupe beaucoup les Anglais[4]. On l'attribue à l'empereur Nicolas, et je serais d'autant moins éloigné d'y croire, que je sais que ses dispositions nous sont peu favorables. Il se passionne sur les affaires du dehors, qui se mêlent dans son esprit à celles de l'intérieur de son empire. Dans plusieurs circonstances, il s'est exprimé sur l'époque actuelle dans des termes très peu pacifiques. Il ne voit que l'emploi de la force

---

1. Variante : Vous jugerez sans doute *important de*.

2. Dépêche officielle déjà publiée.

3. Variante : chez *le premier banquier d'Edimbourg dont le nom est je crois Forbes*.

4. M. de Talleyrand tenait soigneusement la cour des Tuileries au courant de la vie du roi de Charles X, des princes et des personnes de leur suite. Voir notamment à l'Appendice sa lettre à Madame Adélaïde du 2 octobre, p. 449, et la réponse de celle-ci, en date du 8 octobre, p. 452.

pour arrêter[1] des doctrines de désordre. Ces préventions pourront bien ébranler M. Pozzo qui a cherché à donner aux idées de l'empereur[2] une autre direction. M. de Matusiewicz[3], qui a parlé comme lui et agi d'accord avec lui, n'est pas lui-même rassuré sur son sort. Ce qu'il y a d'étrange à dire et qui est vrai néanmoins, c'est que M. de Metternich ne partage pas à présent cette manière de voir de l'empereur Nicolas, mais il y serait ramené aisément. Le cabinet prussien est divisé. Le prince royal[4] et M. Ancillon[5] poussent à la guerre ; M. Guillaume de Humboldt[6], le frère du savant que vous avez à Paris et M. de Bernstorff[7] voudraient qu'on l'évitât. C'est une époque

1. Variante : *l'envahissement* des doctrines.
2. Variante : *sur les événements de Paris*.
3. André-Joseph, comte de Matusiewicz, alors ministre intérimaire de Russie en Angleterre, en l'absence de l'ambassadeur prince de Lieven. Il était le fils de Thadée de Matusiewicz, noble polonais qui avait été ministre des finances du grand-duché de Varsovie en 1812.
4. Frédéric-Guillaume (1795-1861), fils du roi Frédéric-Guillaume III.
5. Jean-Pierre-Frédéric Ancillon, issu d'une famille protestante originaire de Metz, réfugiée à Berlin après la révocation de l'édit de Nantes. Né en 1766, il se destina d'abord à l'état ecclésiastique, se fit connaître par ses ouvrages de philosophie et d'histoire, et devint en 1806 gouverneur du prince royal de Prusse. Il entra plus tard aux affaires étrangères, devint directeur de la section politique (1825) et ministre en juin 1831. Il mourut en 1837.
6. Guillaume de Humboldt n'occupait à ce moment aucune fonction publique. Il venait de quitter le ministère. Son frère Alexandre, le célèbre savant, était venu à Paris après la révolution de Juillet, chargé de reconnaître officiellement le roi Louis-Philippe.
7. Christian, comte de Bernstorff, né en 1769 d'une famille danoise, fut d'abord ambassadeur de Danemark à Berlin et à Stockholm, et ministre des affaires étrangères en 1797. Il se démit en 1810 et fut en 1811 nommé ambassadeur à Paris. En 1815, il représenta le Danemark au congrès de Vienne. En 1818, il passa au service du roi de Prusse, qui le nomma ministre des affaires étrangères et qu'il représenta aux divers congrès de la sainte alliance. En 1830, on lui adjoignit M. Ancillon qui le remplaça définitivement en 1831. M. de Bernstorff mourut peu de mois après.

critique. Les événements de Belgique sont bien compliqués[1]. Ceux d'Espagne viennent encore ajouter aux embarras. M. de Zea Bermudez[2] n'a aucune nouvelle de son gouvernement depuis plusieurs jours ; ses inquiétudes sont grandes.

» J'attends pour demain ou dimanche, la réponse à la dépêche que vous a portée M. de Chenoise. »

Elle arriva enfin, cette dépêche, qui n'avait été écrite par M. Molé qu'à la dernière minute le 31 octobre dans l'après-midi. Je la donnerai *in extenso* pour qu'on juge mieux l'esprit qui l'avait dictée, et combien étaient peu rassurantes les nouvelles qu'il me donnait :

« Paris, 31 octobre 1830. Dimanche, trois heures.

» J'avais suspendu le départ de M. de Chenoise jusqu'à ce que je puisse vous annoncer la formation du ministère[3]. Mais la lettre que j'ai reçue cette nuit du duc de Wellington ne me

1. Variante : *C'est une époque critique que les événements de Belgique ont bien compliquée.*

2. François Zea Bermudez, né en 1772, homme d'État espagnol. Il fut d'abord secrétaire d'ambassade, et ensuite ministre à Constantinople puis à Londres. En 1824, il fut chargé du portefeuille des affaires étrangères mais ne le conserva qu'un an. Il devint ambassadeur à Londres en 1828, et y demeura jusqu'en 1832. De retour à Madrid, il fut un instant premier ministre, mais dut s'éloigner de son pays lorsque la politique libérale triompha avec le ministère Martinez de la Rosa (1834). Revenu en Espagne, il entra au Sénat en 1845, mais mourut peu après en 1850.

3. Le ministère était remplacé le 2 novembre par un nouveau cabinet. Il était ainsi composé : MM. Laffitte, président du conseil, ministre des finances ; le maréchal Maison, ministre des affaires étrangères ; Dupont de l'Eure, garde des sceaux ; le comte de Montalivet, ministre de l'intérieur ; Mérilhou, ministre de l'instruction publique et des cultes ; le maréchal Gérard, ministre de la guerre ; le général Sébastiani, ministre de la marine.

permet pas, mon prince, de différer. Je vous enverrais copie de ma réponse si le temps ne me manquait même pour la faire copier. Le roi m'a chargé de vous autoriser sur-le-champ à entrer en conférence et à participer à toutes celles qui auront lieu sur les affaires de la Belgique. Si j'étais encore ministre demain ou après-demain, je vous enverrais peut-être un plénipotentiaire muni d'instructions et je n'ai pas besoin de vous dire que je le choisirais, autant que possible, tel que vous l'auriez choisi. L'urgence des circonstances vous faisant cependant commencer tout seul la négociation, je crois que vous pourriez bien finir par la conduire à son terme sans compagnie. Il peut sortir bien des choses de cette question belge, sans compter la guerre ou la paix. Personne ne sait mieux que vous, mon prince, tout ce qu'elle renferme, et le mieux serait très certainement de s'en remettre uniquement à vous.

» Nous venons de passer une rude semaine, et pour personne peut-être, elle n'a été aussi terrible que pour moi. Je ne me méprends pas sur la source des efforts faits pour me conserver, mais ils ont été tels qu'il me serait impossible de vous donner l'idée de la situation où j'ai été placé. Rien n'est encore décidé. Les deux portions du ministère se sont plusieurs fois rejeté l'une à l'autre le gouvernement, et toujours elles ont été conduites par la force des choses à revenir l'une à l'autre, c'est-à-dire à l'idée d'un ministère de coalition. MM. de Broglie et Guizot sont maintenant hors de la question, ce qui la complique beaucoup à mes yeux et pour ce qui me concerne. Si je me retire, je laisserai nos affaires au dehors sur le pied le meilleur ou le moins mauvais possible. Je reçois de Berlin les meilleures assurances. On nous y rend justice, quant à la Belgique et à toute espèce de propagande ; on nous y témoigne confiance, et l'on consentirait à placer les conférences à Paris. Le cabinet de Berlin aurait même proposé à celui de Pétersbourg d'y consentir aussi. Dites-le, je vous prie, au duc de Wellington, pour qu'il sache bien que c'est à lui que nous cédons. Le fait est que c'est en lui que nous avons trouvé le moins de complaisance. Mon opinion très arrêtée, et je crois, très motivée, est que pour tout et tout le monde, les conférences étaient mieux ici ; mais une fois qu'elles ont lieu à Londres, elles ne peuvent pour la France se passer de vous, et le second plénipotentiaire serait tout au moins inutile. Je vous dois plusieurs réponses, mais j'en dois partout et à tout ce qui m'écrit. Depuis six jours, je suis en conférence pour l'arrangement ministériel, depuis huit heures du matin jusqu'à minuit tout au moins.

» Adieu, mon prince, trouvez-vous heureux, croyez-moi, de n'être pas ici. Les élections sont excellentes[1], mais on fera un ministère *quand même*. J'ai toujours pensé que cela serait inévitable.

» Recevez...

» MOLÉ. »

Cette lettre a besoin d'un commentaire qui en fasse ressortir les contradictions et les erreurs. M. Molé cédait, mais évidemment à contre-cœur, sur la question du lieu des conférences ; il adoptait Londres, tout en persistant à croire qu'elles

---

1. La Chambre des députés avait depuis trois mois perdu cent treize de ses membres par suite d'invalidations et de démissions. Des élections complémentaires avaient eu lieu le 22 octobre.

eussent été mieux placées à Paris. Et cependant quelle peinture ne fait-il pas lui-même de l'état de cette capitale, du gouvernement, de ce ministère dont une portion dispute le pouvoir à l'autre, et c'était d'un pareil spectacle qu'il voulait rendre témoins les plénipotentiaires des grandes puissances de l'Europe, chargés de maintenir la paix sur la base de la force de résistance du gouvernement français aux entraînements révolutionnaires. En vérité, on ne comprendrait pas une pareille idée, si l'on n'en cherchait pas l'explication dans un intérêt personnel, celui de tenir en main lui-même, la négociation. Elle n'y serait pas restée longtemps, toutefois, puisque quarante-huit heures après avoir écrit cette lettre, il était renvoyé du ministère des affaires étrangères qui passait aux mains peu expérimentées, on me l'accordera sans doute, du maréchal Maison[1]. — Je laisse de côté ce qu'il y a dans cette lettre de peu obligeant pour moi, et cette intention de m'envoyer un second plénipotentiaire à Londres, s'il était, lui, demeuré au ministère. Cela est de peu d'intérêt, mais ce qui en a davantage, c'est la manière erronée dont il appréciait la situation politique de la France au dehors. Était-ce seulement pour se louer, ou était-il vraiment dans l'illusion, lorsqu'il écrivait le 31 octobre 1830 :

---

1. Nicolas-Joseph Maison, né en 1771, engagé volontaire en 1792. Après avoir fait toutes les campagnes de la Révolution, il devint général de brigade en 1805, général de division en 1812, commandant en chef de l'armée du Nord à la fin de 1813. A la première Restauration, il devint pair de France et gouverneur de Paris et se tint à l'écart durant les Cent-jours. En 1828, il commanda l'expédition de Morée qui lui valut le bâton de maréchal. Il devint ministre des affaires étrangères le 2 novembre 1830, fut peu après nommé ambassadeur à Vienne (17 nov.) puis à Pétersbourg (1833) et revint à Paris en 1835 pour entrer au ministère de la guerre (30 avril). Il se retira en 1836 et mourut en 1840.

qu'il laissait nos affaires sur le meilleur pied au dehors ? Nous sommes obligé pour constater à quel point il se trompait à cet égard, d'insérer la longue dépêche que le comte de Nesselrode, ministre des affaires étrangères de Russie, adressait, le 19 octobre 1830, au comte de Matusiewicz, ministre de Russie à Londres ; elle est curieuse de tout point, et montre avec quelle *bienveillance*, cette situation, que M. Molé trouvait si bonne, était jugée à Pétersbourg. Cette dépêche secrète, je n'ai pas besoin de le dire, est parfaitement authentique, quoiqu'il ne soit pas nécessaire d'indiquer ici par quel hasard elle tomba entre mes mains.

Dépêche du comte de Nesselrode au comte de Matusiewicz.

« Saint-Pétersbourg, 19 octobre 1830.

» Le commodore Awinoff m'a remis, dans la journée du 7 octobre, les dépêches de Votre Excellence du 26 septembre (8 octobre). Je n'ai pas perdu un instant à les faire parvenir à la connaissance de l'empereur, et je me hâte aujourd'hui d'informer Votre Excellence des résolutions que Sa Majesté Impériale a prises au sujet de leur contenu.

» Vos rapports antérieurs du 9/21 septembre nous avaient déjà fait connaître le point de vue sous lequel le cabinet britannique envisage les affaires des Pays-Bas. Le duc de Wellington et lord Aberdeen reconnaissent unanimement au roi Guillaume le droit d'invoquer le secours de l'alliance pour maintenir l'union entre la Belgique et les provinces hollandaises. L'un et l'autre paraissaient convaincus également de la nécessité de lui accorder ce secours, si le roi des Pays-

Bas était dans le cas de le réclamer, afin de ne point laisser crouler un édifice érigé dans un intérêt anglais autant qu'européen. L'un et l'autre, enfin, s'élevaient hautement contre la prétention du gouvernement français de ne point souffrir une intervention étrangère dans les affaires de la Belgique.

» Après une manifestation aussi franche et aussi positive des opinions du ministère anglais, nous étions en droit de nous attendre à des déterminations analogues dans un moment où le cas qu'il avait prévu, celui d'une réquisition formelle de la part du roi des Pays-Bas, venait à se réaliser, tandis que d'un autre côté, le gouvernement français persistait dans son étrange prétention.

» Cependant, les dernières dépêches de Votre Excellence nous annoncent que dans ce moment décisif, le cabinet de Londres a cru devoir adopter un plan de conduite différent; que reconnaissant l'impossibilité de venir dès à présent au secours du roi des Pays-Bas, vu l'insuffisance des moyens dont le gouvernement anglais pouvait disposer pour l'instant, il a voulu épuiser toutes les chances de conserver la paix, en invitant la France à prendre part à la négociation que les cours alliées ont consenti à ouvrir avec celle des Pays-Bas, relativement à la séparation administrative de la Belgique d'avec les provinces hollandaises.

» Toute tentative qui a pour objet d'assurer à l'Europe la jouissance des bienfaits de la paix doit avoir, à ce titre, des droits aux suffrages de notre auguste maître. Aussi Sa Majesté Impériale s'empresserait-elle d'applaudir au plan proposé par le duc de Wellington, s'il ne présentait dans son exécution et ses résultats des inconvénients que le duc lui-même, dans ses entretiens avec Votre Excellence, a signalés avec la pénétration et la franchise qui le caractérisent si éminemment. Nous ne nous arrêterons pas à examiner les diverses chances que peut amener la négociation qu'il s'agit d'ouvrir avec le concours du gouvernement français; Votre Excellence les a prévues dans sa dépêche. La différence des intérêts de la France dans la question des forteresses belges, son refus de consentir à l'emploi d'une force armée pour mettre à exécution les arrangements convenus peuvent donner lieu à des complications qui compromettraient le but même de la négociation. Mais, ce qui, aux yeux de l'empereur, est un inconvénient réel et bien grave, c'est que cette négociation, loin de décider immédiatement la question principale, celle de la soumission des insurgés de la Belgique, ne fait que l'ajourner, qu'elle absorbera un temps précieux qu'il aurait été essentiel d'employer efficacement, qu'elle mettra les rebelles à même de consolider leur coupable entreprise, fournira un funeste encouragement aux révolutionnaires des autres pays, et ajoutera ainsi aux difficultés et aux obstacles que nous aurons à combattre, lorsqu'*en dernière analyse*, il sera d'un commun accord jugé indispensable de faire intervenir la force des armes.

» Intimement convaincu que tel sera le résultat inévitable du système de pacification proposé par le premier ministre de Sa Majesté britannique, l'empereur aurait vivement désiré que le cabinet de Londres se fût trouvé à même de déployer dès à présent des forces imposantes pour concourir avec ses alliés à maintenir une combinaison à laquelle il a si puissamment contribué en 1814 et 1815.

» Néanmoins, Sa Majesté Impériale veut encore donner, à cette occasion, une nouvelle preuve de son désir constant de rester unie avec ses alliés et de sa déférence à leurs vœux. En conséquence, vous êtes invité, monsieur le comte, à déclarer au ministère britannique :

» Que si la France consent à négocier sur la question de la Belgique, l'empereur consent, de son côté, à l'admettre aux conférences qui auront pour objet : *la pacification du royaume des Pays-Bas, moyennant un changement dans les conditions de l'union de la Belgique avec la Hollande, mais avec le maintien de l'intégrité de cet État sous la domination de la maison d'Orange, et avec la pleine sûreté des forteresses qui doivent protéger son indépendance;*

» Que dans le cas où ces conférences seraient établies à Londres, vous êtes autorisé à y prendre part, M. de Gourieff[1] se trouvant déjà muni de pouvoirs semblables qui le mettent à même d'assister à ces conférences, si elles étaient ouvertes à La Haye;

» Mais que Sa Majesté espère que le résultat de ces négociations sera vigoureusement soutenu par les puissances alliées et que, quelle que soit d'ailleurs l'opposition de la France, elles emploieront *même la force des armes*, s'il était nécessaire, pour mettre l'arrangement convenu à exécution;

» Que Sa Majesté Impériale accepte avec une véritable satisfaction les assurances positives qui vous ont été données à cet égard par le duc de Wellington;

» Que si cependant la France se refusait à la négociation qui lui est proposée, ou qu'elle ne voulût y prendre part qu'à condition que l'hypothèse d'une intervention armée serait exclue, que dès lors, les intentions de cette puissance n'étant

---

1. Ministre de Russie à La Haye.

plus sujettes à aucun doute, l'empereur espère que le cabinet britannique prendra les mesures énergiques que réclament l'exécution des traités et sa propre dignité;

» Que, pour ce qui regarde la première alternative, celle du consentement de la France à la négociation dont il s'agit, il ne faut pas se dissimuler que si cette négociation a l'avantage de prévenir une guerre générale, et *de compromettre en quelque sorte la France envers les insurgés belges,* elle ne saurait, d'un autre côté, arrêter les progrès de l'insurrection même, et que, puisque l'Angleterre se voit hors d'état d'agir à présent, tandis qu'elle est d'accord avec nous, sur la nécessité de conserver la Belgique à la maison d'Orange et les forteresses de l'alliance, il serait au moins urgent de mettre à profit l'intervalle des négociations pour préparer d'importants moyens militaires, pour le cas où l'emploi de la force armée serait devenu indispensable ; que l'empereur compte à cet égard sur la prévoyance du cabinet britannique et que, de son côté, Sa Majesté Impériale fait réunir aux frontières non seulement son contingent, mais une *armée respectable* qui est prête à marcher, dès qu'une action militaire sera arrêtée d'un commun accord.

» Telles sont, monsieur le comte, les déterminations auxquelles sa Majesté Impériale a cru devoir s'arrêter pour le moment. Au reste, M. le prince de Lieven [1], qui va incessamment reprendre son poste d'ambassadeur près de Sa Majesté

---

1. Christophe Andreïcwitch, prince de Lieven, issu d'une famille noble de Livonie, fut nommé général en 1807. En 1810, il alla à Berlin comme ministre plénipotentiaire, passa de là à Londres en qualité d'ambassadeur (1812) et y demeura vingt-deux ans. Rappelé en 1834, il devint gouverneur du prince héritier Alexandre, et mourut en 1839.

britannique, sera muni *de pouvoirs nécessaires pour régler avec le ministère anglais et avec les représentants des cours de Vienne et de Berlin toutes les combinaisons militaires ou autres*, et toutes les déclarations dont les conjonctures en général, ou l'état des affaires de la Belgique et la politique de la France en particulier, indiqueront la nécessité.

» Recevez...

» NESSELRODE. »

On voit, par cette dépêche, quelles étaient à cette époque les dispositions de la Russie à notre égard et si M. Molé avait motif de se féliciter *du pied sur lequel il laissait*, disait-il, *nos affaires au dehors*. Il est évident, ce me semble, que l'empereur Nicolas n'aurait jamais consenti à donner des pouvoirs à M. Pozzo pour traiter les affaires de la Belgique à Paris; et que, même, en autorisant le prince de Lieven et le comte de Matusiewicz à les traiter à Londres, dans une conférence entre les cinq puissances, il ne préparait pas un rôle facile au plénipotentiaire de France.

Si tel était l'état des choses au dehors, il n'était pas plus commode pour moi à Paris où, pendant huit jours, la division entre les ministres avait suspendu l'action du pouvoir, m'avait empêché de recevoir, non seulement des instructions, mais même les plus simples informations, et aboutissait enfin à un changement presque complet du ministère, peu rassurant pour l'Europe. Quelles que fussent les bonnes intentions du nouveau cabinet présidé par M. Laffitte, on ne pouvait se dissimuler que les noms de quelques-uns de ses membres ne présenteraient pas à l'Europe, un symptôme favorable au maintien de la paix. Nouvelle entrave pour celui qui était appelé à négocier dans une conférence des plénipotentiaires de puissances inquiètes de ce qui s'était passé et de ce qui pouvait survenir en France. Mais je ne me décourageai pas, et muni enfin de l'autorisation de commencer les négociations, j'annonçai à lord Aberdeen que j'étais prêt à y prendre part.

Le roi d'Angleterre avait, dans l'intervalle[1], ouvert la session du parlement par un discours dans lequel se trouvaient les passages suivants relatifs à la politique extérieure :

« ... Depuis la dissolution du dernier parlement, il est survenu sur le continent de l'Europe, des événements importants et d'un profond intérêt.

» La branche aînée de la maison de Bourbon ne règne plus en France, et le duc d'Orléans a été appelé au trône sous le titre de roi des Français.

» Ayant reçu du nouveau souverain une déclaration de son ardent désir de cultiver la bonne intelligence et de maintenir intacts les engagements qui existent avec ce pays-ci, je n'ai pas hésité à continuer mes relations diplomatiques et des rapports cordiaux avec la cour de France.

» J'ai vu avec un profond regret l'état des affaires dans les Pays-Bas.

» Je déplore que l'administration éclairée du roi n'ait pas garanti ses États de la révolte, et que la sage et prudente mesure de soumettre les désirs et les plaintes de son peuple aux délibérations d'une session extraordinaire des états généraux n'ait pas conduit à un résultat satisfaisant. Je m'efforce, de concert avec mes alliés, à chercher, pour rétablir la tran-

---

1. Le 2 novembre.

quillité, des moyens qui puissent être compatibles avec le bien-être et le bon gouvernement des Pays-Bas et avec la sécurité future des autres États.

» Des scènes de tumulte et de désordre ont produit du malaise dans différentes parties de l'Europe; mais les assurances d'une disposition amicale que je continue à recevoir de toutes les puissances étrangères justifient l'espoir que je serai en état de conserver à mon peuple les bienfaits de la paix.

» Convaincu, dans tous les temps, de la nécessité de respecter la foi des engagements nationaux, je suis persuadé que ma détermination de maintenir, d'accord avec mes alliés, ces traités généraux par lesquels le système politique de l'Europe a été établi, offrira la meilleure garantie pour le repos du monde.

» Je n'ai pas encore accrédité mon ambassadeur à la cour de Lisbonne, mais le gouvernement portugais s'étant décidé à faire un grand acte de justice et d'humanité en accordant une amnistie générale, je pense que le temps arrivera bientôt où les intérêts de mes sujets demanderont le renouvellement de ces relations qui avaient si longtemps existé entre les deux pays... »

En transmettant ce discours à Paris, j'avais pu dire qu'au sortir de Westminster-Hall, j'avais suivi la voiture du roi jusqu'au palais; que, sur mon passage, j'avais été l'objet de démonstrations amicales et bienveillantes se rapportant tout entières au roi que j'avais l'honneur de représenter ; que des cris de *Vive Louis-Philippe!* s'étaient fait entendre à plusieurs reprises et que notre cocarde nationale attirait l'attention générale [1].

---

1. Madame de Dino écrivit à Madame Adélaïde le récit de cette cérémonie. (Appendice, p. 456.)

Le roi ouvrit le parlement le 2 novembre, et lord Aberdeen fixa la première réunion de notre conférence au 4. Je m'y rendis donc puisque j'y étais autorisé par la dernière lettre de M. Molé, mais je n'avais reçu aucune instruction sur le langage que je devais y tenir, ni de M. Molé, ni du maréchal Maison qui était appelé le 2 novembre à le remplacer au ministère des affaires étrangères.

Avant d'entrer dans l'exposé des délibérations de la conférence de Londres [1], il est indispensable de rappeler succinctement les événements qui s'étaient passés en Belgique et qui motivaient la réunion de cette conférence. Ainsi que nous l'avons déjà dit, le roi des Pays-Bas était sorti vaincu de sa lutte avec les Belges, et sauf la citadelle d'Anvers, encore occupée par des troupes hollandaises, celles-ci avaient entièrement évacué le territoire composant les anciennes provinces belgiques ; et les armées hollandaises et belges se trouvaient en présence, sur leurs frontières réciproques, et disposées à continuer la guerre. Un gouvernement provisoire avait été établi à Bruxelles et quoiqu'il y eût parmi ses membres des gens honnêtes et modérés, il y avait une si grande divergence d'opinions parmi eux, qu'il était assez difficile de prévoir quelle serait celle qui finirait par prévaloir. Dans le pays même, la maison d'Orange avait encore de nombreux partisans qui, toutefois, n'étaient pas représentés dans le gouvernement provisoire. Celui-ci était composé de catholiques ardents qui ne voulaient plus entendre parler des princes protestants de Nassau ; de quelques républicains sans consistance et sans appui

---

[1]. A la conférence de Londres qui s'ouvrit le 4 novembre étaient représentes, l'Angleterre, la Prusse, la Russie, la France, l'Autriche et les Pays-Bas.

réel dans le pays, et enfin d'hommes qui souhaitaient ardemment la réunion de la Belgique à la France. Ces derniers étaient d'anciens fonctionnaires de l'empire français, la plupart intrigants assez mal famés et qui étaient tout de suite entrés en rapports avec les impérialistes de Paris, dont quelques-uns avaient accès auprès du roi Louis-Philippe. Le plus intrigant d'entre eux était le comte de Celles [1], petit-gendre de madame de Genlis. Le gouvernement provisoire belge était naturellement l'expression de la chambre des représentants qui l'avait créé, et on peut juger que tout cela formait des éléments assez discordants et peu maniables [2].

Du côté du roi des Pays-Bas, la situation ne laissait pas que d'être aussi assez compliquée. Son fils aîné, l'héritier du trône, le prince d'Orange, travaillant pour son propre compte, avait essayé d'intervenir entre les Belges révoltés et le roi son père. Il se serait accommodé d'un arrangement qui, en amenant la séparation provisoire de la Belgique d'avec la Hollande, aurait placé la première sous son sceptre, avec l'espoir de réunir de nouveau les deux pays après la mort de son père. Il avait laissé percer ce plan dans une proclamation datée

---

1. Antoine-Charles Fiacre, comte de Wisher de Celles, né en 1779, fut député aux états généraux du Brabant et membre du conseil municipal de Bruxelles. Napoléon le nomma maître des requêtes au conseil d'État et préfet de la Loire-Inférieure, puis du Zuyderzée. Après les événements de 1814, devenu sujet du roi des Pays-Bas, il fut élu pendant quelque temps aux états provinciaux. En 1830, il se mit en Belgique à la tête du parti français qui demandait pour roi le duc de Nemours. Cependant, le roi Léopold l'envoya comme ministre plénipotentiaire en France. Il se fit naturaliser au bout de peu de temps et devint conseiller d'État en 1833. Il mourut en 1841.

2. Le gouvernement provisoire créé le 25 septembre était composé de MM. le baron d'Hoogworst, Ch. Roger, comte F. de Mérode, Gendebien, Van de Weyer, Jolly, Vanderlinden, Nicolaï, et de Coppin. M. de Potter lui fut adjoint trois jours plus tard.

d'Anvers, qui avait fortement irrité contre lui et le roi, et la nation hollandaise. Repoussé définitivement cependant par les Belges, le prince d'Orange avait dû rentrer à La Haye, où on avait eu grand' peine à le rapprocher du roi et à apaiser l'émotion populaire qui s'était manifestée contre lui. Pour le tirer de la fausse position où il se trouvait en Hollande, le roi prit plus tard le parti de l'envoyer provisoirement en Angleterre, sous le prétexte d'y soutenir, près de la conférence, les intérêts de la Hollande.

Tel était l'état de la question, lorsque cette conférence eut, le 4 novembre, la première réunion dont je rendis compte à Paris par une dépêche du 5 [1].

« Londres, le 5 novembre 1830.

» Monsieur le ministre,

» Conformément à l'autorisation qui m'a été donnée par le roi, et que m'a transmise M. le comte Molé, sous la date du 31 octobre dernier, d'assister et de participer à toutes les conférences qui pourraient avoir lieu sur les affaires de la Belgique, je me suis rendu hier matin chez lord Aberdeen, où j'avais été convoqué en même temps que l'ambassadeur d'Autriche et les ministres de Prusse et de Russie. Nous avons eu une première conférence. Le duc de Wellington, qui s'y trouvait, a pris le premier la parole et a exprimé les sentiments de tous les membres qui composaient la conférence, en exposant que les puissances devaient s'occuper de chercher les moyens de conciliation et de persuasion les plus propres à

---

1. Dépêche officielle déjà publiée.

arrêter l'effusion du sang dans la Belgique, à calmer l'extrême irritation des esprits et à y ramener l'ordre intérieur. Il nous[1] a paru que l'humanité autant que la politique commandait de premières mesures dirigées dans ce but, et qu'on l'atteindrait plus sûrement si l'on parvenait d'abord à obtenir des deux parties un armistice provisoire jusqu'à la conclusion des délibérations des puissances. Il y a un accord unanime sur cette proposition et il a été convenu que nous nous réunirions de nouveau dans la soirée pour aviser aux moyens de faire connaître à La Haye et à Bruxelles les vues des cinq grandes puissances représentées dans la conférence.

» M. Falck[2], ambassadeur des Pays-Bas, assistait à la conférence du soir. Il a dû y être appelé conformément à l'article IV du protocole adopté le 15 novembre 1818 à Aix-la-Chapelle et qui porte que : dans le cas où des réunions particulières, soit entre les augustes souverains eux-mêmes, soit entre les ministres et plénipotentiaires respectifs, auraient pour objet des affaires spécialement liées aux intérêts des autres États de l'Europe elles n'auront lieu qu'à la suite d'une invitation formelle de la part de ceux de ces États que lesdites affaires concerneraient, et sous la réserve expresse

---

1. Variante : *lui...*

2. Antoine Reinhard, baron Falck, homme d'État hollandais, né en 1776, fut d'abord secrétaire d'ambassade à Madrid. Lors de l'avènement du roi Louis, il rentra dans la vie privée et n'en sortit qu'après l'évacuation de la Hollande par les Français en 1813. Il fut alors secrétaire du gouvernement provisoire, puis secrétaire d'État et, en 1818, ministre de l'instruction publique, de l'industrie et des colonies. Après la révolution de 1830, il fut nommé ministre à Londres, puis à Bruxelles (1840). Il mourut en 1843.

de leur droit d'y participer directement ou par leurs plénipotentiaires·

» M. Falck a accédé à la proposition de l'armistice, que les cinq ministres ont signée ce matin même et qu'il se charge de transmettre au roi des Pays-Bas. Elle sera envoyée ce soir à Bruxelles par deux commissaires et, comme j'ai voulu que la France parût dans ce grand acte d'humanité, j'ai trouvé qu'il était convenable et utile que l'un de ces deux commissaires fût français, et j'ai fait désigner M. Bresson par les cinq plénipotentiaires. M. Cartwright[1], ministre d'Angleterre à Francfort, est l'autre commissaire choisi.

» Je m'empresse de vous expédier une expédition du protocole.

» Cette proposition est utile sous tous les rapports, et l'on rendra justice aux intentions qui ont engagé à la faire, même quand elle n'aurait pas son entier effet.

» Le discours du roi d'Angleterre, à l'ouverture du parlement, a donné lieu à d'intéressants débats. L'opposition s'est plaint que le principe de la non-intervention dans les affaires de la Belgique n'y était pas assez explicitement établi. L'intervention active n'est pas assurément dans les intentions actuelles du cabinet anglais; l'intervention de conseils et d'avis est d'une nature qui n'a rien d'alarmant, et la garantie donnée par les cinq puissances à l'union de la Belgique et de la Hollande la rendait nécessaire au milieu des événements qui l'ont dissoute. L'opposition a également soulevé la question de la réforme parle-

---

1. Sir Thomas Cartwright, né en 1795, diplomate anglais. Il était particulièrement attaché à lord Palmerston dont il était l'agent secret à l'étranger. Il était ministre à Stockholm en 1850 lorsqu'il mourut.

mentaire, à laquelle le discours du roi n'avait pas touché. Le duc de Wellington, contre l'attente générale, au lieu de chercher à l'éluder ou à l'ajourner, a déclaré qu'aussi longtemps qu'il resterait à la tête de l'administration, il ne consentirait jamais ni à une réforme radicale, ni à une réforme partielle. Ses amis n'avaient point prévu qu'il dût s'exprimer en des termes si explicites, et M. Peel, au moment même où le duc s'adressait à la Chambre des lords, répondait à des observations semblables dans la Chambre des communes avec plus de mesure et de réserve. Cette déclaration fait de la peine à ceux qui aiment l'administration actuelle... »

Les instructions que j'avais sollicitées avec tant d'instances à Paris arrivèrent enfin. Elles m'étaient adressées par le maréchal Maison, avec la lettre qui m'annonçait sa nomination au ministère des affaires étrangères, écrite le 4 novembre.

Voici ces instructions :

« J'ignore ce qui a pu retarder l'arrivée de M. de Chenoise, mais comme je sais qu'il vous portait l'autorisation d'ouvrir les conférences et d'y prendre part, je n'ai rien de plus à vous mander sur ce point, si ce n'est que le roi attend avec impatience les détails que vous me transmettrez sur ce qui s'y sera passé.

» Quant aux instructions que vous me demandez, je vais m'occuper de leur rédaction, et, en attendant, je vous dirai en substance, sans m'arrêter à tout ce qui avait pu être possible antérieurement et qui ne l'est plus aujourd'hui :

» 1° Que nous croyons que la seule base d'arrangement

possible, dans l'état des choses, est que la Belgique soit séparée de la Hollande et érigée en État indépendant sous un prince souverain ;

» 2° Que ce prince soit, si cela est encore possible, le prince d'Orange ;

» 3° Que, si ce ne peut être le prince d'Orange, les Belges soient appelés à émettre leur vœu sur le choix du prince qui serait appelé à devenir le chef de l'État;

» 4° Que vous devez écarter toutes les demandes qui pourraient vous être faites, à l'effet de confier, même momentanément, aucune autre forteresse que celle de Luxembourg à des garnisons étrangères quelconques.

» J'ai l'honneur de vous prévenir pourtant que ce que je vous mande est entièrement confidentiel et secret, personne ne devant savoir à Londres que je vous l'ai mandé. Je ne vous en ai entretenu que pour vous instruire de la direction spéciale qui sera donnée à vos instructions, et par conséquent de celle que doivent avoir vos communications avec le gouvernement anglais pour atteindre le but que le roi se propose. Le but est celui de combiner un arrangement compatible avec l'équilibre de l'Europe tel qu'il est établi par les traités subsistants, et de montrer à la fois la résolution de la France de maintenir ses engagements ; de manifester son entier désintéressement, quelle que soit l'étendue des sacrifices auxquels elle s'est résignée, pour ne donner ni motif ni prétexte de guerre, et pour assurer la continuation de la paix générale.

» Le roi désire que vous témoigniez de sa part au duc de Wellington que Sa Majesté a vu avec grand plaisir les assurances qu'il a données sur ce point dans son discours à la Chambre des pairs.

» Je dois aussi vous prévenir que ceci ne change rien, et confirme au contraire ce que mon prédécesseur vous a mandé, que vous ne devez faire, quant à présent, aucune proposition spéciale à la conférence, mais prendre, *ad referendum*, celles qui y seraient faites, et me les transmettre, pour que je puisse prendre les ordres du roi et vous faire connaître ses intentions. »

On devine bien que ces instructions avaient été dictées par le roi lui-même au maréchal Maison, qui était trop peu au courant des affaires pour les avoir conçues et rédigées. Telles qu'elles étaient, elles me suffisaient pour le moment.

En même temps que le prince d'Orange arrivait à Londres sans autre mission que celle d'y cacher sa position embarrassée en Hollande, le gouvernement provisoire de la Belgique y envoyait une espèce d'agent chargé de savoir si les cabinets étrangers seraient disposés à agréer un des fils d'Eugène de Beauharnais comme souverain de la Belgique[1]; ses insinuations ne furent pas même écoutées.

Mais un autre orage grossissait à l'horizon et menaçait de jeter de nouveaux obstacles dans la marche des affaires. A peine le ministère français dissous avait-il été remplacé par un cabinet entaché d'une renommée, si ce n'est d'un esprit révolutionnaire, que l'existence du cabinet anglais fut à son tour ébranlée. On a vu qu'en rendant compte des débats de la Chambre des lords sur le projet d'adresse, j'annonçais que le duc de Wellington s'était prononcé avec une extrême vivacité

---

1. Il avait été question d'Auguste-Charles-Eugène-Napoléon, duc de Leuchtenberg, prince d'Eichstaedt, fils aîné du prince Eugène (1810-1835). L'opposition du gouvernement français fit échouer sa candidature.

contre toute espèce de réforme dans le système électoral de la Chambre des communes. Cette vivacité devait être fatale au cabinet qu'il présidait.

Le roi avait accepté un grand dîner que lui offrait la cité de Londres, et auquel devaient assister le ministère, le corps diplomatique et des convives au nombre de plus de cinq cents. On prévit que ce spectacle attirerait une grande foule qui saisirait sans doute cette occasion de manifester les passions qui l'agitaient pour ou contre la réforme et que, si le roi était applaudi, il pourrait bien n'en être pas de même du ministère. Ce dîner devait avoir lieu le 9 novembre. Le 8, M. Peel, ministre de l'intérieur, annonça par écrit au lord-maire que Leurs Majestés le roi et la reine n'assisteraient pas à cette fête dans la crainte que la réunion qui se préparait n'excitât du désordre et n'exposât la vie des sujets de Sa Majesté. Cette résolution causa une grande agitation dans la ville; des rassemblements se formèrent dans la cité; les fonds baissèrent à la Bourse, et après beaucoup de délibérations on remit indéfiniment le dîner[1]. Mais un pareil incident ne pouvait pas s'arrêter là et devait augmenter l'animation des débats dans le parlement où M. Brougham[2] avait annoncé

1. Voir la lettre de M. de Talleyrand à Madame Adélaïde, du 10 novembre (Appendice, p. 457).

2. Lord Henry Brougham, littérateur, jurisconsulte et homme d'État, né en 1779. Élu député en 1810, il siégea parmi les whigs. Comme avocat, il défendit la reine Caroline dans le procès qui lui fut intenté par son mari le roi George IV. A la Chambre, comme au barreau, il se plaça au premier rang des orateurs. En 1825, l'université de Glasgow l'élut lord chancelier. En 1830 enfin il arriva aux affaires. Nommé pair d'Angleterre et lord-chancelier, il entra dans le cabinet de lord Grey et contribua à faire passer le bill de réforme parlementaire. Il se retira en 1834. Jusqu'à sa mort (1868) il se fit souvent entendre à la Chambre des lords.

pour le 16 novembre une motion sur la réforme parlementaire [1].

En attendant cette séance du 16 et ses résultats, la conférence des plénipotentiaires eut plusieurs réunions sans grand intérêt parce qu'on ignorait encore comment la proposition d'armistice avait été accueillie à La Haye et à Bruxelles. Mais je reçus dans cet intervalle une pièce remarquable et que je pouvais considérer comme supplément à mes instructions; c'était un exposé de la question belge, tracé par le roi Louis-Philippe lui-même et que je donnerai ici dans toute son étendue. Il était adressé au maréchal Maison, ministre des affaires étrangères, qui me le transmit tel qu'il l'avait reçu. Il porte la date du 11 novembre 1830.

« Il me paraît important, mon cher maréchal, d'éclairer un peu M. de Talleyrand sur l'état actuel de la Belgique, afin de savoir par lui quels sont les arrangements de gouvernement qu'on pourrait obtenir des Belges et faire ratifier par les Prussiens, car c'est là le problème à résoudre et la solution n'en est pas facile, surtout en y ajoutant la considération dominante pour nous : c'est que les intérêts de la France n'y soient lésés, ni pour le présent ni pour l'avenir.

» Nous avons établi en première base la séparation de la Hollande et de la Belgique. C'est ce que veulent également les Belges et les Hollandais, et c'est ce que ne veut pas le roi des

---

[1]. Le bill de réforme parlementaire repoussé par Wellington, proposé de nouveau par lord Brougham, fut enfin présenté aux Communes le 1ᵉʳ mars 1831 par lord John Russell. Il supprimait la représentation de cent trois *bourgs pourris*, augmentait celle des villes et accroissait considérablement le nombre des électeurs. Rejeté en 1831 par les lords, ce bill ne fut adopté par les deux Chambres que le 7 juin 1832.

Pays-Bas. Pourra-t-on l'y contraindre? C'est une question, car on ne doit pas employer la force pour y parvenir; et cependant pour y parvenir par négociation, il faudrait, ou trouver des avantages à lui faire, qu'on ne voit nulle part, ou au moins rendre les puissances *unanimes* dans leur exigence envers lui, ce qui est plus que douteux.

» Si on avait pu, si on pouvait encore déterminer les Belges à accepter le prince d'Orange pour souverain, je croirais qu'on aurait pu, sans rencontrer des difficultés insurmontables, amener les puissances à exiger d'une voix unanime la ratification du roi son père, et alors, il aurait bien fallu qu'il la donnât. Cependant, il serait encore resté à combiner un arrangement de limites entre les deux États qui aurait été la source de grandes difficultés, et il est bon de s'arrêter un peu à les examiner avant d'aller plus loin.

» Dans la proposition d'armistice à laquelle M. de Talleyrand a très sagement concouru, en premier lieu la conférence s'est arrêtée à une démarcation qui procure aux Belges le grand avantage de l'évacuation de la citadelle d'Anvers; mais cet avantage est accompagné de la conservation au roi des Pays-Bas de Maëstricht, Stephenswerdt, Venloo, c'est-à-dire de la ligne de la basse Meuse, qui couvre la Belgique contre les agressions allemandes, et dont les habitants se rattachent à la Belgique par leurs mœurs, leurs habitudes et leurs opinions, quoiqu'en fait ils fissent autrefois partie de la Hollande et non des Pays-Bas. C'est d'une part, par la connaissance de la disposition morale des habitants, et de l'autre, par le défaut de troupes pour former des garnisons compétentes, que le roi a déjà fait évacuer par la Meuse presque tout le matériel de Maëstricht. Il paraît même que Breda,

Bois-le-Duc et le Brabant hollandais sont dans les mêmes dispositions morales et politiques, et que c'est avec la Belgique et non avec la Hollande qu'ils veulent faire cause commune.

» Quant à la partie de la Belgique qui se trouve sur la rive droite de la Meuse et qui faisait autrefois partie des Pays-Bas autrichiens ou liégeois, c'est-à-dire, Ruremonde, Verviers, Limbourg... les habitants y sont entièrement Belges, et il y a même lieu de croire que tous ces pays ont déjà envoyé leurs députés au congrès national de Bruxelles.

» Quant à ce qui est encore sur la rive droite de la Meuse mais plus au sud, les habitants en sont encore plus Belges que partout ailleurs. Mais là, se présentent de nouvelles difficultés plus embarrassantes à aplanir. Ces contrées sont les duchés de Bouillon, de Luxembourg; les anciennes abbayes de Saint-Hubert, de Stavelot, de Malmédy... Le duché de Luxembourg a été incorporé à la confédération germanique. La forteresse de Luxembourg, devenue forteresse de la confédération, est, à ce titre, occupée depuis quinze ans par une garnison prussienne. Il est inutile d'en dire davantage pour faire sentir les embarras qu'on éprouvera, soit pour réunir ces contrées au nouvel État belge, soit pour les maintenir au souverain de la Hollande et y rétablir son autorité qui est annulée partout, excepté à Luxembourg même, où elle est conservée, si ce n'est en réalité, au moins, en nom par la garnison prussienne.

» Sans doute, toutes ces difficultés pourraient disparaître s'il était possible d'amener le congrès national des Belges à demander le prince d'Orange pour leur souverain, et c'est la force de ces considérations qui fait désirer aussi vivement qu'il puisse le devenir, car alors il n'y aurait plus à régler entre la Hollande et la Belgique qu'une question de limite qui deviendrait de peu d'importance pour l'Europe, et dans laquelle la France n'aurait guère d'autre intérêt que de veiller à ce que l'occupation prussienne fût restreinte, comme elle l'est aujourd'hui, à la seule forteresse de Luxembourg. Il faudrait donc stipuler que ni Bouillon, ni Maëstricht... ne pussent être occupés que par les troupes des souverains auxquels ces places appartiendraient, car il n'échappera pas, mon cher maréchal, ni à votre perspicacité, ni surtout à votre patriotisme que si, par exemple, Maëstricht et Venloo devaient recevoir des garnisons allemandes, la France aurait le droit de demander, par voie de sûreté et de compensation, que Bouillon et Philippeville reçussent à leur tour des garnisons françaises. Mais c'est un point inutile et même peut-être dangereux à traiter, et, de toute manière, il est préférable d'établir que la forteresse de Luxembourg continuera à être la seule qui puisse être occupée par une garnison allemande. Il faut tâcher d'écarter de la discussion tout ce qui pourrait conduire à faire supposer à la France des vues ambitieuses qu'elle n'a pas, puisque ce qu'elle veut, avant tout, c'est que la paix générale de l'Europe ne soit pas troublée, et que chaque puissance reste dans les limites où elle est aujourd'hui.

» La question la plus importante actuellement est donc de savoir si le prince d'Orange peut encore devenir le souverain de la Belgique, ou s'il ne le peut plus. S'il le peut encore, nul doute qu'il doit être préféré, tant par la France que par les autres puissances ; mais, s'il ne le peut plus, il faut tâcher de s'accorder sur le choix de celui qui lui sera substitué.

» C'est sur ce point important qu'il faudra charger M. Bresson de recueillir, dans le plus court délai, les renseignements les plus précis. Le choix du prince d'Orange est surtout désirable pour paralyser le parti de la guerre dans l'intérieur des cabinets étrangers, particulièrement à Pétersbourg, où, dit-on, ce choix est le seul qui puisse obtenir l'assentiment de l'empereur Nicolas. Le roi des Pays-Bas est d'autant plus contraire au choix de son fils aîné, qu'on assure qu'il ne l'aime pas, qu'il est persuadé que s'il parvenait à allumer la guerre continentale, le résultat en serait pour lui, non seulement la reprise de la Belgique, mais encore l'addition à ses États de la Flandre française et d'une portion de nos places fortes. Les rêves, fondés sur les mêmes chimères dont les cabinets se berçaient en 1792, auraient probablement encore aujourd'hui le même résultat qu'ils eurent alors : c'est-à-dire que le roi des Pays-Bas aurait une meilleure chance de perdre la Hollande par la guerre que de reprendre la Belgique et d'ajouter la Flandre française à ses États; mais il faut s'attendre de sa part à toutes les entraves qu'il pourra apporter au choix de son fils aîné, et plus encore à tout autre choix.

» Il paraît que la composition du congrès national de Bruxelles est assez analogue avec ce qu'il était en 1790 sous Van der Noot [1], Van Eupen..., c'est-à-dire qu'il est composé en grande partie de l'aristocratie et du clergé du pays. On dit même que les ecclésiastiques forment plus du quart de ses

---

1. Henri-Charles-Nicolas Van der Noot, homme politique belge, né en 1735. Il se signala en 1789 par son ardeur à secouer le joug des Autrichiens Il chercha à intéresser l'Angleterre, la Prusse et la Hollande à la cause de la Belgique, se mit à Breda, avec l'abbé Van Eupen, à la tête d'un comité des émigrés belges, et le 24 octobre 1789, proclama l'indépendance de la Belgique. Sa tentative commença par réussir. Il entra à Bruxelles, réunit un congrès, sur lequel il exerça une influence prépondérante, mais en novembre 1790 l'approche des Autrichiens le força à s'enfuir. Il se réfugia en Hollande et ne fit plus parler de lui jusqu'à sa mort (1827).

membres. Cette circonstance doit rendre très difficile le choix d'un prince protestant, et on prétend même qu'ils ont décidé l'éloignement total de la maison de Nassau, non seulement du prince d'Orange, mais même de son fils, que quelques personnes s'étaient flattées de pouvoir faire proclamer sous la régence d'un Belge marquant, tel par exemple, que le comte Félix de Mérode[1], membre du gouvernement provisoire, et auquel on suppose assez d'influence pour qu'il soit dans le cas d'être élu grand-duc héréditaire de Belgique, et peut-être même roi. Il est le petit-fils de M. de La Fayette, et ses parents de Paris, aussi bien que ses amis, parlent partout de la *possibilité* et même, selon eux, de la *probabilité* de ce choix. Ils le représentent comme une victoire sur le parti républicain de Potter[2] et de Tillemans[2] qui, malgré la force que leur donne la

---

1. Philippe Félix, comte de Mérode, né en 1791, d'une vieille et illustre famille de Belgique. Marié à mademoiselle de Grammont, il résidait en Franche-Comté lorsque la nouvelle de la Révolution l'appela à Bruxelles. Il entra dans le gouvernement provisoire. Son nom et son influence le firent mettre en avant pour la régence et même la royauté. Toutefois il contribua à l'élection du roi Léopold et fut sous son règne ministre à plusieurs reprises, jusqu'en 1839. Il se retira à cette date et mourut en 1857.

2. Louis-Joseph-Antoine de Potter, publiciste et historien belge, né en 1786. Il ne commença sa carrière politique qu'en 1828. Son attitude lui valut de nombreuses condamnations. Il était condamné à huit ans de bannissement en 1830 lorsque la révolution éclata. Revenu à Bruxelles il se mit à la tête du parti républicain. Voyant ses efforts inutiles, il revint à Paris en 1831, d'où il combattit vivement la politique du roi Léopold. De retour à Bruxelles en 1838, il y vécut dans la retraite jusqu'à sa mort (1859).

2. Jean-François Tillemans, jurisconsulte et homme d'État belge. Il était un des membres les plus actifs du parti libéral et fut en 1830 exilé avec son ami Potter. Revenu à Bruxelles au mois d'août suivant, il fut nommé administrateur général de l'intérieur, membre de la commission de constitution, ministre de l'intérieur (février 1831), gouverneur des provinces d'Anvers et de Liège. Il était député de Bruxelles. Il fut également nommé conseiller à la cour d'appel de Brabant, et, en 1847, se retira de la vie publique pour se consacrer exclusivement à la magistrature.

masse armée de Bruxelles, dont ils disposent, n'ont pas eu le crédit de se faire élire membres du congrès national. On ajoute que le clergé est favorable aux vues du comte Félix de Mérode, qu'on dit être dévot; et, en tout, il ne faut pas perdre de vue que le clergé et l'esprit catholique religieux exerceront longtemps encore une grande influence en Belgique. Il ne faut pas oublier que le clergé belge blâme le clergé français de s'être allié à la défense du pouvoir absolu, et professe que, pour défendre la religion efficacement, le clergé doit se montrer partisan de la liberté des peuples.

» Il paraît donc que dans cet état de choses, s'il est difficile de se flatter d'obtenir le choix du prince d'Orange, ou même de son fils mineur, il ne le serait pas moins d'obtenir celui d'un prince protestant et qu'il faudrait se renfermer dans le cercle peu nombreux des princes catholiques.

» Il a été question à Bruxelles du duc de Leuchtenberg; et M. de Talleyrand nous apprend que cette suggestion n'a pas même été écoutée à Londres. Il est désirable qu'elle ne le soit nulle part.

» L'énumération des princes catholiques qui pourraient devenir l'objet du choix des Belges est malheureusement très courte. On croit que les Belges seraient assez disposés à demander un de mes fils [1]; mais cette idée doit être écartée, et il ne faut pas même la discuter, puisque, dans l'état actuel de l'Europe, cette discussion serait dangereuse et ne présenterait aucune chance de succès. On peut en dire autant de tous les archiducs d'Autriche, qui doivent également être écartés.

---

1. Le duc de Nemours.

Il ne reste donc que les familles de Naples, de Saxe et de Bavière où un choix pourrait être fait. La France n'y objecterait pas, et il semble qu'aucune autre puissance ne devrait pas y objecter non plus. Mais il ne faut pas se dissimuler que l'impopularité de la famille royale de Naples laisse peu d'espoir que le choix des Belges puisse tomber sur le prince Charles de Naples[1], qui a dix-neuf ans et dont on dit du bien. Ainsi on doit s'attendre qu'il n'y a guère d'autre alternative que le choix du prince Jean de Saxe[2], qui a trente ans; du prince Othon de Bavière[3] qui n'a que dix ou onze ans, et celui du comte Félix de Mérode, soit comme régent, soit comme grand-duc héréditaire.

» Le résultat est sans doute peu satisfaisant. Espérons qu'il pourra se présenter des chances plus favorables, mais tâchons qu'on se contente des arrangements quelconques qui, étant plus praticables, peuvent seuls assurer la continuation de la paix de l'Europe. La Fontaine avec raison a dit :

> Les plus accommodants, ce sont les plus habiles ;
> On hasarde de perdre en voulant trop gagner. »

On ne peut qu'admirer la manière judicieuse et désintéressée avec laquelle le roi apprécie dans cette pièce les faces diverses

---

1. Charles-Ferdinand, prince de Capoue, né en 1811, fils de François Ier, roi des Deux-Siciles.

2. Jean de Saxe, né en 1801, fils du roi Antoine, marié à la princesse Amélie, fille du roi de Bavière. Il monta sur le trône en 1854 à la mort de son frère, et mourut en 1873.

3. Othon-Frédéric-Louis, prince de Bavière, né en 1815, fils du roi Louis, fut élu roi de Grèce en 1832, mais fut forcé d'abandonner la couronne en 1862, et mourut en 1867.

de la question belge ; mais on voit aussi qu'il ne méconnaît pas de combien de difficultés sa solution restait enveloppée. En lui communiquant la nouvelle que l'armistice avait été accepté par les Belges, je crus devoir lui adresser les observations suivantes[1] :

« J'ai lu et relu l'exposé de la question belge, tracé par une main auguste, et je suis resté frappé de la haute raison et de la science profonde de la chose, dont il est empreint.

» Voici, autant que les renseignements que j'ai recueillis me permettent de l'établir, la situation du pays et des partis :

» Le congrès belge est l'expression vraie du vœu national ; la majorité y est incontestablement monarchique. Les premières opérations et le choix de son président l'indiquent suffisamment[2].

» Le parti républicain et le parti de la réunion à la France y sont représentés dans des proportions à peu près égales.

» Si le parti monarchique était unanime sur le choix du prince, l'avantage lui resterait sans doute ; mais il se divisera sur cette question qui, pour le grand nombre, pour le clergé par exemple, passe avant celle même du principe et de la forme du gouvernement. Ainsi, il y a dans le parti monarchique

---

1. Ce fragment est extrait d'une lettre à Madame Adélaïde en date du 15 octobre 1830.

2. Le congrès, qui avait ouvert ses séances le 10 novembre, avait, dès le 22, proclamé par 174 voix sur 197 que la forme du gouvernement serait monarchique. Il n'y avait eu que 13 voix républicaines. Le 11 novembre, le baron Surlet de Chokier avait été élu président. Il était un des chefs du parti monarchiste. C'est lui qui, quelque temps plus tard, allait provoquer au sein du congrès le mouvement en faveur de l'élection du duc de Nemours.

une fraction plus opposée peut-être à la personne du prince d'Orange, et à la maison de Nassau en général, qu'à l'établissement même de la république. C'est là l'écueil à craindre. Si un accord préalable, si des concessions mutuelles et des sacrifices de préventions aux principes ne précèdent pas la discussion, et n'impriment pas dans le congrès au parti monarchique une action uniforme, les partis opposés se fortifieront de ses divisions et, en s'unissant, reprendront l'avantage. La république sera le premier effort tenté par eux ; l'union à la France, le second, si le premier échoue.

» En admettant l'unité du parti monarchique, il y aurait encore un autre danger. La tactique de ses opposants sera surtout, si le prince d'Orange est élu, d'attaquer le congrès dans sa constitution même, qu'ils prétendront anti-populaire; de contester son droit, d'invalider ses décisions et d'insurger le pays contre elles. Mais alors ils deviennent plus vulnérables, car ils ont tort.

» La fraction pour le prince d'Orange, dans le parti monarchique, *opposée aux autres prises individuellement*, est la plus nombreuse et la plus forte ; elle est plus nombreuse et plus forte même que les autres partis, pris aussi individuellement. En disant cela, je suppose le choix de M. le duc de Nemours mis entièrement et avec beaucoup de sagesse hors de la question ; il ferait sur-le-champ pencher la balance. Le bombardement d'Anvers, son voyage à La Haye, ont nui prodigieusement au prince d'Orange ; il sera extrêmement difficile de lui faire reprendre les avantages qu'il a perdus. Des insinuations de la part des puissances, faites avec les plus grands ménagements, pourront avoir de l'effet.

» M. de Mérode n'est pas un chef de parti ; c'est un instrument, du parti prêtre, surtout. Ni lui, ni M. d'Oultremont, ni M. d'Hoogworst[1], n'ont de chances sérieuses.

» Le duc de Leuchtenberg n'a de parti que parce que son nom se rattache au souvenir de l'empire et aux sympathies françaises. Sans appui des puissances, ce n'est rien.

» L'archiduc Charles[2] est porté au défaut de M. de Mérode, par le même parti. Cette subdivision du parti monarchique catholique est sans force, laissée à elle-même. Elle pourrait décider la question si elle secondait le parti du prince d'Orange ou d'un de ses fils, sous condition pour l'un ou pour l'autre de changement de religion. Elle ne capitulerait pas à moins.

» Quant aux princes de Naples, de Bavière ou de Saxe, leur nom ne s'est pas présenté à l'esprit des Belges. Ils n'ont pas de parti, mais ils peuvent devenir une nécessité.

» Toute cette situation est bien compliquée et il n'est pas douteux que le prince d'Orange en serait la plus heureuse solution. »

Au moment où s'agitaient ces questions, si ardues déjà par elles-mêmes, un nouvel obstacle, je l'ai dit, menaçait de retarder les travaux de la conférence.

Le ministère anglais, battu dans un incident sans grande importance à la Chambre des communes, prit la résolution de

---

1. Emmanuel Vanderlinden, baron d'Hoogworst, général belge (1781-1866), commandait en 1830 la garde nationale de Bruxelles, fut nommé membre du gouvernement provisoire et général en chef à vie de toutes les gardes nationales de Belgique.

2. Le fils de l'empereur Léopold et le célèbre adversaire de Napoléon (1771-1847).

se retirer. Il s'agissait de savoir si le bill relatif à la liste civile serait référé à un comité spécial ; l'administration s'y opposait comme contraire aux précédents établis. Une majorité de vingt-neuf voix sur quatre cent trente-sept votants s'étant prononcée contre elle, le duc de Wellington et ses collègues donnèrent leur démission, que le roi accepta. Ceci s'était passé dans la séance du 15 novembre. Les ministres aimèrent mieux se retirer devant cette première manifestation des dispositions hostiles de la Chambre, que d'attendre la discussion de la proposition de M. Brougham : leur défaite ne pouvait plus être douteuse. Le roi fit appeler lord Grey [1] et le chargera de former un ministère dans le parti whig modéré.

Cet événement pouvait avoir des conséquences diverses sur le résultat de nos grandes négociations ; si, pour ma part personnelle, je regrettais la retraite du duc de Wellington, avec lequel j'avais d'anciennes et solides relations, et qui d'ailleurs jouissait en Europe d'un crédit qu'aucun autre homme ne possédait au même point, on pouvait espérer que la présence aux affaires du parti whig, plus libéral dans ses tendances politiques, apporterait certaines facilités dans la marche des négociations. Les transactions de 1815 n'étaient pas l'œuvre de ce parti ; il les avait souvent attaquées et blâmées ; son amour-propre n'était pas engagé à les soutenir

---

1. Charles, comte Grey (1764-1845), fut élu en 1786 à la Chambre des communes où il se lia intimement avec Fox. De 1792 à 1802, il demeura à la tête du parti whig. En 1806, ce parti étant arrivé au pouvoir, lord Grey fut nommé premier lord de l'amirauté puis secrétaire d'État aux affaires étrangères après la mort de Fox. En 1807, il se retira et succéda à son frère à la Chambre des lords. En 1830, lord Grey fut chargé de former un cabinet qui, après une courte interruption en 1832, dura jusqu'en 1834.

dans tous leurs détails. Il est vrai que cet avantage était compensé par la crainte que le parti révolutionnaire, qui s'agitait si vivement sur tout le continent, ne crût trouver et ne trouvât, en effet, un appui dans des ministres, qui, lorsqu'ils étaient dans l'opposition, encourageaient et parfois même enflammaient ses espérances. Quoi qu'il en fût, il fallait accepter ce changement et tâcher d'en tirer le meilleur parti possible.

Le cabinet démissionnaire avait annoncé l'intention de garder la direction des affaires, jusqu'à ce qu'une autre administration eût été formée; et, en effet, lord Aberdeen convoqua encore la conférence après sa démission donnée. A cette séance, nos commissaires revenus de Bruxelles remirent le consentement du gouvernement provisoire à la proposition d'armistice[1]. Ce consentement n'avait pas été accordé sans quelque discussion sur les limites territoriales fixées par notre protocole; mais la même objection fut présentée, et avec beaucoup plus de force, par le plénipotentiaire du roi des Pays-Bas, M. Falck, qui protesta, au nom de son souverain, contre les limites proposées, comme étant trop désavantageuses à la Hollande. La conférence dressa, à cette occasion, deux protocoles, l'un patent et l'autre secret. Par le premier elle acceptait purement et simplement le consentement donné à l'armistice à La Haye et à Bruxelles ; mais par le protocole secret, elle invi-

---

1. C'est le 10 novembre que le congrès accepta l'armistice. Le protocole du 4 novembre qui l'imposait assignait comme ligne de démarcation « les limites de la Hollande avant le traité de Paris du 30 mai 1814 ». MM. Bresson et Cartwright allèrent porter à Londres la nouvelle de l'acceptation, revinrent à Bruxelles le 19 novembre et soumirent au congrès le deuxième protocole du 17 novembre qui fut accepté également par le gouvernement provisoire (21 novembre).

tait ses commissaires, qui allaient retourner à Bruxelles, à obtenir la limite demandée par le roi des Pays-Bas ; néanmoins s'ils rencontraient trop de difficultés ils devaient s'en tenir à la base primitive du protocole du 4 novembre. Il ne s'agissait pas effectivement d'une démarcation définitive qui n'était pas plus préjugée par l'armistice que les autres questions qui naissaient des événements de la Belgique.

MM. Cartwright et Bresson repartirent pour Bruxelles, munis des instructions et des pouvoirs de la conférence qui, ayant obtenu la suspension des hostilités, pouvait attendre avec plus de sécurité et de calme la formation du nouveau cabinet anglais.

L'absence de M. Bresson était pour moi une grande gêne. Je l'ai déjà dit, mon ambassade était assez mal composée : on m'avait imposé plusieurs jeunes gens, un peu choisis dans ce qu'on appelait le parti du mouvement. Ils n'étaient d'aucune utilité pour le travail de l'ambassade, auquel ils étaient incapables de prendre part, et compromettaient sa dignité par les écarts qu'ils se permettaient. Ainsi, l'un assistait à un banquet radical donné en l'honneur de la Pologne et y portait un toast révolutionnaire ; l'autre déclarait qu'il ne boirait à la santé du roi Louis-Philippe que quand il descendrait du trône. J'eus grand'peine à débarrasser la chancellerie de l'ambassade de ces éléments incommodes et discordants. Je sollicitais avec instance qu'on m'envoyât quelqu'un en état de travailler ; et ce n'est qu'à la fin du mois de novembre que je vis enfin arriver M. de Bacourt.

Une grande complication se présentait pour la formation du nouveau cabinet. Le duc de Wellington avait succombé sous une alliance subite et inattendue, composée du *parti whig,* d'une fraction du parti *high tory* qui ne pardonnait pas au duc l'émancipation des catholiques[1], et enfin de quelques partisans de M. Canning qui s'étaient séparés du parti tory deux ou trois ans auparavant. Lord Grey représentait le parti whig ; le duc de Richmond[2], les high tories ; et lord Palmerston[3], les canningistes[4]. Pour que la fusion pût se faire entre les trois fractions et qu'on parvînt à constituer une administration, il fallait d'abord s'accorder sur les principes qui la dirigeraient et sur les mesures qu'elle présenterait ; de là, les délais et les difficultés. Pour n'en citer qu'une, il était évident que la chute du duc de Wellington était, surtout, la conséquence de sa déclaration trop explicite contre toute réforme parlementaire. On ne croyait pas que l'opinion publique pût être aussi directement heurtée sur ce point sans

---

1. On sait quelle était la situation de l'Irlande avant le bill d'émancipation. Sur ses sept millions d'habitants, près de six millions de catholiques n'étaient ni électeurs ni éligibles, ne pouvaient exercer aucune profession libérale et n'avaient pas le droit de posséder la terre. Après de longues vicissitudes, il se créa en 1823, grâce à l'influence et aux efforts de O'Connell, un grand parti de résistance, sous le nom d'association catholique. Dès lors, l'agitation sans cesse croissante effraya le gouvernement et hâta la solution. Quatre fois déjà, un bill d'émancipation avait été adopté par les Communes et rejeté par les lords. Enfin en 1829, Wellington et Peel le firent voter (10 avril). Les catholiques devenaient citoyens.

2. Charles, duc de Richmond, né en 1791, entra à la Chambre des lords en 1819 à la mort de son père, et fit partie en 1830 du cabinet Grey.

3. Henry John Temple, lord vicomte Palmerston, né en 1784, élu aux Communes en 1807, lord de l'amirauté dans le cabinet Portland en 1807, secrétaire d'État à la guerre en 1809. Il garda ce poste jusqu'en 1828. Il fut ensuite secrétaire d'État aux affaires étrangères de 1830 jusqu'en 1841, puis de 1846 à 1851 ; ministre de l'intérieur de 1852 à 1855, premier lord de la trésorerie de 1855 à 1858, puis de 1859 jusqu'à sa mort qui survint en 1865.

4. Le parti tory était en réalité, à cette époque, divisé en deux fractions : les high tories constituaient la fraction pour ainsi dire intransigeante qui avait refusé de s'associer aux mesures de conciliation de M. Canning ; les canningistes ou tories modérés formaient l'autre groupe.

quelque danger. Une réforme parlementaire devait donc devenir l'une des mesures du nouveau cabinet. Or, l'un des principes des high tories, et de l'administration de M. Canning, avait toujours été une opposition prononcée contre toute réforme parlementaire. S'attachaient-ils à cette doctrine dans toute sa rigueur ? ils ne pouvaient marcher avec les whigs : et s'ils composaient avec la nécessité des circonstances, ils reproduisaient l'exemple du duc de Wellington et de M. Peel dans la question de l'émancipation des catholiques. Et alors, cette conduite séparait d'eux beaucoup de leurs anciens et constants amis politiques ; et si elle leur en amenait de nouveaux, ceux-ci venaient de prouver que leur fidélité n'était que conditionnelle. Jusqu'à l'époque dont je parle ici, on capitulait rarement, en Angleterre, avec les principes politiques qu'on avait une fois professés, et l'on n'y pardonnait guère une désertion de parti.

D'ailleurs, si l'opinion publique en général s'était passionnée pour une réforme parlementaire, l'avènement des whigs au ministère inspirait une certaine inquiétude aux hommes d'affaires, et cette inquiétude s'était traduite par une baisse considérable dans les fonds publics. L'Angleterre, depuis un siècle, avait été tellement accoutumée à l'administration des tories; les intervalles du gouvernement des whigs avaient été si courts, et j'ajouterai marqués par si peu de succès, que la majorité des gens qui comptent par leur position ou par leurs intérêts n'allait pas au-devant d'eux. Ainsi, le *Times*, ce journal qui avait été si longtemps l'organe de leur parti et qui se montrait disposé à les soutenir, était cependant obligé d'exprimer dans les termes suivants l'impression de la Cité de Londres, où se font toutes les opérations financières et commerciales.

« Les sentiments ne sont pas très favorables à un ministère whig, en tant que whig, parce que les hommes de ce parti n'ont pas la réputation d'affaires à laquelle on attache ici un si grand prix ; mais l'on ne voit pas trop quelle autre alternative reste. Tous les gens pratiques sont d'opinion qu'un ministère ne pouvait être appelé au gouvernail à une époque de plus grandes difficultés. »

Tout cela, on le voit, n'était pas trop rassurant. Je ne m'en alarmai pas cependant; et je pensai que nos rapports avec l'Angleterre ne seraient pas affectés matériellement par le changement survenu. Nous étions bien, il est vrai, avec le ministère qui se retirait, et, quand on est bien, il ne faut pas trop céder à la pensée du mieux. Mais je crus que dans sa politique extérieure, l'administration nouvelle adopterait à peu près les principes de l'ancienne, et qu'il pourrait y avoir un avantage : c'est que, ce que nous ferions de concert avec elle, fût-ce même exactement ce que nous aurions fait avec l'autre, serait probablement vu avec plus de prédilection en France, par suite du courant d'opinion qui y dominait dans ce moment-là.

Le ministère parvint enfin à se constituer. Voici quelle était sa composition[1] :

Lord Grey, premier lord de la Trésorerie;

Lord Palmerston, secrétaire d'État des affaires étrangères ;

---

1. Voir l'impression de M. de Talleyrand sur le nouveau ministère dans sa lettre à Madame Adélaïde du 19 novembre. (Appendice, p. 458.)

Lord Melbourne, secrétaire d'État de l'intérieur [1] ;

Lord Goderich [2], secrétaire d'État des colonies et de la guerre ;

Lord Althorp [3], président du conseil des Indes ;

Lord Lansdowne, président du conseil.

Lord Durham [4], gendre de lord Grey, lord du sceau privé ;

M. Brougham, chancelier sous le titre de lord Brougham ;

Lord Holland [5], chancelier du comté de Lancastre ;

---

1. W. Lamb, lord vicomte Melbourne, né en 1779, élu à la Chambre des communes en 1805, entra à la Chambre des lords en 1828, à la mort de son père ; ministre de l'intérieur en 1830, devint en 1834 premier lord de la trésorerie et resta le chef du cabinet, sauf une courte interruption jusqu'en 1841. Il mourut en 1848.

2. Frédéric-John Robinson, comte de Ripon, lord vicomte Goderich, né en 1782, député aux Communes en 1806, sous-secrétaire d'État aux colonies dans le ministère Portland en 1807, membre du conseil d'amirauté en 1810, chancelier de l'échiquier en 1823, secrétaire d'État aux colonies en 1827, entra la même année à la Chambre des lords sous le titre de vicomte Goderich. Il fut pendant quelques mois premier lord de la trésorerie (1827-1828), puis de nouveau secrétaire d'État aux colonies, lord du sceau privé en 1833, président du bureau du commerce en 1841 et du bureau des Indes (1843). Il se retira en 1846 et mourut en 1859.

3. John-Charles Spencer, vicomte Althorp, puis comte Spencer, né en 1782, député aux Communes en 1804, commissaire du trésor en 1806. En 1830, il devint chancelier de l'échiquier, entra à la Chambre des lords en 1834. A la chute du cabinet Grey, il se retira des affaires et mourut en 1845.

4. John-George Lambton, comte de Durham, né en 1792, entra de bonne heure à la Chambre des communes, fut créé pair d'Angleterre en 1828, entra en 1830 dans le cabinet Grey comme lord du sceau privé. Il fut nommé ambassadeur à Pétersbourg en 1836, puis gouverneur des colonies anglaises de l'Amérique du Nord (1838). Il mourut en 1840.

5. Henry-Richard Vassall Fox, lord Holland, neveu du célèbre Fox, né en 1773, succéda à son père à la Chambre des lords, fut lord du sceau privé en 1806 et 1807. En 1830, il devint chancelier du duché de Lancastre, et conserva ces fonctions, sauf une courte interruption en 1835, jusqu'à sa mort (1840).

Le duc de Richmond, grand maître de l'artillerie ;

Lord Auckland[1], ministre du commerce, sans entrée au conseil.

Pendant que ce cabinet s'était constitué à Londres, une nouvelle modification s'était opérée dans le ministère français, et le général Sébastiani, ministre de la marine, était devenu ministre des affaires étrangères, à la place du maréchal Maison, nommé ambassadeur à Vienne[2]. Ces changements perpétuels ne rendaient pas la marche des affaires bien aisée; mais il fallait se dire que nous étions un peu en révolution partout, et dans ces temps-là il est bon de savoir s'arranger de tout.

J'avais insisté vivement dans la dernière séance de la conférence où avait assisté lord Aberdeen, pour qu'on y terminât l'affaire de l'armistice entre les Hollandais et les Belges, et il avait même fallu pour cela que notre séance eût lieu fort avant dans la nuit. J'avais fait partager mon empressement aux autres membres de la conférence. Il était motivé sur le désir que j'avais que l'affaire fût assez engagée pour nous assurer que les ministres nouveaux seraient obligés d'entrer dans la voie que nous leur avions ouverte, mon projet étant

---

1. George Eden, comte Auckland (1784-1849), entra à la Chambre des communes en 1810 et, en 1814, succéda à son père à la Chambre des lords. En 1830, il entra dans le cabinet Grey comme président du bureau du commerce et maître de la monnaie; en 1834, il devint premier lord de l'amirauté dans le ministère de lord Melbourne. En 1835, il fut nommé gouverneur général de l'Inde et garda ce poste jusqu'en 1842. De nouveau premier lord de l'amirauté en 1846, il mourut peu d'années après (1er janvier 1849).

2. 17 novembre. — En même temps le maréchal Gérard était remplacé à la guerre par le maréchal Soult. Le comte d'Argout remplaçait le général Sebastiani à la marine.

de leur demander au moment où ils prendraient leurs portefeuilles, de recevoir comme bien préparé et bien fait tout ce qui avait été décidé dans les conférences sur la Belgique, et d'en faire eux-mêmes la déclaration à une des premières occasions qui se présenterait. Il me paraissait que cela devait avoir une grande influence sur les délibérations que prendraient ultérieurement les Belges; aussi, je pressai beaucoup les nouveaux ministres à cet égard. Il fallait naviguer entre deux courants opposés ; quelques personnes comptaient trop les Belges, d'autres comptaient trop le roi des Pays-Bas. C'était entre ces deux intérêts, et sans trop les froisser, que je cherchais à marcher. Tout se passa ainsi que je l'avais désiré, et on verra plus tard que le nouveau cabinet entra parfaitement dans mes vues sur la manière de concilier les intérêts si complexes et si divers, engagés, je ne dis pas seulement dans la question belge, mais dans les questions européennes. Il ne sera pas superflu, pour me faire mieux comprendre, de jeter un coup d'œil rapide sur les dispositions particulières des différents cabinets au moment où nous sommes parvenus. Nous esquisserons ensuite celles de leurs représentants dans la conférence de Londres et leur caractère.

L'Autriche, alarmée de la révolution qui avait eu lieu en France et des agitations qui s'étaient manifestées en Brunswick, en Saxe, en Hesse[1], continuait à souffler la discorde en

---

1. Une insurrection venait d'éclater dans le duché de Brunswick. Le duc, qui avait refusé d'appliquer la constitution de 1820, dut abandonner le gouvernement à son frère Guillaume (7 septembre). Dans la Hesse-Cassel se produisit également un soulèvement contre le landgrave Guillaume. Il se retira à Hanau d'où il accorda à ses sujets une charte très libérale. Dresde et Leipzig furent aussi le théâtre de graves mouvements insurrectionnels. Le roi Antoine dut renvoyer son ministère et promettre une constitution.

Allemagne : elle espérait, par là, obliger l'armée fédérale à se mettre en mouvement, ou, au moins au complet ; elle cherchait un prétexte pour porter son armée sur un point ou sur un autre. M. de Metternich, loin de regretter de n'avoir pas fait quelques sacrifices à l'esprit du temps, était fâché de ne pas l'avoir comprimé davantage et ne renonçait pas encore à l'espoir de réparer le temps perdu.

La Russie était dans la même disposition ; elle faisait des armements considérables. Elle voulait en donner le commandement au maréchal Diebitch[1], qu'on avait envoyé à Berlin, où il essayait à l'aide des intrigues autrichiennes, du prince royal et de M. Ancillon, de détruire le crédit de M. de Bernstorff, et d'entraîner le roi à l'intervention armée que désirait vivement le roi des Pays-Bas.

Mais, heureusement, le roi de Prusse éclairé par l'expérience du passé et par la connaissance profonde qu'il avait de l'état des esprits en Allemagne et particulièrement en Prusse, et aussi, disons-le, par l'honnêteté naturelle de son caractère, résistait à toutes les influences et à la pression qu'on cherchait à exercer sur lui. Y résisterait-il toujours ? Telle était la question, de la solution de laquelle dépendait le maintien de la paix. Mais à celle-là s'en rattachaient bien d'autres. Dans l'état de choses que je viens de décrire, on devait se demander si le changement arrivé dans le ministère anglais rendrait

---

1. Jean, comte de Diebitch-Zabalkanski, né en 1785, entra à l'armée en 1797, fit les campagnes de 1805, 1806 et 1807. En 1812 il devint général-major, signa en juin 1813 le traité de Reichenbach avec l'Angleterre et la Prusse, et fut nommé lieutenant général après la bataille de Leipzig. Après la paix, il devint chef du grand état-major impérial (1820), puis feld-maréchal (1829). Il commanda l'armée russe dans la guerre de Pologne (1831), mais mourut au cours de la campagne (9 juin).

les cours du nord plus souples ou plus exigeantes? Se croiraient-elles capables d'engager la lutte avec un cabinet whig. qu'elles n'auraient pas l'espoir d'entraîner; ou bien, se croiraient-elles obligées de se préparer davantage? Deviendraient-elles plus soupçonneuses, plus irritables? Se croiraient-elles, enfin, parvenues au point de devoir jouer le tout pour le tout?

C'est l'esprit préoccupé de toutes ces considérations et des éventualités qui pouvaient en découler, que je calculai le langage à tenir à la prochaine réunion de la conférence que le nouveau ministre des affaires étrangères, lord Palmerston, ne devait pas tarder à convoquer. La conférence était composée ainsi qu'il suit :

L'Autriche y était représentée par le prince Paul Esterhazy[1], depuis quinze ans ambassadeur à Londres, où il était aimé et estimé par la société et l'aristocratie anglaises. Sous des dehors faciles, une humeur toujours gaie et aimable, il cache beaucoup de finesse et plus d'attention aux affaires qu'on ne lui en suppose. Grand seigneur hongrois, il a, à ce titre, des idées plus libérales que M. de Metternich et sa longue résidence en Angleterre, en l'accoutumant à la pratique du gouvernement constitutionnel, lui avait élargi les idées et l'avait préparé aux concessions inévitables à faire dans les circonstances où se trouvait l'Europe. Un peu plus tard, M. de Metternich lui adjoignit le baron de Wessenberg, soit pour éloigner celui-ci

---

1. Paul-Antoine, prince Esterhazy de Galantha, diplomate autrichien, né en 1786, fut d'abord secrétaire d'ambassade à Londres, puis ambassadeur en Westphalie (1810), à Rome (1814) et à Londres (1815 à 1818). Il revint à Londres en 1830 et y demeura jusqu'en 1838. En 1848, il fit partie du ministère Bathyani. Il mourut en 1866.

de Vienne, où il le gênait, soit pour retenir le prince Esterhazy dont il redoutait peut-être les entraînements. Si c'était dans ce dernier but, il se trompait étrangement, car M. de Wessenberg était plus que le prince Esterhazy susceptible de se laisser entraîner. J'avais déjà connu le baron de Wessenberg au congrès de Vienne; et je savais que ce n'était qu'un homme d'affaires instruit, actif, travailleur, mais rien de plus; les vues d'un homme d'État lui manquent absolument; il ne prend les affaires que par les petits côtés; bon homme du reste, et qui croit savoir tout, parce que, pendant quarante ans, il a écouté et retenu tous les commérages de l'Europe.

Le ministre de Prusse, le baron de Bulow [1], avait une grande connaissance des affaires; c'est un homme d'esprit, un peu à la façon prussienne, poussant la finesse parfois jusqu'à la ruse. Il a épousé la fille de Guillaume de Humboldt, mais pas la fureur anti-française de ce dernier, qui m'avait été si incommode au congrès de Vienne. M. de Bulow voulait plaire aux deux partis qui partageaient la cour de Berlin, au vieux roi, sage et prudent, et au prince royal qui, d'un instant à l'autre, pouvait succéder à son père, et que ses penchants portaient vers la Russie. J'eus plus d'une fois besoin de l'arracher à cette conciliation impossible pour le ramener à l'appréciation éclairée des événements.

La Russie avait deux représentants officiels à la conférence

---

1. Henri, baron de Bulow, né en 1790, s'enrôla en 1813, fit les campagnes de 1814 et 1815 et fut après la paix nommé plénipotentiaire à Francfort. En 1817, il fut attaché comme secrétaire à l'ambassade de Londres, revint à Berlin et devint conseiller intime au ministère des affaires étrangères. En 1827, il fut nommé ministre à Londres et y demeura jusqu'en 1840, passa ensuite à Francfort (1841) et devint en 1842 ministre des affaires étrangères. Il se retira en 1844 et mourut en 1846.

de Londres : le prince de Lieven et le comte Matusiewicz. Celui-ci, Polonais de naissance, a reçu son éducation en France et peut se vanter à bon droit d'avoir remporté le grand prix d'honneur de l'Université de Paris au concours de 1811 ; les habitudes de son esprit sont restées toute françaises, et il a un rare talent et une grande facilité de rédaction. Il avait été envoyé à Londres pour prendre part aux négociations relatives à la Grèce, et y était resté comme représentant intérimaire de la Russie, pendant une absence temporaire du prince de Lieven ; je l'avais trouvé remplissant ces fonctions à mon arrivée à Londres. Au début des affaires de la Belgique, il avait témoigné des dispositions très conciliantes, quoiqu'il connût les répugnances de son souverain pour le nouvel ordre de choses établi en France ; mais, quand plus tard la Pologne se souleva, il eut besoin de beaucoup d'adresse pour se faire maintenir dans le poste de plénipotentiaire à la conférence de Londres. On comprend que sa position équivoque en qualité de Polonais, ne le rendit plus aussi facile dans nos négociations. Quant au prince de Lieven, je lui dois le témoignage qu'il nous aida beaucoup par sa loyauté et par sa résistance aux emportements souvent mal avisés de l'empereur Nicolas. M. de Lieven a plus de capacité qu'on ne lui en accorde généralement ; sous ce rapport, le voisinage de sa femme lui fait tort et l'efface plus que cela ne devrait être. On disait à Londres que le désir de garder son ambassade contribuait à le rendre conciliant dans ses relations avec le gouvernement anglais : cela ne me paraît pas probable et, en tout cas, cela ne lui réussit pas, puisqu'il a fini par être rappelé. Mais je ne donnerais pas une idée complète ni exacte de la légation de Russie à Londres et du rôle important qu'elle y jouait, si j'oubliais de faire mention de madame de Lieven[1]. Moins qu'une autre peut-être elle me pardonnerait de la passer sous silence. Madame de Lieven était depuis dix-neuf ans en Angleterre; elle y était venue en 1812, lorsque la folle entreprise de Napoléon contre la Russie avait conduit l'empereur Alexandre à se rapprocher du gouvernement anglais. Il faut se rappeler qu'à cette époque il n'y avait plus, depuis plusieurs années, aucun corps diplomatique à la cour de Londres, avec laquelle tous les cabinets du continent avaient dû rompre, au moins en apparence, leurs relations officielles. Aussi, l'apparition d'une ambassade de Russie y produisit-elle une grande sensation. Le prince régent, la cour, l'aristocratie, on pourrait dire la nation, accueillirent avec un empressement, qui ressemblait à de l'enthousiasme, le représentant de l'empereur de Russie; on fêta partout M. de Lieven, et madame de Lieven qui, déjà pendant la mission de son mari à Berlin, avait acquis une sorte de célébrité, partagea naturellement les ovations faites à son mari. A la cour, où il n'y avait point de reine, le premier rang lui revint de droit, et le prince régent était charmé de l'attirer à Brighton, où sa présence autorisait celle de la marquise de Coningham, que peu de femmes de la société anglaise aimaient à rencontrer. L'aristocratie, si hospitalière, accourut au-devant de la nouvelle ambassadrice, et lui accorda d'emblée tous ces petits privi-

1. Dorothée de Benkendorf, princesse de Lieven, née en 1784, épousa à seize ans le prince de Lieven, fut nommée en 1828 dame d'honneur de l'impératrice de Russie. Lorsque le prince fut rappelé à Pétersbourg, elle se fixa à Paris. En 1848 elle se retira à Bruxelles. De retour à Paris, elle y resta jusqu'en 1854, date de la guerre de Crimée, retourna alors à Bruxelles, mais ne tarda pas à revenir à Paris où elle mourut en 1857. Madame de Lieven laissa de nombreux souvenirs à Londres et à Paris où elle était liée avec les hommes politiques les plus en vue. Canning, et plus tard lord Grey, étaient les hôtes les plus assidus de son salon.

lèges réservés aux femmes que leur beauté, leur esprit ou leur fortune, placent à la tête du monde élégant ; c'est de cette époque que date l'empire incontestable que madame de Lieven a exercé sur la société anglaise. Elle eut le mérite, en l'acceptant, de tout faire pour le conserver longtemps ; il faut en reporter tout l'honneur à son esprit. Il paraît qu'elle n'a jamais eu de vraie beauté ; mais quand l'âge avait terni les agréments de la jeunesse, elle sut les remplacer par de la dignité, de belles manières, un grand air, qui lui donnent quelque chose de noble et d'un peu impérieux, comme le pouvoir qu'elle exerce. Elle a beaucoup d'esprit naturel, sans la moindre instruction et, ce qui est assez remarquable, sans avoir jamais rien lu ; elle écrit en français d'une manière charmante ; son style est varié, original et toujours naturel. Elle écrit mieux qu'elle ne cause, sans doute parce que dans sa conservation elle cherche moins à plaire qu'à dominer, à interroger, à satisfaire son insatiable curiosité ; aussi est-elle plus piquante par la hardiesse de ses questions et même de ses provocations, que par la vivacité de ses reparties ; on dirait qu'elle préfère la satisfaction d'embarrasser au désir de plaire en faisant valoir celui auquel elle parle. Elle voulut se passer cette fantaisie à une de nos premières rencontres, et dans une réunion assez nombreuse : « On aura beau dire et faire, s'écria-t-elle tout à coup, ce qui vient de se passer en France est une flagrante usurpation ! — Vous avez bien raison, madame, répliquai-je ; seulement, ce qui est à regretter, c'est qu'elle n'ait pas eu lieu quinze ans plus tôt, comme le désirait et le voulait l'empereur Alexandre, votre maître. » Je dois dire que depuis ce jour, elle ne me provoqua plus et que nos rapports devinrent très agréables, quoique sourdement elle fît tout ce qui dépendait d'elle pour entraver nos négociations, et cet antagonisme ne laissait pas que d'avoir ses inconvénients, surtout après le changement qui venait de s'opérer dans le ministère anglais. Madame de Lieven, en souvenir peut-être de sa jeunesse, était assez volage dans ses affections politiques; mais où se marquait son habileté, c'est qu'elle se trouvait presque toujours dans de meilleures relations avec le ministre qui arrivait au pouvoir qu'avec celui qui le quittait. C'est ainsi qu'après avoir longtemps cultivé l'amitié du duc de Wellington, elle s'était éloignée de lui pour chercher M. Canning. A la mort de celui-ci, le duc ayant repris l'ascendant dans la direction des affaires, madame de Lieven n'avait plus retrouvé le même crédit près de lui : aussi n'épargna-t-elle aucune coquetterie pour gagner lord Grey dès son avènement au pouvoir, et j'eus plus d'une fois occasion de m'apercevoir qu'elle y avait réussi dans une certaine mesure.

Pour compléter cette esquisse des membres de la conférence, il ne me reste plus qu'à parler de lord Palmerston, qui succédait à lord Aberdeen.

Lord Palmerston est certainement l'un des plus habiles, si ce n'est le plus habile homme d'affaires, que j'aie rencontré dans ma carrière. Il a toutes les aptitudes et toutes les capacités qui doivent contribuer à composer un tel homme en Angleterre: une instruction étendue et variée, une activité infatigable, une santé de fer, des ressources inépuisables dans l'esprit, une grande facilité d'élocution dans le parlement ; sans être ce qu'on appelle en Angleterre, un grand *debater*, son genre d'éloquence est mordant et satirique ; il sait mieux accabler un adversaire sous son ironie et ses sarcasmes, que convaincre ses auditeurs; enfin il a de l'amabilité sociale et des manières élégantes. Mais un trait de son caractère dépare tous ces avantages et l'empêche, à mon sens, d'être compté comme un véritable homme d'État : il est passionné dans les affaires publiques, au point de sacrifier les plus grands intérêts à ses ressentiments ; chaque question politique à peu près se complique pour lui d'une question personnelle ; et, en paraissant défendre les intérêts de son pays, c'est, presque toujours, ceux de sa haine ou de sa vengeance qu'il sert ; il met un grand art à dissimuler ce moteur secret sous des apparences que je pourrais appeler patriotiques ; c'est par cet art qu'il parvient toujours à agir sur une portion considérable de l'opinion publique, qu'il entraîne dans le sens de sa propre passion. J'aurai plus d'une fois dans ces souvenirs l'occasion de constater l'exactitude de cette observation, qui explique, je crois, comment lord Palmerston a toujours conservé une certaine popularité, tout en changeant de parti, et en portant tour à tour ses grands talents dans les camps des tories, des whigs et même des radicaux. Il y a peu d'Anglais qui sachent aussi bien que lui toucher la fibre patriotique de John Bull. Nous marchâmes parfaitement d'accord pendant les premiers mois de la conférence, et c'est à cet accord que sont dus en partie les excellents résultats obtenus. Maintenant, après avoir parlé des hommes, revenons aux affaires.

Lord Grey, comme je le lui avais demandé, avait saisi l'occasion de son premier discours au parlement, où il indiquait la ligne que le nouveau ministère se proposait de suivre, pour donner des assurances de paix et principalement de bonne entente avec la France ; il avait dit aussi qu'il se plaisait à regarder les gouvernements des deux pays comme fondés sur les mêmes principes. Ce discours fit de l'impression. Nos rapports avec l'Angleterre étaient donc établis sur une base solide; c'était un point essentiel; il fallait en tirer parti.

Un incident survint, qui, en irritant les cours d'Autriche, de Prusse et surtout celle de Russie, rendait encore plus nécessaire l'accord entre la France et l'Angleterre. Le congrès belge, avant même de ratifier l'armistice avec la Hollande, conclu sous la médiation de la conférence, venait de prononcer l'exclusion définitive de la maison de Nassau du gouvernement de la Belgique. Heureusement pour nous, ce vote avait eu lieu, malgré une démarche éclatante faite par le gouvernement français pour l'empêcher, ce qui établissait bien la bonne foi qu'il avait témoignée dans cette question [1].

Lorsque la conférence se réunit pour la première fois, sous la présidence de lord Palmerston, qui nous communiqua les acceptations définitives de La Haye et de Bruxelles à notre proposition d'armistice, j'exposai aux plénipotentiaires rassemblés quelques considérations que je croyais utile de faire parvenir, par leur entremise, à leurs gouvernements respectifs.

Je leur dis :

« Maintenant, messieurs, nous avons l'assurance que les hostilités resteront suspendues et que le sang cessera de couler; il s'agit donc de nous entendre sur les moyens de régler l'affaire épineuse qui est remise à nos soins. Il est évident que nous n'y parviendrons pas, si nous n'apportons pas tous ici un esprit de conciliation, et si nous n'avons pas tous un but

---

1. Voir page 414 et note. C'est le 23 novembre que la question *de l'exclusion à perpétuité des membres de la maison d'Orange-Nassau de tout pouvoir en Belgique* fut posée au congrès par M. Rodenbach. Elle fut prononcée par 161 voix contre 28.

commun : celui du maintien de la paix dont tous nous avons besoin. Il est impossible de ne pas reconnaître que, quelque motivée qu'ait pu être la révolution qui a eu lieu en France, elle a ébranlé plus ou moins tous les trônes de l'Europe, et affaibli partout le principe d'autorité. Je le déplore avec vous et autant que vous, et je ne vois qu'un remède à ce mal, c'est que nous nous entendions tous pour le réparer en nous prêtant un appui réciproque. Ne doutez pas que chacun de nos gouvernements se sentira plus fort chez lui, quand il pourra y parler au nom de l'alliance des cinq plus grandes puissances de l'Europe. Mon gouvernement vient de vous donner une preuve de la sincérité de ses intentions en s'efforçant d'empêcher le congrès belge de prononcer l'exclusion de la maison de Nassau. Je regrette qu'il n'ait pas eu plus de succès et je rechercherai loyalement avec vous, les moyens de réparer, si cela est possible encore, cet échec. Mais quelle que soit l'issue de nos efforts sur ce point, il faut nous préparer à toutes les éventualités qui peuvent survenir et apporter dans nos délibérations la confiance et la fermeté, qui seules assureront la conservation de la paix. »

Ces observations, qui avaient, je crois, le mérite d'être vraies, firent assez d'effet pour que je pusse espérer qu'on parviendrait à maintenir la paix.

On convint dans cette séance de laisser le champ ouvert aux tentatives que faisaient en Belgique les partisans de la maison de Nassau pour ramener l'opinion du congrès en faveur au moins du prince d'Orange, et de s'occuper, en attendant, des points, que dans tous les cas, il serait nécessaire de régler, tels que ceux des difficultés qu'avaient soulevées les limites de l'armistice entre les Hollandais et les Belges; — des rapports à établir avec la confédération germanique à cause du Luxembourg ; — du partage de la dette[1]...

Au moment où la conférence allait commencer l'examen de ces questions importantes, je vis arriver à Londres un émissaire du cabinet nouvellement constitué en France, ou du moins de quelques-uns de ses membres. C'était le comte de Flahaut. La mission de M. de Flahaut était assez compliquée ; on lui avait donné pour prétexte les anciennes relations de société et d'amitié qu'il avait avec quelques membres du nouveau ministère anglais, entre autres avec lord Grey et le marquis de Lansdowne, et on avait supposé que la protection bienveillante que j'avais accordée à M. de Flahaut, au début de sa carrière, me rendrait sa présence agréable dans les circonstances actuelles. M. de Flahaut venait lui-même avec l'intention de préparer les voies à sa nomination comme ambassadeur à Londres, lorsque je serais dans le cas de me démettre de ce poste.

Je démêlai bien vite ces mobiles particuliers sous les dehors officiels qu'on avait donnés à son envoi, car il m'apportait une dépêche et des lettres dans lesquelles le général Sebastiani me demandait mes avis et mes conseils sur la politique extérieure de la France et il était de plus chargé de me faire des insinuations sur la solution à donner à la question hollando-belge, après le vote d'exclusion prononcé contre la maison de Nassau par le congrès belge. Voici en quoi consistait le plan que M. de Flahaut me développa,

---

1. La correspondance de M. Bresson et de M. de Talleyrand est précieuse à consulter sur ces divers points. Nous avons inséré en appendice quelques-unes de ces lettres qui complètent ce que M. de Talleyrand dit de ces négociations. (Appendice, pp. 459, 460 et 465.)

plan qui avait été inspiré par M. de Celles et quelques autres intrigants de son espèce, et accepté, j'ai tout lieu de le croire, par le général Sébastiani. On disait : puisque la Belgique rejette la maison de Nassau, et que le roi Louis-Philippe ne consent point à l'élection du duc de Nemours comme souverain du nouvel État, il n'y a qu'un moyen de tout concilier : c'est le partage de la Belgique. En procédant à ce partage de manière à y intéresser les puissances voisines, on parviendra certainement à obtenir leur consentement. Ainsi on donnera une part au roi des Pays-Bas, qui préférera cela à la perte totale de la Belgique; la Prusse aura la sienne, et celle de la France sera la plus considérable ; mais, comme il serait impossible d'obtenir ce résultat sans le consentement de l'Angleterre, il faut aussi lui faire sa part, et elle recevra la ville et le port d'Anvers avec le cours de l'Escaut jusqu'à la mer. C'est cette belle conception que M. de Flahaut devait s'efforcer de me faire adopter.

Il ne me fallut pas beaucoup de réflexion pour démontrer combien un pareil projet était insensé, dangereux, opposé au maintien d'une paix durable et avant tout aux vrais intérêts de la France, en supposant même qu'il pût être accepté par les autres puissances. Je rappelai tout ce qu'il avait coûté de peine et de sang à la France pour expulser les Anglais du continent dans les siècles passés, et je déclarai que pour mon compte, je me ferais plutôt couper le poing que de signer un acte qui les y ferait revenir. L'extension qu'on voulait donner à la Prusse sur nos frontières du nord n'offrait pas moins d'inconvénient à mes yeux. Je rejetai donc avec vivacité et hauteur un plan contraire à la saine politique et qui n'avait d'autre caractère que celui d'une intrigue. Il n'y avait, à mon sens, qu'une issue possible à la question qui pût être utile à la France : c'était la création d'un royaume de Belgique, placé sous le gouvernement d'un prince quelconque, qui serait trop faible pour nous inquiéter, et qui ne serait pas même en état de fournir les garnisons de cette ceinture de forteresses érigées et entretenues à grands frais contre nous.

M. de Flahaut dut se contenter de cette réponse de ma part et la reporter à Paris avec la dépêche par laquelle j'exposais mes idées sur la politique extérieure de la France, répondant sur ce point, aux questions qui m'avaient été posées par le général Sebastiani.

Voici cette dépêche[1] :

« Londres, le 27 novembre 1830.

» Monsieur le comte,

» Je vous remercie d'avoir engagé M. de Flahaut à venir à Londres ; il y est en relations habituelles avec le nouveau ministère et sa présence ici m'a été fort utile à cet égard; son très bon esprit lui a fait sentir le langage qui pouvait le mieux nous servir.

» Je vais répondre tout de suite aux questions générales qui m'ont été faites sur la politique extérieure que la France peut être amenée à suivre dans les circonstances actuelles.

La France ne doit point songer à faire ce qu'on appelle des alliances. Elle doit être bien avec tout le monde et seulement mieux avec quelques puissances, c'est-à-dire, entretenir avec elles

1. Elle n'est pas citée dans le recueil de M. Pallain.

des rapports d'amitié qui s'expriment lorsque des événements politiques se présentent.

» Ce genre de liens doit avoir aujourd'hui un principe différent de celui qu'il avait autrefois; ce sont les progrès de la civilisation qui formeront désormais nos liens de parenté. Nous devons donc chercher à nous rapprocher davantage des gouvernements où la civilisation est plus avancée; c'est là que sont nos vraies ambassades de famille. Ceci conduit naturellement à regarder l'Angleterre comme la puissance avec laquelle il nous convient d'entretenir le plus de relations; je dois faire observer qu'il y a entre elle et nous des principes communs, et que c'est la seule puissance avec laquelle nous en ayons d'essentiels. Si, dans quelques points, nous avons des avantages sur l'Angleterre, dans d'autres aussi elle l'emporte sur nous. Il y a ainsi quelque profit, de part et d'autre, à une réunion plus étroite. Tous les motifs de rivalité sont d'ailleurs fort diminués par les pertes coloniales que nous avons faites.

» L'Europe est certainement en ce moment, dans un état de crise. Eh bien! l'Angleterre est la seule puissance qui, comme nous, veuille franchement la paix. Les autres puissances reconnaissent un droit divin quelconque; la France et l'Angleterre seules n'attachent plus là leur origine. Le principe de la non-intervention est adopté également par les deux pays; j'ajouterai, et je le compte pour quelque chose, qu'il y a aujourd'hui une sorte de sympathie entre les deux peuples.

» Mon opinion est que nous devons nous servir de tous ces points de rapprochement, pour donner à l'Europe la tranquillité dont elle a besoin. Que quelques États soient ou ne soient pas disposés à la paix, il faut que la France et l'Angleterre déclarent qu'elles la veulent, et que cette volonté émanée des deux pays les plus forts et les plus civilisés de l'Europe, s'y fasse entendre avec l'autorité que leur puissance leur donne.

» Quelques-uns des cabinets qui marchent encore sous la bannière du droit divin, ont en ce moment des velléités de coalition; ils peuvent s'entendre parce qu'ils ont un principe commun; ce principe s'affaiblit, à la vérité, dans quelques endroits, mais il existe toujours ; aussi lorsque ces cabinets-là se parlent, ils s'entendent bientôt. Ils soutiennent leur droit divin avec du canon ; l'Angleterre et nous, nous soutiendrons l'opinion publique avec des principes; les principes se propagent partout, et le canon n'a qu'une portée dont la mesure est connue.

» L'Europe se trouve donc partagée entre ces deux principes de gouvernement: ce sont aujourd'hui ceux qui la régissent. Les forces sont à peu près égales entre le principe qui fait mouvoir les armées russes et autrichiennes, et le principe qui, agissant par l'opinion, est sûr de faire mouvoir des forces, au moins égales. Ce dernier rencontrera de nombreux alliés dans les pays qui lui sont opposés, et son antagoniste ne compte guère parmi les siens que le faubourg Saint-Germain. S'il y a balance, il faut la faire pencher de notre côté, et le moyen d'y arriver, c'est d'attirer la Prusse vers des idées qui sont moins éloignées d'elle que des autres pays du Nord. C'est là, ce me semble, quelles doivent être les vues du cabinet de Londres, et de celui de Paris. J'ai développé cette pensée hier très longuement avec lord Palmerston et aujourd'hui avec lord Grey; ils entrent l'un et l'autre dans cette manière de voir et donneront des instructions en conséquence au ministre qu'ils ont à

Berlin. Il est très important pour nous d'avoir là des agents observateurs et entraînants.

» Vous m'avez demandé, monsieur le comte, quel pourrait être, dans l'état actuel de la France, le système politique auquel elle devrait s'attacher. J'ai essayé d'indiquer une réponse à cette question sur laquelle il y aurait plutôt un livre à faire qu'une lettre ; le livre pourrait être mauvais, et la lettre n'est probablement pas trop bonne.

» Je veux suivre maintenant mon idée, et appliquer les principes que je viens d'émettre aux négociations dans lesquelles nous sommes engagés en ce moment. Je suis convaincu que c'est avec l'Angleterre que la France doit chercher à agir, et je crois que la disposition du nouveau cabinet anglais nous donnera beaucoup de facilité à cet égard. J'ai vu ce matin avec un grand plaisir, à quel point le ministère anglais était satisfait de la démarche qui avait été faite en envoyant à Bruxelles, M. de Langsdorf[1].

» L'esprit de cette mission a été très bien développé dans une lettre écrite par M. Pozzo à M. de Matusiewicz ; il y rend compte avec beaucoup d'éloges d'une conversation qu'il avait eue avec vous et qui avait précédé cet envoi.

---

1. C'était M. de Langsdorf qui avait porté au congrès belge l'invitation pressante du gouvernement français de ne pas prononcer l'exclusion de la maison de Nassau. On a vu que cette démarche n'avait eu aucun résultat. (*Note de M. de Bacourt.*)

Émile, baron de Langsdorf (1804-1867), était secrétaire d'ambassade à Florence en 1828 ; au moment des journées de Juillet, il fit partie, avec MM. de Sémonville et d'Argout, de la délégation qui alla inviter Charles X à retirer les ordonnances. Après sa mission à Bruxelles, il fut successivement nommé secrétaire à Rome, à Turin, à Munich, à Constantinople, à Berlin, à Vienne ; puis chargé d'affaires à Rio-de-Janeiro, à Bade et à La Haye. Il se retira en 1848.

» Je suis fondé à croire que si les Belges ne sont pas absolument fous, nous arriverons à ce que nous désirons. Il est fort difficile d'employer la véritable influence sur les personnes qui dirigent le mouvement en Belgique, car il paraît démontré ici que ce sont les prêtres qui animent le peuple, et qui dominent sourdement les délibérations du congrès. Dans mes conversations séparées avec lord Grey et lord Palmerston, j'ai cru voir que si on ne réussissait pas pour le prince d'Orange, on pourrait penser à l'archiduc Charles. J'ai rejeté cette idée en disant qu'un prince de la maison d'Autriche en Belgique aurait trop l'air d'une restauration, et qu'ils devaient se rappeler d'une chose que j'avais oubliée il y a quinze ans: c'est que M. Fox avait dit et imprimé *que la pire de toutes les révolutions était une restauration.*

Je n'ai jusqu'à présent prononcé aucun nom, quoique celui du prince Charles de Bavière me soit venu souvent à la bouche, car il est catholique, il a quarante ans, et il est homme d'esprit et de courage[1]. Cette idée, du reste, n'est venue ici à personne, et si le gouvernement français l'adoptait, il pourrait s'en faire tout le mérite vis-à-vis de la maison de Bavière.

» Pour vous rendre un compte complet de tout ce dont j'ai été chargé durant ma mission, je dois vous parler de la Grèce. Rien n'a été proposé à ce sujet par aucune des puissances; l'affaire de la Belgique a absorbé l'attention et l'intérêt de tout le monde; je ne crois pas qu'aucun ministre y ait pensé; pas

---

1. Le prince Charles-Théodore de Bavière, frère du roi Louis, avait alors trente-cinq ans et non quarante. Il était né en 1795 et mourut en 1876.

un seul des beaux noms de la Grèce n'a été prononcé dans une de nos conférences [1].

» Quant à Alger, j'ai évité d'en parler ; j'aimerais bien que nos journaux en fissent autant ; il est bon qu'on s'accoutume à notre occupation et le silence est le meilleur moyen. Je crois que l'opinion a changé sur cette question en Angleterre et que nous n'éprouverons pas d'insurmontables difficultés, lorsqu'il s'agira de la traiter [2]. »

M. de Flahaut retourna à Paris, avec cette dépêche et mes observations sur le projet de partage de la Belgique, projet sur lequel on revint ensuite à la charge, mais que j'écartai encore, ainsi qu'on le verra. Quant à M. de Flahaut lui-même, il alla plus tard représenter la France à Berlin où, au lieu de chercher à nous concilier le gouvernement prussien, il se prononça avec une telle vivacité pour la cause polonaise, qu'au

---

1. La conférence de Londres avait également à statuer sur les affaires de Grèce. Le traité d'Andrinople (14 septembre 1829), conclu entre la Russie et la Turquie, avait proclamé l'indépendance de la Grèce ; il s'agissait maintenant de trouver un souverain pour ce nouveau royaume. Les candidatures de M. le duc de Nemours, du prince Charles de Bavière, du prince Othon son frère, du prince de Hesse-Hombourg, du prince Jean de Saxe, du duc Bernard de Saxe et du prince Léopold de Saxe-Cobourg avaient été mises en avant. Ce dernier avait même été agréé par toutes les puissances, mais il refusa la couronne (21 mai 1830). Ce n'est qu'en 1832 que cette question fut réglée par l'avènement au trône du prince Othon de Bavière.

2. La nouvelle de l'expédition d'Alger avait été accueillie en Angleterre par une vive colère mêlée d'inquiétude, et le cabinet anglais avait fait entendre au gouvernement de Charles X les réclamations les plus menaçantes. Peut-être n'est-il pas sans intérêt de rappeler ici la fière réponse que l'ambassadeur d'Angleterre s'attira un jour de Charles X : « Monsieur l'ambassadeur, lui dit le roi, tout ce que je puis faire pour votre gouvernement, c'est de n'avoir pas écouté ce que je viens d'entendre. » Les événements de Juillet calmèrent cette effervescence.

bout de deux ou trois mois, il se vit obligé de quitter son poste, dégoûté de n'exercer aucune influence sur une des trois cours qui avaient partagé la Pologne.

L'ambassadeur de Russie, M. de Lieven, qui était en congé à l'époque de mon arrivée en Angleterre, où il avait laissé sa femme, revint à Londres vers la fin du mois de novembre et ne tarda pas à donner au ministère anglais ainsi qu'à moi, des explications pacifiques au nom de son gouvernement. Sur la question que je lui fis au sujet des armements de la Russie qui inquiétaient l'Europe, il me répondit catégoriquement :

« Les armements que nous avons faits ont été occasionnés par la première demande de notre allié, le roi des Pays-Bas, et ils n'ont eu pour objet que de montrer des forces qui seraient réunies si les circonstances l'exigeaient. Mais je puis vous dire *avec autorité, parce que j'en ai le droit*[1], que nos troupes n'agiront et ne pourraient agir que d'accord avec les quatre[2] puissances; sans leur aveu, elles ne passeront pas les frontières; je vous le déclare et vous pouvez le déclarer à votre gouvernement. J'ai dit la même chose à lord Grey et à lord Palmerston[3]. »

Je lui répondis[4] « que je savais que lord Grey lui avait indiqué que des forces aussi considérables devaient donner des inquiétudes et en donnaient à la France, que ces inquiétudes, le gouvernement russe devait s'efforcer[5] de les faire cesser,

---

1. Variante : *le pouvoir*.
2. Variante : *les cinq*.
3. Extrait de la dépêche officielle du 1ᵉʳ décembre, déjà publiée.
4. Variante : *j'ai pu lui* répondre.
5. Variante : *devait chercher à*.

tandis que le retard des lettres de créance de l'ambassadeur de Russie à Paris ne pouvait que les augmenter. J'ajoutai qu'il connaissait trop bien l'Europe, pour n'avoir pas remarqué qu'il y avait aujourd'hui dans les peuples une susceptibilité qui avait besoin d'être ménagée, et que la manière la plus sûre d'y parvenir était de détruire tous les motifs d'inquiétude ». A quoi il répliqua : « Je suis certain que l'ambassadeur de Russie à Paris, recevra incessamment les lettres de créance dont vous me parlez, si déjà elles ne sont pas arrivées. Mais du reste, je suis bien aise d'avoir trouvé cette occasion de vous faire personnellement la déclaration tranquillisante que je viens de vous donner. »

Le soulèvement de la Pologne ne tarda pas à nous garantir la nécessité, si ce n'était la sincérité de ces nouvelles dispositions de la Russie[1]. Toutefois je n'hésitai pas à tenir pour bonnes les déclarations rassurantes du prince de Lieven, et en les transmettant à Paris, j'insistai pour qu'on en fît autant. Je faisais remarquer que dans les explications de l'ambassadeur de Russie, il n'avait pas été question de la position particulière de la France, et j'écrivais[2] :

« Nous devons désormais éviter de traiter ce sujet. La France a repris sa place parmi les grandes puissances, et elle ne peut pas tolérer qu'on élève à cet égard le moindre doute. En con-

[1]. L'insurrection polonaise eut son début à Varsovie dans la nuit du 29 novembre. Toute la Pologne courut aux armes et se rangea sous les ordres du général Chlopicki, nommé dictateur. Après dix mois de lutte, la Russie fut victorieuse. Varsovie fut prise le 7 septembre 1831. (Voir sur l'impression que fit à Paris la nouvelle de l'insurrection la lettre du 12 décembre de Madame Adélaïde à M. de Talleyrand. Appendice, p. 462).

[2]. Dépêche officielle du 2 décembre, déjà publiée.

servant le caractère¹ que nous ont imprimé les événements du mois de juillet, nous n'en restons pas moins libres de prendre une part égale à celle des autres puissances dans les négociations de la Belgique. Il est de notre devoir de maintenir le principe de la non-intervention; mais ce principe peut se concilier avec celui du maintien des traités et des frontières.

» Je suis bien aise² de vous soumettre cette observation, parce que, si vous l'adoptez, comme je n'en doute pas, elle contribuera puissamment à fortifier notre position politique envers les autres États. Nos difficultés ne peuvent venir aujourd'hui que de la Belgique. Les Belges, après être convenus des limites, élèvent des prétentions qui ne sont pas soutenables; ils ont tort sur le droit comme sur le fait dans leurs assertions relativement à la ligne qui séparait, avant l'époque du traité du 30 mai 1814, les possessions du prince souverain des Provinces-Unies de celles qui ont été jointes à son territoire pour former le royaume des Pays-Bas. Les instructions de lord Ponsomby³ sont d'accord avec cette opinion⁴; il soutiendra, comme nous, que les Belges faussent la ligne par la

---

1. Variante: Le caractère *politique*.

2. Variante: *J'étais bien* aise.

3. Lord Ponsomby avait été envoyé à Bruxelles comme commissaire de la conférence, pour y remplacer M. Cartwright, obligé de se rendre à son poste de ministre d'Angleterre à Francfort. (*Note de M. de Bacourt.*)
Jean, vicomte Ponsomby, né en 1770, entra à la Chambre des lords en 1806 et siégea dans les rangs du parti whig. Entré dans la diplomatie, il fut accrédité à Buenos-Ayres, à Rio-de-Janeiro, à Bruxelles (1830) à Naples (1832). Il fut ensuite nommé ambassadeur à Constantinople puis à Vienne (1846). Il se retira en 1851 et mourut en 1855.

4. Variante: *Avec ce que j'ai l'honneur de vous dire sur ce sujet.*

manière dont ils la présentent. Je dois vous dire que l'Angleterre est décidée sur l'indépendance de la Belgique; que lord Ponsomby, qui est parti ce matin, ne doit élever aucune difficulté à cet égard. Il est chargé de renouveler les assurances de la non-intervention; mais, comme nous, cependant, son gouvernement n'applique pas ce principe à des difficultés de limites qui seraient violées ou d'un côté ou de l'autre. »

On voit par l'extrait de cette dépêche que le gouvernement anglais avait été conduit à reconnaître que la Belgique devait être séparée irrévocablement de la Hollande. Cette séparation reconnue sans amener la guerre, était un immense succès pour la politique française. Pourvu qu'il n'y eût pas à Bruxelles un gouvernement républicain, le choix du souverain n'était plus, à mes yeux, qu'une question fort secondaire, parce que j'étais bien sûr que ce souverain, quel qu'il fût, devait être un voisin commode, un allié fidèle de la France. Dès cette époque même il surgit une combinaison qui offrait la meilleure solution du choix de ce souverain, puisqu'elle devait plaire à l'Angleterre et nous satisfaire. Il s'agissait du prince Léopold de Saxe-Cobourg qui, après avoir été élu par les Belges et reconnu par les puissances, épouserait une des princesses, filles du roi Louis-Philippe. Mais cette solution devait passer par bien des péripéties encore avant d'aboutir[1].

Nos affaires marchaient donc bien à Londres, et si les

---

1. Sur la première idée de cette combinaison, et les négociations dont elle fut l'objet, voir les lettres de M. de Talleyrand à Madame Adélaïde du 13 et du 14 décembre. (Appendice, p. 463 et 464.)

retards obstinés du roi des Pays-Bas et les exigences ridicules des Belges causaient des embarras à la conférence, la bonne intelligence qui existait entre ses membres donnait la certitude qu'on viendrait à bout de surmonter ces embarras. D'ailleurs, la nouvelle du soulèvement de la Pologne, qui nous parvint au commencement de décembre, devenait un puissant motif de plus pour la Russie, la Prusse et l'Autriche, de se montrer conciliantes dans le règlement de l'affaire belge. Mais elle n'était pas de nature à produire le même effet à Paris, où elle exaltait fortement les têtes, précisément au moment où le procès des ministres de Charles X allait provoquer peut-être de dangereuses agitations dans le peuple.

On savait que le parti révolutionnaire employerait toutes ses ressources pour tirer parti de cet incident. Le gouvernement serait-il assez fort pour maintenir l'ordre et faire respecter le cours de la justice? C'était là le sujet de vives inquiétudes à Paris; et ces inquiétudes pas plus que leur cause, ne rendaient bien commode la situation de l'ambassadeur de France à Londres. Un négociateur n'a pas aisément le ton haut et ferme quand on peut lui demander à chaque instant : Votre gouvernement existe-t-il encore à l'heure qu'il est? Triste résultat des temps révolutionnaires qu'il faut savoir dominer, mais qui porte souvent à de douloureuses réflexions.

Cependant, je ne me laissai pas aller au découragement, et je saisis avec énergie l'ouverture que m'offrirent l'entêtement du roi des Pays-Bas et les meilleures dispositions du congrès de Bruxelles, pour atteindre le but que je me proposais avant tout : la dissolution du royaume des Pays-Bas.

Voici ce que j'écrivais le 17 décembre à M. Sebastiani[1] :

« Monsieur le comte,

» L'ambassadeur des Pays-Bas a annoncé qu'il était malade. Je pensais qu'il voulait faire servir cette indisposition à retarder les travaux de la conférence, et je viens d'apprendre une détermination de son souverain qui me confirme dans l'opinion que ce prince cherche tous les moyens d'entraver nos résolutions. M. Falck a reçu l'avis, qu'après la réception du protocole de notre cinquième conférence, le roi des Pays-Bas avait désigné pour se rendre à Londres M. Zuylen de Nyeweldt[2], en qualité de second plénipotentiaire, afin d'y porter de nouvelles instructions. Il est évident que cette nomination n'est qu'une mesure dilatoire, car personne n'est plus capable que M. Falck de suivre les affaires du roi ici. D'ailleurs, toutes les réticences de M. Falck, dans ces derniers temps, et surtout aujourd'hui, ne prouvent que trop qu'il est embarrassé et que son gouvernement n'est pas de bonne foi.

» Après avoir mûrement réfléchi sur cet incident, j'ai pensé qu'il n'y avait qu'un moyen de mettre un terme à nos incertitudes : c'était de demander la prompte déclaration de l'indépendance de la Belgique. Je me crois fondé à faire cette demande, parce que dès le principe de nos négociations il a

1. Dépêche officielle déjà publiée. De même pour les dépêches suivantes des 20 et 21 décembre.

2. Hugo, baron de Zuylen de Nyeweldt (1781-1853), diplomate hollandais, fut d'abord secrétaire d'ambassade à Paris (1805) et à Madrid (1807). Il se retira lors de l'avènement du roi Louis Bonaparte. Après 1814, il rentra dans la diplomatie, fut ministre à Stockholm, à Constantinople, et plénipotentiaire à Londres. Il devint ministre d'État en 1833, puis ministre des affaires étrangères et enfin ministre des cultes (1842). Il se retira en 1848.

été convenu que pendant que la France emploierait son influence pour décider les Belges à signer un armistice, l'Angleterre emploierait la sienne pour amener le roi de Hollande à prendre le même parti. Nous avons pleinement réussi : les Belges consentent à tout et nous leur devons le prix de la condescendance qu'ils nous ont témoignée. Le cabinet anglais, malgré tous ses efforts qui ont été très sincères, n'a pu obtenir de la cour de La Haye la déclaration positive que nous devions naturellement recevoir[1]. Le caractère du roi de Hollande est un obstacle à tout, mais cet obstacle il faut le surmonter, et je ne connais pas d'autres moyens d'y parvenir, que de faire déclarer[2] par la conférence l'indépendance de la Belgique. Mon projet est donc d'en parler avant la conférence à lord Palmerston, et d'en faire ensuite la proposition formelle aux plénipotentiaires[3] des quatre puissances. Si j'obtiens cela demain, et je l'espère, nous aurons fait un grand pas.

» Il est possible qu'après ma conférence avec lord Palmerston, je l'engage à faire lui-même la proposition : il serait préférable qu'elle vînt de lui, parce qu'elle aurait plus d'influence sur le roi des Pays-Bas. Du reste, je jugerai ce qui conviendra le mieux et après la conférence, je vous expédierai le courrier que vous m'avez envoyé... »

Puisque j'ai cité cette dépêche, je ne puis mieux faire que de continuer à citer celles qui la suivirent et qui expliqueront plus clairement qu'aucun récit, comment les choses se passèrent.

1. Variante : *attendre*.
2. Variante : *demain*.
3. Variante : *commissaires*.

« Londres, le 20 décembre 1830.

» Monsieur le comte,

» Je vous annonçais dans ma dernière dépêche, le renvoi pour le lendemain de votre courrier, mais la marche et la longueur de nos conférences ne m'ont pas permis de remplir cette intention, et c'est aujourd'hui seulement que je suis en état de vous faire connaître un important résultat de nos délibérations. La conférence s'est réunie chaque jour, et l'une de nos séances s'est prolongée pendant plus de sept heures. Vous ne vous étonnerez pas, monsieur le comte, d'aussi longues discussions quand vous saurez que le plénipotentiaire anglais et moi étions seuls décidés sur la question de l'indépendance de la Belgique et qu'il fallait amener les quatre autres plénipotentiaires à partager notre opinion. Mais j'attachais trop de prix à remplir les intentions du roi, pour ne pas presser autant que je le pouvais une résolution qu'il nous était si utile de faire prendre.

» Je vous envoie donc le protocole de notre conférence qui vient d'être signé dans le moment ; vous remarquerez qu'il renferme tout ce que, raisonnablement, nous pouvions désirer ; j'espère que le roi en sera satisfait. La signature de l'ambassadeur de Russie était bien précieuse à avoir, et vous l'y verrez.[1]

» Recevez... »

---

1. C'est du protocole du 20 décembre 1830 que date l'indépendance de la Belgique. En raison de son importance nous croyons devoir l'insérer ici :

Les plénipotentiaires des cinq cours ayant reçu l'adhésion formelle du gouvernement belge à l'armistice qui lui avait été proposé et que le roi des Pays-Bas a aussi accepté, et la conférence ayant ainsi, en arrêtant l'effusion du sang, accompli

« Londres, le 21 décembre 1830.

» Monsieur le comte,

» J'étais pressé hier par le désir de faire partir le courrier qui vous portait le protocole de notre conférence : aujourd'hui, je puis mieux apprécier l'importance de la résolution qui a été adoptée, et il m'est déjà possible de vous annoncer qu'elle a produit un grand effet parmi les personnages influents de ce pays qui en ont eu connaissance. On la regarde, sinon comme une garantie de maintien de la paix, du

---

la première tâche qu'elle s'était imposée, les plénipotentiaires se sont réunis pour délibérer sur les mesures ultérieures à prendre, dans le but de remédier au dérangement que les troubles survenus en Belgique ont apporté dans le système établi par les traités de 1814 et de 1815.

En formant par les traités en question l'union de la Belgique avec la Hollande, les puissances signataires de ces mêmes traités, et dont les plénipotentiaires sont assemblées dans ce moment, avaient eu pour but de fonder un juste équilibre en Europe et d'assurer le maintien de la paix générale.

Les événements des quatre derniers mois ont malheureusement démontré que *cet amalgame parfait et complet que les puissances voulaient opérer entre ces deux pays* n'avait pas été obtenu, qu'il serait désormais impossible à effectuer, qu'ainsi l'objet même de l'union de la Belgique avec la Hollande se trouve détruit, et que dès lors il devient indispensable de recourir à de nouveaux arrangements pour accomplir les intentions à l'exécution desquelles cette union devait servir de moyen.

Unie à la Hollande et faisant partie intégrante du royaume des Pays-Bas, la Belgique avait à remplir sa part des devoirs européens de ce royaume, et des obligations que les traités lui avaient fait contracter envers les autres puissances. Sa séparation d'avec la Hollande ne saurait la libérer de cette part de ces devoirs et de ces obligations.

La conférence s'occupera conséquemment de discuter et de concerter les nouveaux arrangements les plus propres à combiner l'indépendance future de la Belgique avec les stipulations des traités, avec les intérêts et la sécurité des autres puissances et avec la conservation de l'équilibre européen. A cet effet, la conférence, tout en continuant ses négociations avec le plénipotentiaire de Sa Majesté le roi des Pays-Bas, engagera le gouvernement provisoire de la Belgique à envoyer à Londres le plus tôt possible des commissaires munis d'instructions et de pouvoirs assez amples pour être consultés et entendus sur tout ce qui pourra faciliter l'adoption définitive des arrangements dont il a été fait mention plus haut.

Ces arrangements ne pourront affecter en rien les droits que le roi des Pays-Bas et la confédération germanique exercent sur le grand-duché de Luxembourg.

ESTERHASY,
TALLEYRAND,
BULOW,
LIEVEN,
WESSENBERG,
PALMERSTON,
MATUSIEWICZ.

moins comme enlevant aux partisans de la guerre, un moyen puissant d'agiter les esprits. Je partage assez cette opinion, et je persiste à croire que même dans les circonstances actuelles de l'Europe, la reconnaissance par les cinq grandes puissances de la Belgique comme État indépendant doit avoir pour nous un utile résultat.

» Les événements survenus en Pologne m'ont rappelé ce que, bien jeune encore, j'avais éprouvé avec toute la France, lors du premier partage de ce pays. Il est impossible d'oublier l'impression qu'il produisit dans le siècle dernier; la politique de la France en fut flétrie, et jamais le duc d'Aiguillon, ministre des affaires étrangères, et le cardinal de Rohan, ambassadeur à Vienne, ne se sont relevés de la honte d'avoir ignoré les négociations qui précédèrent ce grand acte d'injustice et de spoliation.

» Plus tard, l'occasion la plus favorable se présenta pour rétablir le royaume de Pologne : l'empereur Napoléon pouvait, *en 1807 et en 1812*[1], rendre à ce pays son indépendance si importante pour l'équilibre européen; il ne le voulut pas et ce n'est pas à vous, monsieur le comte, que j'aurai besoin de rappeler la grande faute qui fut commise alors. En 1814, les chances de la guerre nous avaient amenés au point de ne pouvoir plus songer[2] qu'à notre propre existence, et nous dûmes garder le silence lorsque se consomma l'asservissement de la Pologne. Aujourd'hui que notre voix a repris son importance dans les conseils de l'Europe, il ne doit[3]

---

1. Supprimé dans le texte des archives.
2. Variante : *pourvoir*.
3. Variante : *peut*.

plus en être de même. Je crois que, sans troubler la paix, il vous serait possible, avec l'appui de l'Angleterre et en choisissant bien le moment, d'offrir notre médiation et de faire tourner les derniers événements[1] de la Pologne à l'avantage de l'Europe. Il n'est personne aujourd'hui qui ne comprenne que le royaume de Pologne, fortement constitué, formerait la meilleure barrière contre les envahissements menaçants de la Russie. Il se présente bien des moyens qui tendraient à faire obtenir ce résultat, et si l'Angleterre voulait entrer franchement dans nos vues, je pense qu'on trouverait dans le grand duché de Posen, en Gallicie, dans les provinces polonaises de la Russie, en Finlande, peut-être même en Suède et en Turquie, des moyens puissants d'action contre la Russie. Il me semble qu'il serait possible d'atteindre le but dont je vous parle, sans faire la guerre ; le cabinet de Saint-Pétersbourg, bien conseillé, céderait peut-être avec le temps à des démarches bien[2] combinées.

» Tout ceci exigerait beaucoup de développements, et j'ai voulu seulement présenter quelques réflexions auxquelles je donnerais plus de suite, si vos idées à cet égard se trouvaient d'accord avec les miennes.

» Recevez... »

Pendant que j'obtenais à Londres, de la conférence, l'importante déclaration de l'indépendance de la Belgique, le gouvernement français remportait à Paris une grande et glorieuse

---

1. Variante : ... il vous serait possible, avec l'appui de l'Angleterre, *de faire, en choisissant bien le moment d'offrir notre médiation, tourner les derniers événements...*

2. Variante : *habilement.*

victoire sur le parti révolutionnaire, et le 22 décembre, le procès des ministres de Charles X se dénouait devant la cour des pairs, sans qu'il y ait eu une condamnation capitale prononcée, et sans que l'émeute eût entravé le cours de la justice. J'en reçus la nouvelle, je l'avoue, avec une immense satisfaction, et la lettre par laquelle Madame Adélaïde me l'annonça est trop honorable pour elle et me causa trop de plaisir pour que je ne l'insère pas ici.

« Paris, le 23 décembre 1830.

» Nous voilà enfin dehors de la crise de cet affreux procès ; ce grand drame s'est terminé d'une manière digne de notre révolution et du roi qui nous gouverne. Certes, il a fallu toute sa force, tout son calme et sa patience pour arriver à un aussi beau et heureux dénouement. Il en jouit doublement dans ce moment, où il reçoit tous les témoignages d'affection et d'amour qu'on a pour lui. Il vient de sortir à cheval aux acclamations générales pour faire la tournée des arrondissements et exprimer à la si brave et excellente garde nationale sa satisfaction de son admirable conduite qui est au-dessus de tous les éloges. Nous venons de passer trois jours bien pénibles, mais nous en sommes bien dédommagés maintenant. Je sais que le général Sebastiani vous a expédié un courrier hier soir et que vous aurez déjà les bonnes nouvelles quand cette lettre vous parviendra ; il était bien essentiel que vous fussiez bien au fait ; sans doute, il en sera arrivé beaucoup de fausses à Londres et des plus alarmantes, car cela a été une tactique bien évidente de répandre l'effroi et la terreur. Ici même, il arrivait d'un quartier à l'autre les plus fâcheuses et les plus fausses nouvelles. Sans le sang-froid et le calme du roi, cela aurait pu mener à prendre les mesures les plus fausses.

» Je vous félicite de tout mon cœur de l'heureux résultat de vos conférences ; c'est un beau et bien satisfaisant succès, dont je jouis doublement et pour vous et pour nous, mon cher prince. Le roi en est dans la joie et il est fier des succès de l'ambassadeur *de son choix*. Il me charge de mille et mille belles choses pour vous. Ce qui nous inquiète maintenant, c'est le sort des pauvres Polonais, je crains bien pour eux [1]...

Nos affaires avaient donc pris une meilleure tournure ; la fin du procès des ministres détendait la situation à Paris, tandis que l'indépendance de la Belgique, consentie de bon accord entre les cinq grandes puissances, assurait, du moins pour le moment, le maintien de la paix. C'était beaucoup gagner, mais il restait encore bien d'épineuses difficultés à résoudre. Le ministère présidé par M. Laffitte, n'avait ni force ni crédit en France, pas plus qu'à l'étranger ; le commerce et l'industrie étaient ruinés ; les affaires ne reprenaient pas ; les tendances et les faiblesses de ce ministère ne pouvaient pas rassurer les esprits.

A l'indépendance proclamée de la Belgique se rattachait une complication assez grave, celle du grand-duché de Luxembourg, qui tenait à la confédération germanique par des rapports particuliers. Les Belges prétendaient garder

---

1. Voir la réponse que M. de Talleyrand fit à cette lettre le 26 décembre. (Appendice, p. 466.)

cette province qui, en 1814, avait été donnée au roi des Pays-Bas, comme indemnité de ses possessions personnelles en Allemagne, et dans laquelle se trouvait une forteresse fédérale, liée au système général de défense de la confédération. Il fallait donc à la fois désintéresser la confédération et satisfaire les prétentions du roi des Pays-Bas et celles des Belges. Ce fut l'objet de longues négociations qui durèrent plusieurs années et qui finirent par un arrangement convenable, mais qui, pendant longtemps, causèrent de grands soucis ; car à mesure que l'horizon politique s'éclaircissait en Europe, les puissances allemandes se montrèrent plus récalcitrantes à faire des concessions.

Le protocole de la conférence du 20 décembre qui prononçait l'indépendance de la Belgique, provoqua naturellement les plaintes les plus vives à La Haye. Le roi des Pays-Bas nous fit adresser une protestation véhémente contre notre décision. On ne peut nier qu'il avait des motifs fondés de se plaindre, si on se rappelle que les provinces belges lui avaient été cédées en 1814, en échange des colonies hollandaises dont l'Angleterre s'était emparée. Mais c'était à l'Angleterre de se tirer de ce mauvais pas ; quant à moi, je n'avais qu'une considération à faire prévaloir, c'est que le royaume des Pays-Bas ayant été formé en haine et comme menace contre la France, il était démontré que cette œuvre avait fait son temps et ne pouvait durer davantage. La conférence reçut la protestation du roi des Pays-Bas, n'y répondit pas, et continua ses travaux pour consolider l'indépendance de la Belgique, résolue de les terminer sans le concours du roi des Pays-Bas, s'il persistait dans son opposition.

J'ai déjà dit, je crois, qu'avant la réunion de la conférence des cinq puissances, pour régler les affaires de la Belgique, il en existait une autre à Londres composée des représentants de la France, de la Grande-Bretagne et de la Russie, qui s'occupait de l'arrangement des affaires de la Grèce. On sait qu'en vertu du traité conclu entre ces trois puissances, le 3 juillet 1827[1] l'indépendance de la Grèce avait été reconnue. Depuis la conclusion de ce traité, on avait dû employer de longues négociations pour obtenir d'abord l'assentiment de la Porte ottomane à ce démembrement de son empire ; puis la reconnaissance par les autres puissances du nouvel État, qui, depuis un an, était gouverné provisoirement par le comte Capo d'Istria. Les trois cours protectrices de la Grèce s'étaient occupées dans le principe, avec zèle, à consolider l'indépendance qu'elles avaient procurée ; mais dans les derniers temps ce zèle s'était un peu refroidi, soit par les entraves qu'apportait dans les négociations la Russie, qui s'était aperçue que l'indépendance de la Grèce ne lui assurait pas les avantages sur lesquels elle avait compté, soit aussi par suite des événements qui venaient de se passer en France et qui avaient troublé tous les cabinets. Il devenait cependant important de mettre un terme aux incertitudes qui existaient encore sur le

---

1. Le traité est du 6 juillet 1827, et non du 3. Il fut négocié et signé à Londres par le prince de Polignac, lord Dudley et le prince de Lieven. Les trois puissances s'engageaient à offrir leur médiation aux deux parties et à faire adopter un arrangement sur les bases suivantes : Les Grecs relèveront du sultan comme d'un seigneur suzerain. Ils lui payeront une redevance annuelle. Ils seront gouvernés par des autorités civiles qu'ils nommeront eux-mêmes, mais à la nomination desquelles la Porte aura une part déterminée. — Un article additionnel ajoutait que si la Porte persistait à refuser un arrangement pacifique, les puissances signataires prêteraient à la Grèce l'appui de la force.

sort définitif de la Grèce ; en conséquence, la conférence des trois puissances fut de nouveau appelée à se rassembler, et nous eûmes une séance à la fin du mois de décembre 1830. Avant de parler de cette séance, il est nécessaire de rappeler sommairement les faits qui allaient former l'objet de nos délibérations.

Le traité du 3 juillet 1827 avait arrêté les bases de l'indépendance de la Grèce ; il déterminait les limites du nouvel État ; ses rapports avec la Turquie ; la constitution qui le régirait... et les trois puissances protectrices, en se réservant le droit de désigner le prince qui serait appelé à gouverner la Grèce, avaient autorisé le comte Capo d'Istria, réclamé par les vœux des Grecs eux-mêmes, à aller administrer provisoirement le pays[1]. Dès qu'on eut connaissance en Grèce des conditions du traité, des plaintes s'élevèrent sur la démarcation des frontières qu'on avait assignées au nouvel État. Le comte Capo d'Istria ne tarda pas à appuyer ces plaintes. Mais la Russie, comme je l'ai déjà dit, avait perdu de son zèle pour les intérêts de la Grèce ; l'Angleterre n'était pas non plus bien disposée pour elle ; son emprunt avait été fait à Londres pendant la guerre de l'indépendance ; et le gouvernement provisoire de la Grèce, non seulement n'en payait pas les intérêts, mais refusait de le garantir. Cet incident, et peut-être aussi un peu la prévision que le voisinage de la Grèce indépendante serait gênant pour le gouvernement des îles

---

[1]. Capo d'Istria, né à Corfou en 1776. Élu chef suprême pour sept ans par l'assemblée nationale de Trezène (31 mars 1827), il arriva en Grèce en janvier 1828, et garda le pouvoir pendant près de quatre ans. Il fut assassiné le 9 octobre 1831.

Ioniennes[1], et que la marine marchande des Grecs pourrait faire une concurrence nuisible à la marine anglaise, avaient fort dépopularisé la cause de la Grèce en Angleterre. La France seule était restée, sans arrière-pensée, fidèle à cette cause; c'est une justice qui doit être rendue au gouvernement de Charles X, et il y avait d'autant plus de mérite qu'après la catastrophe qui le renversa du trône, le pauvre roi ne faisait qu'un seul reproche à son gouvernement, celui d'avoir encouragé l'insurrection en reconnaissant l'indépendance de la Grèce.

Quoi qu'il en soit, cette question des limites mal réglées de la Grèce avait amené, on va le voir, des complications de plus d'un genre. Après beaucoup de pourparlers, les trois cours avaient offert la souveraineté de la Grèce au prince Léopold de Saxe-Cobourg, veuf de la princesse Charlotte d'Angleterre, qui l'avait acceptée. Mais quand il s'agit de discuter les conditions de cette acceptation[2], le prince Léopold déclara nettement qu'il fallait que les trois puissances lui accordassent la garantie d'un emprunt considérable nécessaire à l'établissement de son

---

1. Depuis les traités de 1815, les îles Ioniennes étaient sous le protectorat de l'Angleterre. Elles étaient constituées en république. Le pouvoir exécutif y appartenait à un sénat dont le président était nommé par l'Angleterre. Un commissaire anglais faisait fonction de ministre des affaires étrangères. — En 1863, les îles firent retour à la Grèce.

2. La conférence de Londres, par le protocole du 3 février 1830, avait décidé que la Grèce constituerait une monarchie indépendante, et que ses limites au nord seraient tracées par une ligne allant de l'embouchure du fleuve Aspro, jusqu'à celle du Sperchius. Un autre protocole du même jour agréait le prince Léopold comme roi du nouvel État. Le 11 février suivant le prince adressa à la conférence une note où il réclamait comme ligne frontière les limites du canton de Vlochos et la chaîne du mont Œta. En outre il exigeait d'être garanti contre toute agression étrangère par un corps de troupes suffisant, et demandait qu'on lui fournit des subsides pendant les premières années de son établissement. La conférence refusa de céder sur la question des limites, et le prince refusa définitivement la couronne (21 mai).

gouvernement, et surtout qu'on fît obtenir de meilleures limites au nouvel État. On rejeta ces propositions, et le prince Léopold retira son acceptation. Il fallut chercher un autre prince pour le remplacer, et c'était là où en étaient les choses lorsque la révolution de Juillet éclata en France. Les commissaires des trois cours en Grèce, appuyant en cela les instances du comte Capo d'Istria, sollicitaient qu'on mît fin à l'état précaire qui existait dans le pays déchiré par les factions et par les ambitions de quelques chefs.

Telle était la situation quand lord Palmerston convoqua une réunion de la conférence le 28 décembre 1830. Voici le compte rendu de cette séance que j'adressai à Paris [1] :

« Nous avons eu, ce matin, une conférence sur la Grèce. Lord Palmerston y a fait la lecture des derniers protocoles qui avaient été arrêtés dans les conférences auxquelles mon prédécesseur avait pris part, et qui, par le refus du prince Léopold, n'avaient eu aucun résultat. L'agrandissement du territoire de la Grèce a été convenu entre nous. Cela fait, j'ai cherché à établir que puisqu'on voulait faire des changements aux derniers protocoles auxquels la Porte avait donné son acquiescement, il valait mieux proposer la ligne la plus convenable à la Grèce, que de changer pour une amélioration trop peu importante, et que la ligne du golfe de Volo à celui d'Arta me semblait la plus convenable. Lord Palmerston a soutenu très bien cette proposition qu'il a fait valoir par de fortes raisons tirées de toutes ses correspondances.

» La Russie ne manifeste plus le même intérêt pour la Grèce,

---

1. Dépêche officielle déjà publiée.

depuis qu'elle a rétabli ses anciennes relations avec la Porte ottomane [1], ce qui rend ses plénipotentiaires extrêmement circonspects et peu disposés à rien prendre sur eux-mêmes.

» Dans cet état de choses, nous sommes convenus que l'Angleterre chargerait M. Dawkins, *son commissaire en Grèce* [2], de dire confidentiellement au comte Capo d'Istria que la frontière de la Grèce peut être améliorée, et le prierait de ne pas divulguer les intentions des trois cours ; mais de chercher quelque prétexte plausible pour ne pas ordonner l'évacuation, comme cela était convenu, des points de l'Acarnanie et de l'Étolie qui se trouveraient occupés par les Grecs. Pendant que cette démarche se fera, les plénipotentiaires russes demanderont à leur gouvernement l'autorisation de signer les actes nécessaires pour obtenir l'amélioration des limites de la Grèce par une convention faite de gré à gré, moyennant une somme d'argent quelconque. Cette somme serait prise sur l'emprunt qui doit être garanti par les trois puissances...

» Si l'on parvient à obtenir ces changements de la Porte ottomane, les commissaires démarcateurs auraient les mêmes fonctions à remplir. Il serait alors important que le commissaire français s'y rendît promptement et prît part à tout le travail qui doit être fait pour que les Grecs sussent bien que la France défend leurs intérêts.

» Je vous prie de me confirmer les ordres qui ont été donnés à mon prédécesseur, ou de m'en donner de nouveaux si vous aviez quelque autre projet sur le choix d'un souve-

---

1. Traité de paix d'Andrinople (14 septembre 1829).

2. Supprimé dans le texte des archives.

rain de la Grèce ; mais, si vous persistez, comme il me paraît que les autres puissances sont portées à le faire, à nommer l'un des fils du roi de Bavière, il serait important que l'administration du pays fût conservée au comte Capo d'Istria et il faudrait même le prier, sa santé étant très faible, de présenter un plan de régence.

» Vous voudrez bien vous rappeler que le gouvernement s'est engagé, par un acte du 3 mai 1830, à garantir l'emprunt de soixante millions convenu par l'article 4 du protocole du 20 février 1830. J'ai besoin de vos ordres à cet égard.

» Recevez... »

J'écrivais encore deux jours après sur le même sujet[1] :

« Dans ma dépêche d'avant-hier, je vous entretenais du résultat de ma dernière conférence sur les affaires de la Grèce avec lord Palmerston et le prince de Lieven. Les conversations que j'ai eues depuis, sur ce sujet, avec les ministres anglais, m'ont démontré que le choix de leur gouvernement, comme souverain du nouvel État grec, était fixé sur le prince Othon de Bavière. Ce n'est donc plus comme un projet, mais comme un point à peu près arrêté, que nous devons considérer cette résolution du cabinet de Londres ; mon prédécesseur avait été, du reste, autorisé à y donner son adhésion. Dans une correspondance qui avait eu lieu avec le roi de Bavière, on en était venu jusqu'à demander quel revenu personnel il ferait à son fils, pour qu'à son début en Grèce il ne se trouvât pas à charge au pays... »

---

1. Dépêche officielle déjà publiée.

Je reviendra plus tard sur cette question de la Grèce, quand les événements nous y ramèneront. A l'époque où nous sommes parvenus il était moins urgent de songer au prince qui devait gouverner la Grèce qu'à celui qui serait choisi pour gouverner les provinces belges, car à ce dernier choix se rattachait l'apaisement du parti révolutionnaire en Belgique, et même en France, et par conséquent, le maintien de la paix en Europe. On a déjà vu que le nom du prince Léopold de Saxe-Cobourg avait été prononcé. Lord Ponsomby l'avait appuyé près du comité diplomatique du congrès de Bruxelles [1], ce qui signifiait qu'il était approuvé par le cabinet anglais, et j'avais pu m'en assurer dans mes conversations avec lord Grey et lord Palmerston. Le président du comité diplomatique belge, M. Van de Weyer, était en ce moment en route pour Paris et Londres, où il était chargé de faire agréer le prince Léopold.

Ce prince lui-même s'était adressé directement à moi pour me consulter, et je m'étais empressé de lui répondre que, pour ma part, je verrais avec grand plaisir réussir sa candidature. Et en effet, je ne trouvais aucun prince en Europe, qui pût aussi bien convenir que lui à cette situation délicate et compliquée. J'avais eu occasion de le connaître au congrès de Vienne, où il avait montré beaucoup d'esprit et de loyauté, en soutenant les intérêts du roi de Saxe contre la Prusse et la Russie; et je me souvenais du ferme courage avec lequel il avait résisté alors aux cajoleries comme aux menaces de l'em-

---

[1]. Le comité diplomatique avait été nommé le 20 novembre par le gouvernement provisoire pour l'expédition des affaires étrangères. Il se composait de M. Van de Weyer, président, du comte de Celles, du comte d'Arschot, de MM. Destriveaux et Nothomb.

pereur Alexandre dans l'armée duquel il avait cependant servi pendant plusieurs années. Le prince Léopold, devenant roi des Belges et épousant une princesse française, me semblait le meilleur choix à faire pour résoudre la difficulté qui nous occupait. Le temps a prouvé que je ne me trompais pas. Mais ce choix dérangeait les calculs de quelques intrigants de Bruxelles qui voulaient lier leurs intérêts personnels à ceux du gouvernement français, et qui cherchaient à l'entraîner dans leur intrigue. Ils commencèrent par ébruiter le projet de choisir le prince Léopold, qui avait été communiqué confidentiellement, comme je viens de le dire, au comité diplomatique du congrès de Bruxelles. M. de Celles, qui était membre de ce comité, s'était hâté de l'écrire à ses amis à Paris, de façon que quelques membres de l'extrême gauche de la Chambre des députés se hâtèrent de s'emparer de ce projet comme d'un moyen d'attaque contre le gouvernement français. On va juger avec quel effet :

LE GÉNÉRAL SEBASTIANI AU PRINCE DE TALLEYRAND.

« Paris, le 30 décembre 1830.

» Mon prince,

» La discussion qui s'est engagée dans la Chambre à la suite des derniers mouvements vient de se terminer. Elle a épuisé la défiance qui était dans les esprits, et qui était le mal réel de notre situation. L'ordre est tout à fait consolidé, car la tranquillité des esprits est revenue ; et tout nous porte à espérer que la marche du gouvernement ne sera plus embarrassée désormais par les incidents fâcheux que l'irritation et l'inquiétude faisaient naître chaque jour.

» Les questions étrangères ont été débattues à la tribune pendant cette discussion. Elles l'ont été sous l'empire des préoccupations et des préjugés que la situation intérieure devait inévitablement produire. La question de la Belgique a occupé une grande partie des séances d'hier et d'aujourd'hui. Les ministres du roi se sont renfermés dans une réserve qui n'a point empêché la manifestation la plus nette et plus positive de leurs intentions pacifiques et de leur éloignement pour la propagande.

» Le prince de Cobourg a été attaqué avec véhémence : hier, par M. Mauguin, aujourd'hui par M. le général Lamarque. Cet orage qui a éclaté dans la Chambre avait été formé par les journaux, et, il faut le reconnaître, par l'opinion publique. Le roi, qui a pour le prince de Cobourg une sincère amitié, en est d'autant plus affligé, qu'il voit l'impossibilité de ramener à cette pensée l'esprit public. Il faudra donc jeter nos regards sur un autre prince qui puisse convenir en même temps à la Belgique, à la France, à l'Europe, et ce n'est pas la moindre des difficultés que vous avez à résoudre.

» Les Belges, en totalité, voudraient, ou que leur pays fût réuni à la France, ou que le duc de Nemours fût appelé à régner sur eux. Pour obtenir ce résultat important, ils consentiraient volontiers à ce qu'Anvers devînt une ville libre, et ils iraient peut-être jusque-là pour Ostende. La France verrait dans la réunion de la Belgique, ou dans le choix du duc de Nemours une juste réparation du passé et le repos de son avenir. Cet arrangement deviendrait pour l'Europe un gage de paix. Mais cependant nous ne voudrions pas, pour y parvenir, nous placer dans une situation violente qui nous obligerait à faire la guerre contre l'Europe entière et à y ébranler tout l'ordre social déjà chancelant. Toutefois, la pensée d'un système politique qui serait si complet pour nous, et pour les autres États doit s'offrir à votre esprit, mon prince, avec tout ce qu'elle a de grand et de vrai. S'il faut l'abandonner, ce sera un sacrifice d'autant plus pénible qu'aucune idée d'ambition n'en altère la pureté.

» Dans l'exclusion de la maison de Nassau, la Belgique, il ne faut pas se le dissimuler, a compris celle de toutes les maisons protestantes et mêmes des dynasties allemandes sans en excepter la Bavière et la Saxe. D'ailleurs, un prince bavarois, lorsque le chef de cette maison possède Landau, qui est un démembrement de la France, ne saurait être accueilli avec plaisir ici.

» Le frère du roi de Naples, jeune prince de dix-neuf ans, qui montre de l'esprit et un noble caractère, serait encore celui dont probablement l'élévation rencontrerait le moins d'obstacles dans l'esprit de la nation française.

» C'est à vous, mon prince, qu'est confiée la haute mission de résoudre une question aussi délicate et aussi compliquée, d'une manière conforme à la dignité et aux intérêts de notre pays. Le roi attend votre réponse avec une impatience que vous concevrez facilement. Votre expérience, votre sagesse consommée, nous éclaireront sur ce qu'il est possible de faire avec l'assentiment des grandes puissances. L'Angleterre serait-elle encore dans les voies d'une politique étroite et jalouse? Son gouvernement, aujourd'hui si éclairé, ne pourrait-il s'en affranchir, pour ne voir dans l'arrangement à prendre sur la Belgique, qu'une combinaison propre à prévenir assez longtemps la guerre pour permettre à la raison d'étendre son empire en Europe ?

» Le roi a vu ce matin M. Gendebien[1]. Il lui a parlé avec une franchise affectueuse et ne lui a point dissimulé que sa politique ne pourrait jamais être accusée de mauvaise foi, et qu'il accomplirait tous les engagements qu'il avait pris avec les puissances de ne pas faire tourner à son avantage la révolution de la Belgique. Il a donc repoussé la proposition de la réunion et celle de l'élévation de son fils. Du reste, mon prince, l'Europe est plus intéressée que nous à faire disparaître cette cause de guerre, toujours renaissante et toujours active. Nous espérons qu'elle aura une heureuse issue.

» Agréez...

» HORACE SEBASTIANI. »

En même temps que je recevais cette lettre, le commissaire français de la conférence à Bruxelles, M. Bresson, m'écrivait celle-ci :

« Bruxelles, le 31 décembre 1830.

» Mon prince,

» Mes inquiétudes redoublent sur l'état de ce pays. Le roi de Hollande, par sa fermeture de l'Escaut, a détruit tous les desseins de la conférence. Le désordre, l'anarchie et la guerre civile sont à nos portes. Je ne sais que conseiller, mais il n'y a qu'une grande mesure, qu'une grande pensée, qui puissent détourner l'orage qui se grossit. Un prince français est impos-

---

1. Jean-François Gendebien, né en 1753, député du Hainaut au congrès belge en 1790, et président du congrès. Après la réunion à la France, il fut élu aux Cinq-Cents et au Corps législatif. Après 1815, il siégea aux états généraux des Pays-Bas. En 1830, il fut élu au congrès belge qu'il présida quelque temps comme doyen d'âge. Il fut plus tard nommé président du tribunal de Mons et mourut en 1838.

sible; il entraîne la guerre; et cependant ce n'est peut-être que par une concession de ce genre que l'on contiendra la turbulence de la Belgique. Que dire? Que faire? Une pareille solution est au-dessus de mes forces.

» Lord Ponsomby prétend qu'il a meilleur espoir que moi. Je souhaite de tout mon cœur qu'il ne se trompe pas, mais son pays ne joue pas aussi gros jeu que le nôtre, et il est bien naturel que nos alarmes soient plus vives.

» Daignez agréer... »

On voit que l'horizon s'était fort rembruni à Bruxelles par le fait des intrigues de M. de Celles et de ses amis, et que ceux-ci avaient même fini par gagner le général Sebastiani à leur opinion. La lettre qu'on vient de lire prouve qu'il était entré dans leur intrigue ou que son jugement, ordinairement assez sain et perspicace, était obscurci par les informations erronées qu'il avaient reçues. Il fallait, en tout cas, être insensé pour croire que les grandes puissances seraient jamais amenées à consentir à la réunion de la Belgique à la France, ou, ce qui revenait au même, à l'élévation du duc de Nemours au trône de Belgique, sans une guerre acharnée dans laquelle la France devait triompher seule contre quatre.

J'ai déjà nommé plusieurs fois M. de Celles sans expliquer ce qu'il était et comment il avait pu acquérir une espèce d'influence en Belgique et à Paris. Le comte de Celles, issu d'une famille noble de la Belgique, était jeune encore à l'époque de la conquête de la Belgique par la République française, mais il avait su cependant se faire distinguer dès ce temps par le dévergondage de sa conduite et par des excès de plus d'un genre. Il s'était rallié un des premiers parmi les Belges, au système impérial de Napoléon, par lequel il avait été attaché au conseil d'État d'abord, puis nommé préfet, successivement de Nantes et d'Amsterdam. Il avait encore l'exécration des Hollandais, autant par la rigueur excessive avec laquelle il faisait exécuter les mesures les plus acerbes du régime impérial, que par le cynisme de sa conduite et de ses habitudes. Après la dissolution de l'empire, il était resté dans l'obscurité pendant quelques années, puis il avait été élu membre de la seconde chambre des Pays-Bas, où il s'était rangé dans l'opposition. Plus tard, à la suite d'un voyage qu'il avait fait à Rome, il se rapprocha du roi des Pays-Bas, embarrassé dans ce temps-là de ses relations avec la cour de Rome, il sut persuader à ce souverain que personne ne le servirait aussi utilement que lui auprès du gouvernement pontifical, se vantant de ses idées philosophiques et antireligieuses qui l'empêcheraient d'être dupe, et du crédit que la piété de sa femme lui avait acquis à Rome. Le roi des Pays-Bas le nomma son ambassadeur près du Saint-Siège; et, en effet, quelques mois après, M. de Celles concluait un concordat[1], qui ne remplit pas

---

1. Ce concordat fut signé le 18 juin 1827, sous le pontificat du pape Léon XII. Il portait que le concordat de 1801, signé entre Pie VII et le premier consul, resterait en vigueur pour les provinces méridionales du royaume et serait appliqué aux provinces septentrionales avec les modifications suivantes : Chaque diocèse aura son chapitre et son séminaire. — Lorsqu'il s'agira de pourvoir à une vacance d'un siège épiscopal, le chapitre présentera une liste de candidats que le roi devra agréer. Cet agrément obtenu, le chapitre pourra choisir sur cette liste tel membre qu'il lui plaira. L'élection sera ensuite déférée au pape pour l'institution canonique. Le pape compléta ces dispositions par des lettres apostoliques, où il se réservait le droit, pour la première organisation, de fournir lui-même l'Église belge de ses pasteurs. Les évêques pourraient prêter serment au roi, mais ils devaient choisir eux-mêmes leurs grands vicaires, ainsi que tous les curés, et avoir pleine autorité sur les séminaires. Enfin tous les ecclésiastiques devaient recevoir une dotation de la couronne.

toutefois l'attente du roi, et qui devint même en partie la source des dissensions religieuses en Belgique et du mécontentement des catholiques belges contre le roi des Pays-Bas. M. de Celles avait repris sa place à la seconde Chambre; mais il était également déconsidéré près des Hollandais pour sa conduite passée, et près des catholiques belges qui l'accusaient d'avoir cherché à trahir leurs intérêts au profit de ceux du roi.

Telle était la situation de M. de Celles lors de la révolution de 1830. Il se jeta des premiers dans cette révolution, et élu membre du congrès national par le parti libéral, il avait été nommé vice-président du comité diplomatique, chargé de traiter toutes les questions qui concernaient les affaires extérieures de la Belgique.

M. de Celles avait épousé la fille du général de Valence, marié à une fille de madame de Genlis. Madame de Celles avait une sœur mariée au maréchal Gérard, devenu ministre de la guerre après la révolution de Juillet. L'autre fille de madame de Genlis, madame la marquise de Lawœstine, mariée en Belgique, avait laissé un fils, qui s'était distingué comme l'un des coryphées du parti bonapartiste en France. On voit combien cette parenté offrait de liens à M. de Celles, par madame de Genlis avec le Palais-Royal, et par le maréchal Gérard avec le gouvernement. C'est par là qu'il intriguait et ameutait pour obtenir la réunion de la Belgique à la France, ou, au moins, la royauté de M. le duc de Nemours, dans la pensée que le résultat serait pour lui une grande position en France et le sortirait de la Belgique où il sentait qu'il était déconsidéré.

Je me suis trop étendu, peut-être, sur ce personnage fort peu intéressant, mais cette digression était nécessaire pour faire connaître le foyer des intrigues qui venaient gêner la marche de nos affaires en Angleterre.

C'est sous ces auspices, assez peu favorables, que finit l'année 1830 ; année mémorable par les événements qui ont marqué son cours.

APPENDICE

Nous avons inséré dans le présent Appendice un certain nombre de lettres relatives aux événements de 1830-1832, extraites des papiers de M. de Talleyrand, et qui, bien que n'ayant pas été introduites par lui dans le texte de ses *Mémoires*, nous ont cependant paru offrir un certain intérêt historique ou documentaire. Toutes ses lettres ont été copiées littéralement sur les textes autographes du prince et de ses correspondants.

On trouvera notamment des lettres de M. de Talleyrand à Madame Adélaïde et à la princesse de Vaudémont. On sait, en effet, qu'il entretenait avec la sœur du roi Louis-Philippe une correspondance très suivie, où il la tenait au courant de toutes les phases de la négociation qui se poursuivait à Londres. Ces lettres étaient ensuite mises sous les yeux du roi. Elles étaient entièrement confidentielles et tout à fait distinctes de la correspondance officielle de l'ambassadeur avec le cabinet.

Quant aux lettres à de la princesse Vaudémont, très ancienne et intime amie de M. de Talleyrand, elles étaient également le plus souvent du temps communiquées par elle à la famille royale, ce qui les rend d'autant plus significatives.

LE PRINCE DE TALLEYRAND A LA PRINCESSE DE VAUDÉMONT[1].

Valençay, 20 mai 1830.

Je lis la fameuse ordonnance[2], et j'y vois que chacun est troublé dans ses arrangements d'été. Jusqu'à présent, cela me parait un coup d'État contre les séjours à la campagne; plus tard nous verrons peut-être mieux.

L'expédition d'Alger prend la forme d'une étourderie, qui, peut-être, pourrait conduire à des choses sérieuses. Aussi pourquoi le ministère anglais qui se mêle de faire des constitutions au Brésil[3] ne se mêle-t-il pas de faire des ministres à Paris? Cela serait utile à tout le monde. — Dans les circonstances actuelles je crois que cela serait important: alors, lié avec l'Angleterre, on tiendrait le langage que l'on voudrait; et toutes les petites *oppositions de pays* céderaient. Je sais bien qu'il n'est pas bien agréable d'être soumis à la volonté d'un autre, mais si cet autre ne sait pas ce qu'il veut, cela est insupportable.

Il faut croire que les affaires du dehors ne se compliqueront pas; mais, avec ce ministère, peut-on être sûr de quelque chose? Tout se fait avec étourderie, et le résultat de l'étourderie peut être un embarras réel. Si cette entreprise d'Alger est un expédient pour faciliter quelque direction dans l'intérieur, *on se trompe beaucoup.* Il y avait des moyens plus simples: il fallait diminuer les impôts. Depuis le gouvernement de l'empereur, ils ont été augmentés de deux cents millions et plus, tandis qu'en Angleterre, ils ont été diminués depuis la même époque de quatre cents millions de francs. Je fais là des réflexions d'un vrai campagnard; je veux du moins ne pas les rendre trop longues, et je finis.

Adieu...

---

1. Voir page 327.

2. L'ordonnance du 16 mai qui dissolvait la Chambre des députés.

3. Allusion à la politique du ministère Wellington, qui soutenait plus ou moins ouvertement dom Miguel contre son frère dom Pedro empereur du Brésil.

LE PRINCE DE TALLEYRAND A LA PRINCESSE DE VAUDÉMONT[1].

Valençay, 11 juin 1830.

Il part d'ici quelqu'un pour Paris : j'en profite pour vous écrire quelques mots.

Le moment décisif approche : je ne vois ni boussole ni pilote, et rien ne peut empêcher un naufrage: c'est là ce qui inquiète tout le monde, et tout le monde de toutes les classes...

La mort du roi d'Angleterre est un événement. Tout se complique et nous n'avons ni tête pour conduire, ni ciseaux pour couper les nœuds. Moralement et physiquement l'année est aux orages : il y en a ici deux par jour depuis une semaine. Cela n'a pas empêché l'archevêque et le préfet de faire de belles et longues promenades.

L'Angleterre restera-t-elle avec le même ministère ? Elle fera bien si elle ne change pas. Quand un pays comme le nôtre est si loin d'être tranquille, les autres doivent rester immobiles.

LE COMTE MOLÉ AU PRINCE DE TALLEYRAND[2].

Paris, ce 1er octobre 1830.

... Par votre lettre du 27, mon prince, vous m'annoncez que vous avez eu un premier entretien d'abord avec lord Aberdeen, et ensuite avec le duc de Wellington. J'y cherchais avidement, je l'avoue, le mot de Belgique, et c'est avec surprise que je ne l'ai trouvé nulle part. Les événements qui se pressent dans ce pays semblent exiger que nous nous expliquions. J'aurais désiré savoir de vous dans quelle disposition vous aviez trouvé sur cette matière vos deux interlocuteurs. Voici le langage que nous tenons ici, avec lequel vous aurez certainement fait concorder le vôtre.

Aussi longtemps que durera la lutte entre le roi des Pays-Bas et cette portion de ses sujets, nous resterons renfermés dans les limites de la neutralité la plus exacte ; nous repousserons inébranlablement de la part des Belges toutes les ouvertures qui tendraient

---

1. Voir page 327.
2. Voir page 342.

à se réunir à nous; mais s'ils étaient les plus forts dans la lutte, s'ils se rendaient indépendants, nous ne souffririons pas qu'à main armée un gouvernement quelconque leur fût imposé. Si on veut dès à présent faire entrer cette grande question dans les voies de la négociation, nous nous y prêterons et chercherons sincèrement et de concert avec les autres cabinets à trouver une solution qui en ménageant les intérêts de tout le monde, puisse être *librement* acceptée par la Belgique. Pensez-y bien, mon prince; mieux que personne vous saurez concourir à résoudre ce problème, et trouver un arrangement qui satisfasse à la fois le principe d'indépendance nationale que notre existence est intéressée à faire respecter, et qui affermisse la paix générale au lieu de l'ébranler. — Notre ministre Bertin de Veaux [1] part demain pour La Haye avec des instructions rédigées dans ce même esprit. Pour mieux éviter tout ce qui pourrait donner de l'ombrage, il prendra sa route par le pays de Luxembourg ou par Gand, afin de ne pas donner lieu aux démonstrations qui l'auraient accompagné dans son passage à Bruxelles. Enfin le gouvernement provisoire établi à Bruxelles a envoyé ici un député choisi par ses membres. Ce député est arrivé hier et j'ai refusé de le voir.

Malgré le silence gardé dans votre lettre, mon prince, je ne doute pas qu'il n'ait été question de ces graves affaires dans votre conférence avec les ministres anglais, et que je ne reçoive de vous bientôt une dépêche qui m'apprenne les dispositions que vous avez rencontrées.

J'en dirai autant du Portugal sur lequel lord Stuart m'a fait une communication importante : je vous écrirai bientôt plus particulièrement sur cet objet, et auparavant j'aurai reçu de vous, je l'espère, quelques détails sur la résolution que voudrait prendre le cabinet anglais.

Agréez, mon prince, les nouvelles assurances de ma haute considération et de mon inviolable attachement,

MOLÉ.

---

1. Louis-François Bertin de Veaux, frère du fondateur du *Journal des Débats* (1771-1842). Il fut élu député en 1820, et devint pair de France en 1832. Il accepta en 1830 une mission à La Haye, mais revint très peu de temps après à Paris.

LE PRINCE DE TALLEYRAND A MADAME ADÉLAÏDE[1].

Londres, 2 octobre 1830.

Mademoiselle m'a ordonné de lui écrire, j'obéis.

Ma traversée a été mauvaise, mais deux heures après, je n'y pensais plus.

Londres, au premier aspect, m'a paru beaucoup plus beau que je ne l'avais laissé; il y a des quartiers absolument neufs. Mademoiselle ne le reconnaîtrait pas. La population en est fort augmentée; il y a aujourd'hui quinze cent mille âmes, si l'on peut désigner par âmes les égoïstes qui l'habitent. J'y ai trouvé à mon grand étonnement le 24 septembre un assez beau soleil; les ministres en avaient profité pour aller à la campagne; je voudrais bien que les nôtres et surtout le roi pussent quelquefois en faire autant.

Charles X doit quitter le bord de la mer : il accepte la superbe maison de lord Arundel, qui est à cinquante milles environ dans les terres : le gouvernement anglais lui avait fait insinuer qu'en résidant si près de la mer, il donnerait prétexte à beaucoup d'intrigants de s'établir, par des passages souvent répétés, comme chargés de commissions qu'ils n'auraient jamais reçues. C'est du duc de Wellington que je tiens ce petit détail. Le gouvernement anglais est sur cette question très loyal.

Charles X a écrit à Vienne pour demander à résider dans les États héréditaires; on ne connaît pas encore la réponse qui lui a été faite.

Je crois aujourd'hui le duc très convaincu que le mouvement français de la fin de juillet n'a été conduit par personne, que l'indignation a été le lien général, qu'il n'y a pas eu une seule intrigue; que M. le duc d'Orléans a été forcé d'accepter la lieutenance générale du royaume, et plus tard la couronne; qu'en l'acceptant, il a rempli un devoir, et qu'en remplissant ce devoir il a rendu un service essentiel à toute l'Europe.

Le roi a ici beaucoup d'admirateurs et beaucoup de personnes qui l'aiment; son éloge est dans toutes les bouches...

1. Voir page 357.

Le vœu de tous nos partisans à têtes politiques est que le ministère reste et que la Chambre ne soit pas dissoute. Ce que je dis là, je l'ai recueilli chez nos amis les plus chauds...

... On ne me tient pas assez informé des nouvelles de Belgique. Ce que j'apprends à cet égard me vient toujours par le cabinet anglais.

LE COMTE MOLÉ AU PRINCE DE TALLEYRAND[1].

Paris, 4 octobre 1830.

Prince,

Vous me demandez des nouvelles par le télégraphe et moi je vous demande ce qui se passe à Londres. Votre lettre du 1er octobre que je reçois à l'instant me le laisse complètement ignorer. Le roi me charge de vous dire qu'il a appris hier dans son cercle que l'Angleterre avait fait une réponse négative à la demande de secours du roi des Pays-Bas.

Après vos deux conférences avec le duc de Wellington et lord Aberdeen, vous auriez droit de vous plaindre si le gouvernement anglais vous en avait fait un mystère, et cependant, le roi ne peut croire qu'il vous ait communiqué sa réponse puisque vous ne nous en avez rien dit.

Je ne sais pas davantage s'il vous a laissé ignorer ses dispositions à l'égard du Portugal mais lord Stuart m'a fait, il y a trois jours, sur ce sujet une communication importante dont je serais étonné que vous n'ayez rien su à Londres.

Vous sentirez certainement, mon prince, la nécessité où je suis de vous demander une tout autre nature de correspondance. La vôtre jusqu'ici me tient dans une ignorance des dispositions du cabinet de Londres et de vos communications avec lui qui deviendrait nuisible aux affaires et aux intérêts dont vous et moi, nous sommes chargés.

Agréez les nouvelles assurances de ma haute considération et de mon attachement.

MOLÉ.

1. Voir page 342.

RÉVOLUTION DE 1830 (1830-1832).

LE PRINCE DE TALLEYRAND A MADAME ADÉLAÏDE[1].

Londres, 7 octobre 1830.

Mademoiselle doit, je pense, être frappée de l'amélioration de notre position, car les nouvelles de France me paraissent telles que nous pouvons le souhaiter pour l'intérieur et l'état du dehors que je puis juger ici me semble dans la route qui doit convenir au roi : il s'améliore chaque jour. Son ambassadeur jouit ici d'une considération que n'avaient pas ceux de Charles X. Les prévenances pour notre ambassade arrivent de partout. Les dires qui circulent si abondamment à Londres sur les plus petites comme sur les plus grandes choses, depuis les clubs jusqu'aux salons, sont de nature à nous prouver que nous avons pris la vraie route des affaires et de la société. La question de la Belgique est dans la voie où elle doit être pour éviter la guerre. Chaque jour amène un progrès en ce sens, mais si l'on voulait forcer par une hâte importune la marche du cabinet anglais, si on ne laissait pas le temps émousser ce qui est un peu anguleux, on ferait, je crois, de la moins bonne besogne. Je trouve à cet égard les affaires étrangères un peu trop pressées.

Voilà toutes les reconnaissances que le temps et la réflexion ont fait arriver. La Prusse et l'Autriche se placent sous l'influence et l'impulsion anglaises dans toutes les complications belges, et cette influence-là sera favorable à la conservation de la paix. Je regarde cela comme un bienfait du temps : il fallait lui laisser faire tout son effet, permettre aux esprits de revenir de leur première surprise ; il fallait que quelques préventions s'effaçassent, et, surtout, il fallait laisser à notre gouvernement le temps de rassurer par ses actes le dehors qui était si disposé à nous croire voisins de l'anarchie. Il n'y a pas de démarche qui n'eût été fâcheuse si elle avait été faite à travers de l'effervescence des clubs. Maintenant les choses sont placées où elles doivent l'être et je crois qu'ici nous avons fait ce qu'il y avait de plus commode pour le gouvernement français en faisant arriver de Londres des ouvertures d'intelligence. L'initiative de notre part me paraissait devoir nous mettre moins à l'aise, et je regrette que l'on en ait jugé autrement à

---

1. Voir pages 329, 340, 343.

Paris. J'ai trouvé un peu de jeunesse dans la démarche qui a été faite directement par M. Molé au duc de Wellington, et que je n'ai connue que par lui : il s'est par là exposé à trouver prise depuis deux jours la détermination qui en était l'objet. Du reste, c'est fait et il ne faut jamais revenir sur ce qui est fait.

Ma présentation a eu lieu hier : j'ai eu tout sujet d'en être satisfait et le discours que Mademoiselle connaissait a été fort approuvé, même dans l'intérieur du roi. Je crois que l'impression en plaira à Paris. Parlant au nom de notre roi et de la France, je me suis retrouvé avec ma voix de l'Assemblée constituante.

Mademoiselle me permettra de la quitter pour le soleil qui est si rare ici, et dont je vais jouir quelques moments.

P.-S. — J'envoie pour Mademoiselle toute seule la copie d'une lettre que j'écris aujourd'hui à M. Molé. C'est une lettre toute particulière qui tient à ce que j'ai cru utile de faire finir quelques dispositions à aigreur que je veux toujours éviter[1].

MADAME ADÉLAÏDE AU PRINCE DE TALLEYRAND[2].

Paris, 8 octobre 1830.

... L'observation faite par le duc de Wellington sur l'inconvénient de la résidence de Charles X au bord de la mer est parfaitement juste : il est certain que ce sont des allées et venues continuelles qui ne peuvent être bonnes à rien. Je suis bien aise que le duc soit enfin arrivé à juger avec plus de justice notre grande et belle révolution, et la conduite si noble et si loyale de mon bien-aimé frère. Tout va bien ici et se fortifie, se consolide de jour en jour. Je ne trouve rien de plus généreux et de plus touchant que la pétition des blessés pour demander à la Chambre des députés l'abolition de la peine de mort pour délits politiques : il y a des doutes si cette loi pourra passer tout de suite ; j'espère encore cependant qu'elle sera faite. — M. de Montesquiou[3] est arrivé

---

1. Voir cette lettre page 344.
2. Voir pages 329, 344, 352.
3. Le comte de Montesquiou avait été chargé de faire reconnaître le nouveau gouvernement français par les cours de Naples et de Rome.

hier à quatre heures de Naples et de Rome, apportant les reconnaissances et les lettres de créances du roi de Naples au prince de Castelcicala [1] et celle du pape au nonce : je suis charmée que cette dernière soit arrivée aussi vite; cela aplanira tout à fait les embarras et les difficultés du clergé; du moins il ne pourra plus y avoir de prétexte. Nous attendons aussi Athalin d'un instant à l'autre. Sa dernière lettre était du 18 septembre : il était enchanté de l'empereur qui a été des plus aimables pour lui [2]... Les affaires de la Belgique nous ont bien tourmentés, mais, heureusement, il me parait, d'après ce que l'on dit, que cela se civilise un peu, et qu'heureusement, et ce que je vous souhaite de tout mon cœur, la paix générale ne sera pas troublée.

Vous vous plaignez qu'on ne vous tient pas assez informé des nouvelles de Belgique; quoique je ne veuille pas, et que sous aucun rapport, ma correspondance avec vous puisse être une correspondance politique, je vous dirai en confiance, par intérêt pour vous, et pour la chose que nous voulons qui marche bien et faire réussir, qu'on se plaint aussi ici que vos dépêches ne sont pas assez détaillées, et que vous ne tenez pas assez au fait des nouvelles. Ceci est de vous à moi, et je vous demande que cela y reste; je suis sûre que vous rendrez justice à mon motif.

LE PRINCE DE TALLEYRAND A MADAME ADÉLAÏDE [3].

15 octobre 1830.

... Les ministres étrangers sont toujours dans les mêmes rapports avec nous aux conférences. Ce que le duc de Wellington propose ou soutient est toujours adopté par eux. Je crois qu'il est

---

1. Ambassadeur du roi des Deux-Siciles à Paris. Il occupait cette charge depuis 1814 et avait été précédemment ambassadeur à Londres et en 1796 président de la junte d'État créée par le ministre Acton.

2. Le général baron Athalin, aide de camp du roi, avait été envoyé en mission auprès de l'empereur de Russie pour lui notifier l'avènement du roi Louis-Philippe.

3. Voir page 348.

fort important pour nous que nous le conservions à la tête des affaires, au moins jusqu'à ce que le sort de la Belgique soit décidé, car nous ne pouvons nous dissimuler que la Russie ne cherche à contrarier toutes nos démarches vis-à-vis des cours sur lesquelles elle a de l'influence. Aussi le langage de M. de Matusiewicz est-il un peu changé. M. de Lieven arrive ici sous peu de jours. Madame de Lieven, éloignée du duc depuis le ministère de M. Canning, cherche à se rapprocher de lui.

La majorité ou la minorité dans la séance où l'on ira aux voix sur la proposition de M. Brougham me paraît d'une grande importance; vous en serez instruite immédiatement après la séance, mais probablement Rothschild aura déjà son courrier. Le ministère anglais est toujours instruit par lui dix ou douze heures avant l'arrivée des dépêches de lord Stuart, et cela ne peut pas être autrement. Les bateaux sur lesquels les courriers de la maison Rothschild s'embarquent, sont à leur maison, ne prennent point de passagers et partent par tous les temps...

LE PRINCE DE TALLEYRAND A LA PRINCESSE DE VAUDÉMONT[1].

Londres, 15 octobre 1830.

Je vous écris par M. de La Rochefoucauld[2] qui nous quitte à mon grand regret. C'est un excellent jeune homme, bon caractère et bon esprit : il n'y a pas de bien que je ne lui souhaite. C'est ce qui fait que je désire qu'il aille à Berlin comme premier secrétaire, parce que cela l'avance dans sa carrière, mais, s'il n'y va pas, il désire, et moi aussi, revenir à Londres.

Je suis ici parfaitement content de la franchise et de la loyauté du cabinet anglais et particulièrement du duc. On peut et on doit être en confiance avec le duc, si l'on veut faire quelque chose de bien et de solide. Nous en avons besoin : que ce soit populaire ou non, c'est là ce qu'il faut, parce que c'est là ce qui établira bien notre nouvelle dynastie. Je vous dis là toute ma conviction;

1. Voir page 348.

2. Le comte Hyppolyte de La Rochefoucauld, second secrétaire à Londres, venait d'être nommé premier secrétaire à Berlin.

il n'y a que cela de solide et je désire vivement que le roi et Mademoiselle en soient convaincus; Molé, cela m'est égal, parce que, quand il sentira que c'est là son intérêt, il marchera dans ce sens...

J'ai été à la campagne hier chez lady Jersey, qui a une maison que vous aimeriez passionnément : elle est belle, ornée de bon goût et pleine des plus belles vieilleries. Le duc y est venu ; il se porte bien, et quelque chose que l'on vous dira à Paris, il est et sera le maître. Adieu.

LE PRINCE DE TALLEYRAND A LA PRINCESSE DE VAUDÉMONT[1].

Londres, 19 octobre 1830.

J'arrive de la campagne ; j'ai profité du beau soleil que nous avons ici pour aller chez lady Jersey : le duc y était, et quand il n'est pas à Londres la présence des ambassadeurs n'est pas de rigueur. Aussi Matusiewicz y était-il.

Vous avez enfin la reconnaissance de Pétersbourg : je crois que Pozzo aurait autant aimé qu'elle nous arrivât la première, mais le retard ne nous aura pas été préjudiciable...

Je suppose que dans le cabinet de M. Molé l'Angleterre n'est pas très à la mode : c'est Pozzo qui l'a fait ministre. Je crois du reste qu'il se servira utilement de son influence pour l'établissement de notre gouvernement. Pozzo est homme d'esprit, et aimerait bien à conserver à Paris les conférences d'où sortira le sort de la Belgique. Le duc de Wellington désire vivement qu'elles se passent ici, et il a raison : les ministres qui sont ici sont sous son influence, et le duc a un autre nom en Europe que Pozzo et Molé. Aussi finirons-nous en quinze jours, peut-être en moins de temps, toute cette grande affaire qui, si elle tourne mal, embraserait l'Europe : car il ne faut pas se dissimuler que c'est l'Angleterre qui a déterminé la reconnaissance de Pétersbourg. Du reste, je ne me mêle pas de cela, parce que j'aurais l'air d'y être intéressé, mais Stuart est placé pour dire de grosses et fortes vérités à cet égard : vous pouvez lui en parler.

1. Voir page 348.

En réduisant les choses au plus simple, si les conférences ont lieu à Paris, c'est Pozzo qui aura la grande main; si elles sont ici, c'est le duc de Wellington qui est plus intéressé à ce qu'il s'établisse un bon ordre de choses en Belgique qu'aucun autre.

Adieu : je vous prie de bien lire cette lettre et de la brûler. — Mon opinion fixe est que l'intérêt de la France (et c'est là ce qui fixe mon opinion) est que cette grande affaire se décide ici.

LE PRINCE DE TALLEYRAND A LA PRINCESSE DE VAUDÉMONT[1].

Londres, 22 octobre 1830.

Le duc de Wellington, chère amie, comprend notre révolution comme elle doit être comprise. Depuis longtemps la marche du gouvernement de ce pauvre Charles X lui faisait prévoir une catastrophe : aussi elle ne l'a pas surpris. Aujourd'hui son opinion est aussi éloignée de celle des carlistes que de celle des républicains, et, si nous ne faisons pas de folies, si nous ne cherchons pas l'impossible, il contribuera de tout son pouvoir à l'établissement de notre dynastie. C'est d'ici que peuvent sortir la paix ou la guerre, car les dispositions de l'Angleterre à notre égard décideront de celles de l'Europe, et nous aurions grand tort de chercher notre appui ailleurs.

LE PRINCE DE TALLEYRAND A MADAME ADÉLAÏDE[2].

29 octobre 1830.

Il est possible que je n'aie pas répété assez en détail les conversations que j'ai pu avoir avec le ministère anglais ; je prie Mademoiselle de s'en prendre à un principe que m'a donné l'empereur Napoléon, et dont je me suis trouvé bien pendant quinze ans. Il désignait comme inférieurs les ambassadeurs à conversation (c'est ainsi qu'il les nommait), parce que leurs conversations, disait-il, sont plus ou moins fabriquées par le désir de plaire à leur propre gouvernement, et cela ne vaut et n'apprend rien. Il ne prisait que

---

1. Voir page 348.

2. Voir page 344.

ceux qui ne transmettaient à leur gouvernement que l'impression générale qu'ils avaient reçue et à laquelle il croyait plus ou moins selon l'intelligence qu'il supposait à celui qui écrivait.

LA DUCHESSE DE DINO A MADAME ADÉLAÏDE [1].

2 novembre 1830.

... Je rentre à l'instant de la séance royale. Madame lira le discours. Mais ce que j'ai le besoin de lui dire, c'est que lorsque la voiture de l'ambassadeur de France a paru, les vivats, les hurrahs, les *Louis-Philippe for ever! No Charles the X*th*!* ont commencé, et cela a duré depuis *the house of lords* jusqu'à *Bond-Street*. — Il y a eu aussi beaucoup de *Vivat Prince Talleyrand!* et quand je suis revenue avec des gens portant la cocarde tricolore, le peuple a crié : *A French lady!* et on m'a saluée et crié des vivats tout le long de la route. — Tous les princes de la famille royale dans la salle sont venus me demander des nouvelles de notre Roi, de Mademoiselle, de la Reine, et me demander (je dois le dire) avec inquiétude si notre ministère était changé. Le roi avait fait préparer une tribune à part pour M. de Talleyrand, afin qu'il pût être assis ; mais cette bonté n'a pas été acceptée et M. de Talleyrand est resté toujours sur ses jambes dans la tribune diplomatique.

L'enthousiasme pour le roi a été très vif dans le peuple ; il doit être fort content de sa journée. Je demande pardon à Madame d'un post-scriptum plus long que la lettre elle-même, mais j'ai pensé qu'il pouvait y avoir quelque intérêt dans les détails de cette matinée.

LE PRINCE DE TALLEYRAND A MADAME ADÉLAÏDE [2].

10 novembre 1830.

Londres est assez calme aujourd'hui ; il y a encore de loin en loin quelques groupes dans la cité, mais l'effervescence tombe. Le

---

1. Voir page 370.
2. Voir page 379.

duc était ce matin au lever du roi où je l'ai vu ; il était fort tranquille, et a répondu comme je le voulais à la demande que je lui faisais de reprendre nos conférences interrompues depuis quelques jours. Je crois que demain il nous proposera de nous réunir à deux heures.

Lorsque l'on apprit avant-hier qu'il n'y aurait pas de dîner dans la cité, le marquis de Wellesley[1] dit tout haut dans la Chambre des pairs : *This is the boldest act of cowardise I ever heard of.* Mademoiselle trouvera que c'est plus spirituel que fraternel.

Il n'y aura rien de remarquable sur les affaires ministérielles avant le 16. Tous les moyens de l'opposition sont en mouvement. Le duc a de la confiance dans sa propre position : il croit qu'il aura la majorité contre la motion de M. Brougham. Dans six jours, cette grande lutte sera décidée. Je n'ai et personne n'a d'opinion sur le résultat de cette séance, parce qu'il y a un grand nombre de membres nouveaux dont l'opinion n'est pas connue...

LE PRINCE DE TALLEYRAND A MADAME ADÉLAÏDE[2].

19 novembre 1830.

Le ministère sera connu demain : voici ce dont je me crois sûr ce soir (*suit la liste donnée*, p. 396).

... On sollicite le duc de Wellington de prendre le commandement général de l'armée qu'avait M. Hill[3]. C'est le roi lui-même qui fait cette négociation. Je crois que M. Grant[4] a un portefeuille, mais je n'en suis pas sûr.

Cette administration-là sera forte, et nous sera favorable ; j'ai beaucoup de rapports de société avec les principaux membres qui

---

1. Le marquis Wellesley (1760-1842), frère aîné du duc de Wellington, ancien gouverneur de l'Inde, ancien lord-lieutenant d'Irlande.

2. Voir page 396.

3. Le général vicomte Hill, né en 1772, était un vétéran des guerres de la révolution et de l'empire. Il reçut en 1828 le commandement en chef de l'armée anglaise et le garda presque jusqu'à sa mort (1842).

4. Charles Grant, lord Glenelg, né en 1780, avait été président du bureau du commerce sous le ministère Wellington. Il entra dans le cabinet Grey comme président du bureau de contrôle des affaires de l'Inde.

la composent; ils parlent tous bien des changements arrivés et *exigés* en France : c'est le mot dont ils se servent. Ils veulent que l'Angleterre et la France soient d'accord sur toutes les affaires qu'elles peuvent avoir avec les autres puissances; ils regardent comme un besoin pour la tranquillité de l'Europe la prospérité de la France et sa force, et tous parlent du roi avec un grand respect. C'est ce que me disait ce matin Frédéric Lamb [1] que je voudrais voir ambassadeur à Paris.

Tous les ambassadeurs ayant donné à dîner au prince d'Orange, et celui-ci ayant fait la première visite à l'ambassadeur du roi, j'ai cru que je devais lui proposer de dîner chez moi. Comme les invitations ici se font huit à dix jours d'avance, je me trouve avoir invité les principaux membres de l'ancien ministère et des personnes considérables de la cour qui donneront probablement demain leur démission : c'est un peu gauche; mais il y a dix jours on ne prévoyait rien de ce qui est arrivé.

... Mademoiselle aura dit quelques paroles qui auront fait que l'ambassade de Londres n'est plus négligée comme elle l'était par le ministère. Depuis huit jours j'ai reçu plus de dépêches et de dépêches bien faites qu'il ne m'en avait été écrit pendant les deux mois précédents. J'en remercie Mademoiselle....

LE COMTE BRESSON AU PRINCE DE TALLEYRAND [2].

[*Particulière.*]

Bruxelles, le 24 novembre 1830.

Mon prince,

M. de Langsdorf m'est arrivé ce matin. Il m'apportait l'ordre d'insister près du gouvernement provisoire et du congrès pour arrêter la discussion sur l'exclusion définitive de la maison de Nassau.

---

1. Frédéric Lamb, né en 1782, était le frère de lord Melbourne. Il avait été ambassadeur à Vienne (1813), puis à Munich (1815-1820) et en Espagne (1825). En 1841, il entra à la Chambre des lords sous le titre de lord Beauvale, et hérita en 1849 du nom de son frère. Il mourut en 1852.

2. Voir page 409.

J'ai fait de vains et longs efforts : cent soixante-une voix contre vingt-huit viennent de la prononcer. Voilà qui complique bien des choses.

Je reviendrai sur la question du Luxembourg. La restriction à la déclaration présente un sens équivoque ; elle semblerait donner à entendre que la Belgique réclame le grand-duché en lui conservant ses rapports avec la confédération germanique.

La négociation de l'armistice avance. Je ne crois pas qu'elle ait à souffrir de l'événement d'aujourd'hui. Dans la conférence d'hier au soir, nous avons établi les points principaux : l'acceptation respective de l'armistice, la ligne de 1814, etc. Ainsi la prétention à *toute* la rive gauche de l'Escaut et aux *enclaves* du Limbourg est écartée. La contestation ne porte plus que sur le sens plus ou moins étendu de l'article 2, du protocole du 17, et sur le renvoi des prisonniers. J'espère pouvoir vous en rendre bientôt compte. Mais (et il n'y a pas lieu de s'en étonner) nous ne savons pas encore si la Hollande a de son côté pris des mesures pour l'exécution d'une suspension d'armes. S'il y a mauvaise foi ou inutile lenteur dans ce quartier-là, il faut renoncer à tout...

Je mets aux pieds de madame Dino, et vous offre, mon prince, l'hommage de mon plus respectueux attachement et de ma sincère reconnaissance.

LE COMTE BRESSON AU PRINCE DE TALLEYRAND[1].

[*Particulière.*]

Bruxelles, le 2 décembre 1830, 11 heures du soir.

Quoique mes doigts me refusent le service, il faut, mon prince, que je vous communique les points importants d'une dépêche que j'adresse ce soir à M. Sebastiani, en réponse à celle qu'il m'a écrite le 28 novembre, et qu'il vous aura sans doute fait connaître. Je lui envoie le double de celle d'aujourd'hui pour Londres et des documents qui l'accompagnent. Ainsi, il est inutile, mon prince, que vous la lui expédiez.

1. Voir page 409.

« Le congrès en excluant à perpétuité la maison de Nassau de tout pouvoir en Belgique, a voulu non seulement annuler les droits antécédents qu'elle pouvait faire valoir à la couronne, mais encore s'ôter à soi-même celui de l'y rappeler par une élection libre. Voilà malheureusement comment il comprend la résolution qu'il a prise, et comment il l'a annoncée à la nation. Votre Excellence apercevra sans peine combien peu, dans cette position de la question, il reste de chances de le ramener, en faveur d'un des fils du prince d'Orange, à une exception qu'il a voulu s'interdire. Je dois dire, cependant, que depuis ce grand coup porté, l'inquiétude, le doute, le regret, ont pris chez un grand nombre la place du premier emportement. Si l'avis eût été donné plus tôt, il eût eu son effet, et beaucoup ont gémi d'être engagés et compromis si avant. Il ne serait pas impossible de tirer parti de ce retour vers des idées plus calmes et plus saines...

» Il y a une chose que j'éprouve quelque embarras à dire, qui est vraie, cependant, c'est que si l'occupation du Luxembourg par la confédération germanique pouvait paraître naturelle et juste en France, et si elle ne devait pas entraîner le plus dangereux conflit, nous n'aurions pas trop à nous en plaindre, car la peur qu'elle inspirerait ici nous faciliterait prodigieusement la solution de la question belge dans l'intérêt de la paix générale. Mais la paix resterait-elle possible après l'occupation du Luxembourg?...

» ... Avant l'élection du souverain, nous pouvons compter sur quatre ou cinq semaines. Cette étrange pensée d'un roi indigène est abandonnée à peu près : je puis le garantir à Votre Excellence. Je puis aussi vous donner l'assurance que si nous devons abandonner toute espérance de faire comprendre aux Belges ce qu'il y aurait pour eux de facilités et de sécurité dans l'adoption d'un membre de la maison Nassau, nous pourrons du moins les amener à renoncer à ce projet absurde de mettre un roi en ballottage et à solliciter préalablement pour un autre choix l'assentiment des puissances. Je sais même de science certaine que M. de Van de Weyer partira dans quelques jours pour Paris ; qu'il y soumettra à Votre Excellence un projet de nature à concilier les intérêts *français et anglais* (le prince Léopold et une princesse française), ou quelque autre combinaison analogue ; qu'après avoir pris vos idées, il ira s'adresser à la conférence de Londres et consulter les siennes. Seulement, pour ménager l'amour-propre toujours très susceptible d'un peuple et d'hommes à leur début, si vous n'agréez pas la proposition qui vous sera faite, peut-être faudra-t-il permettre que celle que vous y substituerez, au lieu d'être donnée ici comme de vous, ait l'air d'être partie du pays même. Mais c'est pour un grand bien, un innocent subterfuge.

» Je vous adresserai directement M. Van de Weyer ainsi qu'à M. le prince de Talleyrand, afin qu'il ne tombe pas en compagnie qui ne demanderait pas mieux que de l'égarer. »

Voilà, mon prince, des faits certains, et qu'il peut vous être bon de connaître. J'attends impatiemment de vos nouvelles. Que ne suis-je près de vous! J'ai ici de cruels moments et de l'ouvrage au-dessus de mes forces.

Agréez, mon prince, tout mon dévouement et tout mon respect.

MADAME ADÉLAÏDE AU PRINCE DE TALLEYRAND.

Paris, 9 décembre 1830.

... Plus votre congrès tarde à traiter avec les Belges, à leur faire une proposition susceptible d'être acceptée par eux, plus les difficultés augmentent. Je crains toujours d'après ce que nous savons de leurs dispositions, et de *science certaine*, qu'à la suite de cette déclaration déjà si fâcheuse de l'exclusion de la maison d'Orange, ils n'en fassent une seconde qui serait encore bien plus fâcheuse et plus embarrassante pour nous : celle de proclamer Nemours pour leur roi. Il faut donc se dépêcher, d'accord avec les autres puissances, de leur offrir un autre choix, sans cela, cette nouvelle pomme de discorde nous arrivera, d'autant plus que ces malheureux Belges ont le funeste aveuglement de ne pas craindre la guerre mais de la désirer, et nous avons de faux esprits ici de même avis qu'eux.

Le *Moniteur* annonce la nomination du maréchal Mortier comme ambassadeur en Russie ; le roi s'était refusé jusqu'à présent à cette publication d'après la maussaderie, pour ne pas dire plus, de l'empereur de Russie ; mais dans la circonstance actuelle, il a cru devoir faire un petit sacrifice personnel en se rendant à l'avis de son conseil qui était unanime sur cela en faisant l'annonce de cette nomination dans le *Moniteur*. Pozzo en est dans la joie : il croit que cela va aplanir beaucoup de choses, surtout jointe à l'ouverture qui va être faite à l'empereur Nicolas de lui envoyer en mission extraordinaire une personne qui doit lui plaire et en qui, du moins, il a eu dans un temps confiance et estime : vous savez sans doute de qui je veux parler [1].

12 décembre [2].

Madame de Dino ayant retardé son départ, j'avais laissé là ma lettre que je reprends, et, dans cet intervalle, quelle grande nouvelle que celle de la révolution à Varsovie! qu'il me tarde de savoir ce que vous en pensez à Londres! Ces pauvres Polonais, depuis si longtemps sacrifiés, m'intéressent, et je crains qu'ils ne soient accablés. Cependant les noms qui sont à la tête de ce mouvement me font espérer qu'il a un peu d'importance. Quant à nous, cela nous donnera certainement du temps.

Ah! si la Prusse et l'Autriche voulaient bien entendre leurs intérêts, qu'il serait beau pour l'Angleterre et pour nous d'obtenir un ordre de choses plus supportable et plus doux pour cette malheureuse Pologne! L'intérêt pour elle est ici bien vif et bien général.

Les puissances recueillent à présent ce que la Sainte-Alliance a semé, et si elles ne veulent pas le voir et sentir que pour se maintenir elles doivent changer leur système, je crains bien que nous ne voyions l'Europe en feu car elles y seront forcées; et il vaut mieux prévenir; mais comment espérer qu'elles le feront d'après ce que nous voyons? Mais cependant, j'espère beaucoup de l'Angleterre et de vous.

Il paraît, d'après les dernières lettres venues de Belgique qu'on y devient plus raisonnable et plus sage, plus disposé à entrer en pourparlers et à consentir à ce qui sera possible...

1. Le duc de Mortemart.
2. Voir page 418.

... J'en reste là de ma lettre. Madame de Dino vous dira tout ce que je n'écris pas ; que la translation des ministres au Luxembourg s'est passée très tranquillement et qu'aujourd'hui, il y a eu une petite tentative de faite par une centaine de jeunes gens et autres pour troubler l'ordre au convoi de Benjamin Constant, en criant à la sortie du Temple pour le faire porter au Panthéon ; que la garde nationale a été parfaite ; que le peuple ne s'en est mêlé en rien, et que cela a été déjoué sur-le-champ. On les a fait taire, et le corps a été porté au cimetière du Père-Lachaise sans désordre ni rien. C'est un bon préalable au procès.

LE PRINCE DE TALLEYRAND A MADAME ADÉLAÏDE[1].

Londres, 13 décembre.

Mademoiselle voudra bien dire au roi que lord Grey et lord Palmerston ont été passer deux jours à Claremont chez le prince Léopold de Saxe-Cobourg. Il ne paraît pas douteux que dans ce petit voyage qui est annoncé comme besoin de se reposer, on ne parle du futur souverain de la Belgique. Cette affaire et les suites directes qu'elle aurait méritent que le roi y porte son attention royale et sa prévoyance paternelle. Le prince Léopold dîne chez moi le 17. S'il me disait quelque chose qui fût plus que de la conversation courante, je l'engagerais à écrire directement à Mademoiselle. Du reste, le projet du prince Léopold est d'aller vers la fin du mois ou le commencement du mois prochain à Paris...

... Je voudrais bien que Mademoiselle eût la bonté d'envoyer un portrait du roi à la légation de France en Angleterre. Je lui ferai plus tard la même demande pour Valençay ; mais là, je ne pourrai pas ne pas oser demander un portrait de Mademoiselle.

1. Voir page 420.

LE PRINCE DE TALLEYRAND A MADAME ADÉLAÏDE[1].

Mardi, 14 décembre 1830.

Je viens d'avoir une conversation intéressante avec lord Palmerston : « Voilà, lui ai-je dit, l'armistice près d'être conclu ; il me semble qu'il est temps d'aborder la grande question du souverain de la Belgique. » Il s'y est montré fort disposé et même assez préparé. Beaucoup de noms ont été proposés ; plusieurs, comme celui du prince Paul de Wurtemberg, n'ont pas même été discutés : — « Vous ne voulez pas de l'archiduc Charles? » Je lui ai dit qu'il était dans mes exclusions ainsi que le duc de Leuchtenberg, et que s'il me pressait un peu, j'exclurais même M. de Mérode. J'ai dû alors lui dire : « Les Belges pensent beaucoup à M. le duc de Nemours, mais le roi veut détourner cette proposition. Je ne sais pas s'il y réussira, mais je l'espère. En tout, il est dans une situation singulière : il est obligé d'employer, pour refuser, toute la volonté et tout l'art que d'autres mettent pour obtenir. — Il serait difficile de faire adopter par les puissances M. le duc de Nemours, m'a dit lord Palmerston, mais cherchons quelqu'autre qui pourrait par un mariage rassurer tout le monde. — Ce que j'appelle tout le monde, lui ai-je dit, c'est vous et nous. » Tout cela nous rapprochait beaucoup du prince Léopold qui épouserait une de nos princesses, et dont le nom a été prononcé par lord Palmerston. J'ai montré un peu d'étonnement, comme si cette idée ne m'était jamais venue; mais mon étonnement avait un peu l'air d'une découverte heureuse. J'ai dû dire que j'écrirais aujourd'hui à Paris toute cette conversation et que nous la reprendrions bientôt.

Voilà où en sont les choses. Il est clair que la Belgique, donnée au prince Léopold qui épouserait une princesse de France, paraîtrait aux Anglais un arrangement qui pourrait se faire. Je crois, si cette idée vous plaisait, qu'il faudrait que la proposition fût faite à la conférence par lord Palmerston, et je me chargerais de la lui faire faire. Si vous pensez autrement, ordonnez. Je crois que l'on fera ce qui vous conviendra davantage...

1. Voir page 420.

M. BRESSON AU PRINCE DE TALLEYRAND[1].

[*Particulière.*]

Bruxelles, le 25 décembre 1830, à minuit.

Mon prince,

M. Van de Weyer se trouvait à Paris lorsque le protocole du 20 décembre y est arrivé. M. le comte Sebastiani le lui a communiqué. La peur lui a pris aussitôt, et il est revenu ici en toute hâte. Il s'imaginait tout perdu. Si nous avions parlé de Luxembourg, et il l'a dit à Paris, nous n'avions parlé de rien. Mais M. le comte Sebastiani l'a autorisé à faire connaître au congrès que l'indépendance avait été déclarée en principe par la conférence de Londres, et il doit l'annoncer demain; puis, aussitôt après, il se mettra en route pour aller vous trouver avec d'amples pouvoirs. Nous ne paraîtrons pas dans tout cela. Il faut en finir avec ce pays, mon prince; d'un instant à l'autre, par le plus léger accident, il peut nous échapper et s'abandonner à quelque résolution désastreuse.

A Paris, M. Van de Weyer a abordé la question du prince. Il a demandé le duc de Nemours. On ne lui a rien dit du prince Léopold. On a voulu savoir si un prince de Naples ou un prince de Bavière pourrait prendre. Il n'y a rien eu de convenu. Qui que ce soit, qu'on le leur donne vite; il n'y a pas un moment à perdre. A chaque embarras qui se présente, leur grand argument pour s'en tirer est de prendre la cocarde tricolore. Le pays, sans le Luxembourg, serait trop incomplet. Il faut lui faire un sort supportable si l'on veut qu'il y tienne et qu'il ne reste pas disposé à se donner à son voisin.

M. Sebastiani m'écrit aujourd'hui en propres termes que si le roi de Hollande ne lève pas le blocus de bonne grâce, la France se chargera de le lui faire lever de force. Soit, mais si l'on en vient là, il serait à désirer que l'Angleterre fût de moitié dans l'exécution de ces mesures coercitives. Il y aurait danger à nous en charger seuls. J'envoie ce soir par courrier à M. de La Rochefoucauld[2] une dépêche du ministre, qui le charge de faire connaître au gouver-

---

1. Voir page 409.
2. Le comte Polydore de la Rochefoucauld premier secrétaire à La Haye.

nement hollandais ces dispositions du gouvernement du roi. C'est à cette extrémité peut-être que le roi Guillaume a voulu amener les choses.

J'ai reçu, mon prince, après vos deux lettres du 25, celle que vous m'avez fait l'honneur de m'écrire le 16. Je me résigne à rester puisque vous le désirez. Mais nous sommes loin du but encore, et je ne vous reverrai de longtemps.....

... Daignez agréer, mon prince, l'assurance de mon plus respectueux dévouement.

LE PRINCE DE TALLEYRAND A MADAME ADÉLAÏDE [1].

26 décembre 1830.

Cette mémorable semaine a été consacrée ici à l'affreuse inquiétude sur l'état de Paris [2], et pour moi surtout qui n'ai pas quitté un moment le Palais-Royal. Aussi n'ai-je aucune nouvelle à apprendre à Mademoiselle, mais j'ai à lui dire que jamais poids plus lourd et plus pénible n'a approché mon cœur. La sagesse du roi saura la rendre productive en force gouvernementale. Cette crise lui aura fait connaître les vrais et les faux amis de son gouvernement, et lui aura par là, rendu un immense service. Je ne me suis jamais senti plus le serviteur du roi qu'il y a deux jours, ni plus fier de le représenter qu'aujourd'hui. Je supplie mademoiselle de faire agréer au roi mon hommage et de recevoir elle-même mon tendre et respectueux compliment ainsi que mes vœux de bonne et heureuse année.

1. Voir page 429.

2. Le procès des ministres commencé le 15 décembre ne s'était terminé que le 21, et pendant ce temps les émeutes avaient été journalières dans Paris.

FIN DE LA DIXIÈME PARTIE ET DU TOME TROISIÈME

TABLE DU TOME TROISIÈME

HUITIÈME PARTIE (*Suite*).

Congrès de Vienne (*Suite*)   1

NEUVIÈME PARTIE

Seconde Restauration (1815)   191
    Appendice   301

DIXIÈME PARTIE

Révolution de 1830 (1830-1832)   323
    Appendice   447

www.ingramcontent.com/pod-product-compliance
Lightning Source LLC
Chambersburg PA
CBHW070203240426
43671CB00007B/526